性别、 正义与解放

弗 雷 泽 女 性 主 义 批 判 理 论 研 究

戴雪红　著

江苏人民出版社

图书在版编目（CIP）数据

性别、正义与解放：弗雷泽女性主义批判理论研究/
戴雪红著. —南京：江苏人民出版社，2022.12
ISBN 978-7-214-27562-2

Ⅰ.①性… Ⅱ.①戴… Ⅲ.①南茜·弗雷泽—妇女学
—研究 Ⅳ.①D447.12

中国版本图书馆 CIP 数据核字（2022）第 184015 号

书　　　名	性别、正义与解放：弗雷泽女性主义批判理论研究	
著　　　者	戴雪红	
责 任 编 辑	曾　偲	
装 帧 设 计	言外工作室·林夏	
责 任 监 制	王　娟	
出 版 发 行	江苏人民出版社	
地　　　址	南京市湖南路 1 号 A 楼，邮编：210009	
照　　　排	江苏凤凰制版有限公司	
印　　　刷	江苏凤凰扬州鑫华印刷有限公司	
开　　　本	652 毫米×960 毫米　1/16	
印　　　张	24.75	
字　　　数	320 千字	
版　　　次	2022 年 12 月第 1 版	
印　　　次	2022 年 12 月第 1 次印刷	
标 准 书 号	ISBN 978-7-214-27562-2	
定　　　价	78.00 元	

（江苏人民出版社图书凡印装错误可向承印厂调换）

本书系国家社会科学基金一般项目

"弗雷泽女性主义批判理论的逻辑谱系及其现实启示研究"（15BZX017）成果

目　录

导　论

一、南茜·弗雷泽的生平与思想简介

南茜·弗雷泽（Nancy Fraser）1947 年 5 月 20 日出生于美国，成长在一个自由、世俗的犹太中产阶级家庭，其父母是罗斯福时代的自由主义者。弗雷泽的家族背景与中国革命有深厚的渊源，她的姐姐嫁给了把毕生献给中国人民革命事业的美国左派人士阳早（Sid Engst）、寒春（Joan Hinton）夫妇的大儿子阳和平（Fred Engst）。1992 年，在寒春的带领下，弗雷泽与 Hinton 家族一行人对中国进行了为期一个月的访问，参观了北京、上海、延安、西安和大寨等地。2009 年 3 月 17 日至 29 日，弗雷泽再次访问中国，并在中国社会科学院哲学研究所、北京大学、复旦大学和中山大学等著名高校举行了系列学术演讲。

在 20 世纪 60 时代，弗雷泽是非常活跃的学生激进分子，参加过民权运动、反战运动、学生运动和女权运动等。她描述当年的革命环境："我记得女性主义第二次浪潮，是从新左翼兴起的，在这一时刻，激进主义和知识分子的工作似乎毫不费力地协同起来。……那个时期的女性主义呼吸着那个时代令人陶醉的空气，散发出一种非凡的乐观主义和扩大可能性的感觉,这种感觉有可能重塑整个世界、打破固化的结构、推翻根深蒂固的等级制度。"①1969 年,弗雷泽从宾夕法尼亚州的布尔莫尔学院毕业,其本科就读期间师从美国哲学家理查德·J. 伯恩斯坦(Richard J. Bernstein)。后者把黑格尔、马克思、汉娜·阿伦特(Hannah Arendt)和法兰克福学派(Frankfurt School)第一次介绍给弗雷泽,使弗雷泽变成了一个马克思主义者。在 2012 年的一次采访中,弗雷泽披露了这段特别的心路历程:"我与激进思想的相遇给我一种顿悟的感觉,犹如晴天霹雳。仿佛整个世界瞬间颠倒了过来,仿佛一层面纱从我的眼睛里被揭开,一切突然变得不一样了。马克思主义是其中的重要组成部分。"②

自 1974 年起,弗雷泽在具有左翼传统的纽约城市大学哲学系攻读哲学硕士和博士学位,后任教于歌德大学、巴黎大学、伦敦大学、米兰大学等欧洲多所院校并获得了荣誉职务。此后,弗雷泽长期在美国生活和工作,目前是美国当代西方马克思主义的研究重镇——纽约新学院大学(The New School)哲学与政治学系教授,也是《星座》(Constellations)杂志的合作编辑。弗雷泽的哲学思想和政治思想具有激进主义传统,其目前就任的新学院大学是美国当代西方马克思主义的研究重镇,与法兰克福学派有历史渊源。

20 世纪 80 年代初,学术女性主义哲学刚刚开始发展,弗雷泽自然而然地加入了这个行列。因为在她的三份学术工作中——纽约州立大学宾汉姆顿分校、佐治亚大学与西北大学哲学系,她都是其中唯一的女性。对此,弗雷泽感叹道:"我总是觉得自己在美国学术主流中处于边缘地位。但在人生的不同阶段,我都很幸运。在佐治亚大学,我就像一条离开水的鱼,我在那里呆了一年半,我是那里唯一的女人,唯一的犹太人,

---

① Nancy Fraser and Nancy A. Naples, "To Interpret the World and to Change It: An Interview with Nancy Fraser", *Signs: Journal of Women in Culture and Society*, Vol. 29, No. 4, 2004, p. 1107.

② *North American Critical Theory after Postmodernism: contemporary dialogues*, edited by Patricia Mooney Nickel, Palgrave Macmillan, 2012, p. 162.

哲学系唯一的左翼。……在西北大学,我也是这个系里唯一的女性,也是唯一的女性主义者。"①

众所周知,弗雷泽不仅是当代著名哲学家、社会理论家与马克思主义的女性主义(Marxist Feminism)理论家,也是法兰克福学派批判理论(Critical Theory)的第三代代表人物之一。作为一个智慧的、博学的和富有正义感的学者,弗雷泽"创新的学术、独到的见解、清晰的思路、渊博的学识和卓越的系统性都使她成为我们这个时代最杰出的思想家之一"②。弗雷泽的思想轨迹跨度 40 余年,其著述涵盖了批判理论、政治哲学理论与女性主义(Feminism)等方面,内容丰富且具有连续性,分析深刻又思想灵活。在不同的时代,弗雷泽采取不同的视角并运用她的哲学技巧,聚焦于统治及其对立面——解放,加强对资本主义的权力、剥削与统治的分析与批判,努力打造一个更平等、更公正和更自由的美好世界。

弗雷泽的研究方法是独特的对话式的,她的理论基础就是综合性和跨学科的马克思主义传统,处于法兰克福学派、西方左翼思潮以及女性主义等的交叉点。在刚踏入学术界的初期,弗雷泽主要受到了以下三种思想的影响。第一是法国后结构主义者米歇尔·福柯(Michel Foucault)的思想。"我被《事物的秩序》《规训与惩罚》《性史》第一卷的才华和原创性所折服,这些书给我留下了深刻的印象。"③尽管福柯与马克思主义的关系尚不明朗,但弗雷泽认为自己与福柯的一些见解产生了共鸣。1981 年,弗雷泽公开发表了她的第一篇文章《福柯论现代权力》。④第二是美国实用主义者、哲学家理查德·罗蒂(Richard Rorty)的哲学思

---

① *North American Critical Theory after Postmodernism: contemporary dialogues*, edited by Patricia Mooney Nickel, Palgrave Macmillan, 2012, p. 164.

② *Feminism, Capitalism, and Critique: Essays in Honor of Nancy Fraser*, edited by Banu Bargu and Chiara Bottici, Palgrave Macmillan, 2017, p. 2.

③ *North American Critical Theory after Postmodernism: contemporary dialogues*, edited by Patricia Mooney Nickel, Palgrave Macmillan, 2012, p. 157.

④ Nancy Fraser, "Foucault on Modern Power: Empirical Insights and Normative Confusions", *Praxis International*, Vol. 1, No. 3, 1981, p. 280.

想。"他的观点对黑格尔的马克思主义提出了重要的挑战。我尤其被他激进的反基础主义、激进的历史主义，以及他对哈贝马斯'准先验'（quasi-transcendental）转向的批判所震撼。"[1]第三是女性主义思想，性别（gender）视角在弗雷泽对资本主义批判中扮演了重要角色。性别一词旨在探索权力在观念、物质和历史等方面的建构，分析权力与不平等之间的关系，增进人们对男性/女性、男性气质/女性气质的认识。

弗雷泽指出，女性主义的发展不是一个孤立的问题，它与批判理论有一部分是融合的，但这种融合是有限的，需要进一步扩大和加强。20世纪第二波女权运动中的马克思主义的女性主义和社会主义的女性主义（Socialist Feminism）对资本主义的批判起到了一个标杆的作用，20世纪后半期女性主义批判理论（Feminist Critical Theory）的形成和发展与后现代转向（postmodern turn）、文化转向（cultural turn）、话语转向（discourse turn）与承认转向（recognition turn）等有很深的关联。20世纪90年代以来，马克思主义与新左翼（New Left）逐渐式微，对资本主义社会的结构性批判逐渐消失。面对资本主义在全球化世界中扮演的破坏性角色，女性主义与新自由主义（Neo-liberalism）的联盟等复杂挑战，弗雷泽深感争取女性解放的任务更加艰巨，希望女性主义能够恢复其解放理想。当前的新自由主义危机为女性主义者提供了一个机会，以修正以往有限的性别正义（gender justice）视野，并发掘女性主义的根本潜力。21世纪以来，弗雷泽立足于左翼女性主义（leftist feminism）对资本主义开展了卓有成效的批判，在理论上富于技巧，在现实中勇于创新，为批判理论的发展做出了杰出贡献。

二、弗雷泽女性主义批判理论的逻辑谱系

20世纪60年代的种族解放运动、女权运动与同性恋解放运动等带

---

① *North American Critical Theory after Postmodernism: contemporary dialogues*, edited by Patricia Mooney Nickel, Palgrave Macmillan, 2012, p. 158.

来了社会的巨大变化,推动了批判理论与女性主义理论向前发展。女性主义的发展史就是一部争议史,"在整个 20 世纪 70 年代,美、欧的女性主义理论都为它与马克思主义和社会主义的关系而辩论不休;从 20 世纪 80 年代开始,又深陷于针对性别本质主义和身份政治的种种论争之中"①。弗雷泽与西方马克思主义者、后现代主义者以及左翼女性主义学者展开了多次理论交锋,例如:"现代与后现代之争""主体之争""自我与他者之争""经济与文化之争""承认之争""正义之争"等。在这些论争当中,弗雷泽对她的理论内部存在的矛盾、论证缺陷及其理论哲学基础进行了论辩,也正是在这个过程中,弗雷泽一方面对这些批评做出应答以更清晰地表达了她的女性主义思想,另一方面在接受有益建议中丰富和完善了自己的女性主义理论框架。

20 世纪 90 年代以来,西方社会呈现出一些新现象和新问题:"左翼乌托邦主义的枯竭,可以替代现存社会秩序的新秩序的阙如,再分配的经济政治学黯淡失色,相形之下以承认为基础的文化政治学的兴起,以及经济的新自由主义的复苏"②。这些挑战使得弗雷泽对西方政治与文化图景进行了反思,试图复兴作为西方马克思主义遗产的对资本主义的批判。总之,弗雷泽的女性主义批判理论的逻辑主线是立足于女性主义视角对资本主义进行的全面批判,其批判的范围拓展到伦理学、文化政治学、政治经济学和政治哲学等多元和开放的领域。从早期在马克思主义/社会主义的女性主义中的战斗到中后期对资本主义批判的再兴,弗雷泽逐渐地丰富、发展和完善了女性主义批判理论。

(一) 20 世纪 80 年代:弗雷泽早期女性主义批判理论的发端

本书大致地把弗雷泽女性主义批判理论的发展分为三个时期:早期

① [美]艾米·艾伦:《权力、正义与世界主义:女性主义批判理论概览》,李剑译,《国外社会科学》2015 年第 4 期。
② 同上。

（20 世纪 80 年代）的经济和政治的双重批判时期，中期（20 世纪 90 年代）的政治和文化双重批判时期，以及后期（21 世纪以来）的政治经济学批判逻辑的回归和女性主义复兴时期。弗雷泽强调，在当下的新自由主义危机时代，女性主义者必须对资本主义进行多重批判，即同时在多条战线上作斗争——包括话语（哲学）、再分配（经济）、承认（文化）和代表权（政治）等。

从方法论根源上看，弗雷泽早期的女性主义批判理论正是在西方左翼思潮"文化转向"的趋势下，从福柯的"话语分析"理论中寻求方法，对马克思主义的政治经济学批判思路提出了新的诉求和挑战，不断形成其思想框架。

1. 后现代女性主义的基调

后现代主义哲学的两个重要命题是"人的死亡"和"历史的死亡"。女性主义与后现代主义（post-modernism）一样，有着反对启蒙理性、宏大叙事和单一话语的特性，这一点得到了女性主义者们的认同。但一些女性主义批判理论家认为两者结合存在一些问题，如塞拉·本哈比（Seyla Benhabib）指出，后现代主义对主体性和历史概念的强烈批判与女性主义的核心社会批判是不相容的；两者的联盟在理论上也是不可能的，因为后现代主义的最强版本破坏了女性主义理论的规范内容，特别是女性解放的理想与目标。弗雷泽较早地关注了后现代主义思想家的理论，对后现代理论家们的思想有着更开放的态度，并有效地证明了后现代主义和女性主义的互补优势和弱点。

受福柯后结构主义的谱系学方法的影响，弗雷泽也注重研究现象背后的原因，并把福柯的话语/权力理论运用到女性主义研究当中，提出女性要争取自己的话语权，反对既有的不公正的权力体系。但与福柯不同的是，弗雷泽不是一味地反对制度，相反，她寻求建立元民主制度化来保障女性的话语权。最后，弗雷泽超越了后现代主义的方法，"以一敌众"，驳斥了女性主义与后现代主义相背离的观点，主张二者的结合，构建了一种新型的后现代主义的女性主义。

弗雷泽的主要论文与著作：

1981，《福柯论现代权力：经验性见解与规范性混乱》（"Foucault on Modern Power：Empirical Insights and Normative Confusions"）

1983，《福柯的身体语言：一种后人文主义的政治修辞？》（"Foucault's Body Language：A Posthumanist Political Rhetoric?"）

1984，《法国的德里达：政治解构或者解构政治》（"The French Derrideans：Politicing Deconstruction or Deconstructing the Political"）

1985，《福柯：一个"年轻的保守主义者"？》（"Michael Foucault：A 'Young Conservative'?"）

1988，《非哲学的社会批判：女性主义与后现代主义的相遇》（"Social Criticism without Philosophy：An Encounter between Feminism and Postmodernism"）

2. 女性主义伦理学的维度

马克思和法兰克福学派的学者们都强调一种批判伦理学，如法兰克福学派和弗洛伊德主义马克思主义的重要代表人物赫伯特·马尔库塞（Herbert Marcuse）在论文《哲学和批判理论》中指出：批判理论"是对人的幸福的关注"[1]。马尔库塞接着指出："人是理性的存在，这种存在需要自由，而幸福是他最高的善，所有这些普遍性命题所包含的进步动能，正是来源于它们的普遍性。普遍性赋予它们一种近乎革命的性质；因为，它们宣告所有人，而不是这个或那个特定的个人，应当是理性的、自由的、幸福的。"[2]在《什么是批判理论的批判？》（1985）一文中，弗雷泽即提出了一种批判的正义理论，特别强调女性主义的关注，并主张女性的自主权。1986 年，弗雷泽发表了《走向一种团结的话语伦理》一文，确立了"集体和具体的他者观"和"团结的伦理观"，此后，弗雷泽的女性主义思想开始有了伦理学维度，并力图转变当代思想话语中的传统范式，造成

---

[1]［美］马尔库塞：《现代文明与人的困境：马尔库塞文集》，李小兵等译，上海：上海三联书店，1989 年版，第 174 页。
[2] 同上，第 197 页。

以德国哲学家尤尔根·哈贝马斯(Jürgen Habermas)为代表的普遍主义学说的困境。

弗雷泽的主要论文与著作：

1985,《什么是批判理论的批判?》("What's Critical About Critical Theory? The Case of Habermas and Gender")

1986,《走向一种团结的话语伦理》("Toward a Discourse Ethic of Solidarity")

1989,《难以驾驭的实践：当代社会理论中的权力、话语与性别》(*Unruly Practices：Power，Discourse and Gender in Contemporary Social Theory*)

3. 女性主义文化政治学的转向

批判理论家曾指出，文化必须被视为一个斗争领域，因为知识的生产和传播往往是一个竞争的过程。自 20 世纪 80 年代开始，文化对于理解权力和统治的批判理论来说，获得了新的重要性。女性主义批判理论家们开始讨论经济与文化、物质与话语之间的"既是/以及"(both/and)的张力关系，"分析重心和政治关注移向经济政治(具体而言是阶级政治)内部的文化领域和文化政治，移向与经济政治相关的文化领域和文化政治"①。

弗雷泽以"女性主义文化政治学"的视角介入对资本主义福利制度的批判。受马克思需要理论与福柯话语分析模式的影响，弗雷泽把女性对需要的解释上升为一个政治议题即"诠释需要的政治"(the Politics of Need Interpretation)，并对资本主义福利社会进行了文化政治学的批判。弗雷泽批判了资本主义福利制度诠释女性需要的话语模式，这包括：用国家官方单一话语来诠释女性的需要；以男性视角对女性需要的歪曲诠释；以"法律—行政—治疗"的模式来诠释需要使其非政治化。最

---

① ［英］杰夫·荷恩：《从"霸权男性特质"到"男人的霸权"》，张颖译，王政、张颖主编：《男性研究》，上海：上海三联书店，2012 年版，第 102 页。

后,弗雷泽主张应将诠释女性需要的政治制度化。

弗雷泽的主要论文与著作:

1987,《女性、福利和诠释需要的政治》("Women，Welfare，and the Politics of Need Interpretation")

1989,《围绕需要而战:后资本主义政治文化的社会主义女性主义批判理论大纲》("Struggle over Needs：Outline of a Socialist-Feminist Critical Theory of Late Capitalist Political Culture")

1989,《谈论需要:福利国家中政治冲突的诠释性争论》("Talking about Needs：Interpretive Contents as Political Conflicts in Welfare-State Societies")

(二) 20 世纪 90 年代:弗雷泽中期女性主义批判理论的进路

1. 对资本主义福利制度的批判

20 世纪 90 年代以来,弗雷泽大量著作的核心内容集中于资本主义对女性的经济负面后果,揭示了资本主义如何影响女性作为照顾者、福利接受者和低工资劳动者的生活。弗雷泽要求社会理论家将文化"承认"的新项目与左翼早期的经济重组以及平等使命重新整合起来。对于女性主义来说,这意味着从身份政治(politics of identity)转向政治经济问题。

西方在战后普遍实施的福利政策不仅缓解了资本主义危机,似乎也给女性解放带来了福音,使得她们不用完全依靠男性养家而获得国家的资助。但是,弗雷泽基于政治经济学的批判视角,分析了这一现象背后深层的制度性原因和它对女性长期的不良后果,对资本主义福利制度进行了深刻批判。弗雷泽利用福柯的知识谱系学方法来探讨社会福利政策中"依赖"概念之历史演变过程。弗雷泽明确指出,当代资本主义福利制度并不能解决女性面临的种种问题,相反,由于资本主义福利制度本身的性别歧视以及其所造成女性对福利的依赖等,会使女性陷入贫困化;福利制度的附带条件也影响了女性的政治参与,因此,资本主义福利制度不利于实现性别的公正。弗雷泽对资本主义福利制度进行了批判和矫正，包括批判了资本主义福利制度的性别二分法，提出要赋予女性获得福利的社会权利。弗雷泽还进行了一个女性主义思想实验，即提出"普遍性照顾者模式"（Universal Caregiver Model），指出真正能达成性别平等的福利国家模式，必须同时让男性也参与照顾的活动与责任等。

弗雷泽的主要论文与著作：

1992，《契约与慈善：为什么美国没有社会公民身份？》（"Contract versus Charity：Why Is There No Social Citizenship in the United States?"）

1993，《克林顿主义、福利与反社会的工资：新自由主义政治想象的兴起》（"Clintonism，Welfare，and the Antisocial Wage：The Emergence of a Neoliberal Political Imaginary"）

1994，《"依赖"的谱系：回溯美国福利国家的一个关键词》（"A Genealogy of 'Dependency'：Tracing a Keyword of the US Welfare State"）

1994，《家庭工资之后：一种后工业思想实验》（"After the Family Wage：A Postindustrial Thought Experiment"）

2. 对哈贝马斯公共领域理论的批判

通过对"女性公共领域"图景的描绘，弗雷泽对哈贝马斯以及资产阶级的公共领域（public sphere）展开了批判。在公共领域方面，弗雷泽敏锐地看到了西方从柏拉图、亚里士多德到美国政治哲学家约翰·罗尔斯（John Rawls）、哈贝马斯等人的政治理论中排斥或忽视女性的主体地位，因为他们把政治与公共领域、男性公民联结在一起，而女性则被划入私人领域（private sphere）和家庭生活当中。更为重要的是，弗雷泽对哈贝马斯公共领域概念的理论假设基础进行了驳斥，很有说服力地验证了哈贝马斯的"性别盲点"（gender blindness），以至于哈贝马斯自己后来承认公共领域本身就带有父权制（Patriarchy）特征，这也是对传统的公私领域规定的性别规范的驳斥。弗雷泽进而提出构建跨国公共领域和多元的"女性公共领域"(包括次级公共领域或底层反公共领域)的构想,使公共领域这个话语表达和身份塑造的领地不受性别、国界、阶级、性取向等的限制,让每个主体都能发出自己的声音、伸张自己的诉求,使之成为民主协商和参与对话的公共舞台。

弗雷泽的主要论文与著作:

1990,《法国话语和女性主义政治》("The Uses and Abuses of French Discourse Theories for Feminist Politics")

1991,《虚假的对立:答塞拉·本哈比与朱迪斯·巴特勒》("False Antitheses:A Response to Seyla Benhabib and Judith Butler")

1991,《公共领域反思:一项对现存民主批判的贡献》("Rethinking the Public Sphere:A Contribution to the Critique of Actually Existing Democracy")

1992,《性、谎言和公共领域:反思克拉伦斯·托马斯的确认》("Sex, Lies, and the Public Sphere:Reflections on the Confirmation of Clarence Thomas")

1992,《重评法国女性主义:差异、力和文化的批判文集》(*Revaluing French Feminism:Critical Essays on Difference, Agency and Culture*)

3. 实用主义女性主义的维度

20世纪90年代初,弗雷泽深受罗蒂的研究方法的影响。罗蒂试图在实用主义(pragmatism)和女性主义之间建立密切联系,建议将女性主义理论从任何规定性的权力中解放出来,并致力于对"女性作为女性应该说些什么"(what women as women would have to say)[①]作出认真的回应。虽然从女性主义视角来看,罗蒂的观点存在着明显的局限性,但他也促使了以弗雷泽为代表的女性主义的"实用主义转向"。弗雷泽和

---

① [美]理查德·罗蒂:《后形而上学希望:新实用主义社会、政治和法律哲学》,张国清译,上海:上海译文出版社,2003年版,第247页。

罗蒂由此展开了激烈的理论辩驳,双方分歧的实质是他们所分别依据的法兰克福学派批判理论和自由主义的后现代理论之间的分歧。弗雷泽将自己描述为一个"新实用主义者"(neopragmatist),图绘了"社会主义女性主义的实用主义"新版本,对于把握女性主义批判理论的内在发展逻辑,拓展和深化女性主义批判理论的研究具有重要的理论、现实和方法论意义。

弗雷泽的主要论文与著作:

1988,《团结抑或奇异?浪漫主义与技术专家之间的理查德·罗蒂》("Solidarity or Singularity? Richard Rorty between Romanticism and Technocracy")

1991,《从讽刺到预言再到政治:对理查德·罗蒂的回应》("From Irony to Prophecy to Politics: A Response to Richard Rorty")

1997,《结构主义还是语用学?:论话语理论和女性主义政治》("Structuralism or Pragmatics? On Discourse Theory and Feminist Politics")

1995,《女性主义的论辩:一个哲学交流》(*Feminist Contentions: A Philosophical Exchange*)

4. 承认之争:回到政治经济学

进入 90 年代以后,对政治经济的批判在新社会运动中消失了,第二波女性主义成为新自由主义的附庸,弗雷泽呼吁将政治经济重新纳入当代女性主义话语。法兰克福学派第三代的主要代表人物阿克塞尔·霍耐特(Axel Honneth)和弗雷泽都力图复兴对资本主义的批判,并将批判理论重新导向这一目的。

1995 年,霍耐特发表了《为承认而斗争》一书,霍耐特在哈贝马斯交往行为理论的基础上,结合当代资本主义的现实问题,提出了"为承认而斗争"的新批判理论,开始关注弱势群体被蔑视的道德经验问题。霍耐特形成了更能容纳多种特殊性(种族、阶级、性别、性与国籍等)关怀(care),包括女性主义关怀的实践理性的规范概念。弗雷泽在《新左翼评论》发表一篇影响极大的论文,质疑霍耐特的承认理论,反对忽略平等主义的再分配,要求在规范上将承认与再分配结合起来。她与霍耐特的辩论引发了欧美学界持续十多年的"承认"理论研究。弗雷泽指出,"过分强调承认和身份政治及其与阶级等级和再分配主张脱钩,会使人们忽视新自由主义资本主义的力量和日益加剧的财富不平等。"①"承认之争"展示了在现实问题面前第三代批判理论家对哈贝马斯的内在批判和超越。弗雷泽"呼吁将政治经济重新纳入当代女性主义话语,政策的变化也将赋予女性对自己时间的更多掌控权。为了实现思想解放和社会保障,我们需要超越自由主义女性主义所倡导的工作理想化,进入一个关乎性别正义的解放事业的更全面视野"②。

弗雷泽的主要论文与著作:

1995,《从再分配到承认?"后社会主义"时代的正义矛盾》("From Redistribution to Recognition? Dilemmas of Justice in a 'Post-Socialist Age'")

1995,《承认还是再分配? 艾里斯·扬的正义与差异政治批判解读》("Recognition or Redistribution? A Critical Reading of Iris Young's Justice and the Politics of Difference")

1996,《多元文化主义和性别平等:重温美国"差异"辩论》("Multiculturalism and Gender Equity: The US 'Difference' Debates Revisited")

1997,《异性恋主义、错误承认与资本主义:答朱迪斯·巴特勒》("Heterosexism, Misrecognition and Capitalism: A Response to Judith Butler")

1997,《正义的中断:对"后社会主义"状况的批判性反思》(*Justice*

---

① [英]罗布·斯通斯主编:《核心社会学思想家》(第3版),姚伟、李娜译,上海:上海人民出版社2020年版,第304页。
② [美]玛德琳·施华兹:《从国家管理资本主义到新自由主义危机:评南希·弗雷泽主编的〈女性主义之幸〉》,杨侠译,《国外理论动态》2013年第12期。

Interruptus:*Critical Reflections on the 'Postsocialist' Condition*)

(三) 21 世纪以来:弗雷泽晚期女性主义批判理论的新动向

1. 女性主义正义理论的演进

弗雷泽的正义理论试图在女性主义、后结构主义和后马克思主义之间发展一种独特而有力的综合,促进对当代政治经济结构、社会福利方案、政治参与机制和社会运动激进主义的深入分析,以复兴批判理论并对新自由主义的资本主义提出了强烈的批判。弗雷泽的女性主义批判理论即是针对当今女性遭受的非正义(injustice)现象而提出,力图为她们伸张被掩盖的正义诉求;同时对女性在现实遭受的非正义和传统正义理论,特别是罗尔斯的《正义论》的批判中提出女性主义正义观;也在批判传统正义思想中的性别盲点而求诸女性在再分配、承认和代表权的多维性别正义中展开她的性别正义理论。弗雷泽给女性解放定位了再分配、承认与代表权的新坐标,勾勒出在公共领域和跨国区域寻求女性解放的新框架,同时指出了平等参与的女性解放新路径,以追求女性在跨国领域内平等参与,实现再分配、承认和代表权的多维正义的新构想。

弗雷泽的主要论文与著作:

2000,《重新思考承认》("Rethinking Recognition")

2001,《承认时代的女性主义政治:性别正义的二维途径》("Feminist Politics in the Age of Recognition:A Two-Dimensional Approach to Gender Justice")

2001,《没有伦理的承认?》("Recognition without Ethics?")

2003,《从纪律到灵活化? 在全球化阴影下重读福柯》("From Discipline to Flexibilization? Rereading Foucault in the Shadow of Globalization")

2005,《图绘女性主义构想:从再分配到承认到代表权》("Mapping the Feminist Imagination:From Redistribution to Recognition to Representation")

2003,《再分配,还是承认？一个政治哲学对话》(*Redistribution or Recognition？ A Political-Philosophical Exchange*)

2008,《正义的尺度:全球化世界中政治空间的再认识》(*Scales of Justice，Re-imagining Political Space In a Globalizing World*)

2. 波兰尼女性主义的理论建构

弗雷泽指出,资本主义天生就有危机倾向。资本主义经济不仅依赖于非商品化的背景条件,例如:无酬的社会再生产劳动、非人性、公共权力,以及被没收的种族化群体劳动和资源,而且否定它们的价值,把它们视为"免费礼物"。① 面对21世纪资本主义的多重危机,为了使女性主义者重新团结起来,弗雷泽鼓励人们转向经典,转向马克思和匈牙利经济历史学家卡尔·波兰尼(Karl Polanyi)。弗雷泽制定了一个新的理论框架,试图找到一条新出路。为此,她参考了波兰尼的著作。弗雷泽对波兰尼的《大转型》(1944)进行了女性主义的批判性解读,以论证挑战市场和国家的父权压迫逻辑的必要性。

波兰尼在《大转型》一书中分析了二战前夕的经济和社会崩溃。弗雷泽认为,波兰尼的分析对我们很有用,因为它"超越了经济学思维的狭窄局限",有助于我们仔细审视经济运动和社会结构的瓦解。她指出,波兰尼的思想为我们提供了一个正义的、女性主义的社会愿景的开端。弗雷泽提出了市场化、保护和解放三重运动来代替波兰尼的双重运动。总之,借助于波兰尼的理论框架,弗雷泽的理论发展取得了很大的进步。同时,这项工作也使她获得了很大的赞誉。

弗雷泽的主要论文与著作:

2011,《波兰尼女性主义？21世纪重读《大转型》》("A Polanyian Feminism？ Re-reading *The Great Transformation* in the 21st Century")

2014,《社会一直是商品吗？》("Can Society be Commodities All the

---

① Nancy Fraser and Rahel Jaeggi, *Capitalism：A conversation in critical theory*, Cambridge：Polity, 2018, p. 154.

Way Down?")

2016,《资本与关怀的矛盾》("Contradictions of Capital and Care")

2013,《女性主义之幸：从国家管理资本主义到新自由主义危机》（*Fortunes of Feminism：From State-Managed Capitalism to Neoliberal Crisis*）

3. 对新自由主义的批判

作为全球最成功的女性之一,脸书(Facebook)首席运营官谢丽尔·桑德伯格(Sheryl Sandberg)①在最近的一本畅销书《向前一步：女性,工作及领导意志》中指出,女性需要克服恐惧,开始打破现状。更多的女性领导将为所有女性带来更公平的待遇。如果女性在市场上站稳脚跟,她们将实现几代女性主义者所要求的解放,打造出一个更适合女性的世界。②自第二次女性主义浪潮以来,自由主义女性主义者将工作视为解放之路,一直鼓吹有偿工作将女性从男性统治中解放出来的观点,但他们的信仰没有考虑到这样一个现实：对女性来说,大多数工作,不安全和低报酬,都是压迫性的。弗雷泽针对这一观点进行了批判,出版了《女性主义之幸：从国家管理资本主义到新自由主义危机》(2013)一书,追溯了20世纪下半叶女性主义的发展历程,认为女性主义和新自由主义之间存在着"危险的联系",这一联系必须被理解,才能使这场运动重新获得解放的希望。此书收录了弗雷泽1985年至2010年的十篇论文,全面介绍了弗雷泽性别正义观的发展和她对女性主义的理解,系统地阐述了她在焦点、兴趣和立场上的转变,从她早期对哈贝马斯公共领域男性中心主义观点的批判,到她最近对新自由主义经济和全球正义的关注。

---

① 谢丽尔·桑德伯格(Sheryl Sandberg,1969—),现任 Facebook 首席运营官,也是第一位进入 Facebook 董事会的女性成员。她还是福布斯上榜的前50名"最有力量"的商业女精英之一,新自由主义的女性主义者。2013年曾登上《时代周刊》杂志封面,并被《时代》杂志评为全球最具影响力的人物之一。
② ［美］谢丽尔·桑德伯格：《向前一步：女性、工作及领导意志》,颜筝等译,北京：中信出版集团,2014年版。

弗雷泽的主要论文与著作：

2008,《新自由主义时代的社会权利和性别正义：对话南希·弗雷泽》("Social Rights And Gender Justice in the Neoliberal Moment：A Conversation about Gender，Welfare，and Transnational Politics")

2009,《女性主义、资本主义和历史的狡计》("Feminism, Capitalism，and the Cunning of History")

2014,《公共领域的跨国化》(*Transnationalizing the Public Sphere*)

2019,《为了 99％的人：女性主义宣言》(*Feminism for the 99％：A Manifesto*)

三、本书的篇章结构和逻辑思路

本书运用马克思主义的立场、观点和方法，紧扣弗雷泽的文本，对女性主义批判理论的学理资源、知识背景和理论特征等方面进行梳理，深入探讨弗雷泽女性主义批判理论的主要内容、重大争论、思想发展和理论前景等，并力求给出公允的评价。

（一）本书的篇章结构

导论部分，首先简要介绍了弗雷泽的生平与思想，然后从历时性视角详细阐述了弗雷泽早期、中期与晚期女性主义批判理论，梳理和比较了弗雷泽女性主义批判理论的逻辑谱系的发展脉络。

第一部分包括第一章与第二章，论述了弗雷泽女性主义批判理论的思想资源和学术背景，包括：马克思批判精神与西方左翼思想的影响、葛兰西霸权思想的重要性、法兰克福学派的批判理论、马尔库塞的女性主义社会主义理论、第二波女性主义运动与女性意识的觉醒、以及女性主义批判理论的主要代表人物及贡献等等。

第二部分包括第三章与第四章，主要分析了弗雷泽思想的逻辑起点的后现代特征。20世纪80年代，弗雷泽女性主义批判理论呈现出文化批判和话语批判的特征。弗雷泽走向后现代主义，反对女性主义与后现代主义相背离的观点，主张二者的结合，重构了后现代主义的女性主义。

第三部分包括第五章与第六章，强调了弗雷泽理论逻辑体系的双重维度：伦理维度与实用主义维度。弗雷泽早中期理论的伦理思考，在女性主义伦理学家中引发了一场重要论战。另外，弗雷泽思想中较为知名的是其试图采用实用主义视角，在哈贝马斯式批判理论和福柯的著作之间，开拓出一条中间的道路。

第四部分包括第七章与第八章。至20世纪80—90年代，弗雷泽坚持了马克思主义的批判逻辑，将政治经济学批判定为其批判理论的重心，对资本主义福利制度进行批判。弗雷泽提出了"诠释需要的政治"理论，对资本主义诠释"女性需要"的话语模式进行了解析。弗雷泽还利用福柯的知识谱系学方法来探讨社会福利政策中"依赖"概念之历史演变过程，并进行一个女性主义思想实验，建构一个"普遍性照顾者模式"。

第五部分包括第九章与第十章。20世纪90年代，弗雷泽延续了马克思主义的批判逻辑，其中期批判理论的重心转移到了对哈贝马斯以及资产阶级公共领域的批判，描绘了"女性公共领域"的美好图景。

第六部分包括第十一章、第十二章与第十三章。由于第二波女权运动由再分配政治向承认政治的转变，弗雷泽呼吁将政治经济重新纳入当代女性主义话语。21世纪以来，新自由主义危机及其对女性主义的"劫持"，对女性主义作为批判来说既是发展的机遇也是新的挑战。弗雷泽发展了马克思主义的批判逻辑，其晚期批判理论的重心是建构女性主义正义理论、波兰尼女性主义理论以及复兴女性主义。最后，对弗雷泽2019年的最新力作——《为了99%的人：女性主义宣言》进行了深入解读，力图强调女性主义团结起来共同反对新自由主义资本主义的重要性。

结论部分，对弗雷泽女性主义批判理论的学术成就进行了全面总结与评价。一方面指出了弗雷泽的问题意识和实践品格对于女性解放的当代价值,强调了弗雷泽的激进性、批判性、综合性和开放性等思想传统有利于建构女性解放的学术话语与现实路径;另一方面对弗雷泽思想的历史局限性和内在矛盾性进行分析与反思。

(二) 本书的逻辑思路

本书将当今批判理论与女性主义理论中的关键性概念、问题和争论集中在一起,并且每一部分对于每一个概念都进行了独立的分析,同时提供了许多可以进一步讨论的问题。总的来看,弗雷泽用四个步骤强化了她对资本主义制度的批判:第一,通过重新定义福柯的权力概念来产生一种新的使命感和主体感;第二,指出哈贝马斯理论的性别盲点,重构了哈贝马斯关于公共领域的概念;第三,通过回顾波兰尼的著作来描绘女性主义解放理想的蓝图;最后,通过批判新自由资本主义以复兴女性主义。总之,弗雷泽的思想具有多面性、多变性以及研究领域的广泛性等特点,本书力图探寻其理论发展的逻辑主线——对资本主义的批判——并对其进行逻辑梳理与充分阐释,进一步思考女性主义批判理论与西方左翼思潮和马克思主义社会批判理论之间的内在逻辑关系。

在纵向上,本书通过十三章内容,加上导论与结论,总共十五章内容的丰富阐释,梳理和比较了弗雷泽女性主义批判理论的逻辑谱系的发展脉络;在横向上,使用历史和逻辑相统一的研究方法,分析和评述了弗雷泽女性主义批判理论的研究主题和重要争论。通过全面梳理弗雷泽女性主义批判理论的发展脉络以及与之相关的思想资源和理论视角,本书深入研究弗雷泽女性主义批判理论的逻辑谱系,探讨围绕性别、权力、福利、伦理、后现代、公共领域和性别正义等主题而建构的女性主义对资本主义的批判体系及其影响。

综上所述,弗雷泽女性主义批判理论的内容是相互关联和不断发展的,到目前基本上达到比较成熟的程度,根据其思想的逻辑谱系进行研究是一个富有特色和创新的思路。本书的创新之处就在于对弗雷泽的女性主义思想的学术背景、基本内容以及逻辑谱系等有一个比较全面的梳理。同时,本书还从弗雷泽思想与马克思主义社会批判理论关联的研究中,与其他左翼学者的理论争论和实践斗争中,辨识出弗雷泽思想的复杂性和多面性特征,既可以使读者了解其他左翼学者对一些重大问题的看法,又可以更好地把握弗雷泽思想在整个马克思主义社会批判理论发展史中的地位和贡献。另外,本书不局限于弗雷泽思想形成时间的先后顺序,而是运用历史逻辑与理论逻辑相统一的方法,结合弗雷泽思想发展的复杂多变性进行比较分析、辩证分析、客观分析,是一种全新的突破。总之,本书力图做一次尝试性的创新研究,以反映弗雷泽的最新研究成果和当代西方左翼女性主义理论的最新进展。

第一部分
弗雷泽女性主义批判理论的思想基础

　　弗雷泽的女性主义批判理论受到了马克思主义理论以及西方左翼思想的启迪,吸收了葛兰西霸权思想、法兰克福学派的批判理论、马尔库塞的女性主义社会主义理论、第二波女性主义的主要观点。弗雷泽在推进女性主义批判理论发展过程中与西方马克思主义者、后现代主义者以及左翼女性主义批判理论学者围绕许多问题展开了论争,在论争的过程中完善自己的思路,更为清晰地提出了自己的女性主义批判理论。

第一章　弗雷泽女性主义批判理论的思想资源

从思想源头上看，弗雷泽的马克思主义的女性主义理论与女性主义批判理论正是在马克思主义理论的启迪下，从法兰克福学派的理论中寻求方法，并广泛汲取后现代主义、后结构主义以及女性主义的理论要素，不断拓展其理论视阈而形成其思想架构。

第一节　马克思的批判精神与西方左翼思想

马克思是批判理论之父，其思想对于所有的批判理论都是非常重要的。弗雷泽指出，没有人能改进马克思对批判理论的定义，即"对当代的斗争和愿望作出当代的自我阐明"。这一定义之所以如此吸引人，是因为其直截了当的政治性质。① 批判是马克思的一贯立场，包括对所有静态固定模式、对任何永恒自然范畴和非辩证法决定主义等的坚决摈弃。批判性也是贯穿马克思理论发展始终的思想精髓，马克思早在《德意志意识形态》(1846)中就对资本主义展开了政治经济批判。尽管该书的大部分内容是批判"青年黑格尔派"的，"但是这种批判包含着某些基本的

---

① Nancy Fraser, *Unruly Practices: Power, Discourse and Gender in Contemporary Social Theory*, Minneapolis: University of Minnesota Press，1989, p. 2.

观点,这些观点充当了'批判理论'背后的原动力,或者说是一种认为社会理论必须批判压迫性的社会体制,以及提出一种解放全人类的替代性选择。这个主题贯穿于马克思的所有著作之中"①。

在 1873 年出版的第二版《资本论》的后记中,马克思对辩证法进行了界定:"辩证法,在其合理的形态上,引起统治阶级及其夸夸其谈的理论家们的恼怒和恐怖,因为辩证法在对现存事物的肯定的理解中同时包含对现存事物的必然的否定的理解,即对现存事物的必然灭亡的理解,辩证法把运动本身的一切既成形式都看作是过渡的形式,因此它不崇拜任何东西,按其本质来说,它是批判的和革命的。"②因而,经典马克思主义理论被称为"政治经济学批判"(the critique of political economy),它认为资本主义具有两面性:一方面是一种独特的剥削形式,另一方面在人类历史的发展过程中也发挥了进步作用。

20 世纪 60—70 年代,马克思关于权力与社会关系的革命性观点影响了许多激进分子和左翼思想家,马克思主义的词汇几乎成为左翼学者的通用语言。左翼学者主要包括传统西方马克思主义者的继承者、后马克思主义者以及在当代西方从事马克思主义研究和资本主义批判的其他学者,他们都或多或少地具有马克思主义的理论背景,具有理论批判的基本品格。一般而言,"左翼代表了一种传统和一种计划,这种传统和计划最早在启蒙运动时期得到了明确的表达,它质疑社会秩序的神圣原则,质疑地位、权利、权力和条件方面不合理但可补救的不平等,并试图通过政治行动消除这些不平等。它独特的核心承诺是对平等的含义和意义作出严格的回答。它设想一个平等的社会,并认为这一设想要求在最广泛的范围内对不合理的歧视和依赖的根源进行彻底的诊断,并制定

---

① [美]乔纳森·H. 特纳:《社会学理论的结构》(下),邱泽奇等译,北京:华夏出版社,2001 年版,第 225 页。

② 马克思:《资本论》第 1 卷(法文版),北京:中国社会科学出版社,1983 年版,第 846—847 页。

一个切实可行的方案来废除或减少这些根源"①。西方左翼学者及其思想正是在发达资本主义的背景下产生的,并对资本主义持激进批判的立场。

然而,随着后现代主义和"消费社会"的兴起,经典"西方马克思主义"在实践和逻辑上逐渐式微,使得诸多左翼学者开始对传统社会批判理论进行反思,试图在新的历史条件下来重建对资本主义社会的批判。1985年,后马克思主义者恩内斯特·拉克劳(Ernesto Laclau)和尚塔尔·墨菲(Chantal Mouffe)在《领导权与社会主义的策略:走向激进民主政治》一书中为左翼学者提供了一种可资借鉴方法。左翼学者的努力不仅在哲学、经济学、社会学、文学与历史学等不同学科领域得到了强劲的反应,而且在女性主义领域中更是异军突起,形成了一批具有深邃洞察力和原创性的左翼女性主义理论家,如弗雷泽、朱迪斯·巴特勒(Judith Butler)、本哈比与艾利斯·马瑞恩·扬(Iris Marion Young)等人。弗雷泽与巴特勒、本哈比、霍耐特,以及拉克劳和墨菲就左翼的本质展开辩论,为拯救平等主义(即社会主义)因素而进行斗争——这是女性主义最初的愿景,维持和重建左翼都是弗雷泽理论与实践的核心要务。② 总之,"弗雷泽遵循了一条思考平等的道路,这条道路将她所受训练的抽象哲学术语的严肃性带入了与努力实现平等的政治运动的对话中,换句话说,就是左翼"③。

第二节 安东尼奥·葛兰西的霸权思想

在关于压迫性权力及其产生不平等和人类苦难的能力的文献之中,西方马克思主义的奠基人之一、意大利马克思主义理论家与政治活动家

---

① *Feminism*, *Capitalism*, *and Critique*: *Essays in Honor of Nancy Fraser*, edited by Banu Bargu and Chiara Bottici, Palgrave Macmillan, 2017, p. 266.
② Ibid., pp. 263 - 264.
③ Ibid., p. 278.

安东尼奥·葛兰西(Antonio Gramsci)的观点在批判理论研究之中具有核心地位。弗雷泽是女性主义理论主导下的批判研究的范例,她更为赞同葛兰西的霸权(hegemony)思想并仰仗马克思和马克思主义传统。

一、葛兰西的"霸权"概念解析

葛兰西在《狱中札记》中第一次提出了霸权理论,其本意是想探究意大利工人阶级为何未起义反抗墨索里尼的法西斯主义。葛兰西反思和总结了 20 年来意大利工人革命失败的经验教训,认为最根本的原因是工人阶级受到经济决定论的制约,将复杂的、多层面的阶级斗争简化为经济基础决定上层建筑的简单公式,从而忽视了意识形态(ideology)斗争的重要意义。葛兰西认为,对马克思所做的"经济主义"的解释,低估了马克思主义这一"实践哲学"的重要意义。因而,强调理性和文化的影响而不是纯经济力量的影响使葛兰西首创了"霸权"概念,使其与教条的马克思主义研究方法决裂。对"霸权"的强调,令葛兰西在哲学上非常重视上层建筑而非经济基础。葛兰西指出,统治阶级在取得经济核心地位以后,将其领导性和权威性扩展至社会、政治、文化各个领域,试图同从属阶级的文化进行谈判以赢得它在文化和意识形态领域的领导地位,而这通过诸如家庭、教育制度、教会、大众传媒和其他文化形式等机制得以运行。从属阶级对既有权力结构产生"同意"(consent),在不知不觉的状况下,内化、自愿接受其统治。因此,霸权并非简单的自上而下的权力,不是统治阶级的意识形态之强加于从属阶级,而是统治阶级和从属阶级互相协商和妥协的结果。用葛兰西的术语来讲,是一种不稳定的"折衷平衡"。① 霸权也从来不是一种静止的状态,它始终面临着各种挑战,意味着一种持续不断的更新和再创造的博弈过程。从这个意义上说,永恒的霸权和永恒的收编都是不存在的。

---

① [英]约翰·斯道雷:《文化理论与通俗文化导论》,杨竹山等译,南京:南京大学出版社,2001年版,第 15 页。

通过霸权概念,葛兰西质疑了传统马克思主义中经济基础与上层建筑的二分模式和阶级本质主义。"霸权概念的有用之处,不全在于葛兰西式以经济阶级为基础的文化经济论或经济文化论,而在于这个概念如何能够在理论实践当中被改造和再造。"[①]霸权概念的重要之处,恰恰是因为它指向了政治、文化与社会主义策略之间的关联,应用霸权理论可以探讨许多不同领域内的问题,包括性别、阶级、种族等等。

首先,葛兰西强调意识形态的上层建筑对经济基础的重要性,从而开拓了文化领域,赋予它巨大的政治可能性。其次,葛兰西承认霸权是建构的,是由各种社会群体努力整合起来的统治形式,这就为从属阶级挑战霸权提供了可能。随着 20 世纪 60 年代西方新社会运动的发生和发展,葛兰西的霸权理论很快就与权力、主体等话语相结合,被用来分析或批判性别歧视和种族歧视的社会现实。至 70 年代,英国学者雷蒙德·威廉姆斯(Raymond Williams)等将葛兰西的观点引入英国的文化研究中,包括女性主义、后殖民主义理论等各种文化运动,都将自己的实践与葛兰西的理论结合起来。

二、葛兰西霸权理论的马克思主义的女性主义解读

葛兰西的霸权理论为女性主义阐明权力关系提供了一个马克思主义的框架,这体现在分析权力的内在性质和同意的作用上。女性主义者认为女性受压迫并不是经济制度的简单产物,资本主义剥削制度的结束也不会自动终结其他类型的压迫。女性主义者从文化和意识形态批判的角度使葛兰西的霸权理论与性别、权力、话语和种族等问题接合(articulation)起来。

首先,"父权制"是一种霸权。葛兰西虽未讨论父权制的问题,但他对于霸权观点的诠释,不仅可以说明资本主义统治霸权的形成与发展,也非常适用于说明关于性别、种族和各种文化领域中支配权力的运作。

---

① 王政、张颖主编:《男性研究》,上海:上海三联书店,2012 年版,第 104 页。

父权制是第二波女性主义浪潮中的女性主义者分析和批判男性霸权最重要的概念之一，它的产生使得一些女性主义思想和实践得以出现和发展。但与此同时，父权制概念的非历史性和超文化的普遍性遭到了许多批评。第三波浪潮的女性主义者认为父权制是一个过于宽泛和笼统的术语，它不能描述在不同的社会中男性霸权的不同形式。进入20世纪80年代，父权制这一概念在学术领域和政治领域中的使用明显减少了。受葛兰西霸权理论的启发，英国女性主义社会学家西尔维亚·沃尔比（Sylvia Walby）试图拯救父权制这个概念的活力。她一方面看到了后结构主义和后现代主义忽视权力关系的社会背景的局限性，另一方面提出了一个颇有影响的折中方案——对父权制再概念化的主张。沃尔比指出，先进工业社会中的父权关系，是由分析上可以区别的六组结构所建构和维系的，在这些结构里，男人支配并剥削了女人。这六组结构是有偿工作、家务劳动、性欲、文化、暴力与国家。通过解决这些结构之间的相互关联，沃尔比尝试避免父权制本质主义的陷阱。沃尔比的做法表明女性主义者把父权制作为一个战略性的和政治性的定义重新使用。

其次，"话语"是一种霸权。葛兰西指出，无产阶级必须寻找到包括语言与常识在内的文化霸权力量；同样地，女性必须用语言与常识抵制父权制的文化霸权的基调，父权制话语忽略、扭曲或者轻视女性的历史、经验和潜力。"女权主义的核心原则已经被改造为日益模糊和空洞的符号，并发生了与去政治化乃至右翼价值的重新接合。"①因此要形成新的女性主义话语并予以重新激活，女性主义话语是反抗的一个重要方面。弗雷泽对葛兰西的霸权理论与福柯关于知识/权力谱系的相关讨论进行选择性混合，提出话语的解释模式，以说明社会需要的话语如何发生。弗雷泽指出，话语霸权概念对女性主义是有用的。第一，它能用于理解社会身份的作用，"从而使得静止的、唯一变量的、本质主义的性别认同

---

① ［美］安娜·玛丽·史密斯：《拉克劳与墨菲：激进民主想象》，付琼译，南京：江苏人民出版社，2011年版，第235页。

观去神秘化"①。第二,它有益于理解社会群体的形成和文化霸权的获得和争夺的过程。"霸权"即指代话语权,在现实生活中,女性话语对现实的政策改变效力甚微,它们可能被非政治化,仅仅是一种选择而已。弗雷泽问道:"那些不利于女性权益的定义和解释如何获得文化上的权威性?动员反霸权的女性主义定义和解释,从而形成广泛的对立群体和联盟的前景如何?"②第三,采用话语概念不仅有益于女性主义的理论化,还有助于女性主义的反霸权实践。因为正确的话语概念将否认女性只是被动受害者,强调了女性作为社会行动者的可能性和现实性。

再次,"男性气质"是一种霸权。尽管葛兰西从来没有直接讨论过男性霸权,澳大利亚知名性别社会学家——雷文·康奈尔(Raewyn Connell)获益于她的霸权概念,提出"霸权式男性气质"(hegemonic masculinity)一词,分析当代资本主义社会中处于霸权地位的男性气质。康奈尔指出,"霸权式男性气质"通过宗教、媒体等市民社会的机构,形成人们心中的共识和无需言明的规范,压制或支配女性及其他居于从属地位的男性,进而占据社会中的优势地位。它通过生产关系、情感关系以及权力关系来得到维系。康奈尔支持"去社会性别化(degendering of society)的政治策略,借此来获得一种更广阔的描绘性别的图景,促进男性和女性之间的社会公正"③。因此,康奈尔的研究使女性主义有了许多新的思考可能。

最后,"种族压迫"是一种霸权。葛兰西将差异和矛盾看作文化和意识形态存在的基本方式,把文化研究的视野扩大到了对资本主义社会中的工人阶级亚文化、跨国资本主义时代中的第三世界文化及其民族身份的探究,为后殖民女性主义(Post-Colonial Feminism)研究提供了理论支

---

① [美]南茜·弗雷泽:《正义的中断:对"后社会主义"状况的批判性反思》,于海青译,上海:上海人民出版社,2009年版,第161页。
② 同上,第162页。
③ [英]彼得·杰克逊等:《追寻男性杂志的意义》,陈阳译,天津:天津人民出版社,2007年版,第244页。

持。后殖民女性主义的主要代表佳亚特里·斯皮瓦克（Gayatri Chakravorty Spivak）的特点即她的"非主流话语"的研究。这里的"非主流"即来源于葛兰西的著述，意即"非精英"或"从属的"文化或社会群体。斯皮瓦克立足于女性主义、马克思主义和解构主义（Deconstruction），力图削弱西方的殖民主义和帝国中心的文化霸权。斯皮瓦克的观点对第三世界女性产生了一系列的文化影响，女性主义认识到，如果局限于西方女性的主观意识，反而会帮着巩固西方的文化霸权。因此，要落实葛兰西反文化霸权的批判精神，必须将种族压迫纳入考察范围。

　　毋庸置疑，葛兰西对霸权、市民社会与知识分子等概念的深刻阐述，极大地拓宽了女性主义的视野，创造了一个新的概念空间。特别是关于文化霸权研究中隐含的逻辑思考以及引发的一些严肃问题，这些问题涉及大多数女性主义理论的基础以及当今时代的学术和女性主义政治运动及其主要的一些思想。"同样重要的是，葛兰西对文化和意识形态的阶级本质主义观点以及与此相关的阶级简化主义原则的批判，使我们能够合理解释文化斗争不同领域（阶级、种族、性别）的相对独立性，以及它们在不同历史背景中，可能互为交叠的那些复杂的、变化的方式。这不但是对古典马克思主义的一个重大改进，而且对于把权力和反抗权力的斗争视为同样是分散的、各不相干的福柯式的倾向，也是一个有力的遏制。当然，最重要的是它提供了一个框架，在这个框架内，社会主义运动以及诸如女权主义、民族解放斗争的文化政治可以进行富有成效的争论，而不必担心它们各自的特征或者淹没了争论，或者被其他观点吞没在争论中。"①正如弗雷泽所关注的是福柯、法国著名社会学家皮埃尔·布尔迪厄（Pierre Bourdieu）、哈贝马斯和葛兰西，而对源自雅克·拉康（Jacques Lacan）、雅克·德里达（Jacques Derrida）和法国女性主义者的

---

① ［英］奥利弗·博伊德-巴雷特、［英］克里斯·纽博尔德编：《媒介研究的进路：经典文献读本》，汪凯、刘晓红译，北京：新华出版社，2004年版，第431—432页。

女性主义不感兴趣一样[①],葛兰西式的女性主义者修正和恢复了父权制、性别与再生产等概念在女性主义批判理论的中心地位,体现了女性主义理论、批判理论和后结构主义以及后殖民主义的接合。简言之,葛兰西的霸权思想在弗雷泽女性主义批判理论体系中占有非常重要的地位。

第三节　法兰克福学派的批判理论

批判理论源起于马克思主义对资本主义统治的批判。广义的批判理论是复数的,泛指所有对现状持批判态度的哲学、经济学、社会与政治理论,主要包括:马克思主义、法兰克福学派、女性主义、后现代主义、文化研究、后结构主义和后殖民主义等。狭义的批判理论即法兰克福学派理论,在一定意义上,二者是同一个名词。实际上,法兰克福学派最早使用了"批判理论"这一标签。因此,人们通常把该学派视为"批判理论"的同义词。

一、法兰克福学派批判理论的主要内涵

"法兰克福学派"始于 1923 年的德国,后期因为纳粹主义的压迫而于 1933 年转移至美国纽约。1949 年再度迁回德国。主要代表人物是受马克思主义影响、有着犹太背景的左翼知识分子,如马克斯·霍克海默(Max Horkheimer)、西奥多·阿多诺(Theodor Adorno)、马尔库塞、埃里希·弗洛姆(Erich Fromm)和瓦尔特·本雅明(Walter Benjamin)等人。这个团体的思想,源自马克思在《政治经济学批判》中提出的一系列对社会现实的批判,延伸了乔治·卢卡奇(Georg Lukacs)强调异化和物化重要性的理论。

批判理论的宗旨与意义并不是"知识的增长",而是哲学性的反思,

---

① [美]南茜·弗雷泽:《正义的中断:对"后社会主义"状况的批判性反思》,于海青译,上海:上海人民出版社,2009 年版,第 159 页。

努力提倡一种自我反思性的立场，对万事万物做反向思考、对现代社会进行总体批判。他们将马克思主义、批判哲学以及精神分析加以融合，呈现出一个对资本主义社会秩序的批判，尤其是对"文化工业"的批判。"一般来说，这些思想家共同关注着同一问题并由此结合在一起，即他们都对经济、政治与文化的各种变革之性质与意义展开分析，他们都认为这些变革对他们所处的资本主义社会来说是极其重要的。他们的首要目的在于，通过自己的著述揭露**阶级**社会的潜在矛盾，以引发进步而积极的社会发展。"①批判理论的主张是摆脱既有的压迫形式，其各个分支、流派都分享一种公正民主冲动，强调权力与知识的社会结构，揭露权力与知识生产背后的利益。批判理论的核心概念是"实践"，因此，批判理论不但成为跨学科学者在进行所有理论观点对话时的焦点，也为社会实践领域广泛熟知，包括现代化、发展、环境、全球化和公共领域等。

法兰克福学派理论的一个基本特征，就是力图做到对资本主义进行全方位的批判，即对资本主义社会的文化、思想、经济、科学技术等方面进行交互性的总体分析批判。这种总体批判精神既体现在霍克海默、阿多诺、马尔库塞等早期的第一代法兰克福学者身上，同时也体现在第二代哈贝马斯、第三代霍耐特和弗雷泽等人身上，他们对当代资本主义在各个领域的新变化、新发展进行了激进批判，为丰富和发展当代马克思主义做出了重要贡献。当然，不同时代的法兰克福学派的批判风格和主题是不一样的。

二、第一代法兰克福学派的工具理性批判

第一代法兰克福学派集中于对工具理性（instrumental reason）的批判，将工具理性视为当代社会最具压制性的特征。工具理性既是一种思维方式，用来计算得到某物和达成某种目的的最佳方法，也可以理解为

---

① ［美］约翰·费斯克等编：《关键概念：传播与文化研究辞典》（第二版），李彬译，北京：新华出版社，2004年版，第112页。

一种过程,通过这个过程,理性逻辑与科学被用来服务于人类的管理、控制与统治。"工具理性"是技术的源泉和功能,是顺应控制自然的需要而产生的。

在1937年出版的《社会科学研究杂志》上,霍克海默和马尔库塞发表文章,首次把他们的理论称为"批判理论",强调他们的理论研究是"批判活动",对资本主义采取批判和否定的态度。社会批判理论或者说法兰克福学派理论的一个基本特色,就是它的综合性、跨学科性和总体性。霍克海默和阿多诺认为,在发达的工业社会中,工具理性带来了不幸的结果:其关注的焦点不再仅仅是改变自然,而是改变他人。"他们批判工业文明的工具理性,认为它导致了启蒙理性的衰落和毁灭,造成了法西斯极权主义的产生,并主张以非理性主义的精神价值抵制工具理性在'科学'、'客观'旗号下的抽象化和片面化,反对人性的异化。"①他们针对当时科学技术发展对生活的全面主宰,批判启蒙本身变成了神话,批判工具理性对人的精神的荼毒使人失去了对现实的批判和抗争。这是对垄断资本主义崇尚工具理性、效率利益的控诉。他们还对资本主义意识形态和大众文化(mass culture)进行了批判,由于工具理性这个势头的影响是如此之广泛深刻和难以抵挡,批判者们诉诸艺术或审美以求超脱最后还是陷入了悲观无望之中。但他们警醒了人们对工具理性的过度推崇而忽视精神人性提升的倾向,对审视当前的社会现实具有重要的启示和意义,它的不足也为第二代法兰克福学派成员所批判和纠正。

三、第二代法兰克福学派的交往理性批判

从20世纪60年代末到80年代中期,以哈贝马斯等人为代表的法兰克福学派第二代,借鉴德国哲学家伊曼纽尔·康德(Immanuel Kant)与黑格尔的思想,致力于批判理论重构与现代性(modernity)批判,以保持

---

① [美]南希·弗雷泽:《正义的尺度:全球化世界中政治空间的再认识》,欧阳英译,上海:上海人民出版社,2009年版,《译者前言》第4页。

马克思的批判精神,并尝试着复兴马克思主义。诚如德国哲学家汉斯·伽达默尔(Hans-Georg Gadamer)所说:"二十世纪是第一个以技术起决定作用的方式重新确定的时代,并且开始使技术知识从掌握自然力量扩转为掌握社会生活,所有这一切都是成熟的标志,或者可以说,是我们文明危机的标志。"①然而,第二代法兰克福学派的学者们认为,早期法兰克福学派的批判理论并没有为摆脱文明危机找到出路,他们还是运用传统哲学的理性(reason)概念,且缺乏批判的规范基础。"在 20 世纪 70 年代初,哈贝马斯开始把批判理论的使命看作是对以语言为媒介的互动过程的强调。"②于是哈贝马斯对批判理论进行了广泛的修正,试图重建历史唯物主义,实现了"语言学转向",对"交往理性"(communicative reason)这个新工具进行批判。

"交往理性"指的是人们未经歪曲的行动,他们真诚地希望在人与人之间实现明晰的相互理解。哈贝马斯指出:"只有交往行为模式把语言看作是一种达成全面沟通的媒介。在沟通过程中,言语者和听众同时从他们的生活世界出发,与客观世界、社会世界以及主观世界发生关联,以求进入一个共同的语境。"③这里,他超越了早期批判理论以工具理性代表整个理性进行批判的不足,注意力转移到交往理性及其建构性的一面,这也是哈贝马斯为拯救现实生活中人的异化的一种方案。尽管他这一设想也得到了后期继承者的诟病,但这确实是对二战后西方国家的垄断资本主义时期新问题根源探索的另一种思路,实现了批判理论的变革。弗雷泽正好继承了他对社会热点关注的倾向,同时指出了他对性别的忽视。

---

① [德]伽达默尔:《科学时代的理性》,薛华译,北京:国际文化出版公司,1988 年版,第 63 页。
② [美]乔纳森·H. 特纳:《社会学理论的结构》(下),邱泽奇等译,北京:华夏出版社,2001 年版,第 247 页。
③ [德]尤尔根·哈贝马斯:《交往行为理论》第一卷,曹卫东译,上海:上海人民出版社,2004 年版,第 95 页。

四、第三代法兰克福学派的政治伦理批判

霍耐特接任法兰克福学派的"社会研究所"(The Institut für Sozialforschung)的所长职务,代表了批判理论中的"承认转向"。这种转向关注的问题是,群体与个体通过哪些途径,确保其在自身生活的情境中的社会意义。霍耐特重点考察了人类学对于正义的深层感知,即正义与对于人自身的尊严、荣誉或正直的充分重视密切相关。

从20世纪80年代中期至今,以霍耐特等人为代表的法兰克福学派第三代人完成了批判理论的"政治伦理转向"①,继承和发展了哈贝马斯的交往理论,认为现实中的许多冲突不仅仅是传统马克思主义所宣称的经济矛盾,更是人与人交往过程中寻求他人承认的斗争,"支配着冲突的集体利益不一定被认为是终极的结局或者本源的动因,相反,它可能是在为承认和尊重的规范要求留有余地的道德经验境遇中被构造出来的"②。霍耐特要重返黑格尔的承认理论,也是基于一定的现实基础和他关注现实的思路的,这也是弗雷泽所关注的重要议题。

弗雷泽的理论总是充满批判的色彩和辩论的激情,深得法兰克福学派对理论和现实进行批判的精神传统。她也自称是一个"批判的社会理论家"③。弗雷泽与霍耐特的直接交流很多,他们都关注不同群体的身份承认问题,但弗雷泽批判霍耐特因此而忽视了再分配问题,两人就承认与再分配是否矛盾、如何调和二者的关系进行了针锋相对的辩论,"但是他们的理论努力共同引发了人们对当代全球化发展中政治伦理的高度关注。……围绕承认的这场理论争论,开辟了批判理论的新方向,标志

---

① 王凤才:《霍耐特与批判理论的"政治伦理转向"》,《现代哲学》2007年第3期。

② [德]阿克塞尔·霍耐特:《为承认而斗争》,胡继华译,上海:上海人民出版社,2005年版,第172页。

③ Nancy Fraser, *Unruly Practices : Power, Discourse and Gender in Contemporary Social Theory*, Minneapolis: University of Minnesota Press, 1989, p. 2.

着批判学派第三代的正式形成"①。这两位思想家之间进行的直接而有影响力的对话,对于探讨一些重要而复杂的问题具有指导意义。

总之,批判理论被法兰克福学派代代相传并不断创新,而今日继续推行批判理论的,不仅有第二代的哈贝马斯和他的同道们,而且还有女性主义者、后结构主义和后现代主义者等。至 20 世纪 80—90 年代,"批判理论和后现代主义开始在关于象征、符号、文化以及意识形态上走向了融合……批判理论家致力于去发现成熟的资本主义体系及发展中的资本主义世界秩序里的文化产品的各种问题。"②这表明,法兰克福学派的批判理论的主题和范式经历了时代的变迁,它们都对弗雷泽女性主义思想的批判视角和主题有着直接或间接的影响,但其中不变的是保持对资本主义现实的批判。

第四节　赫伯特·马尔库塞的女性主义社会主义理论

马尔库塞是著名德裔美籍哲学家和政治活动家,法兰克福学派的第一代主要代表人物。马尔库塞以社会批判理论著称于世,是 20 世纪 60 年代西方"新左翼"运动的精神领袖,被称为"发达工业社会最重要的马克思主义理论家"。他虽然生活在发达工业社会,却没有沉迷于发达工业社会表面的繁荣和谐,反而洞察到了发达工业社会的虚伪。在《爱欲与文明》(1955)、《单向度的人》(1964)与《审美之维》(1978)等著作中,指认当代西方发达工业社会已经实现了对人的总体控制。

马尔库塞晚年开始关注女权运动,并在继承奥地利心理学家、精神分析学派创始人西格蒙德·弗洛伊德(Sigmund Freud)压抑性文明理论和马克思恩格斯女性解放思想的基础上,提出女性主义社会主义思想。

---

① [美]南希·弗雷泽:《正义的尺度:全球化世界中政治空间的再认识》,欧阳英译,上海:上海人民出版社,2009 年版,《译者前言》第 11 页。
② [美]乔纳森·H. 特纳:《社会学理论的结构》(下),邱泽奇等译,北京:华夏出版社,2001 年版,第 232—233 页。

历史的发展是辩证的,他认为经过几千年漫长的社会建构而形成的女性特征是资本主义"操作原则"的对立面。他高度赞扬女性特征,将建立非压抑性爱欲社会的希望落在女性身上,认为女性是构建非压抑性文明的主体。同时,他也担心当代西方的女权运动在"异化消费"的旋涡中停滞。马尔库塞警示女性应该从消费圣殿的虚幻满足中抽离出来,注重培养自身的价值主体意识,认识到自身的社会责任。

20世纪60年代,西方社会掀起了第二次女性主义浪潮。马尔库塞既赞赏女权运动给人们带来的勇气,又担心女性主义者在"消费社会"和"单向度社会"的大环境中被同化从而止步不前。为此,他积极探索,力图找到一条实现女性解放的新路径。马尔库塞的女性解放理论形成于20世纪70年代左右,这一时期,黑人民权运动正在兴起,许多女性在其中发挥的作用得到了学者们的关注。此外,西方的旧家庭秩序分崩离析,大批女性进入就业市场,使得其从单调、琐碎的日常生活走向丰富的公共生活,这为女性价值的凸显提供了机遇。马尔库塞在"消费社会""单向度社会"的语境下,关注女性的生活和解放状况,并呼吁人们重视女性特征和女性价值观,认为它们为一个自由而全面发展的社会提供了新的思路。

一、女性特征是资本主义"操作原则"的对立面

随着西方女权运动的发展,20世纪初,女性相继获得了选举权、受教育权、就业权等权利。马尔库塞认为,女性在争取平等权利之后,应保留其自身的女性特征,以特有的女性标准和女性话语对抗男权社会。他将女性特征视为"操作原则"(performance principle)①的对立面,因而也是现存压抑社会的对立面。"发达资本主义不仅创造了将女性特征从意识形态转化为现实的物质条件,也创造了将附着于她们的弱点转化为力量

---

① 在刘继翻译的《单向度的人》(2008)和黄勇、薛民翻译的《爱欲与文明》(2012)中均将其译作"操作原则"。

以及将性客体转变为主体的客观条件，并使女权运动在与资本主义和操作原则的抗争中成为政治力量。"①女权运动是对腐朽资本主义的反抗，是对资本主义社会过时的生产关系的反抗。

马尔库塞为了在阐释弗洛伊德批判理论的基础上更好地论述自己的观点，而引入了"操作原则"这一术语。在弗洛伊德看来，人的潜意识中所追求的只是获得快乐，即人本能地希望各种需要得到完全满足，凡是会引起痛苦感的活动，内心都是拒绝的。这就是由快乐原则统治的无意识过程。然而，个体会逐渐认识到，由于资源的稀缺性，他的需要不可能得到完全的满足，在屡次受挫后，人在心理上会用一种新原则来平衡快乐原则，这就是现实原则。"人们学会了为得到延迟了的、受到限制的，但却是'保险的'快乐而放弃暂时的、不确定的、破坏性的快乐。"②在现实原则的指导下，人类逐渐变得理性，"他追求的是有用的，而且是在不伤及自身及生命环境的前提下所能获得的东西"③。现实原则在人的发展中不断得到重建，资本主义文明中特定的现实原则就是"操作原则"。这是一种"以履行竞争性经济和营利性职能的效率和能力为基础的现实原则"④。社会根据其成员竞争性的经济操作活动而被划分为各个阶层。

在操作原则的统治下，人的身心成了异化劳动的工具，他不能在工作中体会到自我实现的满足感，他甚至不是在过自己的生活，而是在履行某种事先已被确立的功能。"'采用操作主义观点意味着我们整个思想习惯的深刻变化，许多最令人困惑的概念由于不能用操作或行为给予充分说明而正在被排除。'这些变化有助于使思想和目标同现行制度的要求相协调，有助于把它们包容于制度之内，有助于拒斥那些与制度格

---

① Herbert Marcuse, "Marxism and Feminism", *Women's Studies*, Vol. 2, 1974, p. 284.
② [美]赫伯特·马尔库塞：《爱欲与文明》，黄勇、薛民译，上海：上海译文出版社，2012 年版，第 5 页。
③ 同上，第 6 页。
④ Herbert Marcuse, "Marxism and Feminism", *Women's Studies*, Vol. 2, 1974, p. 279.

格不入的东西。"①技术进步使得更好地、更大规模地控制社会劳动成为可能,甚至原先自主的、独立的精神过程也被社会同化了。

马尔库塞认为,女性在父权制文明中受到了特殊的压抑,她们的身心发展受到了特定方向的引导。所以一场单独的女性解放运动不仅是正当的,而且是必要的。这一运动的目标本身要求改变现存社会的物质和精神文化方面的暴行,而只有通过改变整个社会制度才能实现。"父权制的资本主义产生了一种压制女性的文化力量——男性至高无上的'性别意识形态',即所谓的'男性气质'(主动、进取、理智、强大等)和'女性气质'(被动、依赖、感性、软弱等)。"②在马尔库塞看来,"除了男性和女性明显的生理差异之外,'女性特征'是社会建构的"③。在几千年漫长的社会建构过程中,这些"女性特征"可能成为她们的"第二天性"。当然,这不仅仅通过建立新的社会制度就能自动改变,更需要女性主体意识的觉醒。

在操作原则的影响下,资本主义社会的主导价值观是:盈利的生产力、决断力、效率、竞争力,工具理性的规则歧视情感,如此一来,人越来越沦为一种工具性的存在。弗洛伊德认为,这种价值等级体系是一种心理结构的表现,在这种心理结构中,最初的攻击性能量往往会减少并削弱生命能量,也就是爱欲能量。而在几千年的历史进程中,对已建立的社会及其等级秩序的捍卫最初依赖于体力(这是男性的生理优势),从而弱化了女性的作用。此外,女性由于生育和照料孩子而逐渐隐身于公共领域。男性的统治从最初的军事领域扩展到了其他社会机构,女性逐渐被认为是低等的、较弱的,被作为男性的附属物、性客体以及劳动力再生产的工具。在长期的历史过程中,男性逐渐形成攻击性、竞争性、偏重理性等特征,而这些特征与资本主义社会的主导价值观是相契合的。"作

---

① [美]赫伯特·马尔库塞:《单向度的人》,刘继译,上海:上海译文出版社,2008 年版,第 12 页。
② 戴雪红:《女性主义对资本主义的批判:立场、观点和方法》,北京:光明日报出版社,2010 年版,第 216 页。
③ Herbert Marcuse, "Marxism and Feminism", *Women's Studies*, Vol. 2. 1974, p. 280.

为资本主义社会占主导地位的男性特质的对立面,这种女性特质是接受性、敏感、体贴、非暴力、温柔等。这些特征实际上是统治和剥削的对立面。在基本的心理层面上,它们属于爱欲的领域,表达生命本能的力量,对抗死亡本能和破坏性力量。"①这些保护生命的特征特别地表现为女性特征,而破坏的创造性却越来越明显地成为男性统治的特征。

几个世纪以来,人们都生活在以男性为中心、女性为附属品的社会,女性对于文明发展的独特气质被淹没。如今,发达资本主义社会的技术发展为女性解放提供了物质条件,也让女性特征从意识形态转化为现实成为可能。这主要表现在:繁重体力劳动的减轻、劳动时间的减少、物美价廉服装的生产、性道德的自由化、生育控制、教育的普遍化。这些是女性特征成为操作原则对立面的社会基础。然而,资本主义社会不可能允许这种本能品质的提升,因为它们会危及操作原则中的压抑性工作伦理以及人类个体自身对这种工作伦理的不断再生产。

二、"单向度社会"中的女性异化

发达工业社会是新型的极权主义社会,其技术进步使批判面临一种被剥夺基础的状况,因为资本主义制度用科学技术的发展极大地改善了人们的物质生活条件来证明其合理性。这成功地压制了社会中的反对派和反对意见,并以技术理性精心维护的政治合理性来攻击和压制以摆脱劳役和统治、获得自由的历史前景的名义而提出的所有抗议。这是一种没有反对派的"单向度社会"。而身处这一社会的许多女性,正沉浸在消费天堂的温柔陷阱中,逐渐接受资本的逻辑,并不自觉地迎合这一社会提出的要求。如此一来,便逐渐丧失了追求女性全面解放的自觉性。

在《单向度的人》中,马尔库塞在综合与继承马克思、韦伯、霍克海默、弗洛伊德几位大师思想的基础上,富有远见地批判了发达工业社会的技术理性。这种技术理性使人在经济、政治、高层文化以及哲学领域

---

① Herbert Marcuse，"Marxism and Feminism"，*Women's Studies*，Vol. 2. 1974，p. 283.

失去了"内在的自由",沦落为单向度的人,丧失了其本有的否定向度。技术理性在逐渐消解价值理性(道德、信仰等),它以自然科学的标准来衡量知识,以效率的模式来改造人们生活的世界,只关心实用的目的。

科学技术的全面运用改变了资本主义奴役人的方式。"现在不是直接的经济剥削和压迫,而是人受到机械的全面支配,包括人的身体和思想。人被彻底整合、同化到现存的机械化生产系统中。"①而这是一种更有效的社会控制方式。人附属于机器所带来的不自由,被各种宣传机器描述得天花乱坠的且形式上自由的生活所遮蔽。然而,发达工业社会的奴隶只不过是受到抬举的奴隶,"因为是否是奴隶'既不是由服从,也不是由工作难度,而是由人作为一种单纯的工具,人沦为物的状况'来决定的"②。物化的人缺失否定性的向度,甚至在媒体的狂轰滥炸式宣传下,逐渐认同这一社会的意识形态,并与资产阶级一体化。技术的异化导致了人的异化和自由的缺失。

随着技术的进步,无论是在战争中,还是在物质资料的生产过程中,对体力的依赖越来越少,女性越来越多地参与工业生产过程,这破坏了男性统治的社会基础,同时也扩大了对女性作为劳动工具的剥削。男性统治地位社会基础的削弱并没有消除新统治阶级对男性统治地位的延续。"交易性社会随着性的商业化而走向完善:女性的身体不仅是一种商品,而且是实现剩余价值的关键因素。而越来越多的职业女性继续作为工人和家庭主妇遭受双重剥削。"③马尔库塞指出,资本主义将具体的个体能力抽象为劳动力,从而建立起男性和女性在机器面前的抽象平等。这是一种压抑性的平等。女性的身心都物化了,变成了客体,性被物化为生殖或卖淫的手段。在人的世界里,人与人最基本、最自然的关系就是男女两性间的关系,然而在资本主义社会的异化劳动条件下,两

---

① 蒯正明:《马尔库塞的科学技术意识形态理论评析》,《东北大学学报(社会科学版)》2015年第6期。
② [美]赫伯特·马尔库塞:《单向度的人》,刘继译,上海:上海译文出版社,2008年版,第28页。
③ Herbert Marcuse, "Marxism and Feminism", *Women's Studies*, Vol. 2. 1974, p. 285.

性关系也被组织起来,金钱是组织这种关系的手段,也就是说这种最感性的两性关系变成了交易。同时,也出现了父权制资本主义社会中的女性异化。

在当代西方社会,女性没有被看作是具有多重欲望和多种能力的完整的人,而是仅仅被轻视为"性的对象"。"把肉体(在目前,主要是女性的肉体)作为对象公开化,是非人道的。因为这种公开化助长了占支配地位的男性成为攻击性的主体,对他们来说,女性只是在那儿被玩弄、为男性所安排,所以,这种公开化更显得非人道。在性关系的本性中,无论是女性还是男性都同时是主体和客体,性欲能量和攻击能量应融合起来。"[1]女性主体性在社会历史的传统中受到压制,随之而来的是女性自主性和自觉性的缺乏。许多女性为了吸引男性,而甘愿为男性所安排,甘愿按照男性的喜好而不是自身的需求去装扮自己。在家庭领域中,"女性对再生产和性失去控制,为男性提供违背女性自身需求的情感和物质支撑,家庭成为满足男性需求的地方。"[2]面对这种女性同自己身体相异化的现实情况,马尔库塞指出:"妇女的解放运动就在于反对把妇女贬低为'性的对象'。但是,要克服这种把妇女当作'性的对象'的情感是困难的。资产阶级——资本主义社会组织所特有的那种压抑的特性,侵蚀了反对这个组织的斗争。"[3]

繁华的物质生活维护着资本主义社会的政治合理性,也成功压制了社会中的反对派。这一社会将人的欲望和需要纳入整个资本主义秩序中。资本家运用商品包装和广告宣传等手段激发人们的消费欲望,诱惑人们奢侈消费,以维持消费社会的存续。被程式化的流水线生产剥夺了自由和自主性的工人,在人造的"消费天堂"中宣泄着工作中感受到的压

---

① [美]赫伯特·马尔库塞:《审美之维》,李小兵译,桂林:广西师范大学出版社,2001年版,第137页。

② 戴雪红:《女性主义对资本主义的批判:立场、观点和方法》,北京:光明日报出版社,2010年版,第251页。

③ [美]赫伯特·马尔库塞:《审美之维》,李小兵译,桂林:广西师范大学出版社,2001年版,第136页。

抑。消费主义文化诱使大众在"舒服的满足"中陷入资本主义意识形态的无形之网，成为没有批判性的"单向度的人"。大众接受消费主义，就是接受资本的逻辑，认可并且甘愿接受资本对自己的统治。如此一来，原本具有批判性的人也被资本主义意识形态侵蚀了。

马尔库塞将人的需要分为"真实的需要"和"虚假的需要"。"真实的需要"主要是满足人最基本的生活需要。那些"为了特定的社会利益而从外部强加在个人身上的那些需要，使艰辛、侵略、痛苦和非正义永恒化的需要，是'虚假的'需要"[1]。发达工业社会有效窒息了人们要求自由的需要，把过度的生产和消费的需要变成人的本能需要。在发达工业社会意识形态的灌输和操纵下，人们已不再处于自主状态，已不再知道自己真实的需要到底是什么。人们的真实需要被虚假需要掩盖，而虚假需要直接导致了消费异化。建立在"虚假需求"上的异化消费导致了对商品消费的无止境追求。人们追求的不再是商品的使用价值，而是追求商品的符号象征价值，利用商品来标榜自己的身份地位，似乎只有消费和占有商品才能确证自我价值。"日常生活自身的秩序节奏已经被资本主义的生产消费的循环周期所完全同化与控制，日常生活世界已经成为一个被虚假的欲望符号体系所操纵奴役的地带，即被时装、休闲、旅游、汽车、广告、电视、网络等流动着的无形的次体系或准体系控制的世界。"[2]

当代女性已经走出家门，从事各种职业，获得了经济独立。女性更加关注自身，希望通过享受型的物质消费来张扬个性甚至是获得社会认同。然而在消费社会中，大众媒体无孔不入地向女性鼓吹消费至上的享乐主义价值观，导致现代女性的消费价值观逐渐扭曲。女性是消费社会中被异化的最主要群体。杂志封面、视频广告上穿着暴露的女性，以地下"性产业"为职业的女性，她们的身体是被用来消费的商品。大众传媒不断宣传外表美的重要性和可塑性，于是女性更加注重外在投资，有些

---

① ［美］赫伯特·马尔库塞：《单向度的人》，刘继译，上海：上海译文出版社，2008年版，第6页。
② 刘怀玉、伍丹：《消费主义批判：从大众神话到景观社会：以巴尔特、列斐伏尔、德波为线索》，《江西社会科学》2009年第7期。

女性甚至在"美容美发、瘦身塑形、美白丰胸"的热浪中忙得晕头转向。许多女性的梳妆台上堆满了各种色号的口红，如今，口红已经成为许多女性耗资巨大的必需品。在各种欲望的无限扩充下，女性的必需品清单也越来越长。

女性消费易受商品打折、巧舌如簧的促销、五彩斑斓的广告宣传等市场氛围的影响，尤其是在"花钱买开心"的流行观念下，还容易情绪化消费，不管自己是否真的需要，不自觉地陷入了商家的商品链条。有些女性甚至将购物作为自己的生活方式。她们迫不及待地追赶时代潮流，以引起他人的关注和艳羡。作为独立个体的女性，她们对于"美"这一理念没有个人独立的体验，认为媒体宣传的"美"就是真的"美"。很明显，按照媒体宣传的"美"来消费的女性是没有主体意识的，她们没有理性地考虑自身的实际情况和消费行为的实际利益，甚至连她的消费结果都是异化的。

三、女性是构建非压抑性文明的主体

女性在实现政治解放后，获得了与男性在法律、教育等方面相当的权利，这为女性维护自身的利益和寻求自身的发展提供了基本条件。然而，政治解放只是女权运动的基本目标，这一运动本身的最终目标是实现社会解放，即变革现存社会结构，建立一种新的社会制度。马尔库塞强调，为了实现这一跨越就要进行社会主义变革，构建一种非压抑性文明，而女性应当是构建这一文明的主体。

在 1955 年出版的《爱欲与文明》中，马尔库塞结合弗洛伊德关于爱欲在现代文明中受压抑的观点与马克思关于劳动异化的观点，对资本主义社会进行总的批判。他通过批判地继承弗洛伊德的爱欲本质论，并将其与马克思的劳动解放理论相结合，提出一种爱欲解放论。同时，也论证了建立一种以"爱欲"为基础的非压抑性文明的可能性。

弗洛伊德将人的心理结构的主要层次划分为本我、自我、超我。其中"本我"是最根本的层次，这是无意识的领域，是人心理的原动力，表现

为以性本能（力比多）为主要内容的生物冲动，它不管任何道德，只遵循快乐原则使其本能需求得到满足，先天具有的受快乐原则支配的无意识更能体现人的本质。"自我"则是按照"现实原则"压抑"本我"的生物冲动，减少本能冲动与现实社会的冲突。"超我"则是指人们心中的道德律和理想部分。在他看来，人类文明和人的自由是此消彼长的过程，文明的进步是建立在对人类爱欲不断压抑的基础上，非压抑性的社会是不存在的。人的性本能冲动受到压抑，使得幸福感降低，但是却促进了文明的进步。所以，人类文明要不断向前发展，对人性本能的压抑是必要的。

马尔库塞认为，压抑性文明存在的基础是本能内在的冲突和自然的匮乏。资本主义的生产发展极大地改善了自然匮乏的情况，削弱了压抑性文明存在的必要性。他将压抑作了"基本压抑"和"额外压抑"之分，用以说明建立非压抑性文明的可能性。"基本压抑"是维持人类生存和人类文明所必须的，"额外压抑"不管形式上多么合理，其持续的实施必然依赖于特定统治阶级的外在强制。这种压抑超出了维持人类文明的必要界限，必然会与人的内在本能产生持续的冲突，所以应当予以废除。文明的发展为消除压抑创造了条件，也为建立"非压抑性文明"提供一种可能性。

在马尔库塞看来，现代文明中的人受到压抑，就是因为作为他的本质的爱欲受到压抑，他将马克思意义上的人的解放阐释为爱欲的解放。他指出，爱欲是人的生命本能，它不仅仅是指性欲，还包括食欲、休息、休闲等其他一切人的机体追求快乐的欲望。性欲的自我升华扩大了原始欲望的功能，使身体的大部分器官爱欲化，它的自我升华是转变为爱欲的关键，也是爱欲解放的主要标志。解放爱欲的关键绝不是人的性欲毫无节制的满足，而是要解放劳动，使人的爱欲进入劳动领域，使人摆脱异化劳动的痛苦，在非异化的劳动中实现人的各种器官和机能的自由消遣，在满足爱欲的同时感受到劳动的快乐。"在一个异化的世界上，爱欲的解放必将成为一种致命的破坏力量，必将全盘否定支配着压抑性现实的原则。"①

在《审美之维》一书中，马尔库塞指出，爱欲从其本性来看是一种占统治地位的本能，它使人本能地趋向一种对人际关系和人与自然关系的接受性。"接受性在后来又表达为作为社会关系基础的爱欲的或非攻击性的感性。但是，接受性的或非攻击性的感性必须从属从于生产性的文明的压抑中解放出来。生产性是根植于攻击性的东西。它压抑着爱欲的、非攻击性的情愫。"②正如社会限定女性过多的被动性一样，男性也被社会限定过多的攻击性。"在决定男性攻击性和女性接受性的社会因素下，存在着自然的对照：正是女性，在根本意义上'包容'着和平、快乐和结束暴力的希望。"③马尔库塞欲构建的非压抑性文明的特征是和平、宁静、接受、感性等，显然这与女性具有天然的联系。被攻击性男性控制的社会所决定的——娇弱、被动、感性等女性被压抑了的人性特征，在历史的发展过程中将成为一种革命性力量。"夫权社会创造出女性形象，造就了一种女性的反作用力；而这种女性形象、女性反作用力又成了夫权社会的掘墓人。也正是在这个意义上，妇女执掌着解放的命运。"④

马尔库塞曾提到，女性参加物质生产过程的机会比男人少，她们与资本主义异化劳动世界相对分离，所以女性较少地被资本主义社会的现实原则摧残，因而她们也更具有人性。而且女性养育孩子和照料他人，这使得她们与爱欲有更多的联系。所以，在女性特征得到凸显的新社会中，人的爱欲能够得到实现，进而更加贴近非压抑性社会的要求。"在女性社会中，本能结构得到根本性的改造，作为爱欲表现的感性、包容性、非暴力性和非竞争性等女性气质被特别强调，它们是对抗男性气质并颠

① ［美］赫伯特·马尔库塞：《爱欲与文明》，黄勇、薛民译，上海：上海译文出版社，2012年版，第82页。
② ［美］赫伯特·马尔库塞：《审美之维》，李小兵译，桂林：广西师范大学出版社，2001年版，第8页。
③ 同上，第137页。
④ 同上。

覆既有社会统治形式的本能动力。"①由此可见,与男性气质居于统治地位的资本主义社会不同,非压抑性的爱欲社会应该是女性特征占主导地位。

按照马尔库塞的分析,虽然在现存社会中男人和女人都是不自由的,但女性的反抗比男性的反抗更具有颠覆性,女性的解放将比男人的解放意义也更为深远。"女性解放运动本身包含着这样的愿景,不仅是新社会制度的建立,而且摆脱了统治和剥削的男人和女人们在思想意识和本能需要上发生根本转变。而正是后一点表现了这一运动最激进、具有颠覆性的潜力。它意味着不仅要为社会主义而奋斗(女性的充分平等一直是基本的社会主义要求),而且要为被称为"女性主义社会主义"的一种特殊形式的社会主义而奋斗。"②在这种社会主义社会中,女性在其能力全面发展的前提下将实现经济、政治和文化的完全平等。在这种平等之上,在男性统治下主要集中在女性身上的感受性也将会渗透到社会关系和人际关系中。当然,作为一个本质不同的社会,社会主义必须体现出对作为男权文化一种形式的资本主义所具有的攻击性、压抑性需要和价值观的明确否定。

马尔库塞对于女性解放运动的分析表明,如果女性要获得真正的解放,就不能止步于获得与男性平等的权利和地位,因为这些权利和地位仍处于现存社会"操作原则"的操控下,如此便不能消除现存社会的压抑本质,仅仅是让女性在效益至上、功利至上的无限竞争中获得与男性相当的竞争条件。女性在无处不在的"男性原则"下生存,仍然无法摆脱"男性中心论"。"妇女解放运动就其超越攻击性需求,就其超越整个社会组织和职能的分工而言,已成为一股革命的力量。换言之,该运动成为革命的,就在于它的目的与其说是在现存社会的工作与价值结构之间求得平等(这种平等可能是非人的平等),毋宁说是旨在改变这个结构本

---

① 涂鹏:《爱欲的批判与建构——论爱欲在马尔库塞社会理论中的地位》,《社会发展研究》2017年第 4 期。
② Herbert Marcuse,"Marxism and Feminism",*Women's Studies*,Vol. 2. 1974,p. 281.

身(即以机会平等、工资平等以及从整个家务和看孩子中解放出来为先决条件)。"[1]马尔库塞强调,解放颠覆了已经确立的价值观和规范,而解放不可能仅仅是新社会制度的副产品,它必须随着人们主体意识的觉醒而出现。因此,女性解放运动应以变革现存社会为目标,构建一种非压抑性的新现实原则来管理社会。女性是颠覆父权制文明中主导性价值观的潜在力量,而她们只有作为平等的经济主体和政治主体,才能在社会的根本重构中发挥主导作用。

在颠覆了资本主义社会主导性价值观后,女性特质将在社会层面上得到解放和地位的提升。马尔库塞认为"操作原则"被推翻后,在以一种新现实原则(非压抑性现实原则)为主导的新社会中,应该有更多的诸如非暴力倾向、情感能力、敏感性等女性特质。"由于'男性原则'已成为统治的精神和物质的力量,所以自由社会就是对此原则的断然否定,它将是一个女性的社会……新的社会关键就在于爱欲在男人和女人中压倒了攻击性,出现了男性'女性化',这将表现出在本能结构中的决定性变化:即弱化了原初的攻击性。这种原初的攻击性通过生物和社会因素的联盟,曾一直统治着父权文化。"[2]也就是说,在整个社会的重建中,女性特征将不再专属于女性,而是在社会主义文化和知识分子中普遍存在。在这种情况下,原始的攻击性虽然仍然存留,但它很可能会失去男性特有的支配和剥削特征。这一社会不仅要利用生产力减少异化劳动,也应该让生命本身成为目的。

四、小结

综上所述,马尔库塞晚年对女权运动寄予厚望,转向了女性主义话题,并将实现非压抑性的爱欲社会的希望落在女性身上。他身处父权制

---

① 〔美〕赫伯特·马尔库塞:《审美之维》,李小兵译,桂林:广西师范大学出版社,2001年版,第135页。
② 同上。

文明中,却细心关注到了女性特有的价值观,并提出女性特征是对资本主义社会压抑性统治的本能反抗。他高度评价女权运动,大胆地提出女性主义社会主义思想,这种社会主义不仅仅是对资本主义和资本主义社会中男性原则的否定,而且凸显女性特征,认为当女性作为平等的经济主体和政治主体时,可以在社会的根本重构中发挥主导作用。当然,这只是马尔库塞的一种美好设想。按照历史唯物主义的观点,历史的发展有其自身的规律,女性解放虽然离不开女性主体意识的觉醒,但意识是对现实的能动反映,经济基础才是社会意识的根源。马尔库塞过度赞美女性价值观,提出自由社会将是一个女性的社会,这是有违历史规律的,确实有失偏颇。此外,马尔库塞虽然提出未来社会将是女性的社会,但是对于如何从男性社会过渡到女性社会,以及这种社会的具体愿景究竟是什么样的,他没有详细阐述,这不免让他的女性解放理论带有乌托邦色彩。

尽管如此,马尔库塞的女性解放理论来源于他对西方重大现实问题的思考,他对资本主义批判的独特视角为我们认识女性解放和社会主义的关系提供了新的思路。虽然当代中国的女性处在一个更自由的社会氛围中,但女性实际上仍处于传统父权制文化和现代消费文化的双重约束中。马尔库塞的女性解放理论启示当代中国女性应该更加注重培养自身的价值主体意识,跳出父权制的意识形态,注重自身的独特价值。在社会思想多元化的今天,女性应该为自己创造独立的学习空间,自觉提高自身的能力,追求个体的自我发展。马尔库塞指出消费社会的女性异化,警示女性应该从消费圣殿的虚幻满足中抽离出来,意识到自我判断力的重要性和自身的社会责任,而不是满足于男权话语对男女平等的衡量尺度。当然,当代中国女性解放追求的目标,不是在任何情况下的男女完全平等,更不是女性统治男性,而应该是女性自我意识的觉醒。

第二章　弗雷泽女性主义批判理论的学术背景

　　弗雷泽女性主义批判理论的产生有着深刻的学术背景,本章结合第二波女性主义浪潮主要流派与女性意识觉醒、女性主义批判理论的主要代表人物及贡献等两大方面,总结了弗雷泽女性主义思想中的认识论和方法论的学术渊源,阐释了弗雷泽作为主要的女性主义批判理论家在当时的学术背景下所做出的真正贡献。

第一节　第二波女性主义浪潮主要流派与女性意识觉醒

　　女性主义理论描绘了一种生活哲学、一种世界观、正义的蓝图。女性主义思想通常被人们分为两次浪潮:第一浪潮始于18世纪末,一直延续到20世纪初,主要关注的是合法性问题,尤其是女性的公民权、选举权等等;始于20世纪60年代后期的女性主义的第二次浪潮,自称为"女性解放运动"(Women's Liberation Movement),产生于当时的学生运动、反正统文化和反越战运动,对男性决定的文化和知识进行了批判,涉及广泛的社会与文化议题,标志是法国著名存在主义作家、当代最负盛名的女性主义者西蒙娜·德·波伏娃(Simone de Beauvoir)《第二性》(1949)的出版。第二次浪潮的女性主义最重要特征是理论上的,它挑战了传统思想,将个人与政治问题联系起来了;它承担着双重任务——既是批判的,也是建构的任务。

一、第二次女性主义浪潮的主要流派

在过去的一个多世纪里,女性主义发展出许多不同的流派来解释性别压迫。一般而言,第二次浪潮的女性主义的主体思想存在着自由主义的女性主义(Liberal Feminism)、马克思主义/社会主义的女性主义和激进的女性主义(Radical Feminism)等三种主要派别。

自由主义的女性主义是女性主义流派当中最符合主流的一支,亦被称为平等女性主义,植根于某些相当传统的观念:选择的自由和机会的平等,关注资本主义语境(context)下经济与政治平等的实现。它将男性与女性之间的差异视为社会、经济与文化的构造物,而非一种永恒生物学的结果。它强调:女性解放必然要实现在法律上、政治上和经济上的权利平等。但自由主义的女性主义被批评没有解释女性为何不平等,它只是进行了描述与挑战。

马克思主义/社会主义的女性主义者则借鉴了马克思的观点,将女性的状况同阶级斗争和历史发展的趋势联系起来。在这两个女性主义流派的理论框架中,父权制和资本主义得到了仔细探讨。他们不仅挑战了马克思主义对生产、劳动力的价值与阶级的定义,而且质疑了经济基础/上层建筑的模式,强调性别经验与话语对主体生产与认同形塑的重要性。有些马克思主义的女性主义者认为,性别分工是阶级剥削的主要原因,家务工资的观点也有助于修正马克思主义在劳动价值问题上无视性别的倾向,而生产与再生产(Reproduction)的密切关系应该是唯物主义者分析的重点。美国马克思主义的女性主义者海蒂·哈特曼(Heidi Hartmann)在一篇著名的文章——《马克思主义与女性主义的不幸联姻》(1981)中,就直接批评马克思主义的"女性问题"(The Woman Question)从来就不是"女性主义的问题"(The Feminist Question),因为它忽略了资本主义与父权制之间的辩证关系,只将女性的利益依赖于生产关系的改变，而真正的社会主义斗争同时也需要争取不同性别、阶级与种族等弱势群体的利益。哈特曼承认马克思主义和女性主义都存在局限："我们在此将要论证，尽管马克思主义的分析提供了关于历史发展规律尤其是资本发展规律的重要洞见，但是马克思主义的范畴存在'性别盲点'。只有一种具体的女性主义分析才揭示出男女关系的体系性特征。然而，女性主义分析本身并不充分，因为它看不到历史，不够唯物主义。"①

激进女性主义者的重要目的是实现一种全新的性别关系，其变种与批判理论有着某种相似性。她们认为是父权制而不是阶级是最古老、最基本的压迫形式；是父权制而不是资本主义才是女性受压迫的主要根源；强调性别差异，认为女性的价值和经验足以成为创造全新体制和知识形式的基础。她们把父权制定义为"一种社会结构和社会实践制度，在这个制度中由男人控制、压迫和剥削女人"②。而针对激进女性主义最主要的批评观点是其本质主义（Essentialism）（即个体是由生理、智力和情感特质决定的）的倾向，其隐性或显性的生物还原主义论调，以及无法理解历史的变化或基于种族和阶级关系充分论述男女区别的虚无普遍性。③

20世纪80年代产生了后现代主义转向，它使分析从"物"转向"词"，使女性主义的焦点转移到再现（Representations）的议题上，提出和权力、知识与主体相关的问题，并把女性主义推向一种解构风格，消解了早期女性主义模式的一些核心假设，以及第二波女性主义思潮的主张得以建立的那些统一的女性论题。就此产生的后现代女性主义（Postmodern Feminism）强调了女性的多元性而非统一性，以及女性身份的不稳定性

---

① Heidi Hartmann, *The Unhappy Marriage of Marxism and Feminism: Towards a More Progressive Union*, in Lydia Sargeant, ed., The Unhappy Marriage of Marxism and Feminism: A Debate on Class and Patriarchy, London: Pluto Press, 1981, p. 2.

② Sylvia Walby, *Theorizing patriarchy*, Oxford: Blackwell, 1990, p. 214.

③ Ibid., p. 3.

和异质性；它对传统的三个流派的权力概念和性别化的自我概念提出了严峻的挑战。正如美国女性主义哲学家桑德拉·哈丁(Sandra Harding)所说："女性主义思想已对知识秩序与社会秩序的基础发起了挑战。"①至此，女性主义的发展呈现出一个演变的过程：从自由主义女性主义的性别概念(女性是如何被不平等对待的)到激进女性主义的父权制概念(女性本身与男性有何不同)，到马克思主义女性主义的阶级概念(权力结构如何维持不平等)，再到后现代女性主义的话语概念(性别是如何在话语中产生、维持和改变的)。

而直至20世纪90年代，女性主义者才开始注意种族差异，黑人和后殖民女性主义的产生和介入批判了第二波女性主义浪潮关于性别与阶级相互关系的讨论，指责白人/主流女性主义没有把种族、迁移和殖民主义考虑进去，忽略了黑人女性(black women)。在第二波女权运动中，黑人女性/非白人女性(women of colour)发现白人女性并未考虑有色女性的需要，而黑人运动又不太关心女权运动。于是，黑人女性主义者重新审视女性主义理论，声称激进的和自由的女性主义流派不分黑白地使用"女性"一词，掩盖了种族歧视的事实，因为白人女性和有色人种女性之间，不但在经验与认同上有差异性，而且受剥削程度也不一样。黑人女性主义者贝尔·胡克斯(bell hooks)②强调女性主义的文化和制度方面，她把女性主义定义为："一场结束性别主义压迫的斗争。……一场消除统治思想的斗争……这种统治思想充斥着西方文化的各个层面，同时还要对社会进行重组，以使人类的自我发展能够压倒帝国主义、经济扩张和物质欲望。"③

---

① Sandra Harding, *The Science Question in Feminism*, Cornell University Press, 1986, p. 9.

② 贝尔·胡克斯(bell hooks, 1952—)，著名的非裔美国文化批评家、女性主义文化理论家。原名格罗莉亚·瓦特金丝(Gloria Watkins)，bell hooks 取自祖母和母亲的名字，用小写表示重要的不是名字，而是她的文章实质内容。胡克斯致力于种族解放与性别解放，运用女性主义理论对资本主义进行一种后殖民文化批判。

③ [美]贝尔·胡克斯：《女性主义理论：从边缘到中心》，晓征、平林译，南京：江苏人民出版社，2001年版，第30页。

　　20 世纪 90 年代末，不同流派的女性主义研究方向之间本来明确的界限变得模糊起来。在过去的半个多世纪里，女性主义从一项世界范围内的社会抵抗运动，发展为针对传统的知识理论的一种深刻的哲学批判。它不再仅仅是一项为女性在各个领域获得平等机会的社会—政治运动，而且包含这样一个主张：女性的知识实际上完全不同于男性的知识，而且，这两个性别对于知识的追求也完全不同。

　　澳大利亚的学者克里斯·毕思理（Chris Beasley）指出，女性主义实际上是多种多样的，他将女性主义分为以下五类：现代主义或解放的（包括自由主义的、马克思主义/社会主义以及激进的）女性主义、（单一的）性别差异（如精神分析的）女性主义、社会建构主义（如社会主义的女性主义）、（多元的）差异（如种族/族群/帝国主义）女性主义、后现代女性主义。哈丁将女性主义知识论界定为三种型态：女性主义经验论（Feminist Empiricism）、女性主义立场论（Feminist Standpoint），以及后现代女性主义。女性主义经验论对传统知识论的不完善实践方式提出批判；女性主义立场论认为女性有着遭受性别歧视的与众不同的经历，她们可以从这种经历出发真实地看待性别关系；后现代女性主义强调现代生活创造的碎裂认同，以及理论化的多重性质，由此肯定了女性主义多元观点的价值。① 美国女性主义哲学家琳达·阿尔科夫（Linda Alcoff）曾将女性主义理论发展的流派区分为自由主义女性主义、文化的女性主义（Cultural Feminism）和第三波的后结构主义的女性主义（Post-Structuralist Feminism）。其中，文化的女性主义强调女性内在特质的正面性，主张在女性经验的基础上培养女性文化；后结构主义的女性主义试图放弃女性身份，挑战女人这个类别的建构，甚至包括有关女性知识的建构途径。阿尔科夫说道："对于西蒙娜·德·波伏娃的问题，'到底有没有女人？'文化女性主义者的回答是'有'，并从女性参与的活动及其

---

① 参见戴雪红《女性主义对资本主义的批判：立场、观点和方法》，北京：光明日报出版社，2010年版，第 52—53 页。

在现行文化环境里的特点来定义女性；而后结构主义者的回答是'没有'，他们通过对主观性的质疑来反对类别的概念和女性的概念。"①

　　女性主义的研究具有下列四个共通点：一是，女性主义学者发现，过去社会科学领域的研究所犯下最大的盲点，在于忽视性别议题，亦即在以男性为主流的科学研究中，女性的经验和观点遭到刻意的忽略。二是，为了弥补学术上的性别盲点，有必要发展出一种包含了女性的经验、活动与想法的思考系统或典范，加入传统的学术研究。三是，上述的女性的思考系统，来自于她们所生存的这个以性别分工来划分社会地位的生活经验。在这样的性别分工之下，男性活跃在由生产、政治、科学、战争等面向所组成的公共领域，而女性则被分配到属于家庭、再生产性质的私人领域。四是，因此女性主义研究的任务，就是将女性的这些生活经验与认知，化为理论层次，使之能在各研究领域中广泛的被认识并受到重视。综上所述，女性主义研究不只是对现有的科学或理论提出一套批判观点，更重要的是，它希望促使女性的特殊活动与经验尽速呈现出来，并得到被学术承认的合法地位。②

　　总之，女性主义思想是非常多样的，广义地说，"女性主义是一种批判理论，它驳斥被它描述为主流西方思想的男性偏见，这种偏见使得女性在众人对人类的理解中，以及男性的扭曲理解中成为隐匿/边缘的。女性主义评论者提出了对主流思想的一种批判，这种主流思想聚焦于男性，而在主流思想的范围内，这样的聚焦以及它的限制是不被认识的。"③一般而言，女性主义对批判理论的贡献主要有三点。一是对现有理论的性别盲目和性别偏见的批判和评价；二是指出了一些被忽视的领域如家庭、工场里的性别歧视等；三是发展了一种使社会理论化的女性主义范

---

① Linda Alcoff，"Cultural Feminism versus Post-Structuralism：The Identity Crisis in Feminist Theory"，*Signs：Journal of Women in Culture and Society*，Vol. 13，No. 3，1988，p. 407.

② 参见陈玫霖《性别、政治与媒体：报纸如何报道女性政治人物》，台湾"中山大学"传播管理研究所硕士论文，2002 年。

③ ［澳］Chris Beasley：《性别与性欲特质：关键理论与思想巨擘》，黄丽珍译，台北：韦伯文化国际出版有限公司，2009 年版，第 27—28 页。

式:"一种新的女性主义范式将把女性及其生活以及性别置于理解整个社会关系的核心位置。这种范式将不仅仅提出新的女性和性别问题,也有助于创造更复杂而充分的关于工业资本主义社会的陈述。这一女性主义范式也将包含一种方法论,这种方法论在女性的类型和形势问题上产生了有助于女性而不仅仅是关于女性的认识。"①

二、第二波女权运动与女性意识觉醒的发展

20世纪60—70年代,第二波女权运动提出了四个著名口号——"意识觉醒"(consciousness raising)、"姐妹情谊是有力量的"(sisterhood is powerful)、"个人的即政治的"(the personal is political)和"赋权"(empowerment),性、身体、情感和家庭等私人领域的范畴,都被纳入女性主义讨论的议程,启发了女性意识的觉醒,推动了女性主义理论与实践的发展。

(一)女性意识概念的逻辑起源:从阶级意识到女性意识

意识觉醒一词则首先出现在《红袜子宣言》(Red Stockings Manifesto,1969)里,该《宣言》借鉴了马克思主义关于压迫的阶级结构的分析,声称女性是一个由男性规定角色的被压迫阶级。"意识觉醒"被界定为个体通过教育,把日常生活中受压迫的经验转化为批判的意识和社会的行动。实质上,意识觉醒揭示了基本的革命策略问题,涉及意识和物质、理论和实践之间的关系,即意识是如何形成的,以及它如何作用于现实。

根据马克思主义的理论,意识归根结底是物质的一种反映,新的生产关系与生产力产生矛盾,导致社会变迁;意识对社会实践有一种批判性的前导作用。可以说,马克思认为革命植根于能够自发地进行意识觉醒的群众,通过意识觉醒可以使政治上受压迫的群众发现自己的集体身

---

① Joan R. Acker, *Doing Comparable Worth : Gender, Class, and Pay Equity*, Philadelphia: Temple University Press, 1989, p. 67.

份。在晚期资本主义社会里,女性进入公共领域参加工作,打破了女性应处在私人领域的传统观念,离婚率的上升和生育科技的进步等,进一步引发了女性意识的觉醒。换言之,对马克思主义而言,他们是无产阶级;对女性主义者而言,这个群体就是女性。一般说来,马克思主义的"阶级意识"(class consciousness)是指"某一特定社会地位的个体对其共同利益和相同社会状况的自我认知"①。在马克思的理论之中,阶级要能够形成,除了客观的条件如是否拥有生产工具,行动者在主观层面的意识也是重要的,否则阶级成员不会凝聚成为真正的阶级。因此,无产阶级要认清剥削的社会关系,认识到自身处境的历史与根源,并必须将其"虚假意识"(false consciousness)转变成为真正的阶级意识,从"自在阶级"(class-in-itself)转变成为"自为阶级"(class-for-itself),而这中间过程的意识形成,便是无产阶级动员与革命的关键。马克思主义的主要任务就是唤醒工人阶级的阶级意识。女性主义者认为,马克思在特定历史时期对无产阶级意识的描写也可以形容今天女性的意识:女性由一个客观的存在类属变成一群有政治认同与能为共同利益奋斗的团体成员,将会产生相当具有革命性的力量。②

由此可见,意识觉醒起源于马克思主义的意识形态。如果说马克思主义的主要任务是提高工人阶级的阶级意识,那么,女性主义的主要任务则是提高女性意识。

(二)女性意识觉醒的思想脉络:从单一个体到历史主体的形成

以女性主义视角来看,意识觉醒是指女性开启和提升其女性意识。女性只有经过意识觉醒,才能对父权制进行批判,进而改变压迫现象,最终达到改造社会的目的。那么,究竟什么样的独特经验、思考与转化才是一种女性意识的觉醒? 女性又是如何觉醒的? 一般说来,第二波女权运动中女性意识觉醒理论的形成大致分为以下几个时期:

---

① [英]菲尔·赫斯:《"自在"还是"自为":工人阶级的阶级意识瓦解了吗?》,罗丽萍摘译,《马克思主义研究》2009 年第 10 期。
② 游美惠:《性别意识、教师增能与性别教育的推展》,《中等教育》2001 年第 3 期。

第一，萌芽期：20世纪60年代。女性意识觉醒的起因在于对传统女性角色的质疑、挑战与重新诠释，这充分体现在美国妇运之母——贝蒂·弗里丹(Betty Friedan)《女性的奥秘》(1963)一书中。此书解构了"快乐家庭主妇"的神话，指出家庭主妇生活枯燥乏味、寂寞空虚的事实真相。传统女性角色所形成的限制，在越来越多女性接受了高等教育之后，开始被质疑甚至被唾弃。《女性的奥秘》唤醒了美国女性的主体意识，女性们开始努力争取自我成长的空间。

第二，发展期：20世纪70年代。女性意识觉醒的目标指向了更文化的和更个人赋权的形式，具有很强的革命性和批判性。例如，英国社会主义的女性主义者希拉·罗博瑟姆(Sheila Rowbotham)就致力于在坚持马克思主义观点的女性主义者中间重新唤起一种批判的精神意识，表达出一种乐观的女性主体意识。在《隐匿于历史》(1973)和《女人的意识，男人的世界》(1973)等著作中，罗博瑟姆指出，女性以某种方式向大多数历史隐藏了，而只有女性主义意识才能充分认真地对待这种漠不关心的含义。罗博瑟姆声称，社会主义的女性主义者在把女性特别是工人阶级女性联合起来，创建另外一种社会时，需要容纳个人经验的领域。罗博瑟姆的目的在于为当时的社会主义者和女性主义者创造一种新的政治意识的方法。这种新的政治意识的产生以个人和性的彻底解放以及经济和政治领域的全面解放为前提。

第三，成熟期：20世纪80年代。美国激进女性主义者凯瑟琳·A.麦金农(Catherine A. Mackinnon)首次把意识觉醒的方法确定为女性主义的方法，并把意识觉醒视为第二次女性主义浪潮的实践、理论基础与组织方式的核心。她指出："如同马克思主义的研究方法是辩证唯物主义一样，女性主义的研究方法是意识觉醒，即把女性社会经验的意义加以集体地和批判地重构，如同女性经历了一样。"①

---

① [美]凯瑟琳·A.麦金农：《迈向女性主义的国家理论》，曲广娣译，北京：中国政法大学出版社，2007年版，第118页。

综上所述,女性意识觉醒理论形成的过程即是女性自觉找到主体性的行动过程,主体性不是与生俱来的,而是在社会行动和实践中产生的。在第二波女权运动中,女性通过加入"意识觉醒团体"(Consciousness-Raising Group)而提高了主体意识,这是一个由"个体"转化为"集体主体"和"历史主体"的过程。

(三)女性意识觉醒的历史贡献:推动女性主义理论与实践的发展

20世纪60—70年代,女性主义者成立了第一个仅有女性参与的、非性别等级化(non-gender hierarchy)的女性解放组织——"意识觉醒团体",以摆脱民权运动、反战运动和学生运动等"新社会运动"中以男性左翼为主导的组织运作模式。作为一种非正式的、个人的关系网在起着作用的运动组织形式,"意识觉醒团体"在整个70年代早期达到高峰,同时也在英美的女性主义者中得到广泛地实践。1969年,"意识觉醒团体"开始在伦敦的几个街区聚会。而第一个有文件记载的"意识觉醒团体"组织聚会是在纽约和芝加哥,并很快波及全美国。1969年至1974年期间,在美国就有数千个"意识觉醒团体"成为第二波女性主义运动的主体,比较具有代表性的有"红袜子"(Redstockings)、"美国全国福利权益组织"(National Welfare Rights Organization)和"纽约激进女性"(New York Radical Women)等。这些"意识觉醒团体"通常都是地方性的,并没有正式的领导方针,成员之间互相畅谈和沟通,分享彼此的经验和情感。①

意识觉醒在理论上和实践上都改变了女性的生活,而且对于西方的社会结构和制度,尤其是家庭、组织、政治和劳动市场的冲击是巨大的。

首先,身份/认同政治(Identity Politics)的建构。体验团结和集体身份——意识觉醒的一个关键目标——有助于女性发展自己的批判意识。女性意识觉醒象征着女性定义她们自己的政治、理论和文化的开始,它的一个重要方面是关注女性的集体意识,亦即认识到所有女性都处于一

---

① 戴雪红:《女性主义对资本主义的批判:立场、观点和方法》,北京:光明日报出版社,2010年,第90页。

个共同的性别结构位置，面临某些共同的困难与问题，女性彼此之间应相互认同、支持，形成挑战旧有体制的改革力量。通过女性意识的觉醒，女性群体解构了原有的父权观，发展出属于自己的存在感，并重新建立另一种世界观，这就是身份/认同的再确认。

其次，引起人们对女性经验的重视。现象学女性主义者桑德拉·李·巴特基(Sandra Lee Bartky，1975)总结了女性的苦闷、受迫害、被侮辱、孤单和矛盾等几种状态。她指出，要成为女性主义者，首先要经过个人经验的深刻转变，通过意识觉醒，然后付诸行动，形成新的存在观和新的感知方式。加拿大马克思主义的女性主义者多罗西·史密斯(Dorothy Smith，1990)提出了"女性主义的立场观"，认为一切都应从日常生活、所有具体的经验开始，经验是一种说话的方式，它通常是"意识觉醒团体"的策略之一。

再次，确立了女性主义的方法。意识觉醒是一种揭示真实自我的方法，也是一种有效的女性之间的谈话方式。麦金农指出，意识觉醒"所特有的机构、伦理、程序和社会变革的方法，对女性主义理论的许多实质性贡献是不可或缺的"①。对麦金农来说，意识觉醒对女性主义来说是基本的：它是女性主义的方法。

最后，情感文化的形成。通过意识的觉醒，女性让内疚、耻辱和抑郁等负面的和消极的情感远离自己，并将它转变为积极的和政治的情感，融入广阔的社会环境中去。美国女性主义社会学家阿里·霍克希尔德(Arlie Hochschild)指出，由于"意识觉醒团体"致力于情感与愤怒、无助和羞耻等思想的关联性，因此，"意识觉醒团体"是一种认知技术，是一种把改变这种思想——即性别不平等是个人失败的结果——作为目标的情感劳动(Emotion Work)。②

---

① ［美］凯瑟琳·A. 麦金农：《迈向女性主义的国家理论》，曲广娣译，北京：中国政法大学出版社，2007 年版，第 119 页。

② Jo Reger, Organizational "Emotion Work" Through Consciousness-Raising: An Analysis of a Feminist Organization, *Qualitative Sociology*, Vol. 27, No. 2, 2004, p. 210.

简言之,作为草根女性解放运动的理论和策略,意识觉醒成了引发改革力量的一种工具,在女性主义政治实践进程中起到一个关键性的作用,并在世界女性解放运动的发展史上占有很重要的地位。女性对自身权益的争取和女性意识的觉醒,已成为一股世界性的趋势。

(四)女性意识觉醒的发展困境:差异性和多元性的挑战

在 20 世纪 80 年代,伴随着全球化的潮流、跨国资本的兴盛和新右派的出现,女性主义的理论和方法也卷入了全球资本主义新文化逻辑的转换之中,阶级问题被推到了边缘,阶级意识被置换,阶级政治日渐式微。随着工人阶级运动的衰退,女性主义运动也进入艰难时期,女性意识觉醒的政治色彩逐渐淡化,许多意识觉醒团体也随之解散。这里有以下几层原因:

首先,"差异政治"(Politics of Difference)的挑战。20 世纪 70 年代后期,针对代表着西方欧美白人、中产阶级以及异性恋的第二波女权运动,开始有了许多反对的声音。至 80 年代,黑人、女同性恋、第三世界女性主义以及后结构主义女性主义等第三波女性主义流派的兴起,提出了"种族、性别和阶级"交叉的三重压迫(triple oppression),批判第二波女性主义者单一的性别视角,强调女性内部的差异性及文化的异质性和多元性。美国马克思主义的女性主义者扬(1990)指出女性主义对于差异的理解已经从消灭性别差异走向尊重性别差异,要尊重弱势群体以及多元种族的独特性。

其次,对"单一女性经验"的质疑。第三世界的女性主义者帕特里夏·希尔·柯林斯(Patricia Hill Collins,1986)思考了黑人女性的独特经验,她指出,用黑人女性的生活现实来检验事实,经验认识和世界观的真伪,是对传统范式的挑战并可以激发出新的见解。美国后结构主义的女性主义者琼·斯科特(Joan Scott,1991)则从后结构主义的视角反对从传统意义上理解"经验",并将经验重新定义为话语的产物。

再次,来自社会学家的批判。激进女性主义者主张"革命"而非改良,重视行动,将女性主义视为"革命"。但这场革命是通过"意识觉醒"

实现的，这种推动政治的所谓新方法——意识革命或者哲学革命——使无声者和边缘弱势团体发言和自觉意识的觉醒，并不是一个真正的、根本的革命，也不可能促成世界的转变。布尔迪厄（2001）就站在马克思主义的立场反对"意识觉醒"的效用。他认为，激进的社会变革必须至少是制度的或经济上的。他写道："它们实际上意味着女权主义运动要求的象征革命不能被简化为一种单纯的意识和意愿的转变。由于象征暴力的基础不仅处于需要澄清、被蒙蔽的意识中，而且处于适合统治结构且产生于统治结构的配置之中，这些配置是统治结构的产物，我们只能从配置产生的社会条件的根本改变中，期待象征统治的受害者与统治者的同谋关系发生破裂，因为配置使得被统治者以统治者的观念看待统治者和他们自身。"[1]另外，与麦金农的观点——女性意识是由父权的社会结构形成的，女性可以接近和理解父权制的性质——相反，布尔迪厄关于象征暴力的论述质疑了女性解放的可能性：女性"无法不"坚持男性统治的原则，"象征暴力通过赞同这个中介建立起来，被统治者不得不赞同统治者（并进而赞同统治），因为被统治者为了思考统治者或者自身，或更确切地说，思考自己与统治者的关系，只能与统治者使用相同的认识工具，而这些工具不过是统治关系的被归并形式，它们使这种关系看起来是自然而然的"[2]。

最后，后现代/后结构女性主义对主体的解构。要重新思考政治与自我和主体之间的关系，因为在后解放时代，个人的并不总是政治的。"后现代女性主义者拒绝认同政治的立场论，认为主体是不断激增的……没有谁的经验优于谁，以看见差异、多元的主体为首要重点，摒弃价值判断，各种多元主体均应获得认可。"[3]

---

[1] ［法］皮埃尔·布尔迪厄：《男性统治》，刘晖译，深圳：海天出版社，2002 年版，第 56 页。
[2] 同上，第 46 页。
[3] 林津如：《"女性主义纵横政治"及其实践：以台湾边缘"同志"为例》，http://chinju.dlearn.kmu.edu.tw/publication/003-20111124.pdf.

（五）女性意识觉醒的现代转型：女性/性别研究的兴起

20世纪90年代，伴随着女性主义期刊和著作的大量出版，另一种新兴的女性主义——学院派的女性主义（Academic Feminism），即女性/性别研究（Women/Gender Studies）在欧美各主要大学的校园里产生了。①女性学者通过教学、研究和会议等活动，在大学院校和学界逐步发展和开拓"意识觉醒"的新空间。

如果说意识觉醒代表的是一种草根性的、微观的和自下而上的改革，通过提高女性的意识来实现自己的目标，那么，女性/性别研究代表的则是一种自上而下的变革。意识觉醒在生产女性主义关于女性的知识上扮演了很重要的角色，从而催生了大学校园的女性/性别研究。受意识觉醒的早期文本和实践的启发，新兴的学院派的女性主义研究尝试着改变、培养和提高女性的自我意识，向以男性为中心的知识体系挑战，从而达到挑战统治关系和促使社会改变的目的。"争取妇女普遍权利的斗争，争取提高妇女接受高等教育的斗争，争取妇女成为文化生产者的赋权斗争，都在争取大学发展女性主义阐释学和历史学的斗争中发挥了作用，都被看作是一个更广泛的、统一的文化倡议的相互依赖的组成部分。这些项目彼此依赖的路径和中介就是新的后现代主义话语，一种自传和批判相混合的模式，其基础——用利奥塔的话来说——是叙事而非科学，其巨大的修辞和分析力量源自意识觉醒时发现的分享主体性传统。"②

由此看来，意识觉醒与女性/性别研究之间充满着一种张力关系。首先，女性/性别研究最初即起源于意识觉醒的政治实践，如果没有从60年代出现的女性主义运动，没有女性意识的提高，女性/性别研究则是不

---

① 戴雪红：《女性主义对资本主义的批判：立场、观点和方法》，北京：光明日报出版社，2010年版，第93页。
② ［美］大卫·詹姆斯：《这个文本里有阶级吗？电影和文化研究对阶级的压抑》，《电影艺术》2011第6期。

可能出现的。① 其次,学院派的女性主义研究只有当它提高了女性意识并转化了性别关系之时,才算是成功的,否则任何女性主义运动最终都将会失败。

(六) 当代女性意识觉醒:走向文化政治和承认政治

第三波的左翼女性主义者理解和汲取了意识觉醒的一些思想成果,把焦点集中在诸如情感文化等议题的研究上。在当代的政治与文化语境中,意识觉醒的实质、功能和路径也都发生了新的转变。

首先,走向了文化政治(Cultural Politics)。所谓文化政治即把对符号、意义和身份的研究与对权力的研究结合起来。福柯理解权力关系的方式对概念化"意识觉醒"是有帮助的。借用了福柯的社会中权力无处不在的观点,一些女性主义者提出要"保卫意识觉醒",她们认为意识觉醒与后结构主义对权力和自我的理解相一致。通过把对女性情感和经历的思考与关于权力的后结构理论结合起来,女性已经培养了认识权力关系、主体化和抵抗的复杂性的方式。② 由此可以说,意识觉醒作为一个女性主义的政治实践与后结构主义的文化政治理论不但不会抵触,而且可以互相兼容。

其次,走向了承认政治(Politics of Recognition)。所谓承认政治即赋予所有人以平等和尊严。实际上,意识觉醒的最主要优势就在于——在分享他人的故事和揭示自我的过程中增加了集体自尊和对他人的尊重,以及对人类经验的脆弱性和细微性的承认。③ 弗雷泽在其早期的一篇文章——《从反讽到预言再到政治》(1991)中就曾指出:"意识觉醒不

---

① *Feminist research methods : Exemplary readings in the social sciences*, Edited by Joyce McCarl Nielson, Westview Press, 1990, p. 22.

② Anne F. Rogers, Feminist Consciousness-Raising in the 1970s and 1980s: West Yorkshire Women's Groups and their Impact on Women's Lives. *PhD diss.*, University of Leeds, 2010, p. 70.

③ Susan A. Comerford, Mary J. Fambrough, Constructing Learning Sites for Solidarity and Social Action: Gender Autobiography for Consciousness Raising, *Affilia*, Vol. 17, No. 4, 2002, p. 422.

仅有助于改变私人生活和公共生活的性质,而且也改变了人们彼此之间的关系。"①弗雷泽认为,性别正义既需要再分配(社会—经济不平等的产物)维度,也需要承认(文化不正义的产物)维度,诠释和价值的文化规范保证所有人都获得平等的机会和尊严。因而,社会和经济平等、认同与承认、再分配与参与有着互为因果和密不可分的关系。②

总之,进入21世纪,意识觉醒的最初意图以及它与女性解放运动的关联性,已经太古老而迷失了。当代女性主义者必须把性别、种族与阶级接合起来,承担起保卫、拓展和复兴早期意识觉醒的革命传统的政治使命。这就意味着女性知识分子的行动应与进步的女性主义运动相呼应,从而参与到缺一不可的经济斗争、政治斗争和文化斗争中去。

第二节　女性主义批判理论的主要代表人物及贡献

批判理论是女性主义思想的天然盟友,因而对女性主义具有重大影响。1987年,左翼女性主义学者本哈比和美国女性主义哲学家德鲁西拉·康奈尔(Drucilla Cornell)主编的论文集《女性主义的批判:晚期资本主义社会的性别政治文集》的出版,标志着左翼女性主义批判理论的诞生,为批判理论的发展创造了新的方向。1995年,女性主义者又把对哈贝马斯公共领域思想的批判结集出版——《女性主义对哈贝马斯的解读:性别化了的话语主体》,推动了女性主义批判理论的进一步发展。2011年,当代美国左翼女性主义批判理论家埃米·艾伦(Amy Allen)在《性别、权力和理性:女性主义和批判理论》一文中,系统地概括了法兰克福批判的女性主义的新理论特点。

---

① Nancy Fraser, "From Irony to Prophecy to Politics: A Response to Richard Rorty", *Michigan Quarterly Review*, Vol. 30, No. 2, 1991, p. 266.
② [美]南茜·弗雷泽:《正义的中断:对后社会主义状况的批判性反思》,于海青译,上海:上海人民出版社,2009年版,第13—36页。

一、女性主义批判理论的主要代表人物

本书所指的女性主义批判理论是狭义上的，即是对自身关于阶级、种族、国家等的局限性持批判态度的左翼女性主义理论和实践，是左翼理论在女性主义中的实现。它是 20 世纪 60 年代和 70 年代最有影响力的马克思主义/社会主义的女性主义发展到 80 年代末，随着新左翼的衰落而逐渐衰减和演变而来的。它继承了现代主义的思想遗产和后现代主义的批判洞见，融合了马克思主义/社会主义的女性主义思想，是当代女性主义理论中"最有趣也最具洞察力的成果"。"女性主义批判理论的相关概念，源自于将后结构主义批判现代主义时所发展的一些概念洞见，融合到已修正过的马克思主义女性主义取向。后者衍生自马克思主义，强调女性劳动力的使用（不管是以有薪工作或家务劳动之名）是许多女性共有的经验。女性主义批判理论也延续批判理论（相关著作多来自与法兰克福学派）对文化的关注，认为文化维系了社会中的压迫关系。因此，她们强调，有必要**同时**了解那些和性别差异有关的物质和文化权力形式。"①

女性主义批判理论家认为"批判"不仅是一种出于积极改变现况的动机，一种由内而外的自我反省（self-reflexive），以及认知、理解和解构的历程，也是一种对意识形态与权力关系的分析与批评，所关注的取向更是一种解放、自主与负责的追求。批判理论的工作"既有解构又有重构，既有意义的去稳定化又有乌托邦式希望的计划"②。20 世纪 80 年代以来，女性主义批判的影响范围越来越广泛，它作为一种颇具挑战性和创新性的批判理论流派而逐渐为人所知。其主要代表除了弗雷泽以外，还有巴特勒、本哈比与扬等人。其中弗雷泽、本哈比和扬被誉为"过去四

---

① ［英］Pamela Abbott 等：《女性主义社会学》，郑玉菁译，台北：巨流图书股份有限公司，2008 年版，第 46 页。

② Seyla Benhabib, Judith Butler, Drucilla Cornell and Nancy Fraser, *Feminist Contentions：A Philosophical Exchange*, New York：Routledge，1995，p. 71.

分之一世纪中三位最杰出的和最重要的女性主义批判理论家"①。除此以外，当代最具有代表性的女性主义批判理论家，还有美国达特茅斯学院的女性主义哲学家艾伦。艾伦在她的《性别、权力和理性：女性主义和批判理论》（2011）一文中，系统地概括了法兰克福批判的女性主义的新理论特点，揭示了批判理论坚持女性主义的理性批判的意义。

本哈比是美国耶鲁大学的政治科学和哲学教授，主要研究领域为政治哲学和女性主义理论等。主要著作包括《文化宣言：全球化时代的平等与多元》（*The Claims of Culture：Equality and Diversity in the Global Era*，2002）、《批判、范式与乌托邦》（*Critique，Norm and Utopia：A Study of the Normative Foundations of Critical Theory*，1986）、《定位自我：当代伦理社会中的性别、共同体与后现代主义》（*Situating the Self：Gender，Community and Postmodernism in Contemporary Ethics*，1992）等。本哈比以结合批判理论和女性主义理论而著称，其论著主要是关于霍耐特和哈贝马斯的。本哈比坚持从批判理论之传统出发，强调对女性主义者之规范性担当作某种普遍主义（Universalism）的理解。她试图将哈贝马斯的普遍主义立场与美国女性主义心理学家卡罗尔·吉利根（Carol Gilligan）②和其他女性主义者的情境主义立场协调起来。

扬是芝加哥大学政治学系教授，美国最重要的女性主义政治哲学家，在女性主义与左翼政治思想界，无人能出其右。扬的研究领域包括女性主义理论、正义理论、民主理论、欧陆政治理论、公共政策等，作品已被译为二十多种语言。扬不仅是杰出的思想家，也是草根政治行动的积

---

① 参见［美］艾米·埃伦（Amy Allen）在 2012 年 11 月广州举办的"国外马克思主义女性主义理论发展与创新研讨会"上的报告：《权力、正义与世界主义：女性主义批判理论近期工作概览》（"Power，Justice，and Cosmopolitanism：An Overview of Recent Work in Feminist Critical Theory"）。

② 卡罗尔·吉利根（Carol Gilligan，1936—），美国女性主义伦理学家和心理学家。其著作当代女性主义经典《不同的声音：心理学理论与妇女发展》于 1982 年出版，标志着以关怀伦理学为代表的女性主义伦理学形成。

极参与者，活跃于女性人权、非洲国家外债减免、劳工权利等领域。她的主要著作包括《正义与差异政治》（*Justice and the Politics of Difference*，1990）、《交叉的声音：性别、政治哲学与政策的难题》（*Intersecting Voices：Dilemmas of Gender，Political Philosophy，and Policy*，1997）及《涵容与民主》（*Inclusion and Democracy*，2000）等。可惜扬于 2006 年病逝，《像女孩那样丢球：论女性身体经验》（*On Female Body Experience："Throwing Like a Girl" and Other Essays*，2005）成为她的最后一部作品。

巴特勒是一位美国后结构主义哲学家，在女性主义、酷儿理论、政治哲学以及伦理学方面颇有建树。她目前是加州大学伯克利分校修辞学系和比较文学系教授，是 20 世纪末公认的女性主义哲学家之一。她的作品主要包括：《性别麻烦：女性主义与身份的颠覆》（*Gender Trouble：Feminism and the Subversion of Identity*，1990）、《身体之重：论"性别"的话语界限》（*Bodies That Matter：On the Discursive Limits of "Sex"*，1993）、《权力的精神生活：服从的理论》（*The Psychic Life of Power：Theories in Subjection*，1997）、《令人冲动的言辞》（*Excitable Speech：A Politics of the Performative*，1997）、《安蒂冈妮的要求：生命与死亡的血亲关系》（*Antigone's Claim：Kinship Between Life and Death*，2000）、《偶然性、霸权和普遍性：关于左派的当代对话》（*Contingency，Hegemony，Universality：Contemporary Dialogues on the Left，with Ernesto Laclau and Slavoj Žižek*，2000）、《危在旦夕的生命：哀悼与暴力的力量》（*Precarious Life：The Powers of Mourning and Violence*，2004）、《消解性别》（*Undoing Gender*，2004）、《讲述自我》（*Giving an Account of Oneself*，2005）、《谁为民族国家歌唱：语言、政治、归属感》（*Who Sings the Nation-State? Language，Politics，Belonging，with Gayatri Spivak*，2007）和《战争的框架：不值得悲悼的生命政治学》（*Frames of War：When Is Life Grievable?* 2009）等。巴特勒最重要的观点是：性别是一种表演（gender performance），它暗含了许多革命性

的意义。第一,性别可以用许多不同的方式表演出来,不存在正确的方式;第二,一个人的性与一个人的性别表演之间没有必然的联系;第三,"表演"的特性是易变的,有多种性别表达的可能。

康奈尔现为美国拉特格斯大学政治学系资深教授,法学博士,戏剧家、当代社会活动家,兼南非开普敦大学、比勒陀利亚大学与英国伦敦大学访问教职,主要学术研究领域为政治学、比较文学与女性研究。其主要著作包括:《超越迁就:伦理女性主义、解构和法律》(*Beyond Accommodation：Ethical Feminism，Decoustruction，and the Law*,1991)、《界线哲学》(*The Philosophy of the Limit*,1992)、《转型》(*Transformations*,1993)、《想象域:堕胎、色情作品与性骚扰》(*The Imaginary Domain：Abortion，Pornography，and Sexual Harassment*,1995)、《合法理由:自由、身份与权利》(*Just Cause：Freedom，Identity，and Rights*,2000)、《捍卫理想:战争、民主与政治斗争》(*Defending Ideals：War，Democracy，and Political Struggles*,2004)、《自由的道德形象:批判理论的未来》(*Moral Images of Freedom：A Future for Critical Theory*,2007)和《新人类的符号形式:批判理论的文化与种族重构》(*Symbolic Forms for a New Humanity：Cultural and Racial Reconfigurations of Critical Theory*,2010)等。在康奈尔的著作中,我们发现解构主义、后结构主义以及拉康主义的分析与罗尔斯式自由主义的规范性资源重叠在一起:对于法律确立性别化身份的批判,可见诸拉康式的分析,主体进入想象的精神界是实现自由主义所允诺的尊严、平等及尊重之先决条件。它结合对激进建构主义者分析主题的关注,向自由主义和康德主义的传统回归,其核心是普遍主义、行动概念与规范性义务。

二、女性主义批判理论的主要贡献

20世纪80—90年代以来,女性主义批判理论家们就已经将他们的大部分注意力集中在描述女性批判思想与马克思主义、法兰克福学派、哈贝马斯的交往行动理论以及后现代主义理论之间所存在的关系及其张力。女性主义批判理论家要思考的一个基本问题是："如何才能把社会改变得对女性及人类更为正义？"着眼于正义，献身于社会改革，是批判理论的主要特征，这是马克思主义者、法兰克福学派和女性主义批判家们的共同之处。女性主义批判理论家所肩负的历史使命是：寻求改变女性不平等的生活的思考方式和解释方式。

　　女性主义批判理论许多年来一直是批判理论传统中具有高度影响力的一个分支，主要思想传统继承了黑格尔的辩证观念，马克思的历史唯物主义与意识形态批判，以及弗洛伊德的精神分析批判理论，还有上至创始者霍克海默，下至集大成的哈贝马斯的法兰克福学派以及福柯等人的理论。然而，女性主义者指出，批判理论虽然批判了主流意识形态，却缺乏性别意识的洞见。女性主义批判正是对以男性为主体思考的父权制社会进行一种批判性的反思与挑战、松动与解构。批判理论与女性主义批判理论"都指责启蒙运动的自由民主观点对社会性别不平等的现实保持了沉默……都想把参与民主的理论付诸实践。因此，两者就与被压迫者有一种团结的关系"①。因此，可以说女性主义批判理论指的是一些当代的女性主义者承继了现代主义思想遗产，把它与后现代主义的批判洞见结合起来，所产生的一种最具洞察力的成果。

　　第一，女性主义批判理论与马克思主义之间的一直存在着深厚的渊源关系。一方面，女性主义批判理论批判性地加以利用马克思主义。她们认为，马克思对资本主义的批判理论的一些特点特别有助于女性主义者深入了解这个社会世界。然而，另一方面，她们也拒绝与质疑马克思分析中的一些基本分类。本哈比和康奈尔指出，传统马克思主义的生产概念并不适合用来理解女性的无偿的家务劳动，它体现的不是主体/客体之间的关系，而是互为主体（inter-subjective）的关系。这种分析模式

---

① ［美］苏·卡利·詹森：《批判的传播理论：权力、媒介、社会性别和科技》，曹晋主译，上海：复旦大学出版社，2007年版，第15页。

认识不到女性劳动在社会的重要性,忽视了女性社会与经济角色的重要性。本哈比和康奈尔还认为"女性主义作为一种批判""同时批判了排斥后设叙事的后现代主义、马克思主义的生产典范,以及人文自由主义者的自我概念"①。

女性主义批判理论同早先马克思主义/社会主义的女性主义传统享有许多共同点,尽管在其中它强调支持和再生产社会不平等关系的物质结构。我们知道,马克思主义/社会主义的女性主义批判理论家曾利用马克思和恩格斯的洞见对父权制进行批判,1846 年出版的《德意志意识形态》是批判理论的较好的文本(text),而恩格斯的《家庭、私有制和国家的起源》则对女性主义批判思想的发展有至关重要的贡献。而作为一名女性主义批判理论家,弗雷泽的智识和洞见,她的质疑和批判,她追求社会公平和性别正义的立场,都使得她的观点具有浓郁的马克思主义色彩。

美国马克思主义的女性主义者麦金农描绘了马克思主义对女性主义发展过程的三种回应方式:"并论与瓦解(equate and collapse),导源与隶属(derive and subordinate),替代矛盾(substitute contradictions)。第一个方法把性别与阶级相提并论,女性主义和马克思主义相等同,以便瓦解前者进入后者。第二个方法从阶级分析中导源出性别分析,从马克思主义中导源出女性主义,以便性别隶属于阶级,使女性主义隶属于马克思主义。第三个方法把马克思主义的方法运用于性别分析,或把女性主义的方法运用到阶级分析。"②麦金农的探讨激起了理论再现问题的冲突,这是在历史语境下规定女性地位的理论再现。麦金农还提出了马克思主义和女性主义的另一种综合,揭示了两种共时的批判,一是排除女性核心地位的社会批判,一是只能将女性放在边缘审视的马克思主义的

---

① [英]Pamela Abbott 等:《女性主义社会学》,郑玉菁等译,台北:巨流图书股份有限公司,2008年版,第 48 页。
② [美]凯瑟琳·A.麦金农:《迈向女性主义的国家理论》,曲广娣译,北京:中国政法大学出版社,2007 年版,第 87 页。

批判。① 麦金农的综合为马克思主义的女性主义方法论的发展和研究提供了理论基础。由此看来，女性主义的批判理论与马克思主义的女性主义传统享有许多共同点。

第二，女性主义批判理论是对法兰克福学派批判理论的继承与超越。比如弗雷泽就自称是一个"批判的社会理论家"②，并选择以批判理论切入马克思主义研究，以性别视角来探索批判理论研究中的优势与缺陷，对当代西方批判理论进行了解读。弗雷泽还选取法兰克福学派代表人物哈贝马斯作为批判的重点，批判了其公共领域和道德哲学等方面的理论，在揭示其思想中存在性别盲点的同时，对同时代的其他几位女性主义批判理论家，如本哈比和扬等人之间的主要争论都进行了介绍、评述，并在与霍耐特的"承认之争"中促使批判理论"政治伦理转向"的完成，最终实现了批判理论的当代转型。

第三，女性主义批判理论对后现代主义和后马克思主义研究方法的借鉴。女性主义理论内部存在着很大的差异性。女性主义批判还解构了现代西方话语对于经验、主体性、认同、意识与能动性的理解，而第三世界女性主义理论家、非裔美籍女性主义者、女性主义后殖民批评者及酷儿研究（Queer Studies）者等声音的汇入，则直接挑战并且扩大整合了批判解构的范围。但是它们的一个共同点在于以一种扬弃的态度看待后现代主义：既认同后现代主义关于主体性是一种过程的观点，也都反对后现代主义强调这种过程是一种话语的观点。"后现代主义常遭受的批评是它会造成多元主义、相对主义，以及最终的高度个人主义政治效果。女性主义批判理论者为避免此点而主张，女性主义需要的是一套将压迫与解放一般化的理论，而且这套理论必须立基在男性与女性活出来的经验之上。因此，女性主义批判理论既不将自身定位成自由、基进或

① ［美］凯瑟琳·A.麦金农：《迈向女性主义的国家理论》，曲广娣译，北京：中国政法大学出版社，2007年版，第114页。

② Nancy Fraser, *Unruly practices: power, Discourse and Gender in contemporary social theory*. Minneapolis: University of Minnesota Press, 1989, p.2.

马克思主义等提出后设叙事理论的派别，但也不因此就属于扬弃理论的后现代主义。它既不立基于启蒙思想中那些认为主体本质是稳定、理性的概念，也不像后现代主义者那样认为主体是论述的结果，而是处于这两端之间"①。

拉克劳和墨菲（1985）一书中为女性主义批判理论家的分析提供了一种可资借鉴方法，即"他们否认对妇女的压迫能被归结为一个单一的原因，因为这是一种很容易把生物本质主义重新引入文化议程之中的立场。相反，他们强调的是在接合实践中发挥作用的相关因素的多样性"②。他们指出："如果每个主体立场是话语的立场，分析就不可能免除他者的一些立场的多元决定形式——正如我们一直看到的，所有必然性的偶然性特征是内在于任何话语差别之中的"③；因此，"也有必要认识到多样化的性差别中存在的多元决定产生了性**区分**的系统化影响"④。

第四，女性主义批判理论家们将批判自由主义的个人主义作为重要的主题。面对新自由主义的女性主义者和激进的女性主义者之间的联盟，女性主义者的批判涉及抽象自由主义对性别化身份之社会建构的漠不关心，对公/私的划分，对形式而非实质平等的关注，在性方面虚伪的中立性等。因为抽象的自由主义忽视了个人成长的社会结构以及在很大程度上体现现实个人属性的人际关系，比如，家庭联系、群体成员身份以及社会联系等。女性主义的批判与马克思主义对自由主义的个人主义的批评不同的是，女性主义批判致力于理解女性的经验，反对"用具有抽象本质的女性概念，来补充关于抽象的、理性的、自由的个人（在历史

---

① ［英］Pamela Abbott 等：《女性主义社会学》，郑玉菁等译，台北：巨流图书股份有限公司，2008年版，第 47 页。
② ［英］斯图亚特·西姆：《后马克思主义思想史》，吕增奎、陈红译，南京：江苏人民出版社，2011年版，第 32 页。
③ ［英］恩斯特·拉克劳、查特尔·墨菲：《领导权与社会主义的策略：走向激进民主政治》，尹树广、鉴传今译，哈尔滨：黑龙江人民出版社，2003 年版，第 129 页。
④ 同上，第 131 页。

上被认为是男性)的传统概念"①。

第五,女性主义批判理论家有一种非常具有权力批判意识的自我反思。他们一贯的做法是把从对女性主义理论内部的批判和从外部的批判结合起来。批判的女性主义者常常比以前的研究较少挑起争端而是更加开放和更加作自我反思。她们将女性看成反思性主体:能够自主地确定利益以及追求实现其人生积极变革的战略;强调无论何种约束,女性都不只是父权制的"牺牲品",而是自决的、能够挑战和抵抗统治结构的行动者。她们质问:谁代表女性? 谁为女性说话? 女性主义批判理论将"女性"概念用作分析范畴,集中于主体,使得一种在女性涉及统治权力结构时如何被定位以及这种定位如何形成认同感和反抗政治的分析成为可能。

最后,女性主义批判理论中的"批判"尤为关注权力问题、性别权力关系以及权力如何得到运作和受到抵制的问题,诸如男性和女性在获得地位和特权上的不平等。受福柯影响,女性主义批判理论家既关注正式的权力,也关注非正式的权力。广而言之,批判的女性主义理论家特别热衷于理解女性如何被授予权力,以及在某种情况下,她们如何改变占统治地位的模式,或许还有如何构建作为这些模式的意识形态。

总之,作为一场思想文化运动的女性主义批判理论,是在 20 世纪 60 至 70 年代以来的马克思主义、批判理论、后现代主义和后结构主义的宏大背景中展开的。尤其以福柯、德里达和哈贝马斯等哲学家和思想家为代表的后结构主义和法兰克福学派,对发达工业社会的语言和意识形态结构采取了一种批判的立场和方法。在这个"解构"的文化思潮中,女性主义批判理论成为一支不可或缺的批判力量。女性主义批判理论以后结构主义哲学的洞见为基础,探讨具体的女性特质如何在强有力的社会话语中结构化并得到确立,同时也表达了他们对有关女性(及其他)身份

---

① [美]罗伯特・L. 西蒙主编:《社会政治哲学》,陈喜贵译,北京:中国人民大学出版社,2009 年版,第 172 页。

之激进建构主义进路的不满,并赞成对物质性问题比如资源的分配与政治和权力的分配进行再探讨。一系列关键的理论和政治问题从女性主义者对哲学和社会/政治问题的双重批判中浮现出来。对差异和身份问题敏感度的加剧,导致一系列知识的重要争论,这些争论跨越了女性主义理论、批判理论、酷儿理论和后殖民主义有争议的界限,以弗雷泽为代表的女性主义批判学者对这些争论作出了重要贡献。

第二部分
弗雷泽女性主义批判理论的方法论起点

　　20 世纪 80 年代以来,许多受后现代/后结构主义哲学影响的女性主义理论者开始大力强调女性之间的差异性,重视"女性"这一范畴的不稳定性、不明确性与复杂性。在这一点上,弗雷泽是最早关注后现代/后结构主义理论学者之一,并把包括法国后现代/后结构主义哲学家让-弗朗索瓦·利奥塔(Jean-Francois Lyotard)、福柯、德里达和拉康等人的思想与女性主义批判联系起来。在早期对福柯话语权力理论的借鉴运用,以及后来与本哈比、巴特勒与康奈尔的争论交锋中,弗雷泽综合了各方观点,形成了自己独特的后现代女性主义批判理论。

第三章 "主体之死"与女性主体性建构

"后现代主义"一词中的"后"（post）事实上是一种"逆反"，即对于现代主义的反抗、否定及批判。后现代一方面对普遍性、理性与主体性等现代性的主张进行反省，另一方面也以反本质、反理性和去中心化的立场提出多元化、断裂性和零碎化等观点。自20世纪80年代起，后现代主义对差异和话语的重视、对启蒙思想的抨击等吸引了众多女性主义哲学家。支持后现代的女性主义者对性别中立与脱离现实的现代主体提出了质疑，反对后现代的女性主义者认为一个代表女性集体认同的普遍、稳定的主体是政治行动的必要基础。

第一节 "主体之死"：女性主体建构的困境

继尼采提出"上帝之死"之后，德里达、福柯和利奥塔等后现代主义思想家也对现代性的自由主体进行批判，并推出"人之死""主体之死"（death of the subject）等重要概念，消解了人的主体性。这一重新对自我进行思考，并将其定位为话语产物的过程，亦被称为"主体的去中心化"（decentering the subject）。

一、女性主义的现代与后现代之争

在现代/后现代的女性主义争论中，一个核心命题是主体的认同和主体性的建构问题。一般说来，现代哲学的特征是以人的主体性取代神性的权威，而后现代主义则是要以差异的、分散的和冲突的自我，去解构现代主义之统一的、既定的、理性的和自主的主体。与现代主义单一的主体不同，后现代主义同时注意主体的多元性与差异性，主张一个固定、本质性与永久不变的认同是不可能存在的。

最早支持后现代的女性主义哲学家是简·弗拉克斯（Jane Flax），她质疑了启蒙思考对于女性主义理论的有效性，对以下这些观点进行了批判：一种稳定连续性的自我；理性可以提供一个可靠且普遍的知识基础；理性具有先验的性质并独立存在于物质和社会经验之外；知识以一种对社会有益的方式被运用并确保自由和进步。弗拉克斯认为这些想法根本上不符合女性的经验，因为它们会证实和隐匿西方白人男性的经验和权力。所以，相较于"逻辑且有序的启蒙世界"，"女性主义理论……完全属于后现代哲学的领域"。①

弗拉克斯认为女性主义理论应当被看作是一种"后现代哲学类型"，它与后现代哲学有一种"特殊的亲和力"。② 弗拉克斯提出了一种承认差异及其重要性的、更加温和的分析版本："女性主义理论，像后现代主义的其他形式一样，应该鼓励我们容忍和阐释矛盾性、模糊性和多样性，同时也要揭示我们渴望庄严不凡的秩序和结构的根源，不管这些渴望可能有多么的武断和不公正。如果我们的研究工作做得更好一些，现实可能会看起来比现在更不稳定、更复杂和更无序。"③

与弗拉克斯的观点相对立，克里斯汀·迪·斯蒂法诺（Christine Di

---

① Jane Flax，"Postmodernism and Gender Relations in Feminist Theory"，*Signs：Journal of Women in Culture and Society*，Vol. 12，No. 4，1987，p. 625.
② Ibid.，p. 623.
③ Ibid.，p. 643.

Stefano)反对将女性主义放在后现代主义的范畴之内,并且声称女性主义的理论与政治的重要力量即是在于其现代主义式地强调性别的重要性。斯蒂法诺提供了女性主义反对后现代主义的几个主要内容的简明摘要:"首先,后现代主义表现了一个支持者(工业化西方的白种人、优越的男人)的需要,他们早已经有了为他们而设的'启蒙',而且现在倒是时机已经来了,愿意将这些遗产提出并加以批判。其次,后现代主义各种批判与解构的努力对象,也是来自那个类似而特殊的、部分支持者的创造(从柏拉图开始)。再次,主流的后现代主义理论(德里达、利奥塔、罗蒂、福柯),在他们自己对历史、政治与文化有意政治化的重读之中,明显地对性别问题视而不见并且漠不关心。最后,如果女性主义者严肃地采用后现代主义的观点,则将使得任何类似'女性主义的政治'变得不可能。在某种程度上,'女性主义政治'与一种特殊的支持者或主体(即女人)有密切关系,然而,后现代主义者反对以主体为中心的探究与理论,破坏了一个基础广泛的有组织运动的合法性,该运动致力于阐明和实现这一群体目标。"①总之,斯蒂法诺认为后现代主义对女性主义是有潜在的害处的。

由此看来,弗拉克斯与斯蒂法诺指出了女性主义哲学家在面临后现代主义挑战时的选择两难。那么,女性主义究竟应该站在哪一方? 是现代还是后现代?

二、女性主义和后现代主义之间的张力

首先,后结构主义与后现代主义的哲学已经对女性主义思想产生了广泛的影响。后现代主义视角非常推崇以下几个方面:达到个体最大的自由;揭露语言中隐藏的细节和权力关系;超越二元对立思维和二元对

---

① Christine Di Stefano, *Dilemmas of Difference : Feminism, Modernity, and Postmodernism*, in Linda Nicholson, ed., *Feminism/Postmodernism*, New York: Routledge, 1990, pp. 75 – 76.

立。这种研究途径提供了绝大多数女性主义理论目前所采纳的框架和用语。它们对于形塑现代社会思想所具备的力量和产生的影响，已经促进女性主义理论保持生机活力。不足为怪的是，许多女性主义者后来投入后现代哲学的怀抱。因此，借助后结构主义对本质主义和基础主义（foundationalism）的批判，女性主义文化政治中诞生了一种新的社会和文化力量——后现代女性主义。后结构主义和后现代女性主义认为，性和性别都是没有被化简为生物学的社会和文化建构。这是一种反本质主义的立场，其中女性气质和男性气质不是本质普遍和永恒的分类；相反，它们被理解为话语建构。比如，启蒙运动要求拥有理性的和普遍的真理，而由福柯、罗蒂和利奥塔这样的作者对启蒙要求所做的批评，使许多女性主义者破除了已被确认的性别概念和假定。后现代女性主义的许多概念都是来自马克思主义思想，尤其是哈贝马斯，但是，他们也对马克思主义提出了严厉的批评。

其次，女性主义给后现代主义研究注入了新的活力，女性主义从后现代主义那里找到了可借鉴的资源。它们在共同反对西方启蒙和现代性的宏大叙事中找到了亲缘性，并在反对男性霸权的统一性方面与其达成了一致。女性主义者批判了支持压迫女性的本质主义、基要主义和普遍主义的现代理论，认为后现代理论可被用来解构那种宣扬男性统治的意识形态。后现代理论的价值之一，就是明白无误地揭示了早期女性主义对女性差异的召唤或父权制理论化密谋观点中的普遍主义和本质主义。女性主义内部开始引用后现代主义的术语来丰富她们的分析：话语实践、话语分析、谱系学、文本和再现等，并对主体、差异和他者等观念进行重新审视。同时，女性主义者也看到，还需要别的理论来源，例如宏大的社会和历史理论、日常生活的互动主义理论、文化的批判-诠释学分析，以及对与性别相关的一些历史和文化因素所作的更具体的社会学研究。

然而，后现代主义女性主义者也受到了批评，其一，是因为她们把某些权力特别是政治权力从女权分析中剔除了，同时还忽视了权力关系的社会背景,特别是经济背景;其二,是因为她们借用了那些避免被贴上后现代主义者标签的女性主义者所发展出的理论框架;其三,是因为她们过于依赖男性后现代主义者的著作,如德里达、拉康和福柯,而这些男性的著作很大程度上忽视了女性的经验以及女性解放的需要;最后,是因为后现代主义的女性主义并不能为女性主义者确立任何积极的、肯定的奋斗目标。

弗拉克斯指出后现代有三个特征:人的死亡、历史的死亡和形而上学的死亡(the death of Man, of History and of Metaphysics)。第一,人的死亡。后现代主义意图摧毁所有人存在或自然的本质主义概念。事实上,人是社会的、历史的或语言的加工物;不是本体的、超越的存在。人永远无法逃离出想象的意义网络、定义的环链,在这里主体不过是语言里的一个位子。第二,历史的死亡。历史出现或存在的想法只不过是假想的人类的先决条件和正当化的理由。这样的想法同时也提供和强调进步的观念,而进步的观念本身也是大写人类故事的一个重要的部分。此种关于人和历史的看法,特许、预设了单一、同构型、整体、封闭与认同的价值。第三,形而上学的死亡。根据后现代主义,对于后现代主义者而言,质疑大写真理的消失。① 相应地,女性主义所理解的三个死亡应该是:第一,人之死,即理性的男性主体的去神秘化。从柏拉图、笛卡儿到康德、黑格尔,西方哲学都以理性的男性主体展开叙事。② 第二,历史之死,即历史叙事的性别化。假如西方知识传统的主体是白种、有钱、信仰基督教的男性家长,那么历史至今仍是以"他的历史"被纪录和描述。③ 第三,形而上学之死,即女性主义对超越理性的怀疑。与哈贝马斯的关键词"认知旨趣"(knowledge-guiding interest)和福柯的关键词"真理与权力的学科基质"(disciplinary matrix of truth and power)不同,女

---

① Seyla Benhabib, Judith Butler, Drucilla Cornell and Nancy Fraser, *Feminist Contentions: A Philosophical Exchange*, New York: Routledge, 1995, p. 18.

② Ibid.

③ Ibid., p. 19.

性主义的关键词是"性别关系"（gender relations），它是由人与人之间的社会、经济、政治和象征的性别差异所构成的。①

总之，随着后现代思潮的兴起，很多女性主义者转向了后现代主义，女性主义哲学内部的多元性开始明显。弗拉克斯与斯蒂法诺之间的现代和后现代之争、弗拉克斯的三个死亡理论等直接引发了弗雷泽、本哈比和巴特勒等女性主义哲学家中有关女性主体和主体性的辩论：女性是否应该放弃主体和主体性？放弃的代价是什么？女性如何成为一个有自主能力的能动者？

第二节　女性主义与后现代主义的接合：是否可能？

面对后现代/后结构主义思潮对当代主体理论的挑战，弗雷泽在推动女性主体与主体性等问题的深入研究与探讨上，扮演了重要的角色。20世纪90年代，通过与本哈比、巴特勒等女性主义哲学家和批判理论家的交锋与论辩，弗雷泽颠覆了后现代主义与女性主义二元对立的思维模式，重构了后现代女性主义的主体理论。

一、本哈比：对后现代主义的拒斥

本哈比在《女性主义与后现代主义》（1991）中阐述了她不赞同把女性主义与后现代主义联姻的观点。她把女性主义与后现代主义的关系置于一个西方文化占主导地位然后又逐渐式微的广义文化中，而区分女性主义应当从这个文化中"剔除什么"和"保留什么"与弗拉克斯所宣称的后现代主义的主要信条，即"人死了、历史死了、形而上学死了"②有关，也就是女性主义要拒斥"人死了、历史死了、形而上学死了"的后现代主

---

① Seyla Benhabib, Judith Butler, Drucilla Cornell and Nancy Fraser, *Feminist Contentions: A Philosophical Exchange*, New York: Routledge, 1995, p. 19.

② Seyla Benhabib, Judith Butler, Drucilla Cornell and Nancy Fraser, *Feminist Contentions: A Philosophical Exchange*, New York: Routledge, 1995, p. 2.

义强式版本的解释,因为女性主义等批判理论所需要的理论预设正好是
被后现代主义所否定的;在女性主义面临这深刻的身份危机的时候,"后
现代主义者立场的观点结论,可能不仅消除女性主义理论的特色,而且
还可能质疑女性主义运动的解放理想"①,甚至使女性主义从乌托邦前景
完全撤退。本哈比主张仍应有哲学层次的较高规范(higher-order
principles),让女性主义不至于放弃理想。

本哈比审视了后现代主义者所赞同的三种"死亡",即人的死亡、历
史的死亡和形而上学的死亡。本哈比意识到这三种"死亡"对一些女性
主义者的吸引力,但她进一步论述了"上述三种命题中的任何一个,都可
以解释为允许,假如并非完全对立,也至少使得理论方法产生剧变而四
分五裂"。她还补充说,"后现代主义的立场,从思想到结论,不仅可能消
除女性主义理论的具体特性,而且可能使整个妇女运动的解放理想受到
质疑"②。本哈比指出,如她所理解的那样,在每一种所列举的"死亡"命
题中,对其"温和"阐释有可能与女性主义和平共处,但是它的"强硬"阐
释却未必能够做到这一点。本哈比坚决主张需要有"意图性、可说明性、
自我反省和自主"。关于"主体的死亡",她谈到:"我倒想知道,要是没有
对能动性(agency)、自主性和自我特性(selfhood)进行规定的原则,女性
解放事业本身如何成为可能?"③

本哈比也指出,后现代理论本身不可能完全摆脱它们企图解构的
"宏大叙事","(本应)重要的是从一开始就要注意到,后现代主义对西方
形而上学本身的批判有许多是在对宏大叙事着魔的情况下进行的,也就
是说……'至少从柏拉图起,西方形而上学就一直处在对"关于鬼怪的形
而上学"着魔的情况下……'。"④本哈比通过质疑"女性主义者可以把后

---

① Seyla Benhabib, Judith Butler, Drucilla Cornell and Nancy Fraser, *Feminist Contentions: A Philosophical Exchange*, New York: Routledge, 1995, p. 20.

② Ibid.

③ Ibid., p. 21.

④ Ibid., p. 24.

现代主义当成理论的同盟军"得出自己的结论:"没有哲学的社会批评是
不可能的,而同时致力于知识进步和女性解放的女性主义理论,如果脱
离开社会批评,同样是难以想象的。"①总之,本哈比认为后现代主义的排
他性太强,因此与女性主义的吸纳整合计划有所偏离。

二、弗雷泽:女性主义与后现代主义接合的合法性

弗雷泽先后在《虚假的对立:答塞拉·本哈比与朱迪斯·巴特勒》
(1994)以及《实用主义、女性主义与语言转向》(1995)等文章中,对本哈
比的质疑进行了回应。

首先,弗雷泽对本哈比拒斥后现代主义的女性主义思想进行了批
判。在《虚假的对立:答塞拉·本哈比与朱迪斯·巴特勒》(1994)一文
中,弗雷泽对本哈比拒绝"人死了、历史死了、形而上学死了"的强式后现
代主义版本的解释进行了反驳;并对本哈比认为后现代主义、后结构主
义的"主体性"与女性主义政治不相容的观点进行了批判。弗雷泽断定
本哈比坚持了哲学批判和女性解放事业,但"她支持我们对'大'历史的
捍卫,却拒绝我们的后现代主义、实用主义、容错的女性主义理论化模
式"②。本哈比认为弗雷泽的后现代主义女性主义只适用于价值中立的
社会科学,而预先排除了以解放为旨趣的历史叙事。弗雷泽则批评本哈
比的只有历史的宏大叙事才能保证以解放为目标的观点,它造成了反本
质主义与政治参与的虚假对立。本哈比认为如果她要捍卫批判理论就
必须反对后结构主义,其坚持女性主义批判而反对与后现代主义接合的
立场遭到弗雷泽全面反对。弗雷泽建议本哈比采取一种中间立场,以调
和宏大叙事同本质主义、哲学与批判、女性主义解放和后现代主义解构
之间的对立。

---

① Seyla Benhabib, Judith Butler, Drucilla Cornell and Nancy Fraser, *Feminist Contentions: A Philosophical Exchange*, New York: Routledge, 1995, p. 25.
② Ibid., p. 62.

其次,本哈比紧接着在《主体性,历史叙事和政治学:对"女性主义/后现代主义争论"的反思》(1995)中澄清了她与弗雷泽的分歧,并为自己作出了辩护:"我的回答是,弗雷泽和尼尔科森所倡导的裁剪理论来解决眼前任务的公平和常识性的方法并不是后现代的。弗雷泽把她的政治承诺与对后现代主义的理论认同调和起来,这仅仅是因为,她实际上已经把'后现代'替换成了'新实用主义者'的历史叙事和社会研究。"①本哈比哈借用 F. R. 安克斯密特(Franklin Rudolf Ankersunit)的话说,她和弗雷泽争论的主要是弗雷泽这种理论嫁接的方式,其次才是内容之争。

不过,本哈比也承认所谓普世的理想(universalistic ideals)本身要不断地被挑战、比较、改变②。本哈比认为,正如女性主义与马克思主义的联姻是不幸的一样,女性主义与后现代主义的联姻虽然更诱人,但却是不易的、错误的联合。

在考察为什么后现代主义可能怀疑女性主义时,关键问题集中在女性主义不仅是一种理论,而且是一种政治学。那么,我们怎样发展一种政治学呢? 本哈比(1991)指出了合理构成的社会行动的观念的局限性——她认为,对于一种女性主义社会运动来说,这种观念是基本的——如果主体是这样被定位在语言和话语中的,以至于缺少批评的距离去思考和反映社会变迁的情况。女性必须不仅是她们的故事中的一个人物,而且同时是那个故事的作者。就是说,她们必须拥有后现代主义所否定的某些优越的地位,据此来评价和估计她们的行动。本哈比要求"标准的、无过失的责任",她"想问的是,事实上,如果没有这样一个关于能动性、自主性和自我的规范原则,女性解放的计划是如何实现的"?③

不仅对于女性主义理论,而且对于政治学来说,后现代主义提出了

---

① Seyla Benhabib, Judith Butler, Drucilla Cornell and Nancy Fraser, *Feminist Contentions : A Philosophical Exchange*. *New York : Routledge*, 1995, pp. 111 - 112.

② Ibid., p. 118.

③ Ibid., p. 21.

几个严肃的问题。首先，如果不能要求超越时间、地点和特殊利益的价值，那么在证明政治行动的正当性时，一个人使用什么标准呢？正如本哈比所指出的，"当创造历史的'宏大叙述'不再可能或必要时，'历史之死'的命题就遮蔽了历史和历史叙述中的认识论兴趣，而这些兴趣伴随着所有挣扎的历史行动者的愿望。一旦这种对恢复历史'失败者'和'受害者'的生活和斗争的'兴趣'失去了，我们能产生积极的女性主义理论吗？……女性主义理论是否可以是后现代主义的，并且仍然对解放感兴趣？"①

最后，在《实用主义、女性主义与语言转向》(1995)中，弗雷泽一方面肯定了本哈比的哈贝马斯式的方法，"她很有说服力地捍卫了一般女性主义应需要规范批判、旨在解放的历史叙事，以及对女性抱负和行为的行动—理论关注"②，认为本哈比在商谈程序和规范等方面对女性主义有很大借鉴意义。但本哈比只坚持个人参与话语实践中积极、建构性的一面，忽视了其消极建构性的一面。所以，弗雷泽认为，还是应该根据目标和任务，坚持实用的观点，避免形而上学的混乱。

在这场辩论中，本哈比固守哲学批判传统和女性解放这个目标，拒绝后现代主义对女性规范理论的削弱而反对二者联姻。弗雷泽对本哈比由批判到吸收其理论资源优势，坚持女性主义与后现代主义联合的合法性和实用主义方法的有效性。如同本哈比所提问的，如何能够去思考女性解放的计划，而不需要借助"提升能动性、自主性和女性自我这些想法"？

第三节　女性主体与主体性的建构：如何可能？

虽然第二波女性主义浪潮中的女性主义者之间存有不同的争议，但

① Seyla Benhabib, Judith Butler, Drucilla Cornell and Nancy Fraser, *Feminist Contentions : A Philosophical Exchange*, New York: Routledge, 1995, p. 23.
② Ibid., p. 160.

他们都认为,有关主体和主体性的描述一直聚焦于男性主体并以男性主体为标准,女性在历史上就被剥夺了主体性。不过,许多女性主义批判理论家把主体的认知与对社会实践的关注结合起来,拓展了文化的边界,从而使女性能够在其中获得主体位置的多样性。以上的观点和思想对弗雷泽的女性主体理论都产生了一定的影响。①

一、主体与主体性的后现代/后结构主义意蕴

众所周知,女性主义运动的发展已经有二百多年的历史,女性主义者一直没有放弃建立一个先验的、统一的女性主体的政治诉求。但在当下后现代主义的语境中,多元化理念已经是广为接受的事实,不同的主体都在寻求自己地位和诉求的合法化。首先,不同女性的主体地位具有合法性。女性对社会做出了很大的贡献,女性群体已经成为全球化、多元化时代的一股重要力量,她们的主体地位理应得到承认。其次,女性的差异也应该得到认可和尊重。这个差异不仅是男女两性之间的差异,还包括基于不同种族、阶级、国家等的女性之间的差异,黑人女性和同性恋女性等边缘群体也应享有同男性和其他女性同等的权利和地位。最后,不同女性的需求应得到满足。不同女性有着自己特殊的需求,她们有表达和实现那些合理诉求的权利和能力,应发挥她们的主体性和能动性。这既是对以前忽视女性主体思想的颠覆,也是基于未来女性的实践对女性主体性的建构,弗雷泽正是在这个社会和文化背景下重新建构了多元女性主体观。

自20世纪80年代以来,对主体性的文化研究沿着后现代主义者福柯有关社会构成的主体与权力的政治分配之间的一致性的分析所指出的道路发展。福柯指出:"当代人的主体性有三种建构模式:1. 人如何将人文科学中发言的主体(speaking subject)——人自己本身,赋予科学的

---

① [美]维克多·泰勒、查尔斯·温奎斯特:《后现代主义百科全书》,章燕、李自修等译,长春:吉林人民出版社,2007年版,第468页。

地位,而成为被研究的对象? 如经济学中在有限资源但无限欲望下,会依理性做出选择的人。2. 人如何把自己与别人分类,透过区隔别人来认识自己? 如疯子与正常人、健康的与生病的。3. 人又如何从被研究的对象中再重新把自己变成主体? 例如同性恋者如何从被精神医学视为是一群从事变态性行为的人中,利用同性恋这个名词学习认知到自己经验的被否定,重新诠释自己成为性爱的主体。"①

后结构主义的女性主义者克里斯·维登(Chris Weedon,1987)认为,"主体(subject)与主体性(subjectivity)这些词语对后结构主义理论而言是具中心重要性的。……后结构主义论设了一种主体性,它是不稳定的、矛盾的、一直在过程中的,每一次我们思考或言说,它便不断地在话语中被重新组成"②。"女性主义的后结构主义就是一种知识生产的模式,它使用后结构主义的语言、主体性、社会过程和机构的理论以理解现存权力关系,并识别改变的领域与策略。"③总之,后现代/后结构主义女性主义者都拒绝将"女性"理解成政治主体,并坚持认为有必要把"女性"作为某种话语实践的结果来加以分析。对此,反对者如本哈比回应说,上述理解动摇了将女性作为一个团体来做创造性解读的法理基础,并置历史行为体于不顾。和主体要素消失一样,所谓的目的性、责任性、自省性和自治性观念也同样会因此而不复存在。

二、左翼女性主义的论争:主体的建构如何可能?

女性主义批判理论家们反思了以下问题:抵抗的能动性是否必然要基于话语的建构? 一种集体主体是否可能? 如何跨越诸多的种族、阶级、文化和性别等差异? 强调女性的共同点是否会陷入本质主义的陷

---

① 参见王增勇《导读:傅柯与社会工作的对话》,[加]Adrienne S. Chambon:《傅柯与社会工作》,王增勇等译,台北:心理出版社股份有限公司,2005 年版。
② Chris Weedon, *Feminist Practice And Poststructuralist Theory*,Wiley-Blackwell,1996,p. 38.
③ Ibid.,p. 47.

阱,或者排斥了社会的其他弱势女性?

(一)朱迪斯·巴特勒:主体的建构是一种话语的实践

受福柯影响,巴特勒坚持的是后结构主义而非后现代主义的女性主义,她把后结构主义和后现代主义区分开来,甚至否定后现代主义的存在。巴特勒质疑道:"当后现代主义这个术语被运用于社会理论,尤其是女性主义的社会和政治理论中时,它到底意味着什么? 谁是这些后现代主义者? 它是一个人自封的名称吗? 假如一个人提出一种对主体的批判、一个话语的分析或者对整体社会描述的一致性或连贯性的质疑时,他就可以被称为后现代主义者吗?"①相反,巴特勒认为后结构主义的批判范式能给社会理论提供普遍的前提基础以抵抗文化帝国主义,这也是女性主义采取后结构主义策略的一个重要动机。

福柯的谱系学理论强调历史脉络和偶然性,指出考察微观权力过程的重要性。透过谱系学的观点,社会研究的焦点应该放在特定历史和社会情境有关性别歧视的形成过程,而不是去寻找单一的潜在因素。由此,巴特勒认为女性主义主体理论一个较为适当的方向,是采用由福柯所发展出来的女性主义谱系学的研究方法,探索女性欲望的内在真实以及真正的性别身份。

巴特勒将女性主义定位为一种主体化的话语,主张解构性别和去本质化,提出了"表演"(performativity)主体的概念,以此来解释性别的建构过程。巴特勒认为,一个人的主体性从来不是自然的,而是按照主流规范的、权力的话语"剧本",在"表演"的过程中被形塑的。"主体并不是一个前提或一个产物,而是一个具有无限可能性的不断重新定义的过程……"②表演者能够改写自己的剧本,并通过改写来颠覆主流规范的压迫,从而产生能动性。巴特勒指出:"仅仅把主体看作处于其外部的环境或语境中是不够的。相反,我们应当把主体看作是处在权力/话语结构

---

① Seyla Benhabib, Judith Butler, Drucilla Cornell and Nancy Fraser, *Feminist Contentions : A Philosophical Exchange*, New York: Routledge, 1995, p. 35.

② Ibid., p. 47.

中并通过它建构的。"①

巴特勒进一步指出,一方面,主体是文化建构的,另一方面,这种主体建构以剥夺他者的主体性为代价,"在某种意义上,主体的建构是通过一种排外或区分达成的,这或许是一种压迫,它随后被自治的后果所隐藏或掩盖。"②同样,女性没有预先设定的主体,都是通过后天建构的,是在话语中构成的;女性也正是因为受到压迫而缺乏主体性的建构。巴特勒拒绝将"女性"预设成政治主体,并坚持认为有必要把"女性"作为某种话语实践的结果来加以分析。

(二)塞拉·本哈比:话语权力与自我的定位

本哈比的立场以结合哈贝马斯的批判理论和女性主义理论而著称,她抱持着与巴特勒完全不同的看法。哈贝马斯曾批评福柯,认为他对任何主体形式的拒绝,丧失了规范性的基础。本哈比坚持从批判理论的传统出发,并同意哈贝马斯,认为在现代的多元主义的社会中,我们需要一种形式的普遍性的概念,否则我们将陷于各种视角和价值之间的永恒的战争,没有任何进行公正批评的基础。

本哈比指出,首先,巴特勒在解构主体的过程中将能动性一起排除了。这种做法打击了女性本身就很弱化的自我和自主性,进一步削弱了女性主义的解放力量。巴特勒的观点等于"把自我视为化装舞会的表演者,除此以外,她还要我们相信面具背后并没有自我"。这种观点把女性的主体能动性降低为一种"不需要主体就可以有所作为"③。其次,巴特勒的反本质主义、反基础主义的极端立场将使得女性主义丧失根基。本哈比问道:如果我们是通过话语被创作出来的,那么,我们将如何来改变我们自己呢?"从理论上讲,我们不会情愿砍断我们坐在一起的树

---

① Seyla Benhabib, Judith Butler, Drucilla Cornell and Nancy Fraser, *Feminist Contentions: A Philosophical Exchange*, New York: Routledge, 1995, p. 66.
② Ibid., pp. 45 - 46.
③ Ibid., pp. 21 - 22.

枝……因此我呼吁对基础进行反思。"①

针对本哈比要摆脱基础,就要完全放弃自我的批判,巴特勒进行了反驳:"如果我必须提供一种'自我理论'……它也不会被简化为一种性别理论。"②相反,我将"主体"界定为"语言内部的一个范畴,它与本哈比所谓的'自我'截然不同"③。巴特勒试图提供一种不必求助于作为行动者来源的主体的说明,她分析的关键特征在于:物质通过表演被反复生产。④ 权力在主体被建构以后并不"停下来";主体被"反复地征服和产生。⑤

(三)弗雷泽:巴特勒的"表演"主体缺乏政治能动性

首先,弗雷泽赞同巴特勒的观点,认为福柯的谱系学是后现代主义者的一个启示来源,对巴特勒的女性主义谱系学方法论进行了肯定。巴特勒使人们关注再现的表演方面和文化的具体情境,她的研究方法有利于对抗主流政治文化的男性中心主义。然而,正如弗雷泽曾提出的质疑:福柯对现代社会的问题没有批判的立场或依据,因此他迫切需要的是一个规范性范畴作为其批判的起点。另外,巴特勒的理论规范性也不足,不能完成女性主义目标。巴特勒的方法没有内部规范性的根源,对女性主义的目标来说太过于贫乏和薄弱,谱系学分析需要更坚实的道德基础,女性主义政治需要更广泛的道德政治观点,才能达成解放效果。⑥

其次,巴特勒高估了性别转换的"表演"观点所具有的政治潜力,容易受到资本主义社会的商品化与去政治化的影响。弗雷泽以詹尼·利文斯顿(Jennie Livingston)于 1991 年拍摄的纪录片《巴黎在燃烧》(*Paris*

---

① Seyla Benhabib, Judith Butler, Drucilla Cornell and Nancy Fraser, *Feminist Contentions: A Philosophical Exchange*, New York: Routledge, 1995, p. 118.

② Ibid., p. 133.

③ Ibid., pp. 134 – 135.

④ [英]玛丽亚姆·弗雷泽:《波伏瓦与双性气质》,崔树义译,上海:中华书局,2004 年版,第 39 页。

⑤ Seyla Benhabib, Judith Butler, Drucilla Cornell and Nancy Fraser, *Feminist Contentions: A Philosophical Exchange*, New York: Routledge, 1995, p. 47.

⑥ Ibid., pp. 162 – 163.

is Burning)作为说明。① 这个纪录片拍摄了在纽约市区夜总会中举办的变装秀的竞赛过程，表演者大多是贫穷家庭的男同性恋或变性者，他们扮演成各色女子参加变装比赛。实际上，这些表演者身兼种族、性别与经济不平等的多重弱势状态，无力为其所遭遇的非正义进行斗争。②

第三，巴特勒的理论框架更关注地方性的、具体的和特殊的东西，不利于情境化和总体化研究，不利于把具体的个人与分散的主体的关系理论化。巴特勒的表演方法只适用于理论化微观层次、主体内在性（intrasubjective）与性别关系的历史；而在宏观层次、主体间性（intersubjective）和规范的层面上就不是特别有用。③

最后，弗雷泽指出"巴特勒制造了一些虚假的对立：身份与差异、主体化与互惠、去具体化与规范批判、解构与重构"，④暗示女性主义者在批判理论和后结构主义之间面临一个非此即彼的选择。

（四）朱迪斯·巴特勒：话语的再现塑造了主体的能动性

巴特勒对弗雷泽的批判进行了回应，认为弗雷泽急于捍卫自己的立场，忽视了讨论问题的关键。巴特勒把话语、权力、再现和主体的能动性联结在一起，认为话语就像权力，本身是生产性的，在权力的作用下，话语通过再现塑造了主体的能动性。主体的形成也并不是像弗雷泽所认为的那样——"主体的形成要排除其他主体"，毋宁说这只是对事实的一种描述和作为政治批判的心理分析的预设。巴特勒认为，主体的形成需要一个文化的转化，即在尊重一种文化的同时，不能同化或贬低其他文化，以期不同文化下的主体能够并存。

① Seyla Benhabib, Judith Butler, Drucilla Cornell and Nancy Fraser, *Feminist Contentions: A Philosophical Exchange*, New York: Routledge, 1995, p. 163.
② 许明瑄：《试论性别展演论之颠覆性》，台湾"中山大学"政治学研究所硕士论文，2008 年，第48—49 页。
③ Seyla Benhabib, Judith Butler, Drucilla Cornell and Nancy Fraser, *Feminist Contentions: A Philosophical Exchange*, New York: Routledge, 1995, p. 164.
④ Ibid., p. 71.

由于福柯没有深入论述女性独有的权力经验,对能动性也没有提供明确的概念,因而,针对弗雷泽提出"表演"主体理论能否产生政治作用或政治行动的问题,巴特勒也未能做出令人满意的回答。她只是说:这同样是一个权力斗争的问题。

(五)结论:多元女性主体与主体性的重构

通过利用、整合本哈比和巴特勒等人的思想资源,弗雷泽指出,本哈比与巴特勒的分歧源自于二人完全不同的研究路径。本哈比遵循的是哈贝马斯式的路线,"更接近老左翼",代表超越,强调女性由她们自己塑造自我。而巴特勒"是个时髦的后现代左翼",她的视角是福柯式的理念,代表语境化,女性没有了任何定义,可以随心所欲地行动。① 换句话说,"本哈比捍卫的是源于批判理论的女性主义,以自主、批判和乌托邦概念为前提。相反,巴特勒的女性主义所依赖的是后结构主义的主体性、身份和人类能动性的概念。"②由此,弗雷泽试图超越本哈比和巴特勒之间的虚假对立,一方面提议女性主义者不必弃绝真正合适的宏大理论工具,不必放弃单一的、本质主义的主体;另一方面也强调女性并没有预先设定的主体,都是通过后天建构的。鉴于后现代主义的虚无主义和相对主义的局限性,弗雷泽认为求同存异的"策略本质主义"(strategic essentialism)是必要的。总之,弗雷泽指出,后现代主义时代的女性主体是具有主体性和能动性的多元主体,应尊重女性的差异性,避免一部分人的主体性建构以另外一部分人的服从为代价。

综上所述,弗雷泽在认同和拥抱后现代主义的同时,又解构后现代主义,采用了实用主义的研究方法,呈现出一种矛盾的心态和折衷主义的色彩。这意味着,弗雷泽的后现代女性主义主体理论缺乏一定的建设性,很难走出当代女性主体建构的困境。不过,弗雷泽的研究打破了现

---

① [美]哈维·C.曼斯菲尔德:《男性气概》,刘玮译,南京:译林出版社,2008 年版,第 213—214 页。

② Seyla Benhabib, Judith Butler, Drucilla Cornell and Nancy Fraser, *Feminist Contentions : A Philosophical Exchange*, New York: Routledge, 1995, p. 59.

代与后现代之间的坚固界限,深化了女性主体和主体性问题的研究,提供了一种女性主义哲学发展的新方向。这种女性主义哲学的"后现代转向",也让女性主义哲学能融入更新的元素,这也许是保持其生命力的最好方法。

第四章　后现代女性主义方法论的重构

　　20世纪90年代初，女性主义理论内部发生了一次研究范式上的重大转变，即向"后现代女性主义"的过渡。但是，女性主义和后现代主义之间的关系是不稳定的和令人紧张不安的，矛盾的根源是女性主义作为一种思想/文化解放运动的起源和后现代主义的解构倾向，换言之，女性主义学术逐渐被话语分析和文本解构的方法所取代。一些女性主义者认为后现代主义在政治性上和道德上空洞无力，其他女性主义者则看到了后现代主义反对基础主义和本质主义所表现出来的政治潜力，承认它为性别表现和权力关系提供了有价值的解释。实际上，后现代主义一方面对女性主义理论复杂性的探索有影响和贡献，另一方面又通过提出新的认识论方法，比如：去中心化、解构和差异等，挑战和解构了女性主义。后现代女性主义理论家也一直在积极寻求化解女性主义与后现代主义之间冲突的最佳方法，并努力发展出新的批判和建构路径来解决这些争端。

第一节　弗雷泽对后现代主义与女性主义的多维批判

　　弗雷泽较早地把包括德里达和利奥塔等后现代主义者的思想与女

性主义理论联系起来。与一种极端的、激烈的和后现代主义所采取的"解构"模式不同，弗雷泽采用了比较温和的后现代主义的"重构"模式，强调当前时代和现代性之间的连续性。弗雷泽等思想家认为，"后现代话语乃是现代与后现代之间的分界话语，它允许对现代理论和现代政治进行创造性的重建。"①现代与后现代之间是"虚假的对立"，实质上是批判理论和后现代主义的相对价值的争论，应尝试发展一些能够将两者结合起来的新的女性主义理论化范式。尽管女性主义与后现代主义在如何对待解构主义理论方面存在很多分歧，但在反对宏大叙事和本质主义方面却有着共同的指向，这促使弗雷泽萌发了将二者互补起来的构想，并据此设想后现代女性主义的未来。然而弗雷泽的做法遭到了巴特勒和康奈尔等后现代女性主义者的强烈反对。

一、弗雷泽对雅克·德里达解构主义理论的批判

解构是后现代的分析方法，它以一种特定的理论姿态出现于20世纪60年代末期的法国。它试图通过揭示话语的矛盾、悖论和暂时性，来批判和动摇话语中明确的、稳定的意义体系。对语言不确定性的强调，根本动摇了现代性的逻各斯中心主义立场。后现代主义思想家德里达是"当代解构之父"，解构主义多半情况下被等同于德里达。在他的著作中，解构既不是建构，也不是拆毁；解构主义本质上是一种解释性的质疑策略。德里达把二元对立作为解构主义的主要分析对象，解构挑战了前者对后者不言而喻的优势地位：男性/女性、自然/文化、自我/他者、公共/私人以及理性/情感等。但因为拒绝任何文本和语境之间的范畴差别，德里达的解构主义经常遭受"去政治化"的指控。

1980年夏天，在法国的瑟里西（Cerisy）召开了名为"人的终结：德里达著作的副产品"的大会，其中的"政治研讨会"明确地提出了困扰着人

---

① ［美］贝斯特、［美］凯尔纳：《后现代理论：批判性的质疑》，张志斌译，北京：中央编译出版社，1999年版，第236页。

们的许多问题,例如:解构有政治含义吗? 一种"解构的政治"的表述是可能的和可取的吗? 在德里达的作品中,已经有一种政治暗示了吗? 如果是这样的话,它是什么,它能站得住脚吗? 从一种德里达的立场再思政治是可能的吗?①

弗雷泽在《法国的德里达派:政治化的解构抑或解构中的政治?》一文中对这些问题进行了反思,认为"解构"无法让人们具体地思考正义、法律和政治问题。弗雷泽指出,出于对准超验论的回应,而不是现实政治生活中解决社会问题的经验研究的需要,德里达错误地试图采用优先于现实政治的"西方文化中政治宪法与制度的哲学方案"。② 德里达在《法律的力量:权威的神秘基础》一文中区分了思考"力量/法律、正义/暴力"之间关系的两种不同方法:一种是"批判"的方法;另一种是"解构"的方法,可以阐释暴力与法律之间"更内在更复杂的关系",暴露出"由于权威的起源、法律的基础和地位在原则上除了它们自身之外就不可能有什么依托,故它们自身就是一种没有基础的暴力"③。因此,德里达认为"解构"是更好的方法,它能深入暴力与法律之间关系的核心。

1991 年,弗雷泽在《法律的力量:形而上学的还是政治的?》一文中,指出德里达的解构主义实际上是属于形而上学的玄思。最重要的一点,"他的论述将我们的注意力引导到一个所谓的法律的'暴力'是构成性和不可避免的层面。这种'暴力'可以在无实质性的意义上被称为'政治',因为它独立于任何特定的制度或社会安排,即使在原则上,它也不受改变。因此,在德里达的论述中,'法律的力量'本质上是形而上学的"④。但由于女性主义等新社会运动的政治话语是在为社会平等提供理论准

① Nancy Fraser, "The French Derrideans: Politicizing Deconstruction or Deconstructing the Political?", *New German Critique*, Vol. 33, 1984, pp. 127-128.
② Ibid., p. 137.
③ [法]雅克·德里达:《〈友爱的政治学〉及其他》(下),胡继华译,长春:吉林人民出版社,2006 年版,第398—399 页。
④ Nancy Fraser, "The Force of Law: Metaphysical or Political?", *Cardozo Law Review*, Vol. 13, 1991, p. 1328.

备,因而德里达的那些超验的、模糊的和难以确定的问题都背离了女性主义最基本的批判角色。①

总之,弗雷泽对德里达的解构主义著作是否能够形成一个稳定、有效的政治立场提出了质疑。弗雷泽对解构主义的主要批判是:解构主义从根本上是非政治性的,是一种消极的/虚无主义的理论,无法参与到致力于社会变革的理论或实践工作中;过于重视解构将会导致政治虚无主义和宿命论,从而导致政治和道德的瘫痪。

二、弗雷泽对让-弗朗索瓦·利奥塔宏大叙事理论的批判

利奥塔是 20 世纪下半叶最重要的后现代思想家之一,80 年代以后,他成为后现代理论的代言人,并被公认是"后现代主义之父"。1979 年,利奥塔在开创性的后现代主义哲学文本《后现代状况:关于知识的报告》一书中,将后现代主义方向对准了现代性"元叙事"(亦指宏大叙事或理论)的解构。利奥塔阐述道,"我们可以把对元叙事的怀疑看作是'后现代'"。② 利奥塔认为元叙事的含义就是那种使特定的现代话语合法化的"起中心作用的原则"。利奥塔在书的开篇即指出:"随着社会进入被称为后工业的年代以及文化进入被称为后现代的年代。知识改变了地位。"③这种变化至少始于 20 世纪 50 年代末,一直持续到现在,因而,"在最近几十年中,知识成为首要生产力"④。乌托邦、幻想与人文主义这类曾推动社会生活的话语,已经丧失了它们的权威。利奥塔将这一趋势称为宏大叙事的衰落,宏大叙事已经失去了可信度。后现代主义被视为宏大叙事与普遍真理的掘墓者,必将开启一个尊重差异、文化多元的新时代。

---

① [美]伊丽莎白·格罗兹:《时间的旅行:女性主义、自然、权力》,胡继华、何磊译,郑州:河南大学出版社,2012 年版,第 206 页注释①。
② [法]让-弗朗索瓦·利奥塔尔:《后现代状况:关于知识的报告》,车槿山译,北京:生活·读书·新知三联书店,1997 年版,第 2 页。
③ 同上,第 1 页。
④ 同上,第 3 页。

利奥塔对元叙事的解构在女性主义者中引起了担忧。女性主义者指出,利奥塔等人对元叙事的摒弃与为底层群体而战的社会正义事业是背道而驰的。因此,弗雷泽重点批判了利奥塔的后现代理论,认为它会使女性主义在政治上陷于无能,"很难成功地、批判地把握住性别统治与屈从的问题"。① 弗雷泽指出,后现代主义者试图发展出不依靠传统哲学基础的社会批判概念,而像罗蒂和利奥塔则宣称哲学和一般性的理论不再能掌握政治和社会批判。"现代"的概念让位给"后现代"的概念,社会批判的特征也改变了:"社会批判不再由哲学来定位,因此其形态和性质处于不断的变化之中;它变得更加实用,更加独特,更加注重背景和环境,也更具局部性。"②利奥塔对宏大叙事的拒斥,使他自己无法通过建构叙事来说明为什么不平等或女性受压迫的现象是不合法的,而女性解放则是正当的。对一切形式的平等概念和普遍性概念的拒斥,损害了将女性及其他人组织起来为消灭男性统治或为争取女性权力而战的计划。

由此可见,利奥塔的后现代观点直接与女性主义的政治目标相抵触,他对宏观理论的拒斥,就剥夺了人们对关于女性之从属地位与受压迫状况等普遍理论的需求。另外,利奥塔对宏观结构的放弃,导致了对性别、种族等等级压迫的批判变成了真空,"结果是,他在倒掉哲学中的玄学话语这盆洗澡水时,把大型历史叙事这个孩子也倒掉了;在倒掉狭义的马克思主义阶级理论这盆洗澡水时,把对大规模的不平等的社会理论分析这个孩子也倒掉了"③。总之,弗雷泽指出,利奥塔的后现代主义理论宣布了宏大叙事和规范的社会结构理论的非法性,这对女性主义对资本主义的批判是非常不利的。

三、弗雷泽对本质主义女性主义的批判

本质主义的女性主义主张,譬如"女性""第三世界女性""家庭""母

① 李银河主编:《妇女:最漫长的革命》,北京:生活·读书·新知三联书店,1997年版,第128页。
② 同上,第129页。
③ 同上,第135页。

职"等身份是自然的、天生的，是在一生中都固定不变的；"女性本质"的存在将所有女性团结成一个群体；女性主义的元叙事承载着一种追求真相的意愿和一种历史进步的召唤。而旨在解构整体论并揭示差异性的后现代主义则要解构这样的元叙事，认为这种叙事是压迫性的。

弗雷泽指出，女性主义政治实践的"实际的兴趣"使之免于后现代主义所犯的错误。但因为女性主义者的使命感，使得她们采取了一些被后现代主义者批判的理论模式，例如：哲学的元叙事。这是因为女性主义者企图建立的理论往往有着实证性大于哲学性的意味，看起来较像是一种"准-元叙事"。不过，弗雷泽认为，紧迫的实际需要虽然令女性主义者容易使用"准-元叙事"，但并不意味着他们会完全被它所左右。[①] 通过对女性主义历史发展中几个重要转折点的梳理，弗雷泽分析了女性主义者要么鼓励、要么反对"准-元叙事"理论模式的两股力量的斗争过程，以及由此产生的围绕着本质主义与反本质主义展开的长期辩论。

20世纪60至70年代，"新左翼"中的女性试图将性别议题引入"女性解放"的讨论上时，却引起了其阵营中男性的敌意。因而，美国激进女性主义者舒拉米斯·费尔斯通（Shulamith Firestone）天才地运用了性别差异的生理学基础进行反驳。但是这样的做法从后现代主义的观点来看是有问题的，她犯了本质主义的错误。女性主义人类学家米歇尔·罗萨尔多（M. Z. Rosaldo）等人提出了"私人领域"和"公共领域"的划分，似乎可以揭示性别歧视的多样性和普遍性。但这样跨文化的、所有社会中都存在私人与公共领域区分的假定和解释，"错误地将一些具有历史独特性的现象作了适用于一切社会的归因概括"[②]。这表明，女性主义者还在暗自继续追寻一种"准-元叙事"的理论概念。

至20世纪80年代，女性主义政治实践产生出一股新的对宏观话语的压力。"贫穷的工人阶级妇女、有色人种妇女和女同性恋者的声音终

---

① 李银河主编：《妇女：最漫长的革命》，北京：生活·读书·新知三联书店，1997年版，第138页。
② 同上，第141页。

于赢得了广泛地关注,她们反对那种忽略了她们的生活和问题的女权主义理论。"①因而,女性主义学术研究在学院开始体制化了,这表现出两个倾向:第一,学者们更关注局部性、具体问题的研究,追寻宏大社会理论的兴趣在下降。第二,女性主义理论中仍然存在忽略差异现象的问题,"本质主义的余毒尚存"②。仍有一些学者没有完全放弃"准-元叙事",例如,吉利根建构了一个女性的精神发展模式,强调关怀的价值属于女性,这被弗雷泽认为是召唤出了本质主义的幽灵。不过,在批判本质主义的女性主义者的同时,弗雷泽也赞赏她们所做出的贡献,认为"姐妹情谊"的观念"使有关性别主义普遍性的观点带上了学术的色彩",即便"它似乎使女人之间联系的深度及根源合法化了"③。

第二节　女性主义者对弗雷泽批判的回应

女性主义理论随着时代而发展,其中有很多有才华、有创造力的左翼女性主义思想家,如巴特勒、本哈比和康奈尔等,她们对弗雷泽的后现代女性主义理论都做出了最新的回应。

一、巴特勒对本质主义的借用:从德里达的双重书写到女性主义的双重运动

斯科特借鉴了德里达和福柯模式,她指出,后现代主义的贡献在于对解构作为一种方法和思维方式的强调:"这一解释意味着主体处在一个不断构造的过程中,这又提供了一个说明有意识和无意识欲望的系统方法,即认为语言是恰当的分析工具。"④解构的总体策略是瓦解二元对立的暴力等级制,一些解构主义的女性主义者运用解构主义技巧去分析父权制话语,认为"解构对女性主义是有用的,因为它提供了方法,去解

---

① 李银河主编:《妇女:最漫长的革命》,北京:生活·读书·生活三联书店,1997年版,第146页。
② 同上,第147页。
③ 同上,第143页。
④ 同上,第164页。

构那些加强了性、种族和阶级压迫的阶层性对立，并去激促新的、较进步的理论"①。男性／女性的对立维持着等级制结构，暗含着相应的身体／心理、理性／感性、积极／消极、公共／私人等的两级对立。也正因如此，女性被认为是低劣的，遭到"他者化"。

德里达认为，符号意指不明，始终处在"延异"的双重运动之中，这使二元对立陷入危机之中。德里达把这种二元对立称为"暴力体系"，并认为这些相互对立的东西事实上相互隐含和相互需要。德里达捍卫差异，反对同一性的霸权，试图解构男性／女性两分法。这种对对立概念的解构是德里达对女性主义思想最重要的贡献。"就女性主义的斗争而言，解构主义为女性主义提供了分析（或解构）理论的工具，一种思考世界（挑战二元思维）的新方式，并以此设想女性和男性的未来。"②

为了更加深入地理解后现代主义的"后"，德里达对海德格尔关于形而上学的双重姿态进行了重新修改——"后"不是一种断裂，而是从现代主义内部进行质疑的一个信号。在一本采访德里达的文集《多重立场》中，德里达承认其一贯的立场：解构既不是一种分析、批判，也不是一种方法，而是"一种总体策略"的解构的可能性。"既然整体是系统的，而其自身又是分裂的，那么，我们必须提出一种双重表示，一种双重书写（也就是一种自身多样性的文字）。"③首先，第一阶段是一个"翻转"阶段，即诸如男／女对立双方为了"在一定时机推翻等级制，……停留在这一阶段就仍然是在被解构的系统内部进行活动"④。例如，本质主义的女性主义就是停留在了这一阶段。然而，对德里达来说，更根本的挑战是进入"第二阶段"："我们还必须指出翻转和一个新概念的突现之间的间隔。……

---

① ［英］克莉丝·维登：《女性主义实践与后结构主义理论》，白晓红译，台北：桂冠图书股份有限公司，1994 年版，第 197 页。

② Pam Papadelos, *Derridean Deconstruction and Feminism: Exploring Aporias in Feminist Theory and Practice*, Thesis (Ph. D.), University of Adelaide, School of Social Sciences, 2007, p. 28.

③ ［法］雅克·德里达：《多重立场》，佘碧平译，北京：生活·读书·新知三联书店，2004 年版，第 47 页。

④ 同上，第 48 页。

反抗和打乱这种对立,但是绝不构成第三个术语。"①因而,需要的是"一种无止境分析的必要性:二元对立的等级制总是重建自身"②。因此,德里达力图通过这种双重姿态(双重书写或者双重阅读)的思维方式以置换、调和二元对立的双方。

受德里达的双重书写观点的影响,近年来,诸如解构主义的女性主义者斯皮瓦克的观点就很值得借鉴。斯皮瓦克不再停留于内部的争论,认为一种"策略本质主义"的批判——在理论上假设了所有女性都具有同一的性别经验——在其必要性上仍然是正当的。事实上,如果缺乏这一批判,就可能存在着政治反思的全身瘫痪的威胁。

女性主义与解构,以及对性别认同的建构的激进主义分析联系在了一起,这主要表现在后现代女性主义者巴特勒"女性主义的双重运动"的观点上。与弗雷泽不同的是,巴特勒倾向于将她的研究界定为后结构主义而非后现代主义;对巴特勒而言,后结构主义对于政治和哲学概念的解构,对女性主义政治有着潜在的重要性。

巴特勒指出,一方面,由于女性主义理论基于一种本质的、前话语的或前文化的女性的概念化,这种普遍化或者本质化是一种暴力的行动,"'性别'就不只是一种规范,它还构成了生成受其支配的身体的规制。"③另一方面,巴特勒提出了女性主义的"双重运动"理论,以挑战由身份分类所造成的暴力:"许多'女人'拒绝接受对'女人'的描述,这不仅证实了一个部分概念所带来的暴力,而且证明了构建一个完整或全面的概念或类别的不可能性。……为了缓解和重构这种暴力,有必要认识一种双重运动:借助一个类别,从而暂时生成一种身份,同时又将此类别开放为一个永远处于政治抗争中的场域。"④

---

① [法]雅克·德里达:《多重立场》,余碧平译,北京:生活·读书·新知三联书店,2004年版,第48—49页。

② 同上,第48页。

③ [美]朱迪斯·巴特勒:《身体之重:论"性别"话语的界限》,李钧鹏译,上海:三联书店,2011年版,第2页。

④ 同上,第220页。

不过,批评家指出,巴特勒的双重运动"并不意味着可以很容易地避免本质主义",①因为这种"双重运动的策略源于对本质主义批判的批判——对本质主义/建构主义二元论的解构"。②

二、康奈尔对解构主义的辩护:解构的政治意涵

德里达以及整个后现代思潮都体现了一种去政治化的方式,学界主流将德里达的政治视为否定主义、虚无主义和无政府主义政治的典型。与这种观点相反,一些评论家认为,德里达关于友谊和马克思主义的近期著作,如《友爱的政治学》(1994)和《马克思的幽灵》(1993)等,就是把马克思重新政治化的尝试。解构主义支持对正义的追求,但很矛盾的是,正义却无法达到,它总是被置换。德里达对正义进行了反思:"如果真的存在着所谓法律之外和法律之上的正义本身,它就是不可解构的。如果真的存在着这样的解构,它也同样如此。解构就是正义。"③这一点也许蕴含了解构主义具有可能非常激进的政治意涵,即坚持正义不可解构性的关键,在于强调法律明显的可解构性。因而,所有的事件,人们都可以进行重新阐释、重新创造。

德里达的解构观对当代女性主义思想产生了很大的影响,女性主义哲学家和法学家康奈尔在《超越迁就:伦理女性主义、解构和法律》(1991)、《界线哲学》(1992)、《转型》(1993)以及《想象域:堕胎、色情作品与性骚扰》(1995)等著作中,将解构主义、后结构主义与拉康主义的分析结合在了一起,试图把后现代主义所强调的含义的不稳定性用于支持女性主义削弱性别等级的政治目标。

首先,康奈尔不认可弗雷泽挪用后现代主义方法来研究女性主义,

---

① Ralph Sandland, "Seeing Double? or, Why 'To Be or Not To Be' Is(Not) the Question for Feminist Legal Studies", *Social & Legal Studies*, Vol. 7, No. 7, 1998, p. 309.

② Ibid., p. 311.

③ [法]雅克·德里达:《〈友爱的政治学〉及其他》(下),胡继华译,长春:吉林人民出版社,2006年版,第 400 页。

认为那不利于女性主体性的发展。"我已经说过,把众所周知的解构与非理性等同起来是一个严重的错误。我也没有发现'后现代主义'一词对于近来的重要哲学辩论有什么作用。"①康奈尔在与弗雷泽的一次辩论中指出,"我完全同意南茜·弗雷泽:在批判理论和所谓的'后现代主义'之间没有简单的对立或者截然的划分。"②但康奈尔进一步表述了她对后现代主义的排斥态度,认为后现代主义不同于后现代性,后现代性是一个时间划分的概念,"我关注的焦点是,搞清楚'后现代主义'据称'是'掩盖了女性主义理论的关键议题"③。

其次,在康奈尔的著作中呈现出典型的解构和后现代法律思想以及解构的政治-伦理维度。康奈尔认为后现代"规划"在根本上是政治的,这个完整"规划"的动力来自一种想要规定伦理关系的伦理欲望,意味着"我想通过伦理关系来意指对他者,尤其是在更广泛意义上对他者性的非暴力关系的渴求,他者性设定了保护他者的责任,反对那种否定其差异性与独特性的僭用"④。康奈尔赞同德里达的观点——把对他者的责任置于自我权利之先,她亦认为所有女性都必须担负起责任去创造她们自己的法律与政治命运。"在康奈尔看来,德里达的政治贡献乃是在于将这个世界视为一个仅仅是由语言连接的'他者'世界。……当代西方社会的他者包括女性、黑人、残障者、老人,以及所有不是男性、白人、健全者和有产者的人。……并且,它是一种参与话语的能力,这一话语提供了正义最终得以实现的途径。而正义最终只是对话的问题。"⑤在康奈尔主持的一次关于"解构主义与正义"的国际学术研讨会上,许多学者认为德里达哲学转向了伦理学。康奈尔也提出了"伦理的女性主义"方法

① Seyla Benhabib, Judith Butler, Drucilla Cornell and Nancy Fraser, *Feminist Contentions : A Philosophical Exchange*, New York: Routledge, 1995, pp. 76 – 77.
② Ibid., p. 145.
③ Ibid.
④ [美]德鲁西拉·康奈尔:《界限哲学》,麦永雄译,郑州:河南大学出版社,2010 年版,第 99 页。
⑤ [英]伊恩·沃德:《法律批判理论导引》,李诚予、岳林译,上海:上海三联书店,2011 年版,第 229 页。

论："伦理的女性主义的一个重要方面就是，对于一个不断斗争以从强加的、严格的性别等级和刻板的性别身份中去争取个性的人来说，它能为我们描写和述说一种生物的丰富和多种性欲以打开一个不断扩大的空间。"①

　　第三，康奈尔采取了一种德里达式的"双重阅读"姿态，即重复性阅读（既有的社会体制仍具有一定的重要性）和批判性阅读（对社会体制背后的暴力进行批判），并把解构重新命名为"界限哲学"，以赋予人们一种乌托邦式的可能性政治。康奈尔认为，"一旦我们接受了法律与正义之间不可跨越的分野，认识到解构在对作为正义的法律同一性的解构中既揭示又保护这种分野，那么，只有在这时，我们才能够充分理解德里达的'解构就是正义'说法的实践性意义。"②德里达"使我们从差异的意义上对超越性进行思考。重复之所以'是'作为可能性，是因为语言所赋予我们的再现系统不能与它自身认同并因此真正成为一种总体性。这种可能性是一种对超越性的'敞开'，它作为一个门槛，邀请我们跨越它。作为'一种门槛科学'，解构论鼓舞我们'跨越'禁锢，或许通过这样做，可以规避法律的法律之门在我们面前最终关闭的恐惧"③。由此看来，康奈尔的"界限哲学"的独特效果是把解构锻造为一种"超越"的哲学，她认为"解构"不是怀疑主义和虚无主义，而是一种对开放了可能性的门槛的超越。④ 通过全面论述德里达思想核心中对正义（通过法律批判的正义）的"乌托邦性"要求的观念，康奈尔坚持了女性主义双重运动的乌托邦思想，建立了女性主义与解构主义的"联盟"，"独树一帜地推动着社会理论与法律理论借鉴解构主义的理论及政治力量，并借此促进解构主义理论

---

① Seyla Benhabib, Judith Butler, Drucilla Cornell and Nancy Fraser, *Feminist Contentions : A Philosophical Exchange*, New York: Routledge, 1995, p. 75.

② ［美］德鲁西拉·康奈尔：《界限哲学》，麦永雄译，郑州：河南大学出版社，2010 年版，第 259—260 页。

③ 同上，第 183 页。

④ Ellen K. Feder, Mary C. Rawlinson, Emily Zakin, *Derrida and Feminism : Recasting the Question of Woman*, Routledge, 1997, p. 144.

回应这些迫切的经验问题"①。

最后,康奈尔对女性主义和后现代主义的研究还带有浓厚的拉康精神分析的色彩,她实际上是用拉康的精神分析与德里达的解构主义的角度分析,女性并无固定和先在的身份或表征,所以女性具有不断自我定义的无限可能性,可以打破历史上对女性身份的陈旧规定,从而"关键的任务是重新构想一个我们自己的关于对和错的标准"②。康奈尔强调女性主义精神分析的重要性,"女性主义政治自身的致力方向也不(应)是生物问题,而(应)是象征层面的问题。这就意味着,女性主义政治的目标充其量不过是生物的再现描述,而不是生物本身"③。康奈尔强调对女性主义内在的精神分析的重要性,这一点被弗雷泽认为是本质主义的。

弗雷泽对康奈尔的观点进行了反驳,她指出,康奈尔"基于一种拉康式/德里达式的视角,面向一种男性的、阳性逻各斯中心主义的象征秩序,这就压制了女性并掩饰自己的无根基"④。最终,弗雷泽决定将康奈尔关于性别、性和法律等方面的重要洞见剥离出来,融进更少本质主义的框架中去,这个框架就是弗雷泽所提出的新的后现代女性主义方法论。

第三节　后现代女性主义方法论的多维重构

在后现代主义与女性主义的争论交锋中,早就有一种走出解构主义的后现代女性主义动向。解构主义的方法尽管是必需的,但是随着这一语境的隐退,后现代女性主义必须重构它自己的方法论。如何才能既吸

---

① [美]伊丽莎白·格罗兹:《时间的旅行:女性主义、自然、权力》,胡继华、何磊译,郑州:河南大学出版社,2012年版,第90页。

② Seyla Benhabib, Judith Butler, Drucilla Cornell and Nancy Fraser, *Feminist Contentions : A Philosophical Exchange*, New York:Routledge, 1995, p. 79.

③ [美]伊丽莎白·格罗兹:《时间的旅行:女性主义、自然、权力》,胡继华、何磊译,郑州:河南大学出版社,2012年版,第98页。

④ Seyla Benhabib, Judith Butler, Drucilla Cornell and Nancy Fraser, *Feminist Contentions : A Philosophical Exchange*, New York:Routledge, 1995, p. 158.

收解构主义批判中的独特见解,又坚持标志着女性主义批判伦理主张的对抗政治改革?对弗雷泽而言,答案主要涉及后现代主义的"政治化"。与斯皮瓦克的"策略本质主义"、巴特勒的"女性主义双重运动"以及康奈尔的"解构主义的女性主义"不同,弗雷泽指出,后现代主义思想要纳入女性主义理论中,就必须要补充它现在正缺乏的政治主张。

一、弗雷泽的后现代女性主义新版本

1988 年,弗雷泽与琳达·尼科尔森(Linda Nicholson)合著,发表了《非哲学的社会批判:女性主义与后现代主义的相遇》一文,被称为后现代女性主义的经典之作。在此文中,弗雷泽与尼科尔森指出,尽管后现代理论自身的一些方面应受到批判,但是在其中仍能发现协调的或有用的争论和立场。女性主义与后现代主义之间有分歧,也存在一些共性,可以把它们的差异进行优势互补。女性主义与后现代主义的侧重点是不一样的,前者更侧重于社会批判,后者更偏重反基础主义的哲学。"后现代主义者提供了对基要主义哲学和本质主义的精密详尽而富于说服力的批判,但他们的社会批判概念则显得苍白无力;女权主义提供了强有力的社会批判概念,但他们往往会陷入基要主义哲学和本质主义。"[1]这两种进路都指明了彼此的缺点,"后现代主义认为女权主义理论没有能够摆脱本质主义的影响;而女权主义则认为后现代主义仍是男性中心主义的,而且在政治上过于天真。"[2]因而,弗雷泽呼吁综合女性主义和后现代理论,认为这两种方法会相得益彰。

作为一个学者,弗雷泽不愿被归在女性主义的阵营或者后现代主义的阵营里。相反,她认为上述两者中的每一种都有相应的优势和弱项,并且这些优势和弱项都可以通过将二者综合进一种"后现代主义的女性

---

[1] 李银河主编:《妇女:最漫长的革命》,北京:生活·读书·新知三联书店,1997 年版,第 128 页。
[2] 同上,第 128 页。

主义"方法中得以加强或被排除掉。

弗雷泽指出,后现代女性主义可以通过将后现代主义对宏观话语的怀疑同女性主义的社会批判力量结合起来以产生最好的方法。这种综合会涉及以下五种方法和策略的采用:

第一,开放了的话语权,包括美国之外的女性和美国国内的有色女性。因此,后现代主义就是一种方法:女性主义可以变得更广泛,而且为了适应差别和文化及历史环境的特殊性而不断改变。如果说从前学术界完全把女性排斥在话语权之外的话,那么早期的女性主义理论则不考虑女性的多样性。现在"80 年代的女权主义政治实践产生出一股新的对玄学话语的压力。近年来,贫穷的阶级妇女、有色人种妇女和女同性恋者的声音终于赢得了广泛地关注,她们反对那种忽略了她们的生活和问题的女权主义理论"①。后现代的批判不必抛弃对社会宏观结构的宏大的历史叙述和分析。如果拒绝一切关于全体的概念,将面临着陷于以单一因素阐明社会复杂现象的理论陷阱的危险。第二,反本质主义的方法。理论必须是历史的、清晰的,适用于不同社会和不同时期的特定文化。后现代女性主义理论的概念必须避免那些赞同历史上明晰的制度性概念的、类似于"生殖"和"母性"的、可能是历史上功能主义所具有的概念。第三,非普遍主义的具有历史特殊性的理论。后现代女性主义关注的模式应是比较主义的、适用于变化和差异的,而不是适用于"总体规律的"。第四,包括边缘化声音的方法。它应当用多元和综合建构的社会认同概念取代单一的"女性"和"性别认同"的概念;它应当关注阶级、种族、民族、年龄和性倾向问题。第五,更具灵活性的实用主义立场。弗雷泽认为后现代女性主义理论应是一种实用主义的、容错的女性主义理论模式,它将使用复杂的类型,而摒弃对单一"女性主义方法"和"女性主

---

① 李银河主编:《妇女:最漫长的革命》,北京:生活·读书·新知三联书店,1997 年版,第146 页。

义认识论"的抽象使用。①

利用以上五种方法论,弗雷泽努力架构了一个具有实用主义色彩的后现代女性主义新版本,"这一理论看上去将更像是一幅用多彩的丝线织成的织品,而不是单一颜色的织物"②。弗雷泽的理论范式是反对用女性的统一性来证明女性主义的知识和政治,抛弃共同性别身份的说法意味着要同样放弃寻求那些超历史的关于性别以及性别不平等的理论。与很多后现代主义者不同,弗雷泽没有放弃致力于对性别理论和批判性理论知识进行普遍化概括以及对男子统治历史的综合。为了倡导普遍性社会知识而又不求助于女性统一性的观念或某些哲学基础的宣称,弗雷泽建议采用一种历史主义的、偏重政治的理论思路,设想了一种非普遍主义的,但仍然具有理论性的后现代女性主义哲学。女性主义不可能抛弃普遍化的理论或宏大叙事,因为男性至上主义是一种巨大的、有组织的社会动力。

简言之,弗雷泽对后现代主义采取了策略性的立场,根据特定的实践和特定的目标选择有效的部分,这些研究具有一定的前瞻性和超越性,对于女性主义朝向更完整和更多元的路线发展做出了重要贡献,正如弗雷泽所言:"这种研究将成为一个更广阔、更丰富、更复杂、多层次的女权主义大团结的理论对应物,这种团结对于女性战胜具有'无穷差异性和普遍相似性'的压制,是绝对必要的。"③弗雷泽的"后现代转向"让女性主义把反思性当成理论建构的原则,以此确保女性主义不会变成自己所反对的霸权话语,并质疑第二波女性主义的本质主义,因此这个转向具有重大的意义。但是,弗雷泽的这种后现代主义的女性主义在学术研究领域却引起了激烈的争论。

---

① 李银河主编:《妇女:最漫长的革命》,北京:生活·读书·新知三联书店,1997年版,第149页。
② 同上,第149页。
③ 同上,第149页。

二、质疑与反思

女性主义与后现代主义都有着反对启蒙理性、宏大叙事和单一话语的共性，这一点得到了女性主义批判理论家们的认同；但就女性主义与后现代主义是否能联结到一起这个议题，女性主义批判理论家们意见不一。许多女性主义者也质疑后现代主义所提出的挑战过于单纯，质疑此种挑战是否真的有解放精神，或者不过是一种知识政治等。

第一，后现代主义是一种相对主义的多元论。美国女性主义哲学家苏珊·波尔多(Susan bordo)发现，强调多样性是有问题的，因为很容易导致机械地、强迫性地要求一切开明的女性主义规划都应严肃对待种族、阶层和性别。另外，波尔多认为，后现代进路改变了实证主义对中立性、客观性的关注，取而代之的是同样有问题的幻想。波尔多要求人们注意的是身体和物质不可避免的定位，正是这些定位塑造并限制了人类的思想和行动。极端后现代主义只会鼓励性别无限制地分裂，"内在不稳定和不停地自我解构"①。而"我们总是从充满了自己社会、政治和个人利益的观点去'看'，我们的观点免不了这样那样的'中心'，哪怕我们想要公正地对待异质性"②。这样下去，后现代主义则容易沦为相对主义和变得政治无能，并可能会严重损害女性主义的批判潜力和政治影响。波尔多建议把唯物主义与后现代主义的立场相结合，可以为批判提供实践的空间。

第二，后现代主义否定了女性主义政治行动的可能性。美国马克思主义女性主义者南希·哈特索克(Nancy Hartsock)在《后现代主义和政治变革：女性主义理论面临的问题》(1990)一文中，对弗雷泽和尼科尔森提出的论点有所保留。在她看来，支持后现代主义对西方理性主义批判

---

① Susan Bordo，"Feminism，Postmodernism，and Gender-Scepticism"，in Linda Nicholson，ed.，*Feminism/Postmodernism*，New York：Routledge，1990，p. 134.
② Ibid.，p. 140.

的认识论假设中有一些隐含的论断，不能轻易地将它们融入女性主义政治的整个理论中。在对罗蒂和福柯复杂深奥的分析中，她指出，他们批判西方启蒙运动时期的理性主义时，不知不觉地再次吸收了他们本来力主拒斥的一些理论要点①。哈特索克于是得出这样一个结论：后现代主义理论必须视为"欧美群体、男性群体以及享有种族和经济特权的那些群体"的一种"特定的知识"。因此她主张，女性主义的理论模式应探索她所提出的"带有显著主体性的认识论"②。福柯式的理论否认主体可以充分观照自我，而显著主体性在知识建构过程中则可被看成是达到了某种充分性。有着显著主体性的认识论不仅为女性主义理论提供了能够发挥作用的一席之地，也为那些女性主义希望与之建立联盟的理论铺设了有用的平台。因此，哈特索克看到了后现代主义的政治弱点，并否认启蒙思想和后现代主义解构是唯一的选择答案，"我们需要参与一种历史、政治和理论过程，在这个过程中将我们自己构建为主体"③。例如，一些女性主义就反对福柯的思想。女性主义者指出，一方面，福柯提供了一个重要的新视角，他批判既有的权力观念，并且把重点集中在权力关系的本质以及权力与知识和话语的联系上。但是，另一方面，后现代主义是否拥有能够为真正的批判性思想提供持久动力的认识论来源。如果不能，它可能就会倒向保守主义。

弗雷泽也指出了福柯观点的局限与危险：当福柯有效地解构知识权力的"暴力"本质，因为没有人可以为别人发言，但他也同时解构采取政治行动的"集体行动主体"，以致许多人拒绝采取政治立场与行动，形成后现代主义最为人诟病的虚无主义。尽管福柯在论述中回避提出集体的政治行

---

① ［加］帕米拉·麦考勒姆、谢少波选编：《后现代主义质疑历史》，蓝仁哲、韩启群译，北京：中国社会科学出版社，2008 年版，第 174 页。

② Nancy Hartsock, "Postmodernism and political change: Issues for feminist theory", *Cultural Critique*, 14, 1990, pp. 15 – 33.

③ Nancy Hartsock, "Community/Sexuality/Gender: Rethinking Power", in *Revisioning the Political: Feminist Reconstructions of Traditional Concepts in Western Political Theory*, edited by Nancy J. Hirschmann and Christine Di Stefano, Westview Press, 1996, p. 42.

动,但他个人在生活中却是政治行动的积极参与者。福柯理论(每个人只能为自己发声)导致政治立场的无法确定,这是福柯理论的局限①。

弗雷泽与尼科尔森指出,当谈到男性统治时,她们认为后现代主义否定了她们对男权统治提出的一些主要批驳观点。她们指出:"许多被后现代主义者否定的类型,对于社会批判来说显然仍是必不可少的。对于像男性统治这样无所不在又呈现出多种形态的现象,仅仅使用他们将我们囿于其中的那点贫乏的批判资源是难以把握的。恰恰相反,对这一现象的有效批判,需要一整套不同的方法和批判类型。它在最低限度上需要多种有关社会组织和意识形态变迁的大型话语;有关宏观结构和体制的实证与社会理论分析;有关日常生活的微观政治学的互动分析;有关文化生产的批判的和系统的分析;具有历史和文化特殊性的性别社会学……这个名单还很长很长。"②

如何才有可能既能够吸收后现代主义批判中的独特见解,又能够坚持标志着女性主义批判伦理主张的对抗政治改革。对一些评论家而言,答案似乎已涉及后现代主义的"政治化"。弗雷泽和尼科尔森认为,后现代主义思想要纳入女性主义理论中,就必须要补充它现在正缺乏的政治主张③。

---

① 参见王增勇《导读:傅柯与社会工作的对话》,[加]Adrienne S. Chambon:《傅柯与社会工作》,王增勇等译,台北:心理出版社股份有限公司,2005 年版。
② 李银河主编:《妇女:最漫长的革命》,北京:生活·读书·新知三联书店,1997 年版,第136 页。
③ [加]帕米拉·麦考勒姆、谢少波选编:《后现代主义质疑历史》,蓝仁哲、韩启群译,北京:中国社会科学出版社,2008 年版,第 174 页。

第三部分
弗雷泽女性主义批判理论的双重维度

　　20世纪80年代末，弗雷泽开始从伦理学和实用主义的双重视角对资本主义进行批判，这与20世纪后半期的后现代转向、文化转向，尤其是伦理转向和实用主义转向有着很密切的联系。从伦理维度看，弗雷泽与本哈比以及扬之间展开了有关自我和他者、公平和正义的争论，并据此对现代主义的核心观点提出了挑战，描绘出女性主义理论家研究民主领域的新图景：协助女性去厘清自我所在位置的处境，培养她们的批判意识与自我反省能力，并且尝试改变不公平的待遇，共同创造一个更为公平的世界。从实用主义维度看，弗雷泽以新的方法将实用主义和女性主义融为一体，创造性地发展出一个"民主的社会主义女性主义的实用主义"的新版本。

第五章　弗雷泽女性主义批判理论的伦理维度

　　1986 年,弗雷泽发表了《走向一种团结的话语伦理》一文,在女性主义批判理论家中引发了一场重要论战。本哈比则试图用差异女性主义的观点来补充哈贝马斯的交往伦理,提出"具体他者"(the concrete other)的概念,以补充哈贝马斯交往伦理学仅仅关注"一般他者"(the generalized other)的不足。弗雷泽建议把注意力放在"集体性的具体他者"上面,这使得群体身份的强度得以增强,并且加强了这个群体内部对"团结"规范的投入。扬认为,以"共识"与"一体"的观念为基础来阐明对他者的道德尊重以及自我与他者之间的相互交往,将会压制而不是培育差异。

第一节　女性主义伦理学的争论:自我与他者之争

　　至 20 世纪 80 年代,"吉利根与柯尔伯格之争"是女性主义伦理论争的起点;"弗雷泽与本哈比之间有关自我与他者的争论"则是论争的进一步发展;20 世纪 90 年代的"弗雷泽、本哈比和扬对哈贝马斯的批判"是论争的深化。在以上三个论争中,女性主义伦理学家们都把焦点围绕着"如何定位伦理?""如何定位他者?""如何定位自我?"等问题展开,从而发展出"关怀伦理学"这样一个女性主义伦理学的分支,并通过重新思考自我和他者之间的紧张关系,继续对女性主义伦理学的发展做出重要贡献。在这场女性主义伦理论争中,弗雷泽开始转向伦理学,并试图转变当代思想话语中的传统范式,造成以哈贝马斯为代表的普遍主义学说的困境。

一、女性主义伦理学的提出:研究背景与理论根源

(一)康德、自我与伦理学

20 世纪 80 年代,在西方女性主义理论中,明显出现了一种走向反思关于"自我"的思想的趋势,这一点最初体现在相关的女性主义伦理争论中,其争论的起点是围绕着康德的自主性(autonomy)概念展开的。在康德看来,自主性在道德上等价于启蒙运动的座右铭——"要有勇气运用你自己的理智!"①在启蒙运动中,人类开始运用自己的理性和判断,走出不成熟状态,而不是求助于某种权威。康德认为伦理学的主要目标是尊重和最大限度地扩大个人的自由和自主。

康德的这种以某种抽象的自我观念为基础的道德理论遭受了来自女性主义、社群主义、实用主义和当代道德理论家的批评。他们认为,像康德伦理学这样的主流道德理论是普适性的和合乎理性的,依赖于一种单一的、最终普遍的原则——绝对律令(Categorical Imperative)。它运用了作为理性的、独立的和自由主义个体的人的概念。福柯在《何为启蒙?》("What is enlightenment?", 1984)一文里指出:康德"把'启蒙'描写为人类将运用自己的理性而不服从任何权威的那个时刻,然而,'批判'正是在这一点上才是最必需的,因为'批判'的作用正是确定在什么条件下运用理性才是正当的,以断定人们所能认识的、应该去做的和准

---

① [德]康德:《历史理性批判文集》,何兆武译,北京:商务印书馆,1990 年版,第 22 页。

许期望的东西"①。

从 20 世纪 60 年代开始,西方关于自我的观点,特别是有关沟通以及与他者关系的观念,开始受到后结构主义者和后现代主义者质疑,他们认为启蒙运动过于强调自我的统一完整性。后现代主义者拒绝一个稳定的和一致的自我观念,将其替代为一种主体观念,因为人并不是自主的和自由思考的个体而是语言的产品。福柯认为主体是权力关系的牺牲品,并描述了"主体的死亡"情形:"如果说有些知识原本支撑着一种特定的自我观,将人的自我作为一种问题,只能通过权威性话语或专家话语来解决,而现在这些知识受到后现代批判的压力,开始瓦解,那么这就像潮水涨过海岸,涤荡沙滩上的'人'脸。"②

按照启蒙运动的捍卫者哈贝马斯的观点,在面对不合理性、偏见、对权威的盲目服从以及暴力时,启蒙运动的传统是理性判断的唯一可能源泉。正是通过启蒙,对支配进行批评、对解放的可能性进行衡量的理性标准变得可能。

然而,女性主义也对已无性别、性别中立(gender neutrality)与超脱现实的启蒙主体提出质疑;有许多女性主义理论家论证说,启蒙运动的根本承诺是与女性主义的政治学和理论相对立的,女性主义者必须和后现代批判者站在同一阵营。不仅启蒙运动的思想家把女性从自主性的领域中排除出去,而且女性主义的自我、知识和真理概念也是与启蒙运动的根本承诺相矛盾的。

后现代主义的女性主义者弗拉克斯指出:"女性主义未来的道路不可能存在于复活或盗用启蒙运动关于个人与知识的概念中。……康德的自我宣称其'自身'的理性和方法(借此方法,理性的内涵成为现存的或自我呈现的)无法独立于经验的偶然性,这种经验的偶然性被称为现

---

① [法]米歇尔·福柯:《何为启蒙?》,顾嘉琛译,《福柯集》,杜小真编选,上海:上海远东出版社,1998 年版,第 533 页。

② [英]伊恩·伯基特:《社会性自我:自我与社会面面观》,李康译,北京:北京大学出版社,2012 年版,第 242 页。

象自我。"①一些女性主义理论者已经意识到启蒙时期的格言（如康德的"要有勇气运用你自己的理智"）是依靠自身感觉的性别基础和自我欺骗的。正如其他一些后现代主义的女性主义者认为：所有使一些人（大部分是西方的白种男性）的经历得以反映和具体化的先验陈述都是值得怀疑的。历史学家索尼娅·罗斯（Sonya O. Rose）指出："后现代主义女权主义者们的共同之处，就是她们对启蒙主义思想所持的批判态度。启蒙主义思想的问题就在于它认为人类都是自由的、不变的个人，能够作出客观理性的分析，能够发现可以概括一切的真理，得出彻底全面解释历史的知识。按照启蒙主义思想和建立在这些思想基础上的知识的想象，从不偏不倚、高高在上的角度或像上帝那样俯视世界，掌握关于世界的真理是可能的。后现代主义避开的是这样一种观点：存在一种不受时间制约、不受环境控制的知识。任何企图把人类经验的基础理论化，并运用这些理论来解释历史的行为都是受权力驱动的行为，只是假冒成客观的和政治上中立的而已。多样性、多重性和差异性便是构成历史的全部内容。"②

女性主义者对于传统的伦理学提出不同的见解与诠释。有女性主义伦理学家指出，"康德的自主性概念达到当代道德哲学革命的顶峰，把道德概念发展为自我管理，替代早期西方把道德理解为服从的观点。"③但是，只有男性才是这些理论的主要受益人，女性仍然在生活和实践中屈从于男性。因此，康德的道德哲学在深层次上仍是男性主义的。

康德的道德自主性理论一直倾向于忽视关怀和私人亲密关系问题，这使得西方传统中理性和情感的固定等级区分永存下来，即理性与男性相关联，而情感与女性相关联。西方启蒙运动以来的、以康德和哈贝马

① 苏国勋主编：《社会理论》第 2 辑，北京：社会科学文献出版社，2006 年版，第 82—83 页。
② Sonya Rose et al., "Gender History/Women's History: Is Feminist Scholarship Losing Its Critical Edge?", *Journal of Women's History*, Vol. 5, No. 1, 1990, p. 97.
③ ［英］米兰达·弗里克、詹妮弗·霍恩斯比编：《女性主义哲学指南》，肖巍等译，北京：北京大学出版社，2010 年版，第 237—238 页。

斯的伦理学为代表的主流道德传统是普适性的和合乎理性的,倾向于把道德观点看成是公平(impartiality)的和普遍的。这些观点充满了男性的以自我(self)/他者(other)二元论(dualism)为特征的认识论和本体论,其他的二元论诸如主体/客体、公共/私人、普遍/特殊、理性/情感等都是这一主题的变奏。经过研究,女性主义者认为,这种二元等级制根本站不住脚,因为它使用一系列的不可能性来确定何为正确之事,就注定了其道德观的失败命运。在女性主义看来,道德主体是"理性的"或"自主的"观念是一种虚幻,应超越西方思想主体的实质性一致,以"自我的关系理论"作为起点。自我通过与他者的关系认识自身,它包含连接(connected)与分离(separate),并保存对自我及周围世界持有一种反省和批判态度的力。

(二)女性主义伦理学的产生

美国女性主义哲学家艾莉森·M.贾格尔(Alison M. Jaggar)在一篇名为《女性主义伦理学:90年代的一些议题》的文章中指出,女性主义者应该重新思考并且修正传统伦理学当中属于男性的偏见,朝着以下三个方向积极发展出"女性主义伦理学"(Feminist Ethics):一是必须提供一种颠覆父权制的各项行动纲领与指导;二是应该具备处理所谓公私领域道德议题的能力;三是必须认真地看待女性的道德经验,扭转女性特质的负面评价并给予应有的尊重。[1]

女性主义伦理学是女性主义哲学的一个分支,"是一套研究道德理论和实践的方法,它旨在挑战、补充和重新解释传统的伦理学,以便能够树立男女在道德上平等的观点,从而能够平等地评价男女不同的道德经验、认识、推理模式、操守以及义务"[2]。它对传统伦理学中的父权主义进行解构和批判。但是,不仅如此,女性主义伦理学者

---

① Alison Jaggar, "Feminist Ethics: Some Issues for the Ninties", *Journal of Social Philosophy*, Vol. 20, No. 1 - 2, 1989, pp. 91 - 107.

② [美]谢丽斯·克拉马雷、[澳]戴尔·斯彭德主编:《路特里奇国际妇女百科全书》上卷,"国际妇女百科全书"课题组翻译,北京:高等教育出版社,2007年版,第296页。

还质疑当代及古典美德哲学。女性主义伦理学承认女性与人和社会交往的经验有效性，表达了对社会平等的信奉，并探索了赋权女性的方法。

贾格尔（1992）指出，女性主义的伦理方法，常常称女性主义伦理学，其卓越之处在于直截了当地纠正她们在传统的伦理学中觉察到的各种男性偏见，这些偏见可能是以理想化的方式清楚表明女人的低等，或者漠视、贬低女人的道德经验。贾格尔把女性主义对传统西方伦理学的批判归类在五个主要标题之下："第一，忽视和男性相对的女性权益；第二，对于女性长期存在于家庭私人领域中的议题不感兴趣，诸如家务劳动分工、养育儿童等议题；第三，否认了女性的道德主动性，有低估女性道德发展的倾向；第四，它高估了男性的特质，如独立、自主、分离、理智、理性、文化、支配、战争和死亡；而削弱了女性的特质，如互相依赖、社群、关连、身体、感性、自然、内在性、和平以及生命；第五，它在道德教育上较重视偏男性特质的道德推理——强调原则、普遍性、公正无私，而轻视女性特质的道德特质——强调关系、个别性和有情感偏好的一面。"①贾格尔相信大部分人都会相信前三条。

根据研究的对象和内容不同，女性主义伦理学可以简单地划分为两大类别：第一，以权力为中心的女性主义伦理学方法，包括女性伦理学方法（Feminine Approaches to Ethics）、同性恋伦理学方法（Lesbian Approaches）等分支。"它在探究善良与邪恶、关怀与公正或者母亲与孩子的问题之前，先探寻男人处于统治地位，妇女处于从属地位的问题。"②第二，以关怀为中心的女性主义伦理学，包括关怀伦理学方法（the Ethics of Care）、母性伦理学方法（Maternal Approaches）等分支，但其中最具影响力的是关怀伦理学（Caring Ethics）。关怀伦理学是女性主义伦理学的

---

① Alison Jaggar, "Feminist Ethics", in *Encyclopedia of Ethics*, Lawrence C. Becker and Charlotte B. Becker, eds., New York: Garland Publishing, 1992, pp. 363 - 364.
② ［美］谢丽斯·克拉马雷、［澳］戴尔·斯彭德主编：《路特里奇国际妇女百科全书》上卷，"国际妇女百科全书"课题组翻译，北京：高等教育出版社，2007年版，第299页。

一个特殊分支。关怀伦理学的很多哲学工作都是在心理学家吉利根对道德发展的研究基础上展开的。关怀伦理学不需要有明确的女性主义问题,它是把女性对女性个人、孩子、家庭和社会生活的关注带入伦理学的一种方法。女性主义伦理学的论争主要关注以下几个方面的问题:知识建构的一些伦理问题;知识与权力之间的关系;主观性与客观性的问题;相对主义和/或实在论之间进行调和或选择时所涉及的政治的或伦理的困境。

二、卡罗尔·吉利根与劳伦斯·柯尔伯格之争:如何定位伦理?

(一)论争的缘起

事实上,早在20世纪70年代,一些女性主义理论家已经开始进行理论建构,把关怀关系有意识地引入女性的自我概念和个体身份概念中。在《母职的再生产:心理分析与性别社会学》(1978)一书中,批判性的心理分析女性主义理论家南茜·乔德罗(Nancy Chodorow)遵循并发展了弗洛伊德的理论,提出了两个对女性主义分析十分重要的观点,对女性主义产生了重要的影响,使之走向独立的女性主义视角。首先,男人和女人根本上是不同的;其次,自然本性和后天培养都不能解释这种差异性。这种研究方法被称为客体关系理论(Object Relations Theory)。乔德罗认为,女性寻求的是与他者"关联的生活",而男性更重视"独处的生活",往往很难与他者甚至自己的家庭成员形成牢固的私人关系。乔德罗指出:"女孩们会认为她们与他者联系在一起,她们对自我的经验包含着更灵活或更易渗透的自我界线,男孩则以较分离且明确的方式界定自我,其自我界线较严格与分化。女性的自我意识与世界紧密相连,男性的自我意识则与世界分离。"①乔德罗认为母亲在对小孩的养育中会促成性别的分化,男孩较被塑造成独立,女孩子则被视为母亲

---

① Nancy Chodorow, *The Reproduction of Mothering : Pschoanalysis and the Sociology of Gender*, Berkeley, CA: The University of California Press, 1978, p. 169.

的延伸，强化了女孩对外在世界的依存关系。男权自我是通过区别于母亲以及女性特质而形成的。这样一种自我强调严格界定的边界，并突出其分离于他者的独特性与自主性。乔德罗是站在心理分析的立场来解释两性对自我的认定的，这为正义是一种抽象和自立的伦理观提供了理论支持。

关怀伦理学的许多工作是在吉利根对道德发展的研究基础上展开的。美国道德发展心理学者劳伦斯·柯尔伯格（Lawrence Kohlberg）道德发展阶段理论（Kohlber's Stages of Moral Development）是受到女性主义学者批评最多的理论。比如在柯尔伯格的早期研究（1971）中，他提出了一个关于道德发展的理论，包括道德理性的三个层次，从最低的到最成熟的：前习俗的（pre-conventional）、习俗的（conventional）和后习俗的（postconventional）的道德。在每个层次上包含两个阶段。他的早期研究表明，女性在道德推理技巧方面不如男性发展成熟。但是吉利根和她的同事们（她们研究的是美国白人女性）认为女性有一套与男性所运用的完全不同的道德推理风格，她们担心柯尔伯格的"基于男性"的模式被不恰当地套用在女性身上，从而得出女孩在道德决策方面不如男孩的错误结论。

为了回应柯尔伯格的研究，1982年，吉利根出版了题为《不同的声音：心理学理论与女性发展》的经典著作，并与柯尔伯格开始了所谓的"吉利根与柯尔伯格之争"。这场理论交锋已经在哲学与心理学文献中得到了广泛地讨论，其中最重要的是它引起了一个女性主义伦理学的新走向：关怀伦理学的兴起。女性主义伦理学从这部吉利根早期的著作中获得了一个重要的推进。

（二）吉利根与柯尔伯格对女性道德之不同看法

正如《不同的声音》书名的副标题"心理学理论与女性发展"所示，吉利根撰写的这部书并非道德哲学而是社会心理学著述。在这部书中，受到乔德罗的解释框架的启发，吉利根以女性关心的堕胎问题作为道德两难问题，来访谈有此经验的女性，结果吉利根归纳出："自我与他人是相互依赖的，不论生活本身的价值如何，它都只能通过关系中的关怀来维系。"①吉利根的经验研究证实了乔德罗的结论，对康德以来占据统治地位的自主性范畴的优先性提出了挑战。吉利根已经对康德的自主性模型提出一个取舍是合法的——即"关怀的观点"。这个观点在许多女性对道德难题的回答中明显可见，它强调个人与其他人的连接性。按照这个观点，个体作出道德选择，乃是估计具体决定会对谁造成伤害，会给谁带来好处。

如同前述，吉利根的著作在很大程度上是回应柯尔伯格的研究而出现的。柯尔伯格早期的著作以新康德的、道义论的道德概念为前提，方法论上受到瑞士著名结构心理学家让·皮亚杰（Jean Piaget）的"公正推理"假设的影响，并赞同罗尔斯的《正义论》（A Theory of Justice，1971）中的道德理论。皮亚杰关于道德发展的最重要的研究发表在《儿童的道德判断》上，在这部著作里，皮亚杰公布了关于儿童的玩游戏的结果。皮亚杰指出男孩在游戏中很注意游戏规则的制定和遵守，在争执发生时发展出公平的程序。不同的是，女孩包含了更多的容忍力，更多创新的倾向去解决冲突，更多意愿去实行规则的例外，但较少关心法定的细节。皮亚杰由此认为女孩的道德发展低于男性。

柯尔伯格犯了与皮亚杰一样的错误，把男性的道德发展当作人类的道德发展，忽视了女性对自我和道德的不同建构，把女性在道德发展上的不同看作发展上的失败。柯尔伯格（1971）在与其同事所开展的道德推理研究中，从一些以男性为主题的实例中概括出了人类道德发展的标准，认为道德发展是一个分为六个阶段的循序渐进的过程。

第一阶段：人的道德发展处于趋利避害的阶段，人们只关心自己要如何获得好处，避免受罚。

第二阶段："你帮我，我也帮你"，人开始懂得彼此互相帮忙，满足自

---

① [美]卡罗尔·吉利根：《不同的声音：心理学理论与妇女发展》，肖巍译，北京：中央编译出版社，1999年版，第136页。

己的需求，属于利己互惠的阶段。

第三阶段："好男好女型"，人会做一些正面的行为来取悦或帮助他人。

第四阶段：人懂得遵守和维持社会秩序。

第五阶段：社会契约模式，人能够超然地支持社会基本的权利和价值，即使这些权利价值和自己的团体的规则和法律相互冲突。

第六阶段："康德的理性道德观"，是人借由普适性原则来指导行为，达到理性境界。

按照他的级别划分，女性一般只能达到第三阶段，而男性通常能达到第五阶段，即一个更加发达的阶段。因而，女性也被视为在道德上和精神上没有得到充分的发展。柯尔伯格的正义模式是西方文化中"自由主义的个人主义"的核心内容。

吉利根通过访问 24 位女性关于堕胎的经验，发现女性道德发展可分为三个阶段。第一个阶段：女性过于强调对自己的利益；第二个阶段：女性过于强调他人的利益；第三个阶段：女性会做出对双方都有利的决定。

吉利根认为柯尔伯格以正义作为人类道德发展的标准，贬低了关怀的道德意识，是一种男性的偏见。吉利根将柯尔伯格的道德反省方式称为正义伦理（ethic of justice）模式，其强调的是普遍原则、正义、公平、权利和理性。女性特有的道德反省方式为关怀伦理（ethic of care）模式，其强调的是个别处境的特殊性、背景性、责任、关怀和感性。吉利根认为正义和关怀两者最大的差异在于不同的自我观念。正义伦理将自我视为独立与自主的个别存在，而关怀伦理则强调自我在人际情境中和他者不可分割的关联性与相互依存性。个体如何将某个问题看待成道德问题，乃取决于其如何理解自我、他者以及二者之间的关系。柯尔伯格贬抑对特定他者的关怀与关注，认为她们在道德上不成熟；而对特定他者的关怀和关注正是女性道德生活和道德思想的核心。

女性主义理论家塞尔玛·塞文惠森（S. L. Sevenhuijsen）指出："女性

主义的关怀伦理，以关系中的自我(self-in-relationship)的观念作为思考责任和义务的切入点……在关怀话语中，道德主体通常已经生活在一个关系网络中，在此网络中，她/他必须在不同的责任形式之间(对自己的责任、对他人的责任、对自己与他人之间关系的责任)找到平衡。"①换言之，"女性主义关怀伦理总体上可以用三个基本原则表述：(1)无论个体还是群体(group)，潜能的实现程度取决于相互依赖的程度。(2)个人弱势程度部分决定了他应该接受的关怀和关心的程度和种类。(3)对于那些在进步过程中面临巨大障碍的个人或群体，我们需要给予特别的照顾，如妇女、少数民族、残疾人等"②。

女性主义伦理学设法建立一种伦理学，这种伦理学受到女性的实际道德经验和道德直觉的启发，或至少与之相符。女性主义伦理学的发展还处于构想阶段。伦理学的主要目标不是尊重和最大限度地扩大个人的自由和自主，相反，应是一种关怀。女性主义哲学家尼尔·诺丁斯(Nel Noddings)在《关怀：接近伦理学和道德教育的一条女性主义途径》(*Caring：A Feminine Approach to Ethics and Moral Education*，1984)一书中已经具体奉行了这一伦理学特征。总之，女性主义伦理学将成为一种关怀的道德观，而不会成为一种关于正义的道德观。

(三)对论争的反思

吉利根在其后续的研究中指出她并不排斥正义的需要，"正义的声音"与"关怀的声音"是相互补充而不是相互替代的，应把"关怀伦理"与"正义伦理"这两种道德方式整合起来。吉利根的作品影响了政治哲学的发展，女性主义哲学家将她的思想拿来批评传统道德和政治哲学思想，并发展出一套关怀伦理理论。但吉利根的观点仍引发了对关怀伦理

---

① Selma Sevenhuijsen，"Caring in the Third Way：The Relation between Obligation，Responsibility and Care in Third Way Discourse"，*Critical Social Policy*，Vol. 20，No. 1，2000，pp. 5 - 37.

② [美]约瑟夫·格雷戈里·马奥尼：《承认与关怀：市场化背景下的社会主义价值体系》，刘鲲译，《马克思主义与现实》2014年第1期。

学之局限性的众多批评性探讨。

首先，"关怀伦理"是否是一种普遍主义？后现代主义批评家指出关怀伦理有把现代西方社会持有的、事实上极为特殊的家庭关系的社会—历史模式普遍化的危险。这些批评家并不指控关怀伦理过于特殊，而是把它视为过于普遍，原因在于关怀伦理把女性和女性价值的本质和体验普遍化的方式。批评家指出"任何通过肯定'女性特征'而促进女性主义的努力都会使人'陷入意识形态的泥潭'。……女性主义需要从历史上把握并从政治上反对妇女特质与不确定性或无限性之间假想的联结"①。

其次，"关怀伦理"是否是一种本质主义？女性主义批评家指出关怀伦理加大了区分公共领域与私人领域之间的危险，这一区分维持了性别权力关系。作为法兰克福学派的第三代，以及哈贝马斯直接的后继者本哈比认为这种"不同的声音"提出了本质主义理论的可能性。苏珊·奥金(Susan M. Okin)就从女性主义的"正义伦理"视角批评了罗尔斯的契约观，批评了罗尔斯的无视性别的《正义论》，但她把罗尔斯的观点扩展到私有领域，反对因女性生育孩子而赋予她们某种道德特权的观点。美国著名的伦理学家玛莎·努斯鲍姆(Martha Nussbaum)指出，关怀伦理对女性工作的评价存在着把传统的不平等男女劳动分工合理化的危险。如果人们采纳的正义概念是建立在亚里士多德哲学的公平观念及对特殊性的了解上，而非在康德哲学框架内普遍性的普适原则上，则正义与关怀就会真正地相互支撑与相互延续。

第三，"关怀伦理"是否是一种白人女性主义？有色人种的和非西方的女性主义者指出，在假设性别是最重要的变量时，吉利根并没有涉及各种不同主体之间的种族和阶级差异。美国黑人女性主义学者柯林斯的观点已经为重构自我概念做出了重要贡献。她把自己描述为一个女性黑人学者，这一社会地位使她成为一个横跨阶级和种族界限的"既局

---

① ［英］米兰达·弗里克、詹妮弗·霍恩斯比：《女性主义哲学指南》，肖巍等译，北京：北京大学出版社，2010年版，第24页。

内又局外"的人,具有一种异常清晰的视觉体验。柯林斯一方面对吉利
根的白人中产阶级女性的建构持批判态度,但另一方面在建构一种非洲
中心的女性主义认识论过程中,却吸收了关怀伦理的思想,重视个人的
情感。在柯林斯的理解中,关怀伦理代表了一种黑人共同享有的非洲—
美洲文化的基本因素。柯林斯强调没必要把我们自己期望的声音和观
点放在中心而充满敌意地把他者的声音和观点放在一边。①

第四,"关怀伦理"是否是强加给女性的道德伦理? 是否符合女性主
义原则? 麦金农尖锐地指出,吉利根的"不同的声音"是"受害者在毫无
意识觉醒下说的声音";吉利根所描述的那些女性对堕胎议题的想法和
反应,根本不是女性自己的声音,而是男性通过女性之口而说出的声
音。② 麦金农认为:"作为一个社会学知识,它是有启发性的,可是,它对
于女性的观点是被强加的断言,被相当广泛地看作是迈向认真对待女性
的真正进步。"③凯西·弗格森(Kathy E. Ferguson)认为,吉利根犯了
"政治幼稚"的错误,没能发现"她所主张的差别……更加巩固了男性的
优先权和女性的从属性"④。

总之,吉利根的"关怀伦理"概念提出之后引发相当多的讨论。这些
讨论并不局限在吉利根所属的道德心理发展领域。事实上,更多的讨论
是出现在女性主义及政治与道德哲学领域。尤其是 20 世纪 80 年代后
期到 90 年代,有相当多跟"关怀伦理"相关的专著或论文是来自女性主

---

① Patricia Hill Collins, "Learning from the Outsider Within: The Sociological Significance of Black Feminist Thought", *Social Problems*, Vol. 33, No. 6, 1986, pp. S14 - S32.
② Ellen Dubois, Mary Dunlap, Carol Gilligan, Catharine A. MacKinnon, Carrie Menkel-Meadow, Isabel Marcus, and Paul Spiegelman, "Feminist Discourse, Moral Values and the Law: A Conversation", *Buffalo Law Review*, Vol. 34, 1984, p. 27.
③ [美]凯瑟琳·A. 麦金农:《迈向女性主义的国家理论》,曲广娣译,北京:中国政法大学出版社,2007 年版,第 74 页。
④ Kathy E. Ferguson, "Knowledge, Politics, and Persons in Feminist Theory", *Political Theory*, Vol. 17, No. 2, 1989, p. 304.

义的政治与道德哲学领域。①"吉利根关怀/公正的两分法有助于已在伦理学领域普遍开展的一场运动——寻求另一种道德方向替代从 20 世纪70 年代以来一直主宰而且至今在很大程度上还笼罩在这一领域的功利论和康德主义模式。"②这些替代的策略包括：私人观点的合法化、为情感在道德判断中的角色作辩护等。随着女性主义的发展，吉利根对柯尔伯格的批判所引发的有关性别差异的持续讨论，成为道德哲学的一个新的起点，推动了道德发展方面的许多重要研究。

第二节　弗雷泽与本哈比之争：如何定位他者？

本哈比认为哈贝马斯的话语伦理仅仅关注"一般他者"，然而除了普遍的相互尊重以外，还需要补充"具体他者"的向度，此观点一直是西方道德与政治理论的盲点。因为只有"一般他者"的看法，是对女性和私人经验的视而不见，无法真正发展出与他者的友善关系。对此观点，弗雷泽有着不同的意见。

一、论争的缘起

"他者"总是与"自我"或主体的描述有关，"他者"与之形成对照，并因此被定义。这个词的主要理论根源之一是黑格尔的哲学和他对主人与奴隶之间相互界定关系的评论。

康德所说的不可把别人当成手段，指的其实是一个普遍他者的抽象概念。西方主流道德理论把自我建构为一种排他的、理性的存在，对自我/他者关系进行抽象的和工具化的解读，已经遭到了来自多个领域的理论的强烈批判。"吉利根与柯尔伯格之争"极大地促进了对女性主义

---

① 洪慧芬：《"依赖"是人类社会无可避免的现实与挑战：Eva F. Kittay 对依赖与照顾的论点》，《台湾社会福利学刊》第六卷第二期，2008 年版，第 159 页。
② ［英］米兰达·弗里克、詹妮弗·霍恩斯比：《女性主义哲学指南》，肖巍等译，北京：北京大学出版社，2010 年版，第 231 页。

关怀伦理学的讨论。重视"不同的声音"将思考引向新的方向——成为一个自我是什么？关怀所应对的是唯一的、不可取代的个人之"具体他者"？还是那种作为一种共同人性代表的"一般他者"？由此产生了第二个论争——"如何定位他者？"

吉利根就将传统道德和政治思想中的公民或个体称为"一般他者"，并揭示了女性是如何被男性设置的道德困境所遗漏和异化的。"卡罗尔·吉利根倾听女性心声：看起来这些强加给女性的道德抉择方式并不以女性为意，难怪她们会牢骚满腹、愤愤不平。我们需明白女性心声为何一直湮没不闻，搞清楚道德自律这一支配思想以及道德范畴的权威定义对女性产生了何种影响，致使其继续保持沉默。惟有如此，我们才有希望更全面地看待自己和我们的同类。毕竟，我们既是芸芸众生，也是具体的个体。"①

女性主义者一直争论和探索女性被男性创造及定义为"他者"的概念。这场论争在道德哲学界中引起了很大的回响，而其论争根源主要来自于"吉利根与柯尔伯格之争"。

二、本哈比的"具体他者"观

本哈比试图把康德的道德自主性与关怀整合起来，探索一条基于关怀伦理之上的女性主义路径。她在一篇著名的论文《一般与具体的他者：柯尔伯格与吉利根的争论和道德理论》中指出，柯尔伯格的思想承继的是从霍布斯、洛克、康德乃至罗尔斯以来的近代哲学，开启了论证"正义"抽象原则的探讨。他们的目的是希望能够建立客观的社会制度，以契约与义务为主导的社会规范是正义伦理的核心。本哈比的文章首先批评了罗尔斯的正义伦理学。罗尔斯认为在"原初立场"中，每个人可再被设定在"无知之幕"（veil of ignorance）之后，他没有种族、阶级、性别、

---

① ［英］简·弗里德曼：《女权主义》，雷艳红译，长春：吉林人民出版社，2007年版，第26页。

喜好的特定考虑。"道德上的公平意味着认定他者与我自己一模一样",①道德互惠性产生的条件是互相之间的一块"无知之幕",事实上是使选择者看不到与自我不同的他者。"罗尔斯用一个康德式的自我概念来概括一个基本的问题,那就是,本体的自我不可能被个体化。如果一切属于本体的自我的东西都是具有身体和情感、具有他们自己的记忆和历史的产物,因此应该被归结在现象的王国下,那么留给我们的就只是一个空洞的面具:每个人都存在,但是又没有任何人存在。"②

本哈比指出,正义只关注"一般他者":"一般他者立场要求我们把每个人当作这样的理性存在者——他们有资格拥有与我们自己想要拥有的同样的权利和义务。一旦假设了这个立场,我们就从他人的个性和具体身份抽离出来。我们假设他人与我们一样,是拥有具体需求、愿望和情感的存在者;但是,构成他或她的道德尊严的却不是我们彼此的差异性,而是我们作为言行者的理性主体的共同性。"因此,"一般他者"是指每个个体是一个道德的个人,赋予相同道德权利,道德的个人也是一种理性和行动的表现,具有正义感,实践良善的愿望。自我与他者的关系,是一种形式上的平等和互惠的规范,互动的规范首要是制度化的,其道德范畴是权利和义务,对应的道德感觉是尊重、责任、自我价值和尊严。作为对比,本哈比建议从"具体他者"立场出发:"具体他者立场则要求我们把每个理性存在者当作拥有具体主体生命历程、身份和情感的个人。一旦假设了这个立场,我们就从人的共性抽离出来。……按照友谊、爱和关怀的要求去对待你,我所要确证的就不仅是你的一般人性,而是你作为人的个性。"③"视每个理性的存在者为有着具体历史、身份与情绪情感(affective-emotive)结构的个人"④。所谓"具体他者"则是指将每个人

---

① Seyla Benhabib, *Situating the Self: Gender, Community and Postmodernism in Contemporary Ethics*, Oxford: Blackwell, 1992, p. 157.

② Ibid., p. 161.

③ Ibid., pp. 158 – 159.

④ Ibid., p. 159.

视为独特的个体,每个人都有独特的生活历史、性格、天赋、需要和限制。自我和他者的关系是由均衡和互补式的互惠为规范,重视的是友谊、爱和关心。

本哈比引用了黑格尔的分析指出,个人的自我意识必须在与他者相遇之中形成,个人的认同并非来自个人独自进行选择的潜力,而是来自个人如何将自己的周遭环境,包括个人诞生、家庭、语言、文化与性别认同等形塑为统一的叙述。只有这样,自我才得以形成。但罗尔斯却忽略了自我认同总是在与他者关联之下才得以形成的。由于缺乏自我认同,所以也就无法实现"无知之幕"所要求个人去理解别人的立场与角色的工作。用本哈比的话来说,"认同并不是指自我独自进行选择的潜能,而是指选择的现实,就是说,我作为一个有限的、具体的、有此肉身的个体,怎样把我的出身与家庭,把我的语言上、文化上及性别上的认同等这些情况,塑造成一个连贯的叙事,把它作为我的生活故事……问题正在于:这个有限的、具体的生命,怎么样把选择与限制、行动与磨难、主动与依赖等事件构成一个连贯的叙事?"①本哈比指出,在社会契约的观点中,道德自我被无根化(disembedded)和无实体化(disembodied),使得道德决定着眼于人类而非个体,由这种"一般他者"的观点出发,则其社会历史(以及性别化)的特殊性便被隐藏于"无知之幕"背后。在保留普遍主义基本框架的基础上,本哈比在道德理论中重新纳入女性的日常、互动性道德,指出"在缺乏他者的声音时,'具体他者'的异己性都无法被认识"②。

三、弗雷泽的"集体性的具体他者"观

弗雷泽在一篇针对本哈比的评论《走向一个团结的话语伦理》中指

① Seyla Benhabib, *Situating the Self: Gender, Community and Postmodernism in Contemporary Ethics*, Oxford: Blackwell, 1992, pp. 161 - 162.
② Ibid., p. 168.

出，我们固然要关切具体的他者向度，但所关切者应是"集体性的具体他者"。这个观点有助于我们联结某个具有特定文化、历史、社会践习等的社会群体，因而发展出一种"团结的伦理"。弗雷泽认为，那种暗含于具体他者立场中的互惠性需要会部分地缓解集体斗争的纯粹激情："我们相互之间都欠着对方一种承认：承认对方是具有特定的集体身份和团体的人。"①对"团结"这种共同体联系的性质，弗雷泽的解释是：团结的要旨既不是诸如"爱和关怀"的"亲密"，也不是"权利"，而是表现为共同奉行的规范和从事的实践。"这种集体性的具体他者的立场使得群体身份的强度得以增强，并且加强了这个群体内部对团结规范的投入。进一步说，与团结结合最紧密的那种道德情操将会变成最'有特权的道德情操'。"②在这种情况下，个体的独立性、自足性不应理解为是对群体团结性的背叛，而应当理解为"群体的一员"在群体内所起的构建作用。弗雷泽指出，作为"政治伦理"，"团结伦理"优于"关怀伦理"，"只有'团结的伦理'才能充分地与社会运动中各种相互竞争的行动相调和"。③ 在这些行动中，人们"为了满足由自己决定的需求而努力锻造叙述资源和词汇资源"，④同时努力"解构统治群体和集体的叙事形式和词汇"。⑤ 团结伦理不承认任何群体成员的特权，它允许没有发言权的边缘群体与其他群体一起参与集体斗争。

由此看来，弗雷泽似乎找到了一个走出"一般他者与具体他者"二元对立困境的中间出路。她认为本哈比倾向于过度关注个性，或"独一无

---

① Nancy Fraser, "Toward a Discourse Ethic of Solidarity", *Praxis International*, Vol. 5, No. 4, 1986, p. 428.

② ［美］斯蒂芬·K. 怀特：《政治理论与后现代主义》，孙曙光译，沈阳：辽宁教育出版社，2004 年版，第 126 页。

③ 同上，第 125 页。

④ Nancy Fraser, "Toward a Discourse Ethic of Solidarity", *Praxis International*, Vol. 5, No. 4, 1986, p. 428.

⑤ Ibid., pp. 428 – 429

二的个体的特殊性",它有着"独一无二的、富于感情的个性和生活历史"①而不是关注"身份的理想概念中集体性的一面"。② 弗雷泽敦促人们把特殊主义与普遍主义整合进一个"团结伦理"中,因为"来自集体的具体他者的团结伦理比关怀伦理更适于成为女性主义伦理"。③ 这一整合避免了过于注重"独一无二的个体"或"普遍的人性"的极端,而把批判集中在"群体身份的中间地带"在政治上是务实的。④

四、小结:对论争的批判

美国批评家斯蒂芬·K.怀特(Stephen K. white,1991)指出,尽管本哈比与弗雷泽都发现了重视关怀这一情感对于确认具体的他者来说是至关重要的,但是二者都未能成功地平衡"一般他者/具体他者"之间的张力。

本哈比认为普遍主义与关怀伦理是可以调和的,在她看来,不仅要考虑我们承认是人并且是潜在讨论伙伴的"一般的他者",还必须考虑"具体的他者"。不仅正义的一般规范,而且和亲密的他者相关的具体的纽带和情感,都必须反映在我们的哲学中。本哈比"把具体的他者的立场设想成会为道德话语注入一种'期待—乌托邦式的'维度。这样就拓宽了原有的对正义之规范的狭隘关注,……在把关怀的态度带入之后,正义话语就不断地触及'与他者的亲密关系',而且先前那些被看成是属于'私人'领域的需求、动机和欲望等等也就可以进入道德沟通之中了"⑤。但本哈比的缺陷是"把确认具体的他者这一任务太过紧密地与亲密关系中的那种关怀捆绑在一起,导致整个任务受到了一种向心感情的

① Nancy Fraser, "Toward a Discourse Ethic of Solidarity", *Praxis International*, Vol. 5, No. 4, 1986, p. 427.
② Ibid., pp. 427 - 428.
③ Ibid., p. 429.
④ Ibid., p. 428.
⑤ [美]斯蒂芬·K.怀特:《政治理论与后现代主义》,孙曙光译,沈阳:辽宁教育出版社,2004年版,第124页。

强烈感染,以致有可能会窒息共同体生活,从而危及公共交互行为"。弗雷泽的缺陷则是"通过完全扔下关怀代之以集体内的团结之价值避开了这种感情的引力"①。

第三节　女性主义与哈贝马斯之争:如何定位自我?

至 20 世纪 90 年代,弗雷泽、本哈比与扬等女性主义哲学家在研究如何重新看待"自我与他者之间的关系"问题时,不自觉地运用了哈贝马斯的话语伦理学理论,并由此产生了很大争论。她们一方面在某种程度上赞同哈贝马斯的一些观点,另一方面又把批判矛头对准了哈贝马斯的话语伦理学,进一步升华了吉利根的关怀伦理观。

一、如何定位自我?

"自我"的含义是什么?"该词主要是指个体内在的、私密的世界,个体在'人'的观念中表现了其本质或内核,并获得了补充,标示出个体的公共的社会层面。它界定了内省和独立性——自我区别并且独立于他者"②。

（一）福柯、伦理学与女性主义的"自我"观

"伦理转向"(Ethical Turn)是西方 20 世纪 80 年代后人文研究领域内的一个主要话题。"以列维纳斯(Levinas)为代表的他者伦理认为伦理意味着将自我置于他者的绝对控制之下,伦理关系产生于与他人的面对面关系之中;以德里达(Derrida)为代表的解构主义伦理强调他者、自我和世界的陌生,意义及价值的不确定性。"③而福柯则在其生命的最后阶

---

① [美]斯蒂芬·K.怀特:《政治理论与后现代主义》,孙曙光译,沈阳:辽宁教育出版社,2004 年版,第 129 页。

② [英]西蒙·冈恩:《历史学与文化理论》,韩炯译,北京:北京大学出版社,2012 年版,第 166 页。

③ [美]詹姆斯·费伦:《"伦理转向"与修辞叙事伦理》,唐伟胜译,唐伟胜主编:《叙事》中国版(第二辑),广州:暨南大学出版社,2010 年版,第 138 页。

段,在其晚期著作如《性史》中,除了思考"我知道什么"以及"我能如何做"之外,也思考了"我是谁"的问题,这种对自我的关心产生了一种主体。这表明福柯伦理思想中一种新的阶段和新的维度,呈现出了转移到文化研究领域内的伦理转向。福柯眼中的伦理观,主要是一种自我改造的形式,他邀请人们制定一份自己的政治。"福柯式的'自我政治'关心的是生活方式实验的可能性和自我的新形式,关注的是提升一种不会阻碍创造差异的自我政治,同时解构支配性文化。"①有女性主义学者指出福柯的谱系学著作,包括《规训与惩罚》和《性史》都已经属于伦理学的范围了。

福柯在以下三个方面对女性主义伦理学产生了重要的影响:"第一,福柯致力于重新思考主体与性伦理学之间的联系,探究该主体的自我构成和自我理解;第二,他这么做是出于对当今伦理学假定之偶然性的一种谱系学上的关心;第三,他为选择性的政治秩序指出了一条发展轨迹——尽管还很粗略。"②按照福柯的说法,女性主义的力量在于它的自主性,福柯主义的女性主义就主张从头开始的自我转变。由此看来,女性主义者研究自我的理论动力正是来自福柯关于人类个体向主体转型的研究。因而,可以说福柯的谱系学审视的不是自我的历史,而是自我逐渐得以确立的历史过程,它"提供了一种有用的工具,来探索当代自我理论的雷区及其含义"③。

不过,福柯等人的伦理学对女性主义来说还不够充分。女性主义者试图将人文伦理置换为新的价值观,如女性主义伦理,体现出了鲜明的政治性。"女性主义理论中的自我概念,经历了自立(autonomy)、自信

① [英]尼克·史蒂文森:《文化公民身份:全球一体的问题》,王晓燕、王丽娜译,北京:北京大学出版社,2011年版,第36页。
② 莫雅·劳埃德:《福柯的伦理学和政治:适用于女权主义的策略?》,张玫玫等译,汪民安等编:《福柯的面孔》,北京:文化艺术出版社,2001年版,第376页。
③ [英]玛丽亚姆·弗雷泽:《波伏瓦与双性气质》,崔树义译,北京:中华书局,2004年版,第35页。

(self-hood)与自决(determinism)等三个阶段。"①女性主义反对现代性，批判其具有一种固化的自我概念：即认为权力属于男人阶层，并由他们向作为一个阶层的女性来施加这种权力。正如福柯所说："个人不再被视为一种基本的中心，一种原始的原子，一种多重的与惰性的物质；在此基础上，权力逐渐强化或依赖于它恰好打击或攻击的目标，并且通过这种过程而征服和压制个体。实际上，把某些身体、某些姿势、某些话语、某些欲求逐渐与特定的个人相联系，并建构成特定的个人的特质，正是权力的重要影响结果。也就是说，我认为个人日益不再是权力的对等物，而成了权力的主要结果。"②。

女性主义批判理论家哈特索克认为，有关权力的主流理论压抑了孩童所经历关系的脆弱性，事先假定了自我与他者这种僵化的区分，从而将权力简化为竞争与控制。就权力的化身进行思考，会使政治理论家将权力视为权限(power-to)，而不仅仅视为权势(power-over)。

澳大利亚著名性别和文化研究学者埃尔斯佩思·普罗宾(Elspeth Probyn)详细而有创造性地解读了福柯的后期著作，在《确定自我的性：文化研究中产生的观点》(*Sexing the Self：Gendered Positions in Cultural Studies*，1993)一书中，她富有新意地动摇了有关性和性别社会建构的脆弱性。她的分析推动了一种更为复杂的理解，理解性别自身如何不稳定地占据基于性、人种和性取向(sexuality)的多重权力关系，以及如何介入彼此身份和主体性的构建之中，特别是关于这些身份和主体性所采取的文化形式。普罗宾指出：自我不是任何东西；自我是形式而非本质；自我在多个层次上运作；自我是不可再现的。而自我是通过主动关心他者的方式塑造出来的。正是在这种不依靠人道主义的情况下对自我，特别是对个性化过程的集中关注，"福柯对自我的关心使我能够考虑一种说话和阐述理论的方式，它从'我'出发，却不把我物化成我讲

---

① ［英］提姆·梅伊、詹森·L.鲍威尔：《社会理论的定位》(第二版)，姚伟等译，北京：中国人民大学出版社，2013年版，第229页。
② 同上，第29页。

话的主体。这又为考虑一种理论模式开辟了道路,该模式不围绕个人而得以组织,但它有力地给我们开辟了一个空间,使我们得以认真对待我们的个体化方式。从这一点出发,我开始想像能对折我们之间这根线,把'她是谁和干什么的?'与'我是谁和干什么的?'这类问题联系到一起的思维方式"①。普罗宾的话语核心是关心自我与他者之间的关系,通过他者并借鉴他者的界限思考自我。"'我们是谁?'的问题标志着在当前行动、表现和归属的危机状态,因为它把当代文化批评的任务问题化了。"②简言之,普罗宾的"书写他者理论"试图构建一种女性主义文化研究的方法论实践。

(二)哈贝马斯的"自我"观

目前流行的关于自我的主宰神话把自我建构为一种排他的、理性的和追求利益最大化的存在。它否认了自我的社会性和关系性本质,认为这样的自我只能在生活的极有限范围内存在。"一个完全解放的社会依赖于其市民所能够获得的自我发展。……哈贝马斯沿着柯尔伯格的思路,强调了六个发展阶段,这些与权利、互惠和正义相关的六个阶段对于普适原则的出现而言很必要。……柯尔伯格和哈贝马斯都提出'成熟的个体'的观点,认为这种人能够站在人类共同体的立场上评价道德标准,而不是从其个人家庭或所属的社会团体的特殊利益上考虑。"③对于哈贝马斯来说,唯有透过理性对话所建立的广泛共识,才能够建立一种普遍被认知和广泛应用的权利。其过程必定是理性的,因为这个广泛共识必须排除地方的常规和狭隘的偏好。

哈贝马斯还追随美国哲学家、社会学家乔治·赫伯特·米德(George Herbert Mead)的"社会性自我",并引用了米德所说的"一般他

① 莫雅·劳埃德:《福柯的伦理学和政治:适用于女权主义的策略?》,张玫玫等译,汪民安等编:《福柯的面孔》,北京:文化艺术出版社,2001年版,第378页。
② Elspeth Probyn, "Sexing the Self: Gendered positions", *Cultural Studies*, London: Routledge, 1993, p. 109.
③ [英]吉姆·麦奎根编:《文化研究方法论》,李朝阳译,北京:北京大学出版社,2011年版,第65页。

者"。米德认为，通过接纳一般他者的角色，亦即接纳整个共同体的看法，我们完成了社会化。米德提出一种与柯尔伯格的观点相似的关于自我发展的理论。一个主体只有在某种程度上能够通过别人这面镜子反观自己的行为时，他才能够获得自我意识。在米德看来，自我（the self）来自于三者之间的对话，即主我（the I），宾我（me）和一般他者（generalized other）。"主我"是康德的超验自我；"宾我"是一个人对自己的对话的回应；"一般他者"通过自我预期他者对自己行为的反映，来控制行为。① 自我就存在于我们与他人持续不断的对话中。因此，米德的伟大之处就是看到了主体与客体之间的辩证关系，并把自我的形成和发展置于社会关系之中来研究，体现了他对个人命运的明显关注。

哈贝马斯的话语伦理学强调，参与者在沟通过程之中，可逐步将其个别的经验、情感抛开，透过沟通过程可以产生出普适的道德规范，引导出普遍同意（universal consensus）的通则。"哈贝马斯承认整个人类理性中道德的美学价值，但不承认情感。直到最后，他也没有摆脱那种传统的二元性假设……他的理性概念依然是一个正式的概念，但它不能充分地反映现实中男性和女性的体验。"②总之，哈贝马斯通过米德和柯尔伯格的著作，认识到自我的发展不仅仅是权力或对话的问题，而是与伦理和道德有关。

我一他者关系的这种抽离的和工具化的解读，以及与之相伴的对个体的原子化的和抽象的阐释，已经遭到了来自多个领域的政治理论的强烈批判，包括女性主义理论等。女性主义批判理论者向来反对认为有个核心、本质自我的概念的观点。她们认为，哈贝马斯承继了康德的传统，也因此深受皮亚杰、柯尔伯格发展心理学的影响。"哈贝马斯接受康德的直觉，即任何规范的道德有效性都要由受其影响的所有人平等而自由的讨论来达

---

① ［英］吉姆·麦奎根编：《文化研究方法论》，李朝阳译，北京：北京大学出版社，2011 年版，第66 页。
② ［美］鲁思·华莱士、［英］艾莉森·沃尔夫：《当代社会学理论：对古典理论的扩展》，刘少杰等译，北京：中国人民大学出版社，2008 年版，第220 页。

成一致而确定;然而,他主张道德一致性的实质内容不能通过哲学思想试验推论出来,而只能通过现实世界的对话达到。"①对于哈贝马斯来说,唯有透过理性对话所建立的广泛共识,才能够建立一种普遍被认知和广泛应用的权利。其过程必定是理性的,因为这个广泛共识必须排除地方的常规和狭隘的偏好。同时哈贝马斯追随米德的"社会性自我",并引用了米德所说的"一般化他者"。

通过对哈贝马斯的一系列批判性解读,女性主义批评家指出,首先,哈贝马斯认为人类的核心特征具有趋向理性的潜力,其话语伦理学强调了自由、公开的公共交往与对话的重要地位,"理想言说情境"理论以纯粹主体间性和排除交往的一切障碍为特征,忽视了阶级、种族和性别所造成的差别,忽视了协议和知识有可能是以同情和团结为基础的。其次,由于哈贝马斯不可能去研究诸如家庭领域中的关怀、感情和团结等问题,所以在他那儿,所有受影响者在公平条件下进行讨论,不可能产生完全一致的同意,因而哈贝马斯的话语伦理框架需要重新构建。

二、弗雷泽、本哈比和扬对哈贝马斯相关观点的论辩

(一)本哈比的批判

首先,本哈比区分了两种普遍主义:"互动式的普遍主义"与"替代式的普遍主义"。本哈比对哈贝马斯的"普遍主义进行了后启蒙式的捍卫"②,这是一种潜在认可性别和背景特殊性的女性主义的普遍主义。她把这种普遍主义理解为一种"互动式的普遍主义",后者明显具有哈贝马斯的交往行动理论之意涵。所谓交往行动即指一种"社会互动形式,在其中不同行动者的行动计划通过相互的交流行为,也就是通过一种以获

①[英]米兰达·弗里克、詹妮弗·霍恩斯比:《女性主义哲学指南》,肖巍等译,北京:北京大学出版社,2010年版,第257页。

② Seyla Benhabib, *Situating the Self: Gender, Community and Postmodernism in Contemporary Ethics*, Oxford: Blackwell, 1992, p. 3.

得理解为导向的语言的使用,而得到协调"①。因而,二者的一个主要不同之处,在于本哈比并不认可透过"理性言说情境"(ideal speech situation)达成共识的主张,而是强调达成协调。

其次,本哈比有限度地赞同哈贝马斯话语伦理,强调相互尊重与平等互惠的对话才是公平的,强调普遍性是可以追求的目标,但此普遍性的建立不应在共识上,而应该是交往者在交往中"扩大的思考"(enlarged thinking),因此达成相互同意。本哈比进而指出,注意到去从所有相关者的立足点进行思考,就意味着去采取一种有着"扩大的思考"的观点。本哈比借用康德在《判断力批判》中的"扩大的思考"的说法意在强调,一个人应该抛开个人的私己而主观的立场,并从普遍的立场来省察自己的判断。

再次,本哈比提出一种"广泛的道德对话"②,通过在任何时候都运用一个规范化的程序,就可以解决情景化的,以及变化情境中的那些伦理关怀的相对性。本哈比拒绝把传统自由的、抽象的、自主的立足于公正的正义推理作为道德思考的基础。她认为,伦理学是关于具体的,而不是一般化的情况的,在具体的情况中,关怀的关系处在中心位置,而不是边缘。

最后,本哈比提出,道德尊重是"对称的相互性"(symmetrical reciprocity),它包含了自我和他者之间的一个对等关系,包含了从他者的观点看问题,或是换位思考。因而,本哈比"对源自哈贝马斯的交往行动概念与对话自我概念作了调整,这种调整使启蒙批判与解放思考的发展进入到了一个更深的阶段。她承认性别批判已经使伦理思考的普遍主义传统变得成问题,这种普遍主义的中心是无实体的和无时间的推理

---

① [英]提姆·梅伊、詹森·L.鲍威尔:《社会理论的定位》(第二版),姚伟等译,北京:中国人民大学出版社,2013年版,第189页。
② Seyla Benhabib, *Situating the Self: Gender, Community and Postmodernism in Contemporary Ethics*, Oxford: Blackwell, 1992, p.9.

自身。在这类伦理学中,女性变成了他者,表现着身体、关系与历史处境"①。本哈比指出,若要了解和抵制对女性的压迫,仅要求女性政治和经济上的解放已经不够了,还有必要追问女性所处家庭和私人领域的性心理关系,她们的生命将在那样的环境中展开,其性别特征也是在那种环境中复制的。

如何重新定位自我? 本哈比指出,"男性本位(以男性为中心)的一般自我概念,主要带来的后果是模糊了男性也被性别化的事实"。女性并非和这种本质自我产生异化,而是她们无法进入"成为一个主体的过程"。因此,本哈比继续指出:"一种连贯的自我感是在与自主性和团结的成功整合中获得的,或者说是在正义与关怀的权利混合中获得的。正义与自主性单独不能支持或滋养自我身份展开的叙事之网;但团结和关怀既不能单独把自我提升到成为主体的层面,也不能提升到一种连贯的生活历史的作者的层面。"②只有在具体的情境中去正视他者,才能真正在乎别人的权益。本哈比的结论是:"若把自我定位在普遍他者的标准下,将是不完整的,且无法在相互的自我之间正视个体。若是没有定位具体他者的立基点,各种普遍性的主张都无法实现,因为我们将缺乏必要的知识以判断我的道德情境与你'相似'还是'不同。'"③重新思考道德自我的身份,重新定位关系性的自我于对话共同体以尊重他者,已经成为本哈比协调女性主义与哈贝马斯之争的关键所在。

(二) 扬的批判

扬赞赏哈贝马斯对对话的强调,但反对他的理性普遍主义,反对他对理性的一致同意的关注以及对理智和情感的分离。扬也同意本哈比对哈贝马斯的批判,但扬认为本哈比将相互尊重与互惠等同于观点的对

---

① [英]苏珊·弗兰克·帕森斯:《性别伦理学》,史军译,北京:北京大学出版社,2009 年版,第 55 页。
② Seyla Benhabib, *Situating the Self: Gender, Community and Postmodernism in Contemporary Ethics*, Oxford: Blackwell, 1992, p. 198.
③ Ibid., pp. 163 - 164.

称性与可反转性，反而关闭而不是开启了差异的区别。

通过质疑本哈比"对称的相互性"这个概念，扬提出另一种更能产生"扩大的思考"的理论模式，称为"不对称的相互性"（asymmetrical reciprpcity）。扬指出，设想另一个人的观点，或是从别人的立场看待世界是很困难的，因为我们缺乏他们的个人和群体经历。扬赞成"不对称的相互性"，它意味着接受以下的东西，在他者的立场中存在着我们并不理解的一些方面，这些方面还有待询问、有待倾听。"不对称的相互性"所包含的对话，使每个主体都能够超越差异而达到相互理解，而且不必颠倒各自的视角或身份。

扬争论说，本哈比的"扩大的思考"概念最终是不能自圆其说的，因为与他者进行观点对调的看法是不明智的："我知道的那种双向的认可，即我为了你成为他者或者你为了我成为他者同样无法确保一种视角上的可逆性，准确地说因为我们的立场部分上是由我们中的每个人都采取了他者的观点来构成的。"①

（三）"团结的伦理"观：弗雷泽对哈贝马斯的批判

弗雷泽对哈贝马斯的回应主要包括以下三个方面：②

1. 哈贝马斯的基本区分是不充分的

弗雷泽反对哈贝马斯对比系统（system）的整合与社会的或生活世界（life-world）的整合的观点。弗雷泽的主要观点是："一方面，把家庭描述成社会整合和象征人口生产的领域，而另一方面，把付报酬的工作场所描绘成系统整合和物质生产的领域倾向于夸大二者的区别而掩盖了二者的相似性。"③然而，（女性）解放需要我们对扭曲女性生活的原因和影响，以及经常用于值得怀疑的经验分析而没有充分根据的概念有一个准确的评估。这些范畴对批判活动并不能作为解放和有用的概念，因为

---

① I. M. Young, *Intersecting Voices : Dilemmas of Gender, Political Philosophy, and Policy,* Princeton, N. J. : Princeton University Press, 1997, p. 48.

② Tony Couture, "Feminist Criticisms of Habermas's Ethics and Politics", *Dialogue : Canadian Philosophical Review,* Vol. 34, No. 2, 1995, pp. 259－280.

③ Nancy Fraser, *Unruly Practices : Power, Discourse and Gender in Contemporary Social Theory,* Minneapolis: University of Minnesota Press, 1989, p. 119.

女性的需要并不是通过在"系统和生活世界制度中画一个基本战斗线"①来满足的。弗雷泽坚持认为"在男性主导的与'生活世界'相联系的系统的形式与我们之间存在着更为根本的战斗线"②。因此,在现代条件下,哈贝马斯的论述不能满足女性的特殊需要,而且在任一合理的女性主义视角上都应予以拒斥。

特别需要指出的是,哈贝马斯呼吁在生活世界"非殖民化",这对那些致力于社会斗争的人来说是一个毫无帮助或不切实际的建议。殖民化是指原属于保护社会系统的机制侵入人类主宰的生活世界领域,弗雷泽认为这种说法"用于描述社会运动带来的身份转换太消极和片面了"③。更重要的是,它把女性主义看作女性身体的生物学意义的附属物的整体代表就太无情了。这会低估女性主义者的多元性和实用的、实验性的立场,她们既反对资本主义系统的影响,也反对强化这一霸权主义的文化表现形式。适应和对抗经济与国家对女性生活(和男性生活)不断增加的影响的能力需要重视成熟的社会斗争的多向性。

2. 哈贝马斯是无视性别的,表现出虚假的性别中立(gender neutrality)

按照弗雷泽的观点,由于未能将公民角色的男性潜台词主题化,哈贝马斯错过了将国家与政治言论的公共领域联系在一起的全部意义。……同样,资本主义社会的批判社会理论也需要对性别敏感的范畴。④ 关于"言下之意",弗雷泽指的是社会角色与女性之间系统的但一般是不可解释的关系。哈贝马斯没有强调性别潜台词暗含着女性角色是孩子的抚育者、消费者和脆弱的人等,而男性角色是工作者、公民、战士、保护者和演讲者之类的。结果,哈贝马斯就没能把资本主义的工作场所与男人主导的家庭,或公开演讲者与男人保护他们的女人的能力之

① Nancy Fraser, *Unruly Practices: Power, Discourse and Gender in Contemporary Social Theory*, Minneapolis: University of Minnesota Press, 1989, p. 137.
② Ibid.
③ Ibid., p. 134.
④ Ibid., pp. 127-128.

间联系起来。① 这个意思不是说是一个消费者与是一个女性必须一定联系在一起，而是说，在现有社会情形下，消费者的角色一般是与女性连在一起的，这也是令人讨厌的历史使女性的活动从属于她那有工资收入的同伴所造成的。

3. 哈贝马斯传统意义上的普遍主义应被代之以在批评理论中对普遍标准的作用更有用的理解

弗雷泽提出了一个重要的概念："诠释与沟通的社会文化工具"。她指出这些社会-文化工具包括："那些被官方认可的词汇——人们用来表述其主张；可用的习惯用语——人们用来解释和沟通他们的需求；一些成型的叙述习俗——人们用来建构个人的和集体的历史，而这些历史又对社会身份起着建构作用；论证的范式——它被当作权威而被用来裁决相互冲突的各种主张；不同种类的话语将各自的主题建构成其特殊的研究对象的方式；可用的修辞设施的储备库；语言的身体和姿态维度——在一个特定的社会里它们与权威和说服力相联系。"②弗雷泽认为这些主流的诠释工具阻碍着被支配群体参与沟通互动，除非被支配群体起而抗议此种处境，并组织起来赢回对这些诠释与沟通工具的集体控制权。总而言之，"被支配群体仅有两种选择：他们或是采用支配群体的观点，并压抑和扭曲他们自身的经验；或者，他们可以发展自己的方言，使其能将自身的经验发声，并看见那些被社会主流机制边缘化、取消资格并被排除的群体。③

弗雷泽指出，本哈比对话语伦理学的修正是不充分的，语言不是一个中立的交流手段，而是"解释和交往的社会文化方式"④。她发现，本哈比认为"主流的道德、政治词汇"把人"当作相互关联的、自私的个体，他

---

① Nancy Fraser, *Unruly Practices：Power，Discourse and Gender in Contemporary Social Theory*，Minneapolis：University of Minnesota Press，1989，p. 127.

② Ibid.，p. 425.

③ Ibid.，p. 426.

④ Ibid.，p. 425.

们相互的交往是短暂的,出自最大的功利目的",因此反映出交换观,这是一种资本主义者的话语伦理。"她批评本哈比没有强调这一问题——主宰话语不可能表达被压迫群体的利益和关切。"①

虽然弗雷泽没有像本哈比一样的辩护普世主义的价值,但她认为本哈比所辩护的论说伦理学,有助于我们将现有的主流诠释与沟通工具课题化并且加以批判。不过,弗雷泽也注意到本哈比的讨论在集体性面向上的不足。事实上,这种关于文化领导权的斗争问题,显示出需求诠释的修正,通常不是点状的修正,而是诠释框架的修正。诠释框架的修正,不仅是个人生活想像的调整。诠释框架的集体性格,使其修正具有社会觉醒的意涵,并且有助于形成团结的情感。从被支配群体的角度出发,弗雷泽关切的是在历史-社会中被压抑、扭曲的"集体性具体他人"。这个观点有助于我们联结某个具有特定文化、历史、社会践习等等的社会群体,因而发展出一种"团结的伦理"(ethics of solidarity)。正是由于这种团结的伦理,有助于各种社会运动在努力解构支配群体的叙述形式和词汇之时,同时也努力打造叙事资源和新词汇,使彼此的行动相互调和,从中区辨宰制与屈从模式的经验性叙事,借以表明当时代的抗争与愿望。

弗雷泽进一步提出了与第三个批评相关的三个论点②。

首先,团体实际上已经发现很有必要用分离主义术语中收回和定义自己。虽然文化分离主义作为一个长期策略是不可行的,但在短期内,它对许多女性的生存是必需的。弗雷泽评论道:"事实上,分离主义团体已经成了无数个对女性经验进行重新诠释的来源,这些经验在解释和交流方式的论辩中已经证明在政治意义上是卓有成效的。"③因此,哈贝马

---

① [英]米兰达·弗里克、詹妮弗·霍恩斯比:《女性主义哲学指南》,肖巍等译,北京:北京大学出版社,2010 年版,第 258 页。

② Tony Couture,"Feminist Criticisms of Habermas's Ethics and Politics",*Dialogue:Canadian Philosophical Review*,Vol. 34,No. 2,1995,pp. 259-280.

③ Nancy Fraser,*Unruly Practices:Power,Discourse and Gender in Contemporary Social Theory*,Minneapolis:University of Minnesota Press,1989,p. 136.

斯对女性主义使用的方式的抵制应受到拒斥。至于经验，他们发现区别自身以更好地组织自己是有益的，而哈贝马斯的客观立场并没有认识到支持这一现象的反复试验。

第二，这个策略促进了边缘群体的参与，因为它强调了差别并帮助扩大了这一争论（议题）的范围。弗雷泽认为，在分化的社会中，一个鼓励竞争群体之间的论辩的策略，很可能比一个单一的、广泛的公共领域的策略更可以鼓励平等参与。"在这种情况下，从属群体的成员将没有他们自己之间的商谈其需要、目标和战略的舞台。……在这种情势下，他们更不可能'找到合适的代言人或语言来表达他们的想法'，更可能'保留其不成熟的想法'。这种综合性的公共领域，将使他们更不能表达和捍卫自己的利益。"①弗雷泽认为，虽然哈贝马斯把这些群体看作"广泛的公共领域"的一部分，但它们作为可代替的对象的独立性更重要。

第三，主张普适价值优于特殊价值在某种意义上是不恰当的。把女性主义运动创造的新的社会身份视为"对普遍主义的特定背离"是不符合实际的，因为在与对话形式相反的实质性内容层面上，对比普遍主义与特殊主义是不合适的。② 非传统身份的说法不过是对传统模型的代替，而这种解放并不能用普遍主义的术语来准确判断，因为它是对历史特定情形的反应。弗雷泽认为女性主义批评的理论支撑是和哈贝马斯的合理批判模式相冲突的。根据弗雷泽，女性的不同利益是选择一个批判制度的标准的可接受的原因。不同利益是反对的合法基础的原因不是因为它们在哈贝马斯的意义上是普遍的，而是因为社会斗争就是让所有人参与并根据他们的生活中的挑战而赋予他们权利。

在另一篇文章《没有伦理的承认？》（"Recognition without Ethics？"，

---

① ［美］南茜·弗雷泽：《正义的中断：对后社会主义状况的批判性反思》，于海青译，上海：上海人民出版社，2009年版，第86页。
② Nancy Fraser, *Unruly Practices: Power, Discourse and Gender in Contemporary Social Theory*, Minneapolis: University of Minnesota Press, 1989, p.136.

2001)①中,弗雷泽指出,女性主义研究者们需要援引脉络化推理,而不是仅仅诉求于抽象的规则和原理。通过一种更加自反的伦理学模式,可以做到这一点,在这种模式中,自我被置于伦理协商之中。这一立场与黑格尔的哲学是一致的。在这里,伦理协商不仅是一种推理与理性的模式,它也使感受与情感得到了承认。人们可以通过在研究过程中进行评估和再三斟酌而进行伦理反思,而人们能够这么做的一个关键性的要素就是自反的自我。因此,在我们都属于一个共同体的意义上,伦理学成为我们的关系、我们的相互影响以及共同具有的价值的一部分。

三、结语:影响与评价

首先,女性主义与后现代思想批判和挑战了以哈贝马斯为代表的普遍主义伦理学:如何在强调每个人参与实践论说所必须的平等与自主以外,仍能关心具体个人的需求与利益? 尤其是吉利根的工作对于如哈贝马斯这样的普遍主义者提出了最大的难题。吉利根认为,导向普遍的权利和正义的道德发展以男性学主义为准则。"在吉利根看来,这种观点预设了一个普遍的空洞主体,这一主体和其他人没有固定的关系,也没有对其他人的义务。因此,由于社会化的不同类型,女性难以满足成为这种完全成熟的主体的要求。而且,发展的普遍性模式也抑制了女性的'差异'。"②面对吉利根的难题,哈贝马斯已经对此作出了回应。哈贝马斯辩称:吉利根的关怀与责任的伦理其实属于规范应用的范畴,它的理性化空间比不上规范证立的问题,因此"绝不会质疑支持'柯尔伯格'的普遍主义立场的优先决定"③。他认为主张"关怀伦理"的女性主义者把伦理问题和道德问题混为一谈。"吉利根的观点主张更应该是与那些准

---

① Nancy Fraser,"Recognition without Ethics?",*Theory, Culture & Society*,Vol. 18,No. 2 - 3,2001,pp. 21 - 42.

② [英]吉姆·麦奎根编:《文化研究方法论》,李朝阳译,北京:北京大学出版社,2011 年版,第 69 页。

③ Jurgen Habermas,"Moral Consciousness and Communicative Action",*Moral Consciousness and Communicative Action*,Cambridge,Mass:MIT Press,1990,p. 180.

则的应用相关，而不是从我们特定的伦理依附的角度上给其下定论。"①。但是，美国心理学家和女性主义者杰西卡·本杰明（Jessica Benjamin）对哈贝马斯这个观点也进行了反驳："一种批判的女权主义政治学说应当试图对以下三个方面进行解构：男性和女性的身份、公共自治的原则、私人关爱，因为这几个方面都历史性地与之相关。"②

其次，由于哈贝马斯的"整个'现代性方案'以及相关的理性、进步话语，在历史上是与男人对女人的支配相伴随的"，因此女性主义"对哈贝马斯的交往行动理论持保留意见。他们认为，哈贝马斯的思想没有涉及和考虑性别维度，因此他的重建现代性方案，将永远处于男性主导的启蒙思想分析传统中"③。通过对哈贝马斯的一系列批判性解读，女性主义批评家指出，哈贝马斯认为人类的核心特征具有趋向理性的潜力，其话语伦理学强调了自由、公开的公共交往与对话的重要地位，"理想言说情境"理论以纯粹主体间性和排除交往的一切障碍为特征，"这似乎是强调了言说者们在形式上的和程序上的平等，但却忽视了由阶级、种族或性别所作用形成的实际上的差别，而正是后者影响着言说者具有的实际知识、她们本身的主张以及对他人关注的支配能力。"④哈贝马斯似乎忽视了协议和知识有可能是以同情和团结为基础的。由于哈贝马斯不可能去研究诸如家庭领域中的关怀、感情和团结等问题，所以在他那儿，所有受影响者在公平条件下进行讨论，不可能产生完全一致的同意，因而哈贝马斯的话语伦理框架需要重新构建。

再次，以弗雷泽为代表的女性主义批判学者对哈贝马斯的伦理学进

---

① ［英］吉姆·麦奎根编：《文化研究方法论》，李朝阳译，北京：北京大学出版社，2011年版，第70页。

② 同上。

③ ［英］提姆·梅伊、詹森·L.鲍威尔：《社会理论的定位》（第二版），姚伟等译，北京：中国人民大学出版社，2013年版，第204页。

④ ［美］乌玛·娜若嬅：《女权主义认识论的框架：一个非西方女权主义者的视点》，郑朝阳译，［美］佩吉·麦克拉肯主编：《女权主义理论读本》，桂林：广西师范大学出版社，2007年版，第546页。

行了补充和修正。其共同特点是都试图从普遍性的要求中，强调关心差异和他者的重要性。即哈贝马斯的沟通行动理论以及话语伦理学，虽然有助于形成一种社会批判的理想，但其理性主义特征，并不完全对于他者是友善的。女性主义与后现代思想对差异和他者的关注，显现出社会正义不仅是有效性的问题，还涉及意义的问题，而人们在日常生活中的沟通行动，不仅需要有效性的检测，还需要增加叙事、亲密情感、关怀等内容。正如美国女性主义伦理学家贾格尔所指出："我们发现哈贝马斯的理论只是有限的有用的，在某种程度上，由于他的'无主宰的'话语理想施加了这样严格的和反事实的条件限制，从而使得它在实际生活中几乎成为不可能之事。"①

最后，女性主义批判理论家承认哈贝马斯的解放概念具有重要的影响。女性主义哲学家本哈比（1986）认为"哈贝马斯的著作中存在某些有价值的要素，可以用来作为当代社会进行一种更加广泛的规范性批判的基础。另外，弗雷泽认为，哈贝马斯的思想在得到实质性修正的情况下，可以用于分析性别关系，而且她与霍耐特都是在认可批判理论的精神实质的情况下，提出自己的理论与思想的"②。

综上所述，我们可以在女性主义理论家的不同声音中追踪到当代西方女性主义伦理论争的发展线索。一方面，乔德罗与吉利根挑战有关正义、权利和原则的、普遍的道德心理，把这些男性式的叙述与建立在情感性、相似性和相关性之上的女性的"关怀伦理"相比较，因而引发了弗雷泽与本哈比以及扬之间有关自我和他者、公平和正义等更为激烈的争论。与第一次论争有所不同的是，后两次论争是一种内在的批判，但是这三次论争殊途同归：其共同目的在于对现代主义的核心观点提出根本挑战，在不切断它与立志解放的关系之下来重新形塑

---

① ［美］休·拉福莱特主编：《伦理学理论》，龚群主译，北京：中国人民大学出版社，2008 年版，第430 页。
② ［英］提姆·梅伊、詹森·L. 鲍威尔：《社会理论的定位》（第二版），姚伟等译，北京：中国人民大学出版社，2013 年版，第 204 页。

其分析范畴，并描绘出女性主义理论家研究民主领域的新图景：协助女性去厘清自我所在位置的处境，培养她们的批判意识与自我反省能力，并且尝试改变不公平的待遇，共同创造一个更为公平的世界。

　　另一方面，女性主义批判者可以说是现代主义思潮的批判者，但同时也是拥护者①；她们主张现代主义的计划（其核心概念为进步、人文与自由）纵然有瑕疵，但仍具有相当的潜力可以成为女性主义政治解放运动的基础。但她们也指出，我们必须对性别化的主体性、身体、语言等面向多加关注，传统（现代主义）女性主义理论常会轻忽它们的重要性。同时，我们也要开始了解文化的角色如何巩固女性被压迫的情境。当代的女性主义者没有背离哈贝马斯对于道德和伦理的关注而将其作为过时的理性文化的一部分，相反，其中的很多学者探求与哈贝马斯的精确交锋，因为他非常严肃地看待这些领域。因此，哈贝马斯非常重要，原因在于他认识到个性的发展不仅仅是权力或话语的问题，也有伦理和道德的暗示。如果在未来社会中我们将面对一个更加民主的公共领域，那将是因为在愤世嫉俗之外我们认为自己有一些东西可以向他人提供。只有当我们能够像哈贝马斯所意识到的那样将对对话的关注与对道德和伦理的关注结合起来的时候，公共领域的再兴起才有可能。

---

① ［英］Pamela Abbott 等：《女性主义社会学》，郑玉菁等译，台北：巨流图书股份有限公司，2008年版，第 46 页。

第六章 弗雷泽女性主义批判理论的实用主义维度

　　20 世纪 80 年代,女性主义理论面临着一个更大范围的理论战争的挑战:"由于海德格尔和德曼的争论而导致的解构和后结构主义的'失势'、美国实用主义的复兴以及索卡尔事件等。"①尤其在美国,"在两大阵营——后结构主义和批判理论——之间'争议性'的遭遇,由女性主义的实用主义或新实用主义进行调解,已经成为另一种选择,一个打破僵局的出口"②。作为一个更可行的替代方案,实用主义成为保持或重写女性主义理论的一个新策略。女性主义学者们越来越认识到,实用主义有可能重新思考理论与实践之间的辩证关系,这为探索男女生活中性别不平等的社会、政治和物质影响开辟了新的研究领域。因此,一些反理论(anti-theory)、反基础主义的女性主义者已经尝试用新实用主义取代不实用的和消极的后现代主义和后结构主义,走向新实用主义的女性主义,弗雷泽即是这些努力中最勇于表达意见的批判理论家之一。基于自身批判理论的强大立场,弗雷泽为女性主义的实用主义转向提供了一个

---

① Elisabeth Bronfen and Misha Kavka, *Feminist Consequences : Theory for the New Century*, New York: Columbia University Press, 2002, p. 63.

② Ibid., p. 60.

最有力的辩护。① 那么,"实用主义的转向到底能否给目前的理论,包括女性主义理论的僵局提供一个答案? 鉴于当今实用主义存在的多元化,女性主义理论需要采纳哪一种实用主义?"②

第一节　女性主义与实用主义的相遇

19 世纪末左右,美国实用主义所产生的知识潮流开始滋养一些开拓性女性主义者的思想,如简・亚当斯(Jane Addams)和夏洛特・帕金斯・吉尔曼(Charlotte Perkins Gilman)等人。然而,利用实用主义推进女性主义政治行动方案的努力是短暂的。在 20 世纪的女性主义者对美国实用主义哲学重新产生兴趣之前,女性主义者和实用主义之间的联系经历了漫长的中断。

一、杜威与女性主义

实用主义是美国本土的主流哲学思潮,它提供了让人们应对愈益现代化的资本主义社会的一种途径,但美国的实用主义却很少影响到女性主义。早期美国实用主义传统的代表人物包括查尔斯・皮尔斯(Charles Peirce)、威廉・詹姆斯(William James)和约翰・杜威(John Dewey)等人,他们的思想并没有对女性主义理论产生持续的影响。女性主义者甚至指责实用主义者对性别和权力关系的理论化不足,以及对女性家庭状况的理想化等。直到最近,女性主义理论家还是许多忽视美国实用主义思想特征的社会科学家之一。

至 20 世纪中叶,当美国实用主义在公共管理和传播学等学科中卷土重来以后,女性主义者才开始对美国实用主义重新产生兴趣。实际上,女性主义和美国实用主义有着共同关注的领域,如反对二元论,捍卫

---

① Elisabeth Bronfen and Misha Kavka, *Feminist Consequences : Theory for the New Century*, New York: Columbia University Press,2002, pp. 74 - 75.
② Ibid., p. 84.

知识和真理的临时性质，以及寻求在从偏见中解放出来的基础上促进社会改革。将女性视角作为行动主义的出发点，与实用主义原则产生共鸣。根据这一原则，男性和女性的经历和观点是不同的。当代实用主义者对女性具体经历理论化挑战的回应，可能就是认识到女性在经历压迫、养育子女、婚姻、工作等方面的差异。"实用主义理论自身为女性主义思维提供了强有力的帮助，因为实用主义所关注的问题中很多都是有关当前女性主义的兴趣和论题的。这其中就有多元论和视角论，它们超越理论，倡导对适度不同的观点给予实实在在的包容，把对阶级、肤色、民族、性别的观点作为解决问题情境的前提条件，不论这些情境涉及的是政治问题、经济问题、认识论问题还是道德问题。"①

　　杜威被广泛认为是他这一代最有争议的哲学教授之一，他指出，知识的真实性最终取决于其有用性。从杜威的角度来看，知识和经验不能用二分法分开。杜威关注个人具体经验的个别性和普遍性，指出女性的经验和男性的经验明显不同，这种视角显出女性立场的优势，也显出其不足，所以需要倾听他人并与他人互动来修正她们的观点。可以说，杜威的立场观蕴含着一种女性主义立场，这植根于他的实用主义原则："即民主作为一种生活方式应该是哲学分析和活动的指导。"②杜威的民主观最重要的部分在于他"否认自由民主主义中原子论式的个人主义、否认固定要素和等级"③。因而，杜威的实用主义对经验及经验的理解和探究为女性主义者提供了脱离错误二元论的方法："杜威将知识客观性的条件和民主的价值观念连在一起，他通过强调手段和目的的连续性，刻意瓦解抽象理论和使用理论的区别，据此，女性主义对家务、性关系、堕胎、就业歧视和各类所遭遇的无数问题情境所进行的具体分析既是将现实

---

① [美]塞格弗里德：《杜威的实用主义的女性主义》，[美]拉里·希克曼主编：《阅读杜威：为后现代做的阐释》，徐陶等译，北京：北京大学出版社，2010年版，第199页。
② 同上，第215页。
③ 同上。

理论化,也是争取公正的必经之路。"①对于女性主义者来说,女性对生活的具体体验,被视为判断女性生活知识真实性的最佳标准。总之,杜威的观点引起了许多女性主义理论的共鸣,对于阐明实用主义和女性主义之间的关系特别有用,为更好地理解实用主义和女性主义之间的联系提供了有益的切入点。

美国女性主义理论家夏琳·哈多克·塞格弗里德(Charlene Haddock Seigfried)力图将女性主义与杜威的实用主义重新联系起来,利用杜威的作品来表明实用主义和女性主义立场之间的相容性。塞格弗里德指出,实用主义者关注从实用性和可操作性的角度来判断思想和知识的有用性,这对寻求将知识与行动联系起来的女性主义者来说很有吸引力。② 就实用主义者审视人们生活物质条件以期改善它们而言,这与女性主义的目标是一致的——旨在揭露和解决女性生活中的物质不平等。

二、罗蒂与女性主义

一般而言,第一代法兰克福学派思想家如霍克海默和阿多诺都比较轻视经验主义和实用主义,而第二代代表人物哈贝马斯"娴熟地把实用主义洞见运用于沟通的合理性和民主精神"。③ 国内学者童世骏曾经指出:哈贝马斯对杜威哲学乃至整个美国实用主义哲学进行了重新认识和积极评价。④ 王凤才也认为,美国的实用主义,尤其是米德的社会心理学、杜威的合作民主理论,对第三代批判理论家霍耐特产生了虽不直接,

---

① [美]塞格弗里德:《杜威的实用主义的女性主义》,[美]拉里·希克曼主编:《阅读杜威:为后现代做的阐释》,徐陶等译,北京:北京大学出版社,2010年版,第226页。
② Nick Rumens and Mihaela Kelemen, "American Pragmatism and Feminism: Fresh Opportunities for Sociological Inquiry", *Contemporary Pragmatis*, Vol. 7, No. 1, 2010, p. 137.
③ 苏国勋、刘小枫主编:《二十世纪西方社会理论文选Ⅳ:社会理论的政治分化》,上海:上海三联书店,2005年,第103页。
④ 童世骏:《批判与实践:新法兰克福学派对美国实用主义的兴趣》,《华东师范大学学报(哲学社会科学版)》2011年第5期。

但却重要的影响。① 正如美国学者希克曼所指出的:法兰克福学派的批判理论已经走向了实用主义之路:"由1968年事件构成的'第三代'人已经抛弃了支持更彻底的本质主义和结构主义立场的前辈们的本质主义观点。这一代人已经把他们的注意力转向多元论问题,文化多元问题和全球化问题。"②

与第二代和其他第三代的批判理论家对杜威实用主义的重视不同,弗雷泽的实用主义转向主要受到罗蒂的新实用主义思想的影响。罗蒂主张一种立基于为社会正义而奋斗的、希望之上的革命左翼自由主义观点,他的著作是现代社会理论的后现代转向的重要构成部分。罗蒂倡导一种没有基础的政治,实用主义主要是反哲学的,比如:反再现主义,反基础主义,偶然、反讽的立场,塑造新语言,预言的实用主义,公共领域与私人领域的二元对立,等等。总之,罗蒂坚信,其实并不存在哲学,哲学并无用处。1982年,罗蒂离开传统的哲学系,接受了弗吉尼亚大学人文学院教授的职位,最终又转到斯坦福大学比较文学系。

实际上,罗蒂是当代为数不多的明确参与女性主义理论的哲学家之一,正是罗蒂最热情地架起了实用主义和女性主义之间的桥梁。在《女性主义、意识形态和解构:一个实用主义者的观点》一文中,罗蒂认为女性主义应该摆脱对哲学的依赖,因为哲学对一场有明确政治目标的运动几乎没有用处。③ "除了同哲学学科不同寻常的关系以外,把罗蒂与20世纪后期英美的分析哲学家区分开来的,是其对女性主义的兴趣以及与女性主义理论的重要联结。很多方面都显示出,罗蒂似乎是女性主义者的天然盟友。"④因此,女性主义转向罗蒂是非常合乎逻辑的:"首先因为罗蒂是坚持向女性主义发出呼吁的很少的实用主义者之一。其次是因

---

① 王凤才:《美国实用主义对霍耐特的影响》,《云南大学学报(社会科学版)》2010年第4期。

② [美]希克曼:《批判理论的实用主义转向》,曾誉铭译,《江海学刊》2003年第5期。

③ [美]理查德·罗蒂:《后形而上学希望:新实用主义社会、政治和法律哲学》,张国清译,上海:上海译文出版社,2003年版,第236—246页。

④ Marianne Janack, ed., *Feminist interpretations of Richard Rorty*, University Park, PA: Pennsylvania State University Press, c2010, p. 3.

为罗蒂的《筑就我们的国家》一书的出版，包括'文化女性主义'在内的'文化左翼'都被他引人入胜的理论迷住了。"①

　　然而，罗蒂与女性主义的合作存在着很大的争议。尽管罗蒂坚持女性主义者理论家和活动家应该与实用主义结盟，女性主义者倾向于对他的项目持批评态度。例如，塞格弗里德就拒绝了罗蒂的理论，她认为它减少了实用主义为女性主义理论提供的资源。有的女性主义者则认为罗蒂与女性主义之间的相遇与接触是失败的。弗雷泽虽然也赞同罗蒂的一些观点，但她更关注的是罗蒂与后结构主义的相似性，而不是他与实用主义的相似性。"弗雷泽试图在批判理论与后结构主义理论之间寻找一个中间地带，即女性主义对后结构主义的另一种回应——既不是完全拥抱也不是彻底拒绝后结构主义。"②

第二节　女性主义政治内涵的缺失

　　1990 年，罗蒂应邀至密歇根大学在"关于人文价值的泰纳讲座"(The Tanner Lectures on Human Values)上作了题为《女性主义和实用主义》的重要演讲，宣布自己是女权运动的朋友和倡导者。罗蒂提出的问题是：实用主义究竟能给女性主义带来什么价值？

一、罗蒂的演讲

　　罗蒂演讲的主旨是使女性主义者确信她们的信仰可以纳入实用主义的解放政治，并试图为女性主义者提供一些实用的策略。"我们能够相对容易地使那个断言适合于我们的道德进步的、实用的观点"③，以避

---

① Elisabeth Bronfen and Misha Kavka, *Feminist Consequences : Theory for the New Century*, New York: Columbia University Press，2002，pp. 84 – 85.
② Susan Dieleman, "Locating Rorty: Feminism and Poststructuralism, Experience and Language"，*The Pluralist*，Vol. 9，No. 3，2014，p. 114.
③ ［美］理查德·罗蒂：《后形而上学希望：新实用主义社会、政治和法律哲学》，张国清译，上海：上海译文出版社，2003 年版，第 255 页。

开普遍主义、现实主义,同样也以避开马克思主义的意识形态批判模式为条件。"我们不得不停止讨论从道德实在的扭曲知觉走向道德实在的非扭曲知觉的需要,而开始讨论修改我们的实践,以便考虑正在发生当中的事物的新描述。"①"因为女性主义的任务是创造而不是描述,它唯一的方法是富于勇气和想象力的实验,这事实上意味着受意识形态驱使的激进政治必须让位给乌托邦和想象力的利用。"②

罗蒂指出,女性主义是一种"预言的实用主义"(prophetic pragmatism)。女性主义者应该转向实用主义,因为它不依赖于辩论,而是依赖于预言——创造一种新的词汇,其中,更好的未来被视为实现社会进步的一种手段。预言是通过非暴力政治手段寻求正义的非暴力受压迫群体能够使用的唯一工具。也就是说,这是非暴力政治运动在争论失败时可以依靠的一切。女性主义根本不需要本质主义、普遍主义和基础主义的话语,它需要的是一种"新语言"。女性主义是通过创造一种语言来创造"女性经验",而非通过发现什么是女性来"消除偏见之幕"。③ 罗蒂敦促女性主义者支持实用主义而放弃对现实主义和普遍主义的兴趣。"预言的女性主义"(prophetic feminism)要避开传统的哲学理论,转而拥抱一种语言创新的策略。罗蒂认为,女性主义需要语言创新和新的愿景,从而为当前的形势提供更多的希望和更好的选择④。女性主义的这种"预言的实用主义"的形式,代表了一种罗蒂式的、女性作为主体的重述(redescription)。女性通过想象力为自己重新描述一个未来认同,并为自己创造一个道德认同。对罗蒂来说,这种重述是"预言的",因为它不

---

① 〔美〕理查德·罗蒂:《后形而上学希望:新实用主义社会、政治和法律哲学》,张国清译,上海:上海译文出版社,2003 年版,第 253 页。

② Elisabeth Bronfen and Misha Kavka, *Feminist Consequences : Theory for the New Century*, New York: Columbia University Press, 2002, p. 87.

③ 〔美〕理查德·罗蒂:《后形而上学希望:新实用主义社会、政治和法律哲学》,张国清译,上海:上海译文出版社,2003 年版,第 280 页。

④ Marianne Janack, ed., *Feminist interpretations of Richard Rorty*, University Park, PA: Pennsylvania State University Press, 2010, p. 4.

是基于过去的经验以及其内在固有的性质，而是为试验之用提供了一些想象力的飞跃。①

罗蒂认为，实用主义将对女性主义有很大的帮助。"因为通过用进化发展的隐喻取代日益不扭曲的知觉进步的隐喻，实用主义既重新描述了理智和进步，又重新描述了道德进步。通过抛弃对知识的表象论考虑，我们实用主义者抛弃了表象和实在的区分，而赞成在服务于一些信念和服务于另一些信念之间的区分，例如，在服务于一个团体的愿望和服务于另一个团体的愿望之间的区分。"②由此，罗蒂着手尝试把实用主义与女性主义结合在一起，并以美国女性主义者麦金农的"新呼声"和玛丽琳·弗赖伊（Marilyn Frye）的"新生命"为榜样，称赞以女同性恋主义者阿德里安娜·里奇（Adrienne Rich）为代表的当代女性主义运动在思想进步和道德进步方面发挥的重要作用。罗蒂称她们为"预言"的女性主义，即"有助于创造女性的人，而不是看作企图更加精确地描述女性的人"。③ 这些实用主义的女性主义者不仅激发了他对乌托邦主义和"预言"的热情，而且预见到了一个新社会，并"将把它视为一套更美好社会建构的制作，因而视为一种更美好的新新人类的创造"④。

二、弗雷泽对罗蒂演讲的回应

在罗蒂演讲之后，弗雷泽撰写了《从反讽到预言再到政治》一文，对罗蒂进行了策略性地回应，认为在从反讽转向预言之后，进一步转向政治是必要的。尽管弗雷泽欢迎罗蒂从反讽转向预言，但她也担心罗蒂的叙述太不政治化。

首先，弗雷泽对罗蒂的演讲给予了高度评价："实际上，我认为这是

① Richard Gilmore, "Pragmatism, Perfectionism, and Feminism", 1998. https://www. bu. edu/wcp/Papers/Gend/GendGilm. htm.

② ［美］理查德·罗蒂：《后形而上学希望：新实用主义社会、政治和法律哲学》，张国清译，上海：上海译文出版社，2003 年版，第 253 页。

③ 同上，第 261—262 页。

④ 同上，第 283 页。

颇具历史意义的时刻,因为据我所知,在这个战后美国哲学职业化的年代,这是第一次,一个著名的男性哲学家选择以女性主义为主题进行了哲学演说。它的重要性不可低估。"①罗蒂把"强健诗人"(strong poet)或审美者的模式转变为女性主义预言家的模式,这是他著作中一个重要的和受欢迎的转变。弗雷泽也公开支持罗蒂的某些观点:"我也反对道德现实主义和普遍主义,赞成历史主义的观点,即女性主义者要致力于创造新的道德身份和情感,而不是在实现或发现潜在的或早已存在的道德身份和情感。"②

其次,弗雷泽强烈批评罗蒂的建议对女性主义帮助不大,甚至还有可能帮倒忙。罗蒂的观点实际上贬低了女性主义。"首先,罗蒂像一个绅士般的访问者——以一个男人、一个哲学家和一个实用主义者的形象出现,向女性和女性主义者发表演说。其次,以女性主义自己的意图为借口,把女性主义从哲学中排除出去了。最后,把女性主义归为一种乌托邦的运动,把女性主义从真正的政治行动中排除出去了。"③针对罗蒂认为"预言"这一术语是对女性主义理论家的赞美的观点,弗雷泽巧妙地评论道:"我不知道哪个大学有预言系,如果我被雇佣并以预言家为终身职业,我将感激不尽。"④简言之,把女性主义者重塑为预言家,将以她们不再是哲学家为代价。

再次,弗雷泽指出,罗蒂的预言女性主义理论把女性主义描绘为个人主义的和美学的,而不是集体主义的和政治的。女性要重新定义自己并团结在一起,罗蒂名其为"女性主义的俱乐部",弗雷泽对此表示质疑:一个女性主义的预言家将会成为一个"孤立的、古怪的人或者一个四面

---

① Nancy Fraser,"From Irony to Prophecy to Politics:A Response to Richard Rorty",*Michigan Quarterly Review*,Vol. 30,No. 2,1991,p. 259.

② Ibid.,p. 263.

③ John Haber,"Richard Rorty on Feminism",2012,http://www.haberarts.com/rorty.htm.

④ Nancy Fraser,"From Irony to Prophecy to Politics:A Response to Richard Rorty",*Michigan Quarterly Review*,Vol. 30,No. 2,1991,p. 260.

楚歌的分离主义俱乐部的成员"①。另外,哪一种定义(例如,激进的、自由主义的、马克思主义的、社会主义的、传统主义者等等)将是"把女性的观点视为'女性'"? 这会不会是一个精英的特权"俱乐部"把一种语义权威(semantic authority)强加给所有女性? 弗雷泽希望有一个在民主社会主义阵线上的政治运动,各种声音的女性和女性主义者去创造她们自己的后-理性主义者的价值。赋权的女性不是作为"预言家"而是作为自己为自己发声。②

最后,弗雷泽认为,罗蒂实用的建议使女性主义未来变得不合理。因为,女性主义未来事业合理发展的一个道路就在女性主义政治行动之中。③ 弗雷泽指责罗蒂缺乏一种勇气,她说:"我与罗蒂的差异,是我希望以一个更社会的、制度的和集体主义的定义解读这些思想,以摆脱他的论述中个人主义化、审美化和去政治化的残余。……罗蒂已经凸显了'从反讽到预言'的重要性,但它仍然是不完整的改变,接下来的路线是'从预言到女性主义政治'。"④也就是说,即使欢迎罗蒂从反讽到预言的转变,弗雷泽仍然担心罗蒂的论述过于非政治性。弗雷泽认为,罗蒂需要进一步从预言走向政治。弗雷泽用一句话总结了她的评论:"通过梳理女性主义与实用主义之间的关系,罗蒂的演讲代表了他自己思想的一个重要的、新的、积极发展的开始。它也代表了对女性主义理论的一种潜在的贡献。但是罗蒂没有充分地发展他的洞见的政治内涵。我们需要在'从反讽到预言再到政治'的道路上继续走下去。"⑤

除了弗雷泽以外,英国女性主义哲学家萨比娜·洛维邦德(Sabina

---

① Nancy Fraser, "From Irony to Prophecy to Politics: A Response to Richard Rorty", *Michigan Quarterly Review*, Vol. 30, No. 2, 1991, p. 263.

② Edward Grippe, "Richard Rorty(1931—2007)", 2006. http://www. iep. utm. edu/rorty/# SH5d.

③ Ibid.

④ Nancy Fraser, "From Irony to Prophecy to Politics: A Response to Richard Rorty", *Michigan Quarterly Review*, Vol. 30, No. 2, 1991, pp. 263 - 264.

⑤ Ibid., p. 266.

Lovibond)对罗蒂的演讲也做出了同样的回应和批评。洛维邦德质疑罗蒂把实用主义哲学作为女性主义的思想基础加以推广,她指出:"我们发现,罗蒂对女性主义的吸引力与其说是基于熟悉的伦理基础,不如说是作为抽象的'政治激进主义'的典范,一种能够调动想象力、勇气、愤怒和预言以及'改变世界'的力量。在这种准美学态度中,没有任何东西能够在逻辑上激发女性主义想象力的热情,尤其是勇气。"①

第三节 女性主义政治功能的削弱

在弗雷泽看来,批判理论的唯一标准,批判理论与其他理论相比的标志,是它的政治关联性。尽管弗雷泽赞同罗蒂的哲学假设,但她批评了罗蒂的政治纲领和社会理论假设。在《女性主义和实用主义》一文中,罗蒂用以下方式总结了他与弗雷泽的讨论:"我猜想我和弗雷泽之间的差异是具体的和政治的差异而不是抽象的和哲学性的差异。"②

一、罗蒂政治哲学的重要特征:公共和私人之间的区分

罗蒂在其著作《偶然、反讽和团结》(1989)中讨论了改变和修改语言以更好地适应女性主义需要的必要性,认为这是超越当前社会秩序限制的重要一步。他提供了一个创建哲学立场的准则,通过理解社会变革的过程以及替代思维和谈话模式对现有社会模式挑战的重要性,为女权运动提供团结感。

在《偶然、反讽与团结》一书中,罗蒂虽然从未提出一个完整的公共领域和私人领域理论,但他为自由反讽者的生活世界设想了一种"私人领域和公共领域的严格区分"③,并强调这是他整个理论成功与失败的关

① Sabina Lovibond, "Feminism and Pragmatism: A Reply to Richard Rorty", *New Left Review*, Vol. 193, 1992, p. 57.
② [美]理查德·罗蒂:《后形而上学希望:新实用主义社会、政治和法律哲学》,张国清译,上海:上海译文出版社,2003 年版,第 257 页注释②。
③ [美]理查德·罗蒂:《偶然、反讽与团结》,徐文瑞译,北京:商务印书馆,2003 年版,第 118 页。

键。私人领域囊括了知识的学科、形而上学、哲学、具有创造力和创新的美学冲动等内容。公共领域则主要关注社会政策、工具理性、群体福利和社会团结等实用的方面。罗蒂指出，他之所以将公共领域与私人领域截然分割，是为了"现代知识分子"，即所谓的"强健诗人"。强健诗人能够创造新语言，重述世界并让世界变得更新、更有用①。"把人类历史视为一个接着一个隐喻的历史，会让我们了解到诗人——广义而言，新字词的创制者，新语言的构成者——乃是人类的前卫先锋。"②罗蒂认为，"强健诗人"的社会必须是维持公共领域与私人领域之间划分的社会。在私人领域的空间中，诗人才可以安全地从事他那尼采式的自我创造活动。"如果要让知识分子扮演社会进步的先锋，就得容许他们放弃积极的公共角色，在没有公共效用压力的情况下，专心于私人的自我创造活动。他们创造的新语汇因此不用服从社会的共识语言，甚至可以重新描述那些往往被共识语言羞辱的'偏差'认同，使后者重新容纳进'我们'社群的一分子。"③

弗雷泽在《团结还是奇异？浪漫主义和技术统治之间的理查德·罗蒂》(1989)一文中，对罗蒂的公共领域和私人领域分割的理论进行了质疑和批判。弗雷泽指出，罗蒂的思想是围绕一系列"浪漫主义和实用主义、诗歌和政治"之间的矛盾和斗争而建构的。④ 罗蒂想调和的两种冲动是：朝向超越常规的美学的冲动和朝向自由主义或改良主义政治的冲动。弗雷泽区分了他的三种调解路径：第一种是"看不见的手"的策略，它认定两者是"天然的合作伙伴"，如同一枚硬币的正反面。第二种是"崇高还是体面？"的概念，即人们不得不在两者之间作出选择：是要强健

① 戴育贤：《重返公共领域：哈贝马斯、女性主义、罗蒂、文化研究》，2000 年。http://ccs. nccu. edu. tw/word/HISTORY_PAPER_FILES/855_1. pdf.
②［美］理查德·罗蒂：《偶然、反讽与团结》，徐文瑞译，北京：商务印书馆，2003 年版，第 33 页。
③ 戴育贤：《重返公共领域：哈贝马斯、女性主义、罗蒂、文化研究》，2000 年。http://ccs. nccu. edu. tw/word/HISTORY_PAPER_FILES/855_1. pdf.
④ Nancy Fraser, *Unruly Practices: Power, Discourse and Gender in Contemporary Social Theory*, Minneapolis: University of Minnesota Press, 1989, p. 94.

诗人那种崇高的残酷呢,还是要改良政治家那种体面的善意? 第三种是一种新的构想——"分割"的立场。"在公共领域,一个人的责任以一个人的社区为优先。社会希望、体面以及最大多数人的最大幸福是每天的任务。相反,在私人领域……一个人可以脱离社会去塑造一个人的自我并应对自己的'孤独'。"①

　　弗雷泽深刻地觉察到,罗蒂的第三种立场——公共领域和私人领域分割——把知识分子置于一个比较轻微的角色,他不可能是社会希望的先锋,也不可能成功:"显然,这种分割的观点,势必造成一种对知识分子的社会角色和政治功能修正的看法。强健的诗人被驯化、裁剪以适合私人生活。他必须成为一个审美家,从一个公共野心的暴露转向内心。因此,知识分子在自己的城堡中把自己塑造成为国王,但他不再为社会世界立法。事实上,知识分子将没有社会作用或政治功能。"②最重要的一点,弗雷泽指出,罗蒂的公/私分割的立场忽略了自我的政治维度,忽视了文化和社会是在权力的利害关系中构建的。"正如马克思主义理论所阐明的,工人运动已经教导我们经济是政治的。同样的,如女性主义理论所阐明的,家庭和个人的也是政治的。最后,一系列新左翼的社会运动,如葛兰西、福柯以及阿尔都塞的理论所告诉我们的,文化、医疗和教育……所有的这一切都是政治的。"③

二、罗蒂对弗雷泽批判的回应

　　面对弗雷泽的批判,罗蒂进行了反驳。他认为弗雷泽尤其误解了他对私人的定义。他写道:"我认为弗雷泽与我之间产生了误会。我所思考的私人的含义,某种程度上如同怀特海对宗教的定义:'你打算用孤独做什么?'弗雷泽对私人的思考,正如厨房和卧室,与市场和办公室是相

---

① Nancy Fraser, *Unruly Practices：Power，Discourse and Gender in Contemporary Social Theory*, Minneapolis：University of Minnesota Press, 1989, p. 100.
② Ibid., p. 101.
③ Ibid., p. 105.

对立的。这与我所理解的不相关。① 在另外一个访谈中，罗蒂同样指出：
"女性主义者大多谈论的是这种私人/公共区分，即谁留在家里、谁做肮
脏的家务、谁烹饪以及谁带孩子，谁离开家庭走入外面更大的世界。这
与我试图在个体的自我-创造和公共责任之间的划分毫无关联。"②另外，
针对弗雷泽认为公/私的分割意味着女性主义的著名口号——"个人的
即是政治的"——是无意义的观点，罗蒂则回应说，身份政治（包括一些
女性主义立场）可能具有破坏性和分裂性。③

　　除了弗雷泽以外，其他一些女性主义理论家对罗蒂使用公私区分的
做法也没有做出完全积极的回应。这也许并不奇怪，因为在自由主义哲
学传统中，公共领域和私人领域的分离，在女性主义中被视为对女性的
压迫。批评罗蒂的女性主义者们认为，罗蒂过于依赖公私区分，忽视了
女性主义的洞察力，他的著作过于保守，不够激进，不具有革命性，不足
以为女性主义者提供实现有意义的社会进步所需的那种激进变革。事
实上，罗蒂毫不掩饰自己的改革倾向。他认为，女性主义本身似乎是一
个改革派政治纲领，这正是罗蒂认为女性主义失去吸引力的地方。他写
道，"从其政治立场来看，女权主义好像是一个改良运动而不是一个革命
运动。其政治目标是相当具体的，并且只要给予正视便不难以达到；这
些目标呼吁赞成普及公平的道德直觉力。"④

　　综上所述，尽管罗蒂为自己的公/私划分理论进行了辩解，但他仍然
无法将政治与多元主义结合起来，这是一个真正实例化的后现代政治企

① Richard Rorty, Derek Nystrom and Kent Puckett, *Against Bosses*, *Against Oligarchies: A Conversation with Richard Rorty*, Chicago: Prickly Paradigm Press, 2002, pp. 61 - 62.
② Richard Rorty and Eduardo Mendieta, *Take Care of Freedom And Truth Will Take Care of Itself: Interviews With Richard Rorty*, Stanford University Press, 2006, p. 31.
③ 关于这个问题，罗蒂和弗雷泽还有另一场论战。详见罗蒂的《"文化承认"是左翼政治的有用概念吗?》一文和弗雷泽的《为什么克服偏见是不够的：驳理查德·罗蒂》一文（载[美]凯文·奥尔森主编：《伤害＋侮辱：争论中的再分配、承认和代表权》，高静宇译，上海人民出版社，2009 年）。
④ [美]理查德·罗蒂：《后形而上学希望：新实用主义社会、政治和法律哲学》，张国清译，上海：上海译文出版社，2003 年版，第 237 页。

图失败的证据。事实上,实现一个后现代抵抗政治的关键在于坚持政治的无处不在。^① 因此,罗蒂的公共/私人的二元划分没有为真正激进的政治话语留出位置,也削弱了激进民主政治的基础。

第四节　女性主义方法论的超越

自 20 世纪 80 年代起,一条实用主义的线索始终贯穿着弗雷泽的女性主义研究。弗雷泽尝试着从一个"零度"(zero-degree)的实用主义入手,以新的方法将实用主义和女性主义融为一体,从而创造性地发展出一个"民主的社会主义女性主义的实用主义"(democratic-socialist-feminism pragmatism)的新版本。这个新版本的"配方"也许不能满足社会主义女性主义的全部构成要素,但它仍然是非常有价值的。这些要素主要包括:增加一种与激进民主政治相结合的零度整体论(holism);增加政治生活中语言重要性的敏锐感;增加当今社会既非过度个性化也非过度社群化的观点;增加一种社会变迁的观点,它既不是由一种历史的自主逻辑所决定的,也不是简单偶然的或完全无法解释的;增加一种社会基本制度框架不公正的可能性;增加不同理论之间的差异性;增加非列宁主义、非先锋主义的知识分子在激进左翼民主政治中的作用等。最后,把所有这些要素与非个人主义、非精英主义和非男权主义的乌托邦视野结合起来。这一改进了的实用主义的版本,可以同时容纳激进民主、多逻辑的非常规政治话语以及社会主义女性主义的政治。^②

一般而言,弗雷泽的女性主义的实用主义转向的方法论特色可以归纳为以下几个方面:

第一,容错性。弗雷泽在早期作品《非哲学的社会批判:女性主义与

① Honi Fern Haber, *Beyond Postmodern Politics: Lyotard, Rorty, Foucault*, New York: Routledge, 1994, p. 63.
② Nancy Fraser, *Unruly Practices: Power, Discourse and Gender in Contemporary Social Theory*, Minneapolis: University of Minnesota Press. Fraser,1989,pp. 105 – 108.

后现代主义的相遇》(1988)一文中,就初步描述了自己的实用主义女性主义方法。她指出:"后现代女权主义理论应当是实用的和可犯错误的,它将改变自己的方法与概念以适应正在从事的特殊任务。"①即后现代女性主义理论是一种实用主义的、容错的女性主义理论模式。它使用复杂的类型,而摒弃对单一"女性主义方法"和"女性主义认识论"的抽象使用。"事实上,每当试图缝合后结构主义和批判理论之间的分歧时,答案几乎都是实用主义。在此背景下,理论自动等于一种实用的普遍主义,实用主义不仅是一种可纠正的容错论(fallibilism),也是一种明智的政治实践。"②

第二,实效性。与哈贝马斯的普遍语用学相比,罗蒂的强有力的新实用主义具有激进的反基础主义性质。弗雷泽立足于同时又超越罗蒂的新实用主义方法论,建立了一种跨越种族、阶级和性倾向的不同声音之间的交叉联合,这是一种更加兼容的和彻底的实用主义。然而,基于女性主义批判理论的立场,弗雷泽对罗蒂的新实用主义更多的是批判和反思,而不是盲目的借鉴。弗雷泽远不只是一个支持罗蒂的读者,她与罗蒂的争议,实际上已经达到了"一个实用主义内部的分歧"。③ 不过,弗雷泽的务实的、折衷主义方法似乎最有效,每一个人都"变成修补匠和有用的人,抛弃那些不合适的模式,拿起工具解决问题,努力重组多元的和激进的民主"④。

第三,多元性。在《实用主义、女性主义与语言转向》(1995)一文中,弗雷泽运用新实用主义方法,整合了本哈比、巴特勒和康奈尔等女性主义批判理论家各自的洞见。这种方法的目的在于:"它可以使我们发挥

---

① 李银河主编:《妇女:最漫长的革命》,北京:生活・读书・新知三联书店,1997年版,第149页。
② Elisabeth Bronfen and Misha Kavka, *Feminist Consequences : Theory for the New Century*, New York: Columbia University Press,2002, p. 60.
③ Ibid., p. 89.
④ Ibid., p. 85.

最大力量去挑战现在的性别霸权,并建立一个女性主义的反霸权。"①与杜威和罗蒂等实用主义者不同的是,弗雷泽提出女性主义的新实用主义方法是针对性别霸权、性别等级及相应的性别斗争的普遍化和复杂化而提出的。她认为,"性别霸权充斥整个社会,总的来说,它与政治经济、政治文化、国家机器和公共领域编织在一起。"②性别斗争同样遍布于日常生活,而阶级、种族、性取向、国家、年龄等问题和力量使得性别斗争更加复杂了。所以,我们需要一种同时解决特殊问题和全球问题的框架,一种提供乌托邦希望、解放想象的替代和规范批判的理论框架;也需要一种促进我们情境化和关联性思考的方法,一种对性别理论和性别斗争历史轨迹总概况描述的方法。"这种方法采用的理论概念允许我们既可以进行去具体化研究,又可以进行批判研究,还可以产生新的解放意义。这些概念还应该允许我们表达话语分析和政治经济分析;研究公共领域和国家机器;追寻历史范畴的谱系和描述'自下而上'的争论。更重要的是,它们可以让我们把每一社会文化领域中的'种族'/民族、性取向、国家和阶级与性别的交叉点理论化。③ 这种实用主义的方法可以使我们避免形而上学的混乱,根据自己的具体目标和处境,采用不同的具体策略解决和研究各自的问题。在并没有一个解决女性众多问题的统一路径的前提下,它不失为一种灵活有效的方法。

第四,语用学模式(pragmatics model)。弗雷泽的社会、政治哲学以及批判理论著作的一个重要影响,是其对女性主义者借鉴欧陆哲学某些内容的益处提出了质疑。在《结构主义还是语用学?——论话语理论和女性主义政治》(1997)一文中,弗雷泽论证了福柯、布迪厄和哈贝马斯等思想家的理论的重要价值,因为"它能够指明解放性社会变革以及政治

---

① Seyla Benhabib, Judith Butler, Drucilla Cornell and Nancy Fraser eds., *Feminist Contentions: A Philosophical Exchange*, New York: Routledge, 1995, p. 158.
② Ibid., p. 159.
③ Ibid., p. 166.

实践的前景"①。相比之下,弗雷泽认为:"女性主义者不应该再利用他们归因于拉康的话语理论版本;而我们又为什么应该最低限度地利用归因于朱丽娅-克里斯蒂娃的相关理论。"②这是因为弗雷泽认为拉康和克里斯蒂娃减少了人类沟通语言方式的多样性,并狭隘地理解为一个符号系统。鉴于女性主义者有可能与多样的欧陆理论进行密切的合作,弗雷泽指出,我们需要的是一个"语用学模式","它在话语层面上研究语言,将其作为历史上特定的社会交往实践"。③ 这种模式将把欧陆哲学中最好的东西保留下来,从而为其与女性主义理论的有效结合奠定基础。弗雷泽正是采用实用主义的这种方法,区分不同欧陆理论之间的关系,同时提出了一个女性主义与实用主义和欧陆哲学交叉综合的相对优势和劣势的更广泛的问题。④

总之,弗雷泽与罗蒂围绕如何融合女性主义和实用主义的问题展开的激烈争论,提供了一系列富有创新性和批判性的思想,在双方各自的思想发展史中具有重要的地位和作用。通过对女性主义与实用主义之间的关系作出的批判性考察,弗雷泽有力地论证了女性主义的实用主义转向的必要性和合理性,体现了第三代法兰克福学派思想家批判理论发展的一个重要趋势,也表明了当前在纯理论的、反理论的和新实用主义的女性主义之间的争论不必令人悲观。从理论、现实到方法,弗雷泽超越了罗蒂的实用主义女性主义理论的有限性,她的研究一方面"意味着'从冷战自由主义'中选择实用主义而建构的一个'民主的社会主义女性主义的实用主义',不再是总体化的,而是通过试验和失误、灵感和猜想

---

① [美]南茜·弗雷泽:《正义的中断:对后社会主义状况的批判性反思》,于海青译,上海:上海人民出版社,2009 年版,第 160 页。

② 同上,第 159 页。

③ 同上,第 163 页。

④ Shannon Sullivan, "Intersections between Pragmatist and Continental Feminism", 2015. http://plato. stanford. edu/entries/femapproach-prag-cont/.

继续前行",①反映了当代批判理论的内在发展逻辑,代表了与西方马克思主义、精神分析理论和后结构主义女性主义相比的另一种有价值的批判视角。另一方面,弗雷泽的独到批判也"挑战了以男性为中心的权力和政治观点中的本质主义,打开了对作为性别偏见话语的政治实践场所的制度进行历史和解释学批判的大门。她的观点是对知识和经济结构中霸权的批判,正是这一霸权,导致了不平等的性别分工和市场上的种族歧视,也导致了一种对全球经济需要的漠视"②。

---

① Elisabeth Bronfen and Misha Kavka, *Feminist Consequences : Theory for the New Century*, New York: Columbia University Press, 2002, p. 90.

② Lisa M. Given, *The Sage Encyclopedia of Qualitative Research Methods*, Los Angeles, Calif: Sage Publications, 2008, p. 162.

第四部分

弗雷泽早期女性主义批判理论的逻辑发端

　　弗雷泽早期的女性主义批判理论立足于马克思批判理论的立场,借鉴与整合了福柯和女性主义理论等各自的洞见,提出了一种"诠释需要的政治"的新思维模式。这标志着弗雷泽开始走出法兰克福学派的政治经济学批判逻辑,转向文化政治批判,进入了围绕资本主义福利国家政策的斗争、为女性需要而进行的斗争。弗雷泽对资本主义福利社会诠释女性需要的话语所进行的深刻批判,也极大地拓宽了女性主义政治的边界,提供了女性主义批判理论研究的新方向。

第七章　文化政治学的批判视角：为女性的需要而斗争

20 世纪 70 年代末，随着权力概念的全面成熟和极度扩张，尤其是福柯思想的影响，女性主义文化研究和文化政治也随之兴起。女性主义文化研究引导女性主义批判理论家提出如下问题：谁的文化？谁的想象？谁的欲望？而女性主义批判理论家的解读框架则提供了一种观察文化和一般文化政治的特殊见解；她们全力探求着这样的问题：女性主义理论和女性主义的政治实践以及文化实践是什么关系？

第一节　福柯的话语分析与女性主义文化政治

话语分析(Discourse Analysis)崛起于 20 世纪后期对传统语言研究的批判，是当今学术研究重要的方法取向。福柯在其《知识考古学》(1963)一书中，以独特的"话语"观点和话语分析方法，对文化研究、伦理学、政治哲学等领域产生了重大的影响，并为女性主义研究提供崭新的思考模式和方法途径。

一、福柯的话语分析方法

从 20 世纪 60 年代起，福柯开始研究历史和文化条件下的权力/知识体系是如何构建主体及世界的。福柯的理论将这些体系看作"话语",强调它们不仅仅是思想意识的主体,或其他符号的组成,而且是工作态度、说话方式、参考词汇以及社会实践中的行动过程。福柯认为话语具有社会反身性,既构成又有意义地描述了世界及其主体。"但在福柯的分析中,话语构建的'内容'(what)和模糊技巧的'方式'(how)同等重要。虽然这在分析上倾向于文化'自然主义',但福柯把话语当成社会实践显示了对主观性实践理解的重要性。"①那么,究竟什么是"话语"? 一般而言,"话语指的就是主宰语言和概念词汇的一些规则,(通过形形色色的知识门类)安排着世界的秩序,也安排着世间万物之间的关系秩序,并涉及一些特定的制度场所和社会实践,它们有助于形成并巩固有关正常性/规范性的概念秩序。"②话语包括行为规则的形构、既定的文本以及制度化实践,每一种都被历史和社会确定的一套文化关系所定位。话语散漫地配置了社会现象;话语是一种实践。话语是福柯著作中最重要的概念之一,其意义不只是反应或再现社会实践与社会关系,而且也建构并组织这些社会关系,所以形成知识领域以及建构社会实践的不同方式。

对福柯来说,"话语分析"指的是一种研究社会现象建构的方法,包括思想、行为和知识的范畴。话语分析的重点在于话语存在的历史条件、话语实践(discursive practice)产生的客体及话语体系的知识/权力关系。福柯指出,权力与知识是直接相互指涉的。知识不是来自知识本身,而是来自各种权力关系、斗争过程。话语分析关注的并非意义本身,而是其运作方式,正如福柯所说:"对于话语提出的权力问题,基本上是指话语究竟服务于谁,而不是要分析话语中未言明的、暗含的意义,因为

① [美]诺曼·K.邓津、[美]伊冯娜·S.林肯主编:《定性研究(第2卷):策略与艺术》,风笑天等译,重庆:重庆大学出版社,2007年版,第529页。
② [英]伊恩·伯基特:《社会性自我:自我与社会面面观》,李康译,北京:北京大学出版社,2012年版,第117页。

话语是透明的，它们不需要解释，也不需要任何人指定它们的意义。"①维登指出，话语分析认为意义以及价值的产生本质上是内化于权力的社会关系之中以及在此意义底下的对主体性的理解之中，"作为特定社会和历史情境下话语形式的语言，不可能具有任何社会和政治有效性，除非经由成为它载体的个人的行动才有可能，即通过运用主体性的形式以及它所呈现和加诸其上的意义与价值。个人既是一系列主体性的可能形式的场域，同时也是在任何特定思考或言谈时刻下的一个主体，但从属于特定话语的意义系统，并被迫行动。……语言和它所提供的一系列主体位置总是存在于特定历史下的话语之中，它本质上即存在于社会制度以及实践之中，也因此它能够在话语领域中被分析性地组织起来"②。

福柯的话语分析方法提出了两个方面的挑战。"第一，对由任何理论或意义系统发布的暴力的**批评性**分析；第二，对话语得以形成的过程、延续性和中断所作的**谱系**分析。"③福柯的话语分析发展出两种方法：考古学（Archaeology）和谱系学（Genealogy）。但在分析应用上，两者无法完全分割。福柯最早拥护具有结构主义色彩的"考古学方法"，只是在 20 世纪 70 年代以后，为了强调话语的转变和对话语进行重新定义，福柯从"考古学"中退却，采用德国著名哲学家弗里德里希·尼采（Friedrich Wilhelm Nietzsche）的词语"谱系学"，更重视以谱系学进行的话语分析，并对权力问题的兴趣不断增强。考古学主要着重研究话语的形式，聚焦在知识构成的法则；谱系学主要是讨论知识与权力之间的关系，批判地忠于对社会实践之根源的探究。"一种对社会权力的话语式谱系学可以避免对何为本质做出判断，而寻求事务的本质导致科学一统天下、狂妄自大、如僭主般暴虐，代价就是将一些组群（比如同性恋）贬斥到社会的

---

① ［澳］爱尔斯佩思·普茹彬：《性与权力：本能、潜力与能力》，蒋贤平译，何成洲等主编：《性别、理论与文化》，南京：南京大学出版社，2010 年版，第 37 页。
② Chris Weedon, *Feminist Practice and Poststructuralist Theory*, Oxford: Blackwell Publishers, 1987, pp. 34 - 35.
③ ［美］埃里克·谢泼德、［加］特雷弗·J. 巴恩斯主编：《经济地理学指南》，汤茂林等译，北京：商务印书馆，2009 年版，第 122 页。

边缘。福柯关注的是用素朴的、非科学的言谈来描述那些被边缘化的组群所做的反抗。"①简言之,话语分析与谱系学紧密相连,二者相互补充。

二、福柯与女性主义文化政治

(一)福柯与文化政治

马克思在《政治经济学批判》(1859)的序言中,写下了著名的断言:"在考察这些变革时,必须时刻把下面两者区别开来:一种是生产的经济条件方面所发生的物质的、可以用自然科学的精确性指明的变革,一种是人们借以意识到的这个冲突并力求把它克服的那些法律的、政治的、宗教的、艺术或哲学的,简言之,意识形态的形式。"②"这是广义的意识形态概念,并且在它最后宣言式的句子中预言了新的文化政治学的关注点。"③但是福柯挑战了马克思主义关于科学和意识形态的争论:"意识形态这一概念,对于我来说,很难去运用,其原因有三。首先,它仿佛总是作为虚假的东西站在可以称之为真理的对立面。现在我认为问题不在于在科学或真理的话语与其他话语之间进行区分,而在于**历史地**审视真理效果是如何在本身既不真也不假的话语中产生的。"④

批判理论家认为语言不是社会的简单反映,也不是中性而客观地描述世界。他们开始研究一种规则和统治形式、以话语形式出现的表达模式。福柯认为研究者应探究暗含在权力关系之中的话语方式,以及权力和知识是如何辩证而连续地实践的,这种实践决定了哪些被认为是合理而真实的。福柯也继承了法兰克福学派的批判传统,他自己的一段话完全体现了他的批判性:"法兰克福学派所提出的那些问题,现在我仍然在关注和研究。在这些问题之中,有一个是与理性相联系的权力影响问

① [美]哈维·C.曼斯菲尔德:《男性气概》,刘玮译,南京:译林出版社,2008年版,第211页。
②《马克思恩格斯选集》第2卷,北京:人民出版社1995年版,第33页。
③ [英]罗纳尔多·蒙克:《马克思在21世纪:晚期马克思主义的视角》,张英魁等译,南京:江苏人民出版社,2011年版,第140页。
④ 同上。

题，也是我研究的问题。这种理性是根据西方的历史背景与地域空间来界定的，从 16 世纪到现在一直都是如此。这种理性并非普遍的形式，而是特殊的形式。西方如果没有实施和扩张这种特殊形式的理性，那么西方将永远也不可能获得其现在拥有的独特而显著的经济与文化优势。"①

福柯的使命是探讨某些知识和意义是如何被规范化并被接受为真理的。他的著述使我们的兴趣转向知识实践和产生权力的方式。福柯对后结构主义的影响已经产生了一个焦点，即不同的权力形式是如何与知识生产相互作用，以创造某些任何历史时期均有价值的学科概念的。一些话语比另一些话语更有价值，那些被认为缺少价值的言语是被边缘化的。权力和知识在话语中结合到了一起。"因此在'话语'的背后，存在着一种意图支配他人、建构模式化知识且排他性极强的'真理意志'（the will to truth），它通过知识体系与社会机构来形成'话语'的主体位置与'权力意志'，使知识成为某种普遍概念的产物，以便创建效用、理性与惩罚的规训（discilpine）。"②

福柯的话语分析工具发端于 20 世纪 60 年代后期，在 80 年代得到了广泛的应用。这些分析工具恰好为这样的事实给出了解释，即某些再现如何占据了支配地位，如何永无休止地形塑着现实被构想和被作用的方式。福柯研究了话语和权力在社会现实再现中的生机与活力，这尤其有助于揭示某些机制，通过这些机制，某种话语秩序（order of discourse）能够生成一些被容许的存在与思维方式，同时压制甚至抹杀其他方式。总之，"福柯的后结构主义已经为文化政治提供了某种理论实质，力求动摇集中于性别、种族、帝国主义和性倾向中权力/话语的构成"③。

---

① ［英］提姆·梅伊、詹森·L. 鲍威尔：《社会理论的定位》（第二版），姚伟等译，北京：中国人民大学出版社，2013 年版，第 59 页。

② 廖炳惠编著：《关键词 200：文学与批评研究的通用词汇编》，南京：江苏教育出版社，2006 年版，第 78 页。

③ ［澳］杰夫·刘易斯：《文化研究基础理论》（第二版），郭镇之等译，北京：清华大学出版社，2013 年版，第 113—114 页。

（二）女性主义者对福柯的借鉴

尽管福柯本人没有将他的分析应用于女性，但福柯帮助女性主义者认识到政治是一个权力关系的问题，拓宽了政治的视野，影响了女性主义批判的方法，为女性主义者提供了切实有用的分析框架。

首先，否认任何关于女性问题的本质论或宏大叙事。例如，美国马克思主义的女性主义者凯瑟琳·麦金农在《迈向女性主义的国家理论》（1989）一书中指出，社会利用生物性别去建立权力关系，所谓统治即是指男性对女性的性剥削，"性的意思不是仅仅由言词和文本决定的。它是由世界上的社会权力关系决定的，通过这种过程也产生了社会性别"①。另一位马克思主义的女性主义者哈特索克则把权力理解为女性在劳动的性别分工中被男性分配的任务："女人的活动被制度化为两个方面——维持生计和抚养孩子。"②不管是不是所有的女性都做到了这两点，女性作为一个性别，在制度上有责任生产商品和人类。

其次，建构一套女性的话语——权力理论。例如，女性主义批判理论家艾伦通过考察福柯、巴特勒以及阿伦特的权力观，指出他们把权力看作资源、看作统治或者看作"赋权"，都不是令人满意的。她提出自己的概念，即将权力看作"一种关系而不是一种占有"。③ 艾伦认为，虽然福柯的权力和抵抗（resistance）是相互依存的这一观点对女性主义很有启发，但福柯对抵抗的论述非常有限，同时也缺乏深入的案例分析④。

第三，反对二元论，主张多样性和差异性。例如，美国后结构主义的女性主义者斯科特在《性别：历史分析中一个有效范畴》（1988）一文中从

---

① ［美］凯瑟琳·A. 麦金农：《迈向女性主义的国家理论》，曲广娣译，北京：中国政法大学出版社，2007 年版，第 181 页。

② Nancy Hartsock, *Money, Sex, and Power: Toward aFeminist Historical Materialism*, New York: Longman, 1983, p. 234.

③ ［美］罗伯特·L. 西蒙主编：《社会政治哲学》，陈喜贵译，北京：中国人民大学出版社，2009 年版，第 189 页。

④ 苏红军：《成熟的困惑：评 20 世纪末期西方女权主义理论上的三个主要转变》，苏红军、柏棣主编：《西方后学语境中的女权主义》，桂林：广西师范大学出版社，2006 年版，第 19 页。

政治角度将"性别"界定为:"性别是组成以性别差异为基础的社会关系的成分;性别是区分权力关系的基本方式。"①斯科特指出:性别是越来越重要的权力关系中的基本方式,"性别是代表权力关系的主要方式。换言之,性别是权力形成的源头和主要途径"②。性别作为社会关系的一个建构性要素,涉及了有关的象征、规范、组织、制度和主观性认同。而作为一种标示权力关系的方法,性别则将世界分为了二元体系,从而提供了权力被形成并合法化(legitimation)的途径。

尽管英国女性主义社会学家沃尔比(1992)认为福柯的权力概念变得太分散了,而且对社会阶级之间的关系,包括性别关系的根本方面,都缺乏洞察。但是有很多女性主义学者认为福柯的权力研究和话语理论给女性主义学者提供了一个新的分析工具。"这种分析承认现实的不稳定属性;它是以话语为中介的;话语则通过极其多样的人类特质而组成"③,"福柯的权力研究方法……促进了以平等与参与为基础的新关系和新话语的建构"④。她们认为,福柯的作品集中表明了话语和实践是如何以历史上特定的方式建构起主体性的;另外,权力在主体性的产生过程中是如何运作的。对于许多女性主义者来说,后结构主义进路所提供的并不是对政治主体的抛弃,而是提供了一个理解权力运作的方式,这种方式比表面上对等级性的权力关系的默许即对"错误意识"的采用要更好。女性主义者由此反问:什么是知识? 由谁来确立和解释知识? 知识为了什么? 知识为了谁?

总之,女性主义者指出,福柯在许多方面开启了研究"政治学"的新途径,凭借这些途径可以观察科学运用权力的方法,尤其是它边缘化、扭曲或强制人们的方法。澳大利亚文化研究学者安·布鲁克斯(Ann

---

① 李银河主编:《妇女:最漫长的革命》,北京:生活·读书·新知三联书店,1997年版,第168页。
② 同上,第170页。
③ [澳]杰夫·刘易斯:《文化研究基础理论》(第二版),郭镇之等译,北京:清华大学出版社,2013年版,第237页。
④ 同上,第238页。

Brooks)认为,福柯有关权力和话语的论述"成为女性主义理论一个重要的基石"①。

三、女性主义文化政治的产生与发展

(一)女性主义文化政治的产生

从 20 世纪 70 年代开始,很多此前被视作马克思主义女性主义的学者,如米歇尔·巴雷特(Michèle Barrett)等人,纷纷转向了唯物主义分析的反面,转而关注语言、话语和再现(representation)。巴雷特将这个倾向称为"文化转向",它标志着女性主义分析的对象从"物"到"词"的转变,作为分析重点的资本主义被边缘化了。巴雷特拒绝简单的唯物主义,进一步脱离了马克思主义,走向了后现代主义,她指出:"社会科学在学术上已经失去它们在女性主义内部的地位,新兴明星则位居艺术、人文科学和哲学之列。"②所谓文化转向,亦即强调象征、意义和再现;强调地域、个人和文本,反对经济和结构;强调作用和选择,反对限制与压迫等。

"文化研究"(Cultural Studies)发端于英国伯明翰大学当代文化研究中心(CCCS),自女性研究小组(Women's Studies Group)于 1978 年推出第一套女性主义著作《女性的声讨:女性从属地位的方方面面》(*Women Take Issue：Aspects of Women's Subordination*)之后得以进一步发展。英国文化研究学派的领军人物斯图尔特·霍尔(Stuart Hall)评述了女性主义和文化研究之间的关系:

> 对于文化研究而言……女性主义的介入是明确的,并具有决定意义。……第一,它把个人的问题开放为政治性的,从而改变了文化研究的研究对象。这一点在理论上、实践上都具有革命意义。第

---

① Ann Brooks，*Postfeminisms：Feminism，Cultural Theory and Cultural Forms*，London：Routledge，1997，p. 21.

② Michele Barrett，*Politics of Truth：From Marx to Foucault*，Stanford University Press，1992，pp. 204 - 205.

二，权力观念迅速扩张。……而今天，女性主义的介入已经使我们对这个关键词汇的运用再也不能和以往一样了。第三，在对权力本身的理解上，社会性别与性成为中心问题。第四，在主观和主体的危险领域开启许多问题。①

文化研究参与了过去几十年中的主要学术运动：结构主义、后结构主义、精神分析、女性主义、后殖民主义、酷儿理论和后现代主义等。不过，女性主义与文化研究的合作并不顺畅，而是一个充满斗争和争论的过程。女性主义"坚持延伸对于以下一系列问题的理解：政治问题，将权力、家庭概念纳入所谓的私人领域，文化进步的表征的和消费的重要性，对快乐和欲望进行概念定义的需要，以及最重要的一点，即性别对于主观性和身份问题的中心地位"②。因此，过去约30年来，女性主义运动的政治目标也起了变化。女性主义与文化研究的相遇所出现的一个重要的议题就是对文化研究政治性的探索；女性主义开始强调文化政治和日常生活政治的重要性，把它们视为改变社会的重要力量。女性主义者力求兼顾两种方式：一方面接受后结构主义的观点，认为主体由话语的效果所构成；另一方面则规定了一种政治学，由更为坚定乃至自由的主体性行动的概念所形塑。

当美国著名自由主义女性主义者弗里丹在其名著《女性的奥秘》中，谈到"一个无名的问题"（the problem that has no name），它包括两个部分，一是许多中产阶级的家庭主妇的生活局限于家和家庭中，所以她们觉得沮丧，完全没有满足感；二是由于当代的意识形态坚持认为她们正实践着美国之梦，因此，她们又心存愧疚。这个"无名的问题"标志着当代女性开始关注女人名字的命名问题，揭露了传统家庭意识型态下贤妻良母的神话。"用福柯式的术语来说，这包括了对被征服的知识的命名，

---

① ［英］休·索海姆：《激情的疏离：女性主义电影理论导论》，艾晓明等译，桂林：广西师范大学出版社，2007年版，第120页。
② ［英］吉姆·麦奎根编：《文化研究方法论》，李朝阳译，北京：北京大学出版社，2011年版，第85页。

以及对使那些知识合法化的主导话语的识别。"①性别压迫和文化共谋阻碍了这些自我实现。

实际上,无论是在第一波女性主义浪潮中,自由主义的女性主义者玛丽·沃斯通克拉夫特(Mary Wollstonecraft)所持的观点,还是在第二波女性主义浪潮中,如激进的女性主义者凯特·米利特(Kate Millett)的《性政治》(*Sexual Politics*)和费尔斯通的《性的辩证法》(*Dialectic of Sex*)、杰梅因·格里尔(Germaine Greer)的《女太监》(*Female Eunuch*)等三本均出版于1970年的著作,女性主义理论家都把文化看作是政治的,强调了文化的政治意义。"文化持续地把妇女降低到对象地位,因此,发展出独立自主的女性主体,让妇女在这样的文化中发出自己的声音,这也是女性主义计划的一部分。"②

CCCS中心于1982年推出了一本论文集——《帝国反击:70年代英国的种族和种族歧视》,其中,黑人女性主义者哈泽尔·卡比(Hazel Carby)在一篇论文《白人女性听着!黑人女性主义与女性团体的分界线》中指出:"对于黑人女性主义者来说,直接的问题是这种框架究竟能否被运用来分析我们的受压迫和斗争的女性历史。我们不希望否认家庭是我们受压迫的根源,但我们也希望考察黑人家庭是如何作为抵抗压迫的主要来源而起作用的。我们需要承认,在奴隶制时期,殖民主义时期以及现在的独裁主义时期,黑人家庭是从政治和文化上抵抗种族歧视的场所。"③。卡比主张社会和文化经验表现了阶级、种族和性别矛盾的复杂结果,她的论点标志着文化研究领域中的新的发展方向,即"社会身

---

① 〔英〕吉姆·麦奎根编:《文化研究方法论》,李朝阳译,北京:北京大学出版社,2011年版,第89页。

② 〔英〕休·索海姆:《激情的疏离:女性主义电影理论导论》,艾晓明等译,桂林:广西师范大学出版社,2007年版,第17页。

③ 〔美〕丹尼斯·德沃金:《文化马克思主义在战后的英国:历史学、新左派和文化研究的起源》,李凤丹译,北京:人民出版社,2008年版,第248页。

份在越加复杂的'多元文化'的条件下被考察"①。此后，文化研究进入了一个新的理论阶段。

（二）女性主义文化政治的发展

如前所述，福柯很重要的贡献就是针对权力的问题作深入的探讨，他使女性主义理论跳脱出权力二元论，而成为一种更有流动性的、更微观的相对形式的权力。不过，与此同时，他对女性独有的主要权力经验却只是模糊地交代。此外，他对于能动性（agency）也没有提供明确的概念。女性主义理论采纳了福柯的观点，对于权力的各种形式、等级及其合理性的本质有相当犀利的见解。女性主义理论认为权力不仅只是展现在国家与制度中，在我们日常生活中，权力同样是无所不在的。因此我们大可排除被权力宰制的恐惧，反将它视为一种抗拒的力量，并将它当作一种可用正面方式加以运用而创造新社会形式的工具。

文化转向在 20 世纪 80 年代越来越明显，在后结构主义者看来，"权力都被想象为语言和知识的一种形成过程，是进程和不稳定的交换，而不是一种固定的、内在的结构工具。对女性主义分析而言，这意味着，性别的社会和文化建构不再能够被视为社会结构的必然结果了。男性和女性的象征性构成是充满问题的，因为分类本身成为不均衡、不稳定的语言过程的偶然作用。因此，后结构主义的女性主义也不再接受那种力求推翻旧的男/女两性分立结构、以新结构取而代之的女性主义目标了。反而是，后结构主义的女性主义还得完全化解固定的结构主义立场，使性别问题向一种普遍的解构打开大门"②。一般说来，后结构主义（特别是福柯学派）的文化政治的特点主要包括：第一，对日常生活经验，以及一般人用来创造和实现他们解放潜能的方法感兴趣；第二，强调文本、文本的愉悦和文本再现；第三，强调"差异"与"异质性"的解放潜能。90 年

---

① ［美］丹尼斯·德沃金：《文化马克思主义在战后的英国：历史学、新左派和文化研究的起源》，李凤丹译，北京：人民出版社，2008 年版，第 248 页。
② ［澳］杰夫·刘易斯：《文化研究基础理论》（第二版），郭镇之等译，北京：清华大学出版社，2013 年版，第 134 页。

代后，文化研究就开始结合法国的后现代、后结构与后殖民主义，大量使用福柯与法国哲学家德里达的理论，针对全球化的商业和政治经济发展、针对全球化情境下美国意识形态的兴起加以批判。在这个层面上，文化研究提供了某种跨学科整合与政治实践的可能性①。面对后结构主义、后现代主义、精神分析理论以及政治与文化分析的新模式对女性主义核心的假设的挑战及其所带来的影响，女性主义学者也开始从宏大结构的分析转向文化和话语分析。后结构主义女性主义和后现代主义女性主义者发现了语言中承载着的权力关系。语言不仅构成了意义，它同样建构出了代表特定意义的文化实践。权力是一个概念化的综合体，它来自许多不同的观点，但是，它是通过不平等和变动的社会关系之间复杂的相互作用而产生出来的。

1991 年，胡克斯写了一部题为《向往：种族、性别和文化政治学》的著作，第一次提出"文化政治学"（Cultural Politics）的概念，胡克斯的观点揭晓了文化政治研究的宗旨："清醒地坚持将文化研究与进步、激进的文化政治相联系，将会保证文化研究成为一个使批判性介人成为可能的领域。"②受福柯的影响，巴特勒将女性主义定位为一种主体化的话语。她的理论总是处于文化研究的最前沿，她的女性主义政治也是一种个人化的政治学，更主动地打破了规范、解构了权力。因而有批评家指责巴特勒对"政治"的挪用总是高于"纯文化"，总是与权力联系过于紧密以及总是对政治进行狭隘的和习惯性叙述。正如英国伯明翰学派的重要理论家和文化女性主义学者安吉拉·麦克罗比（Angela McRobbie）所说："巴特勒的著作，为创立处于断裂、分解、解散和无休止争论过程中的女性主义政治学提供了一种途径，为马克思主义之后，和被巴特勒称之为'文化政治接合'而某些人称之为'后女性主义'时期之后，即'第二波之后'的

---

① 廖炳惠编著：《关键词 200：文学与批评研究的通用词汇编》，南京：江苏教育出版社，2006 年版，第 47 页。

② bell hooks，*Yearning：Race，Gender，and Cultural Politics*，London：Turnaround，1991. p. 9.

女性主义提供了一种基本的民主样板。"①

总之,女性主义文化政治反思了以下几个问题:在多元的女性主义架构下,什么才是需要解放的女性经验? 哪里才是压迫的场域? 政治学已经从传统的政治场域被移至以前认为是非政治的存在领域,尤其是性别和文本性领域。女性在文化中是怎样被刻画的对于性别政治学事关重大。忽视这一点就忽视了女性主义的整个文化政治学,女性主义的文化政治学迫使我们将再现作为政治格局来研究。女性主义文化政治学"已经不可逆转地改变了原有的社会主义解放方案,不管'父权主义的终结'在可预见的将来是否会实际上发生"②。

第二节　为何诠释女性的需要?

作为法兰克福学派的第三代代表人物以及一名左翼女性主义者,弗雷泽等人就将她们的解放女性主义放在如下这些改革的议题上:社会平等、社会福利、贫穷、教育、族性(ethnicity)、性倾向、环境主义等。

一、相关背景概述

（一）社会背景:"新右翼"的兴起

1980 和 1990 年间,英国首相玛格丽特·撒切尔(Margaret Thatcher)和美国总统里根主张"新右翼"的新保守主义和新自由主义之政治经济与全球新秩序。撒切尔曾发表过一个声明——"没有社会,只有个体"。当撒切尔在美国访问的途中被问及在福利方面应当为贫困的女性和孩子做些什么时,她的回答是:让妈妈去工作,把孩子送到孤儿院。撒切尔主义改变了关键的公共福利概念:"它使政治思想和观点的

---

① [英]安吉拉·麦克罗比:《文化研究的用途》,李庆本译,北京:北京大学出版社,2007 年版,第95 页。
② [英]罗纳尔多·蒙克:《马克思在 21 世纪:晚期马克思主义的视角》,张英魁等译,南京:江苏人民出版社,2011 年版,第 202 页。

传播发生了变化。以前的社会需要已经开始建立它自己的市场力量法则，现在的'货币价值'问题，处置自己财富的私人权利，自由与自由市场之间的等价，都成了商业术语，不仅仅是在议会、新闻、杂志和政策领域中的政治辩论术语，而且是在日常预测的思想和语言中的政治辩论术语。存在价值观的显著颠倒：这种气氛，它曾经依附于公共福利的价值观，而现在依附于任何私人的东西——或者可以被私人化的东西。"①撒切尔在英国政治中的崛起和统治，其对公共福利、健康、教育等的紧缩政策，粉碎了女性主义政治的乐观想象，造成了女性主义政治的困境，并导致了保守女性主义（Conservation Feminism）的出现。"保守的女性主义在这种等级法则的扩展中肯定发挥了作用，它敦促实现一种女性自己的解放，而这种自我解放却只限于赞美个人满足、庆贺个人财富积累的意识形态中。"②因而，女性主义者争取托儿福利或适当育儿津贴的奋斗，不只是越来越没有希望，甚至成了无法想象的乌托邦。

在 20 世纪 60 至 70 年代之间，美国女性解放运动获得了一些成功。然而，整个 80 年代，"贫穷的女性化"已经成为美国过去 30 年来最令人吃惊的社会转向之一，是共和党对福利国家和工人阶级权益进行阶级战争的直接受害者。

许多学者关注福利国家的重构——寻求一个平权的（affirmative）、更为民主的福利国家。美国福利国家长期以来把穷人和女性污名化却未给予其适当帮助。福利国家要满足的是人民的基本生计需要。所谓的基本生计需要，指的就是任何一个个人要维持基本生存的必要品或必要物资。他们之所以是基本的生计需要，意味着这些需要如果得不到满足的话，他们的生活将会陷入困境，有立即受到伤害的可能性。

在对福利制度的考察和反思中，一些女性主义者从公民身份的视角

---

① ［美］丹尼斯·德沃金：《文化马克思主义在战后的英国：历史学、新左派和文化研究的起源》，李凤丹译，北京：人民出版社，2008 年版，第 352 页。

② ［澳］杰夫·刘易斯：《文化研究基础理论》（第二版），郭镇之等译，北京：清华大学出版社，2013 年版，第 143 页。

强调女性需要的重要性。"根据这些学者的观点，一种关于公民的权利和义务的理论，应该承认各种普遍性的需要和利益，同时又应该密切关注那些不违背一般化需要和义务的诸种差异形式。……对一致性的设想看来具有一种内在倾向，那就是对妇女需要的麻木。"①实际上，解决"贫穷的女性化"的方案，"就是挑战和批判那些固化与强化女性作为'依赖性的'、不领薪的看护者、低工资工人角色之男权制或男权制资本主义。另外，应实现'看护工作'的社会化，挑战劳动力的性别分割"②。

（二）理论资源：马克思主义需要理论的思想导引

"需要"的概念是现代福利国家的重要构成基础。"需要（needs）一般被认为有别于欲望（wants），因而具有一种批判的潜能。……女性主义者长期以来认定，那些从'自然'生物性别角度受到审视的妇女，常常在意识形态上被定位为具有成为母亲或与家庭保持密切的关系的某些需要。"③"需要"是马克思经济分配理论的重要概念，也是历史唯物主义的一个重要范畴。马克思对"需要"比较详尽的阐释在《1844年经济学哲学手稿》中可以找到相关论述。马克思指出，在资本主义制度下，"每个人都千方百计在别人身上唤起某种新的需要，以便使他作出新的牺牲，使他处于一种新的依赖地位，诱使他追求新的享受方式，从而陷入经济上的破产。每个人都力图创造出一种支配他人的、异己的本质力量，以便从这里面找到他自己的利己需要的满足"。这里的"需要"概念指的是一种创造的欲望，而不是一种真正的需要或者主张满足的需要。马克思接着论述道："产品和需要的范围的扩大，成为非人的、过分精致的、非自然的和臆想出来的欲望的机敏的和总是精打细算的奴隶。私有制不能

---

① ［英］尼克·史蒂文森：《认识媒介化：社会理论与大众传播》，王文斌译，北京：商务印书馆，2013年版，第116—117页。

② ［英］提姆·梅伊、詹森·L. 鲍威尔：《社会理论的定位》（第二版），姚伟等译，北京：中国人民大学出版社，2013年版，第228页。

③ ［英］尼克·史蒂文森：《认识媒介化：社会理论与大众传播》，王文斌译，北京：商务印书馆，2013年版，第303页。

把粗陋的需要变为人的需要。它的理想主义不过是幻想、奇想、怪想。"①
马克思指出，产生于幻想的需要是虚假的需要。对马克思而言，"需要"
概念是对资产阶级"抽象自由和权利"理念的政治和道德批判。马克思
认为，在社会主义社会，"需要"是社会主义用来对抗资产阶级"权利"概
念的批判武器。因此需要的满足，是自我完整的实现，也才是真正"自
由"的实现，即是社会主义的价值和目的本身。共产主义的理想目标，即
是马克思在《哥达纲领批判》中宣称的："在共产主义社会高级阶段，……
才能完全超出资产阶级权利的狭隘眼界，社会才能在自己的旗帜上写
上：各尽所能，按需分配！"②

　　20世纪60年代，法兰克福学派的第一代批判理论家马尔库塞以"需
要"的道德诉求，来批判资本主义工业国家为"虚假的需要"（false needs）
满足制造机器。我们知道，马尔库塞发展了一种马克思主义的修正观
点，即降低了经济分配的重要性，更倾向于一种社会文化的分析；他也扩
大了革命的范围，而不仅局限于劳动阶级的斗争。马尔库塞一面把"需
要"联结到一种人类自然存在的生存状态；一面把真实的需要的认定，置
于代表普遍社会利益的无产阶级社会。通过区分人性"真实的需要"和
意识形态操纵、制造的"虚假的需要"，他批判资本主义国家将人性"需
要"，压缩成没有完整自由的单向度的人。③ 马尔库塞认为资本主义社会
中，人们的主体性是由资本主义体系的要求所决定的。单向度的人是一
个肤浅的人，他过着虚幻的生活，自觉自愿地以满足虚假的需要为目标，
而不是借助批判理性来获得"真实"观点。马尔库塞写道："最流行的需
求包括，按照广告来放松、娱乐、行动和消费，爱或恨别人所爱或恨的东

---

① 《马克思恩格斯全集》第42卷，北京：人民出版社，1979年版，第132—133页。
② 《马克思恩格斯选集》第3卷，人民出版社，1995年版，第305—306页。
③ 张世雄：《"需要"的概念与社会福利：社会主义、自由主义与英国式的福利国家》，《人文及
　社会科学集刊》，台湾"中央研究院"人文社会科学研究中心出版，1996年第8卷第2期，第
　269页。

西,这些都是虚假的需求。"①

弗雷泽认为,按照马尔库塞的马克思主义需要观,20 世纪 80 年代的新社会运动就是一种对传统诠释需要模式的民主抗争。正如哈贝马斯所指出:"社会福利政策采取了特殊的措施,主要是用社会保障法、劳动法以及婚姻法等,来解决这一事实上的不平等,比如,对怀孕妇女和母亲以及离婚妇女加以保护,减轻她们的社会负担。与此同时,女权主义的批判不但对准尚未兑现的要求,而且也针对那些成功推行的社会福利计划所取得的含混结果,比如,由于补偿,妇女失业的风险反而大大提高了;在低工资阶层中妇女的比例过大;'儿童福利'问题;妇女的处境越来越贫困这一普遍趋势等。……在涉及女权主义的法律领域,社会福利国家的温情主义(Paternalismus)就会是一纸空文,只要立法和司法还因循传统的解释模式,并致力于加强现存性别认同的成规。"②

二、弗雷泽的女性主义文化政治理论

正如前述,弗雷泽赞成后现代主义,因为它强调具体和特殊的斗争,联结知识和权力,承认专家所起的作用,而敌对的传统理论有利于社会运动。在弗雷泽眼里,福柯就是一个现代性的批判家、一个权力的理论家和一个科学的批判者。弗雷泽把福柯等后现代主义者的话语权力理论应用于女性主义的研究,她的目标正是借助后现代主义的话语权力思想,批判男性的话语霸权,争取女性自己的话语权。而无视权力的分析已经证明是天真的乐观和理论上的不完善。弗雷泽认为话语概念对女性主义理解社会身份、群体的形成、话语霸权的争夺以及解放性实践前景是非常重要的。

首先,弗雷泽批判了瑞士语言学家费尔迪南·德·索绪尔

---

① [美]赫伯特·马尔库塞:《单向度的人:发达工业社会意识形态研究》,张峰等译,重庆:重庆出版社,1993 年版,第 6 页。
② [德]尤尔根·哈贝马斯:《包容他者》,曹卫东译,上海:上海人民出版社,2002 年版,第 304 页。

(Ferdinand de Saussure)把话语还原为符号系统的结构主义模式，"由于结构主义是从言语中抽象出来的，因此它将实践、行动和言说主体排除在外"①，它也不能历时性地分析身份和归属的变化。而受心理主义和象征主义影响的"拉康主义"也无助于解决这些问题。弗雷泽赞成福柯式(Foucauldian)的语用学模式，即把话语置于一个具体的社会背景和历史情境中，研究多元话语及其主体实践，"像库恩一样，福柯认为不计其数的多元性话语政体，在历史上一个接着一个。他还认为，这些政体中的每一个都有与之相关的实践理念的支撑"②。

其次，弗雷泽也批判了福柯的权力观所呈现的权力的压制性与生产性的矛盾。在一篇名为《福柯论现代权力：经验性见解与规范性混乱》("Foucault on Modern Power: Empirical Insights and Normative Confusions"，1981)的文章中，弗雷泽批评福柯的权力/知识观，是混合马克思主义的用语和康德的道德律令，但这种结合混乱不堪，原因来自权力概念的含混。弗雷泽认为，福柯虽宣称权力是生产性的、中立性的概念，但其实具有特定立场。含混之处在于，福柯同时宣称生产性是所有权力自身的概念特征，但另一方面他又做出相反的断言，即知识生产过程中具有危险性，即人会被客观化为一个主体，以及被权力机制所压迫。因此权力是生产性的、中立性的观念就很值得怀疑。福柯实际上游移在两者同样不充分的立场之间：一方面他采用的权力概念(权力的生产性)容忍他不去谴责现代性的不良特征；另一方面他已经判定了现代性的缺陷(权力的压制性)是无可挽救的。③

最后，弗雷泽肯定了福柯式的权力话语对女性身份的理解和重构的重要意义。"对于女性主义的理论化而言，话语概念的一个作用，是有助

---

① ［美］南茜·弗雷泽：《正义的中断：对后社会主义状况的批判性反思》，于海青译，上海：上海人民出版社，2009年版，第163页。

② Nancy Fraser, *Unruly Practices: Power, Discourse and Gender in Contemporary Social Theory*, Minneapolis: University of Minnesota Press, 1989, p. 20.

③ 参见李伟侠《"客观知识"的形塑：权力与认识论的分析》，台湾大学政治学研究所论文，2003，第94—95页。

于理解社会身份在社会文化上的复杂性，从而使得静止的、唯一变量的、本质主义的性别认同去神秘化。"①女性要获得自己的主体身份不仅要解构本质主义认识，还要建构自己的话语体系，方能赢得自己的话语权力，如巴特勒所说，"这个'我'是由这些立场构成的，且这些立场并不仅仅是理论的产物，而是完全植根于物质实践和制度安排的组织原则，这些权力和话语的模型把我变成一个有望实现的'主体'"②。女性自己的话语体系应产生于改变现有不平等的制度安排的女性实践中，弗雷泽看到了这方面的进步，她认为女性主义运动更新了整个话语领域，"我们发明了一些新的术语来描述社会现实，例如，'性别歧视'、'性骚扰'、'婚内、约会和熟识者强奸'、'劳动力中的性别隔离'、'两班倒'和'殴打妻子'。我们也发明了'意识的提高'等新的语言博弈，使得'女性哲学学会'等公共领域制度化"③，女性话语的出现也是女性主义运动胜利的标志。

　　总之，话语不仅是一定权力和制度的再现，而且它自身也是生产性的和建构性的。"女权主义批判的一个主要转变是从意识形态转向话语，从在一元的、具有压迫性的父权社会中寻求提高对不平等的性别关系的觉悟转向对性的认识，及其有关的话语对妇女的从属地位的影响。"④像弗雷泽这样的女性主义者所做的就是力图解构父权制话语霸权、建构女性自己的话语体系以争取女性解放，并参与到公共领域民主商谈中进行话语实践，直至女性话语权成为多元话语中平等重要的一维。

　　尽管后结构主义女性主义和后现代主义女性主义最常遭到的批评

---

① ［美］南茜·弗雷泽：《正义的中断：对后社会主义状况的批判性反思》，于海青译，上海：上海人民出版社，2009 年版，第 161 页。

② Seyla Benhabib, Judith Butler, Drucilla Cornell and Nancy Fraser, *Feminist Contentions: A Philosophical Exchange*, New York: Routledge, 1995, p.42.

③ ［美］南茜·弗雷泽：《正义的中断：对后社会主义状况的批判性反思》，于海青译，上海：上海人民出版社，2009 年版，第 161 页。

④ 苏红军：《成熟的困惑：评 20 世纪末期西方女权主义理论上的三个主要转变》，苏红军、柏棣主编：《西方后学语境中的女权主义》，桂林：广西师范大学出版社，2006 年版，第 18 页。

是说它们是非政治性的，弗雷泽的女性主义批判理论也逐渐朝向后结构主义方向演变了。正如弗雷泽所言：后现代主义要么是非政治的，反政治的，政治上模棱两可的，"要么是对政治充满矛盾心理，既爱又恨的"①。但弗雷泽对此的一种回应是对于"政治范畴"本身的解构与重新界定。弗雷泽已经为由福柯提出的话语分析取向所吸引，这一分析取向的分析焦点是，政治的"微观实践"或者在社会的微观层次上的权力实施以及与此同时的权力反抗。

弗雷泽指出，福柯的一些作品尽管本身理论化程度不够，但能给女性主义批评理论提供不少理论资源。在某些层面上，他的《性史》(1978)对唯物主义女性主义文化研究作出了重大贡献；《性史》"为女性主义者提供了一个权力的观点，承认再现（话语）的要求以及控制和解放的过程。于是……福柯式的解放却以多元话语和意识形态转型为前提"②。赞同福柯主义的女性主义者则为关注解放与个人自由等议题的女性主义者们提供了一项重要的工具。因而，弗雷泽认为必须建立一种真正的"女性主义文化政治"，在这种文化中，人们对自己的话语和实践去性别化。正如巴雷特所指出的："文化政治对当下的女性主义而言至关重要，因其关乎对**意义**的争夺。"③女性主义文化政治的解放方案企图解释当代的女性经验，并努力追求女性的权力经验，这已经不可逆转地改变了原有的社会主义解放方案。

第三节　如何诠释女性的需要？

整个 20 世纪 80 年代，弗雷泽都把批判的重心放在"需要"和"福利"等议题上，对女性需要和政府的解放或控制问题进行了话语分析。这包

---

① ［美］波林·罗斯诺：《后现代主义与社会科学》，张国清译，上海：上海译文出版社，1998 年版，第 232 页。
② ［澳］杰夫·刘易斯：《文化研究基础理论》（第二版），郭镇之等译，北京：清华大学出版社，2013 年版，第 137 页。
③ Michèle Barrett, Mary McIntosh, *The Anti-social Family*, London: Verso, 1982, p. 37.

括以下三篇重要论文：《女性、福利和诠释需要的政治》(1987)、《谈论需要：福利国家中政治冲突的解释性争论》(1989)和《围绕需要而战：后资本主义政治文化的社会主义女性主义批判理论大纲》(1990)。弗雷泽的主旨是通过建构一种"诠释需要的政治"的"文化政治"，强调诠释女性需要和需要意义的重要性以及谁被授权去谈论它们，展开对资本主义社会福利制度的解构和批判。

一、何谓"诠释需要的政治"？

第一，是对福柯的权力话语理论的重视。如同福柯所指出的，权力通过知识/语言建构现实，赋予意义：何谓好坏？谁是受害者？谁做错？谁值得同情？谁应受惩罚？弗雷泽也认为现实生活中的权力运作是政治性的。她所提出的"需要"概念具有政治意涵，"诠释需要的政治"是属于多元团体与话语竞争之下的政治产物：长期以来如何定义人们的需要？由哪些人或团体来生产和诠释话语？这些话语背后隐藏了哪些特定知识典范？如何进行需要诠释的竞争？

第二，是对资本主义福利制度的批判。弗雷泽把社会福利视为一个需要话语的竞争场域，不同势力争相在民主政治公共场域中试图定义"谁是有需要的主体"。被认可的需要，就有机会获得资源分配的合法性。弗雷泽指出，资本主义福利制度对需要的诠释存在两套对立的话语模式，但占主导地位的是官方统一的话语模式，它实质上是一种国家父权制，以男性的视角来诠释女性的需要，而忽视女性的经验和对需要的表达诉求，并把对需要的诠释非政治化，从而掩盖了其福利制度的性别含义。

第三，是对公共福利政策制定方向的把握。弗雷泽提出了"诠释需要的政治"，这将使人们不仅关注物质再分配，还把它上升到一个政治和社会议题，从而呈现出多元话语主体以代替单一的"象征秩序"①。需要

---

① Nancy Fraser, *Unruly Practices：Power*, *Discourse and Gender in Contemporary Social Theory*, Minneapolis：University of Minnesota Press, 1989, p. 10.

话语的焦点在于除传统理论对需求满足与界定之外，应将"诠释需要的政治"纳入后现代公共政策分析的思维中。需要诠释是一场政治权力的竞争产物；谁取得了定义需要的权力，便能主导政策设计的走向。

第四，是对女性主义运动的反省。弗雷泽认为，"诠释需要的政治"可以自上而下，对新自由主义依赖市场调节的路径进行批判。当一个声音公开要求国家满足社会需要时，就有可能改变舆论。女性主义运动将个人家庭生活政治化，"坚持公开讨论被非政治化了的社会需要，并将其作为合理的政治议题，能够同时起到若干作用。首先，它们挑战的是将'政治'与'经济'和'家庭'分开的既成界限。其次，它们提出的是以不同的逻辑链诠释的不同的自身需要。再次，它们建立了新的舆论空间，为的是通过一系列不同的话语空间来宣传自己对其需要的诠释。最后，它们对霸权式的诠释和交流手段作出了挑战、修订和改写"①。

第五，是对"需要诠释"分析模式的建立。弗雷泽称之为诠释与交往的"社会文化方式"（sociocultural means），这些"社会文化方式"包括："那些被官方认可的词汇——人们用来表达其主张；可用的（availabe）习惯用语——人们用来诠释和沟通他们的需要；一些成型的叙述习俗——人们用来建构个人的和集体的历史，而这些历史又对社会身份起着建构作用；论证的范式——它被当作权威而被用来裁决相互冲突的各种主张；不同种类的话语将各自的主题建构成其特殊的研究对象的方式；可用的修辞设施的储备库；语言的身体和姿态维度——在一个特定的社会里它们与权威和说服力相联系。"②

总之，在理论上，弗雷泽的"诠释需要的政治"概念，直接挑战了传统社会福利观念，而将需要"视为一种话语竞争下的产物，是一种社会建构的过程，因此成为透视权力关系的切入点，而非一种可以被测量的客观

---

① Nancy Fraser, *Unruly Practices: Power, Discourse and Gender in Contemporary Social Theory*, Minneapolis: University of Minnesota Press, 1989, p. 171.
② Nancy Fraser, "Toward a Discourse Ethic of Solidarity", *Praxis International*, Vol. 5, No. 4, 1986, p. 425.

事实"①。弗雷泽作为女性主义学者，这种研究路径无疑解构了现有对"需要评估"的假象，提供了一种将需要政治化的理解架构，揭露出福利政策过程中的政治动态。

二、"诠释需要的政治"之重要性

在弗雷泽看来，女性的福利斗争不仅要争取各种福利的实现，而且要让女性表达出自己的真实需要。"首先，它们（那些理论）把对人们需要的诠释简单地看成是既定的和毋庸置疑的；它们因此掩盖了诠释需要的政治层面——事实上，政治上争论的不仅是需要的满足，还有对需要的诠释。"②伴随着福利的减少和女性贫困化的加剧，福利斗争中女性需要的问题就爆发出来了。

第一个问题是制度性的，现存的不利于女性的福利制度实际上使女性的贫困制度化了，"它们提供的福利是服从制度的，它们加强了而不是挑战了根本的结构不平等"。所以，女性的福利需要是一个制度性或反对不公制度的问题。第二个问题是意识形态的或政治性的。现存的占主导的福利问题是把对需要的诠释当作既定的和理所当然的，"它因此掩盖了这样一个问题，对人们需要的诠释本身是个政治问题，事实上，它有时是政治的关键"③。女性要表达出自己的福利诉求，把它上升为一个政治问题，因为"一个问题只有在公共话语的广大范围中被讨论时，它才可能得到合法的国家干预"④。

三、"诠释需要的政治"之本质：从去政治化到再政治化

弗雷泽指出，女性要谋求她们福利的合法化，就必须把"诠释需要"

① 王增勇：《社区照顾的再省思：小型化？规格化？产业化？》，《台湾社会研究季刊》2005 年第 59 期。
② Nancy Fraser, *Unruly Practices: Power, Discourse and Gender in Contemporary Social Theory*, Minneapolis: University of Minnesota Press, 1989, p. 164.
③ Ibid., p. 145.
④ Ibid., p. 166.

上升为一个政治问题，使女性有一个合法正规的渠道来表达自己的诉求。通过把女性诠释自己需要的渠道政治制度化，女性可以把原来不被重视和不能得到满足的需要显现出来，"事实上，在福利国家社会中，关于需要的话语一般至少潜在地指涉了其他的可替代的解释。关于需要的特殊宣称是'内在的对话式'，它们潜在或明确地挑起相互竞争的诠释需要的共鸣。因此它们暗含了对需要诠释的相互冲突"①。

另外，女性也应充分认识到表达需要的重要性。政治与非政治的区分并不是既定的或固定不变的，例如，社会运动就成功地把原来非政治的需要政治化了，女性也可以把对需要的诠释再政治化。当然，她们需要克服福利国家在这个过程中把对需要的诠释变成对满足需要的管理，让女性参与到福利制度制定的过程中。在弗雷泽看来，有一个制度化保障的平等参与模式可以让女性平等地表达自己的需要，以便把对需要的诠释作为一个政治问题来解决，是代替现在忽视女性表达需要的福利制度的一个很好的方式，它可以更好地维护和实现女性的真正需要。弗雷泽指出，通过"诠释需要的政治"，能够给予边缘社会群体在政策制定中平等且有意义的话语权，并且能够为识别人类需要和协商共同责任开创更为民主的过程。

第四节　如何为女性的需要而斗争？

弗雷泽指出，资本主义福利国家诠释女性需要的话语模式是统一的、男权的和去政治化的。在这种语境中，"诠释需要的政治"将以一种更为民主的方式开放，以包容相对弱者并去挑战由专家决定需要的排斥性力量。

一、对资本主义福利国家统一话语模式的批判

弗雷泽提出以"诠释需要的政治"来解释福利政策的演变，有关福利

---

① Nancy Fraser, *Unruly Practices: Power, Discourse and Gender in Contemporary Social Theory*, Minneapolis: University of Minnesota Press, 1989, p. 165.

的话语都可以被视为一种对需要的诠释，并在公共领域中争取影响国家政策的主导权。因为福利政策都涉及照顾责任的分配，以家庭/市场/国家的三角关系来看，社会福利话语的演变其实就是照顾责任界线的定义与再定义历程。在弗雷泽的"诠释需要的政治"分析架构中，福利政策是不同话语间相互争夺后的结果。从女性主义的视角来看，弗雷泽特别关注"需要话语"在公共领域与私人领域之间的角力。[1] 弗雷泽认为，在晚期资本主义福利国家中，对需要的诠释存在相互竞争的三种话语模式。

第一种是下层反对的话语（oppositional discourse）。来自下层的反对话语有助于形成新的社会认同，将隐藏在私人领域的需求加以公共化。来自下层的人民极力主张和申诉自己的需要，"例如，当女性、工人和/或者有色人种对抗他们的从属身份和地位，以及过去指派在他们身上和/或者他们接受了传统的、具体化的以及不利的需要解释时，需要就政治化了"。[2]

第二种是主张"再私有化"的话语（re-privatization discourse）。这是因第一种话语而产生的话语。此种话语维护既有的政治、经济和家庭领域的分离，反对国家提供福利；企图重新诠释政治化议题，即再去政治化，在政策上赞成缩减，反对团体抗争而来扩大权益与福利服务的要求。

第三种是专家话语（expert discourse）。它与社会问题解决、制度建构及专家团体的形成相关联。"专家需要话语是把完全政治化的、失去控制的需要转换成国家潜在干预的对象，并且他们与知识生产和运用的制度化密切相关"。[3] 同时，福利国家的各个机构在诠释需要中扮演着重要角色，"因此，构成社会福利制度的各种机构不仅提供物质援助。它们还以一种对规范的、不同价值的性别角色和性别需要强有力的诠释模式

---

[1] 王增勇：《家庭照顾者作为一种改革长期照顾的社会运动》，《台湾社会研究季刊》2011年第85期。

[2] Nancy Fraser, *Unruly Practices: Power, Discourse and Gender in Contemporary Social Theory*, Minneapolis: University of Minnesota Press, 1989, p. 171.

[3] Ibid., p. 173.

的策略,在最大程度上提供了顾客和公众"。① 福利国家的各个机构都是为现在的自由主义盛行时期的国家统一话语服务的,它以国家制度权威的方式来裁定女性等从属群体的需要。

二、对以男权视角诠释女性需要的话语模式的批判

弗雷泽进一步指出,资本主义福利制度基于公共父权制对需要话语的单一的、统一的解释往往歪曲了女性需要。

首先,它剥夺了女性诠释自我需要的话语权,而只把她们当作被动的接受者。弗雷泽指出,这些方式——官僚程序和金钱形式——建构了福利制度的权利、津贴和社会服务,这种做法剥夺了顾客的权力,使他们依赖于官僚机构和"治疗政体",并且抢占了他们诠释自己的需要、经验和生活问题的能力。② 即使她们有自己的表达需要的诉求,那也被认定为个别的和特殊的,不能进入政策制定的决定话语权。

其次,它把女性的需要解释成照顾孩子的母亲的需要和维持家庭的妻子的需要,而不是女性本人的需要。如在美国的"抚养未成年子女家庭援助计划"(Aid to Families with Dependent Children)(AFDC)项目中,作为主要接受者的女性只是为了照顾未成年孩子,食品救济券也是为了维持全家人的基本生活,而"如果项目行政官员知道她们不是用于'家庭'这个范围和界限的话,他们就会失去这些福利"③。这里,女性个人的需要似乎被湮没殆尽了。

最后,它把女性的一些正当需要解释为不合理的。例如,当女性提出反对家庭暴力应作为一个普遍的社会问题加以解决时,并没有引起相关部门的重视。可见,女性的需要要么被代替为其他家庭成员的需要,要么被忽视、被歪曲。她们难以表达自己的需要,或者被男性的统一话

---

① Nancy Fraser, *Unruly Practices : Power, Discourse and Gender in Contemporary Social Theory*, Minneapolis: University of Minnesota Press, 1989, p. 170.
② Ibid., pp. 130 - 131.
③ Ibid., p. 153.

语所错误解释。

三、对"法律—行政—治疗"话语模式的批判

弗雷泽指出，美国等福利国家实质上是一个"法律—行政—治疗的机器"（Juridical-Administrative-Therapeutic State Apparatus）（JAT），它把"诠释需要的政治"斗争转换成法律的、行政的或者治疗的事务。弗雷泽认为，以美国为代表的福利国家以"JAT"的模式来解释需要，它尤其适用于解释女性接受福利救济的状况。这种模式掩盖了福利制度的政治性，"结果，它倾向于把解释人们需要的政治问题变成法律的、行政的和/或治疗的问题。因此，这个制度以一种似乎非政治的方式来执行政治决策并倾向于去政治化"[1]。这对女性是非常不利的。因为按照法律和行政的程序来对女性需要进行认定和审核，对女性救济的措施进行监督，这一切都只体现了男性的意志。

首先，从法律方面来说，福利对男性和女性的权利设定是不一样的，前者"拥有"更多的公民权。其次，从行政方面来说，女性要获得福利救济，就必须证明自己的需要与行政部门对女性需要的解释相一致，并且她们遵循与男性不同的行政程序和接受不同的福利。"因而，在'女性的'子系统中，顾客被认为是被动接受以金钱衡量的、提前定义的和预先包装好的服务。"[2]而在"男性"子系统中，受益人收到的是特定的和预定的现金。最后，从治疗方面来说，女性受到的屈辱和改造更严重。例如，对女性的救济被看作是一种拯救和恩惠，暗含了受助女性是不正常的和病态的，要对她们进行强制教育，"把性别政治和政治经济问题建构成个人的和心理的问题"，[3]不顾个人经验和文化差异，按照男性统一的理性模式去规范她们的行为。

---

① Nancy Fraser, *Unruly Practices : Power, Discourse and Gender in Contemporary Social Theory*, Minneapolis: University of Minnesota Press, 1989, p. 154.

② Ibid.

③ Ibid., p. 155.

四、评论与反思

美国批判理论家道格拉斯·凯尔纳(Douglas Kellner)在文章《批判理论与文化研究：未能达成的接合》中指出："法兰克福学派与英国文化研究是相互补充的而不是对立的，而且可以通过一种新的方式接合起来。"①哈贝马斯在《包容他者》一书中就曾指出："性别角色和和性别差异的划分，触及到一个社会的文化自我理解的基本层面。只是现在，激进的女权主义才使我们意识到这种自我理解是会出错的，需要加以修正，甚至值得质疑。女权主义坚持认为（她们这样认为是正确的），在某些方面，（一定集团的）妇女和男人之间在经验和生活处境上的差异，对于均等使用主体行为自由是十分重要的，这些方面的差异在政治公共领域，特别是在围绕着需求和标准的解释而进行的公共讨论中必须得到澄清。"②但是"文化转向"被指控为忽视了女性生活的实质问题，对再现、文本和形象的关注，远离了成千上万贫困人们日常生活的迫切需要。马克思主义的女性主义者塞西尔·杰克逊(Cecile Jackson)对贫困和性别持"后"女性主义的认识进行了批评："在此，文化、观念和符号具有权力的话语利益和建构性，而物质性具有可疑性，至少令人怀疑"，而且贫困变成"主要是某种思想状态"而不是一件为生存而斗争的事情。她认为女性及其面临的真正挑战迷失在文本、形象和再现的沼泽之中③。因此，"文化转向"处于"将孩子和洗澡水一起倒掉"的危险之中。

一些女性主义者批评福柯的理论有否定女性主义政治的危险：福柯的思想如何能导致政治实践？如果每件事情，包括需要和欲望都成了话语上的工具，那么在社会生活中还有什么东西是"真实的"？正如英国女

① 陶东风主编：《文化研究读本》，南京：南京大学出版社，2013年版，第174页。
② ［德］尤尔根·哈贝马斯：《包容他者》，上海：上海人民出版社，曹卫东译，2002年版，第304—305页。
③ Cecile Jackson, "Post Poverty, Gender and Development", *IDS Bulletin*, Vol. 28, No. 3, 1997, p. 147.

性主义哲学家凯特·索珀(Kate Soper)指出："如果福柯认为压迫是在话语中形成的,因此无法在话语之前或之外存在的话,那么福柯有关话语的描述就带有专断性,因为话语远离物质存在的环境。"[①]由此,批评家也质疑弗雷泽的"诠释需要的政治"理论会弱化女性主义的政治实践。实际上,弗雷泽一直试图把自己的学术研究与更大的社会运动和斗争联系起来,她也强调自己与福柯的不同："私有化的一方主张取消福利,新社会运动的一方试图使其民主化。因此,我认为问题在于技术的治理化力量、无政府主义的私有化力量和解放运动的民主化力量这三方之间的斗争。即使如此,我也认为福柯提供的是片面的图景,因为他只考虑到第一个方面。结果,他有效地强调了福特制福利国家规训的一面,而不是解放的、进步性的一面。我想把这两方面整合起来进行解释。"[②]

美国学者佩格·蒂特尔(Peg Tittle)则把弗雷泽的"诠释需要的政治"看成是一种身份政治。"弗雷泽的'哪里有不公平,哪里就有需要的诉求'变成了'哪里有不公平,哪里就有身份的诉求'",女性参与表达和争论自己的需要也是女性主体身份的一种象征。她还总结了弗雷泽"需要的政治"的三个独立又相互关联的部分,"一是对某一需要的政治地位的肯定或否定,即把需要的合法性上升为一个政治议题;二是对需要的诠释,即定义需要和定义满足需要的权力;三是需要的满足",并把这三个部分转换成"身份政治的合法性、定义身份、满足身份的承认"。[③] 蒂特尔充分肯定了弗雷泽把资本主义福利社会对女性需要的诠释模式看成一个政治问题的新视角。

综上所述,弗雷泽早期的女性主义批判理论立足于马克思批判理论的立场,借鉴与整合了哈贝马斯、福柯和女性主义理论等各自的洞见,提

---

① 苏红军:《成熟的困惑:评 20 世纪末期西方女权主义理论上的三个主要转变》,苏红军、柏棣主编:《西方后学语境中的女权主义》,桂林:广西师范大学出版社,2006 年版,第 21 页。

② [英]凯特·贝德福德:《新自由主义时代的社会权利和性别正义:对话南希·弗雷泽》,戴雪红译,《国外理论动态》2014 年第 2 期。

③ Peg Tittle, "Identity Politics as a Transposition of Fraser's Needs Politics", *International Journal of Applied Philosophy*, Vol. 11, No. 1, 1996, pp. 23 - 28.

出了一种"诠释需要的政治"的新思维模式，极大地拓宽了女性主义政治的边界，并提供了一种女性主义批判理论研究的新方向。"弗雷泽承认女性主义在洞察概念（包括各种'真''假'需要说）之可疑性方面发挥了重要作用，但她坚持认为，我们能够在何者是对需要的'较好'解释、何者是'较坏'的解释之间做出区分，这是致力于社会变革的政治理论的一个要素。"①尽管早期弗雷泽开始走出法兰克福学派的政治经济学批判逻辑，转向文化政治批判，但她进入了围绕资本主义福利国家政策、公共事务和政治组织的斗争，进入了为女性需要而进行的斗争，这证明了"战后社会民主向早期第二波女性主义的转变，是新左翼激进主义的一个趋势"②。

---

① ［加］菲利普·汉森：《历史、政治与公民权：阿伦特传》，刘佳林译，南京：江苏人民出版社，2004 年版，第 41 页注释。
② Nancy Fraser，*Fortunes of Feminism：From State-Managed Capitalism to Neoliberal Crisis*，London：Verso，2013，p. 5，

第八章　对资本主义福利制度的政治经济学批判

　　至 20 世纪 80 年代,经济全球化加剧了性别和资本主义之间关系的复杂性。因此,女性主义的政治经济学充满了社会变迁应该如何和劳动力的性别划分以及文化行为同步的冲突。所有的传统机构,包括婚姻、家庭结构、儿童养育、遗产继承的形式等,都受到了严峻的挑战。女性主义的政治经济学在很大程度上试图在资本主义生产中为女性和劳动的性别分工定位。另外,由于在女性主义研究内部普遍存在着一种厌恶经济理论和分析的倾向,这或许源于马克思主义者对再生产领域忽视得太久,女性主义文化理论家对文化的政治经济表现不出积极的兴趣。弗雷泽则看到了批判理论、女性主义经济学和后结构主义的汇合将对女性主义文化研究产生的影响,因此,她富有开创性地开启了文化批判研究与政治经济研究的相互交流。弗雷泽试图通过话语分析批判剥削,她的女性主义批判理论发展起来的另一个研究视角,就是从文化的角度对以经济学为基础的现代性进行批判,并形成以文化为基础的政治经济学,也即向政治经济学的回归。这一分析线索具有跨学科性质,并且常常富于马克思研究的色彩。

第一节　福柯的谱系学分析与女性主义政治经济学

弗雷泽早在 20 世纪 80 年代初就探讨了福柯的话语权力观和谱系学方法,这既是她把权力话语理论融入女性主义研究当中的后现代主义女性主义的一个内容,又是她批判资本主义各种制度掩盖和压制了女性声音的契机。她认为,"福柯已经开启了一种对现代社会起源和本质新形式的政治反思并使之理论化了。这种反思就是福柯所称的'谱系学',它已经产生了一些极其宝贵的结果"[1]。福柯的谱系学对事物独特性、偶然性和细节的关注,使弗雷泽也注重研究女性的差异、体验和主体性,注重研究现象背后的原因。

一、谱系学分析:知识与权力

福柯提出了知识/权力/话语三者交错形塑的历史分析方法——知识谱系学。他的两篇文章标志着谱系学的转向:一篇是福柯担任法兰西学院思想系统史讲师的就职演讲——《话语的秩序》(*The Order of Discourse*),另一篇是《尼采、谱学和历史》(*Nietzsche, Genealogy, History*),而后者是探讨谱系学方法的关键论文。福柯的谱系学是源自后现代思想家尼采的谱系学,但与尼采不同的是,福柯放弃了对所谓的纯粹、唯一的"本源"存在的寻求。与早期著作运用的,意味着具体和确定的历史条件研究的考古学方法不同,福柯的谱系学采取追溯历史连续性和话语不连续性的形式。

首先,《规训与惩罚》(*Discipline and Punish*,1975)一书标志着一个转折点。福柯运用谱系学的分析方法,旨在探究权力的新战略运作。福柯指出:"权力和知识是直接相互连带的;不相应地建构一种知识领域

---

[1] Nancy Fraser, *Unruly Practices: Power, Discourse and Gender in Contemporary Social Theory*, Minneapolis: University of Minnesota Press, 1989, p. 17.

就不可能有权力关系,不同时预设和建构权力关系就不会有任何知识。因此,对这些'权力—知识关系'的分析不应建立在'认识主体相对于权力体系是否自由'这一问题的基础上,相反,认识主体、认识对象和认识模态应该被视为权力—知识的这些基本连带关系及其历史变化的众多效应。总之,不是认识主体的活动产生某种有助于权力或反抗权力的知识体系,相反,权力—知识,贯穿权力—知识和构成权力—知识的发展变化和矛盾斗争,决定了知识的形式及其可能的领域。"①福柯关注的重点在于权力的"微观政治"(micropolitics),这样的权力既不以"国家"或"统治阶级"为中心,也不是自上而下的,而是关系性、过程性的,散布在各个话语领域中,尽管这并不是一种均匀的散布。福柯反驳了权力仅仅是一种压制力量的说法,权力不是"压迫性的",而是"生产性的",它生产了现实。"我们不应再从消极方面来描述权力的影响,如把它说成是'排斥'、'压制'、'审查'、'分离'、'掩饰'、'隐瞒'的。实际上,权力能够生产。它生产现实,生产对象的领域和真理的仪式。个人及从它身上获得的知识都属于这种生产。"②福柯建议人们必须根据压迫的来源将控制/抵抗的概念转变为更含糊、微妙和普遍的现实,围绕着话语权/实践的观点。在这里,每个人同时是压迫者和受害者。

其次,1978 年出版的《性史》(*The History of Sexuality*)是福柯谱系学分析的代表作,他以性意识之历史研究为素材,揭露知识—权力的关系与战略行使,旨在建立一门权力的分析学。福柯的谱系学考察了监狱、学校和医院,以展现权力和纪律的运作。它们集中于知识的形成和使用,包括作为话语影响的主体建构。知识是一种与主体性生产有关的权力形式。福柯在《性史》中指出,权力的载体是话语:"核心的问题是总体的'论证事实',亦即性得以'用话语表达'的方式。因此,我主要也着眼于坐定权力的各种形式,勘定它的渠道,还有它所渗透的话语,以求把

---

① [法]米歇尔·福柯:《规训与惩罚:监狱的诞生》,刘北成、杨远婴译,北京:生活·读书·新知三联书店,1999 年版,第 29—30 页。
② 同上,第 218 页。

握行为的最模糊而独特的形态，把握住使它能得以接近几乎没有蛛丝马迹可寻的欲望形式的门径，弄清它如何渗透并控制着日常的快感——所有这些随之而来的作用，既可是谴责、阻碍、致废，也可激发和强化。简单说，就是'权力的多形技巧'。"①福柯认为，现代的权力不应该视为由上而下的，而是由下而上运作的力量。福柯称这种权力形式为生命权力（bio-power），以彰显身体控制的含义。"性是接近肉体的生命和人种的生命的一条途径，它被用来作为惩戒的标准和管理的基础，……它正在成为政治运行、经济干涉和……意识形态运动的主题，它被推为社会力量的指针，同时显示社会的政治能量和生物活力。分布于这个性技术的两极之间的是一系列不同的战术，以变化的比例把惩戒肉体的目的与调节人口的目的合为一体。"②因而，福柯提出对一些方式的新的关注，在这些方式中，权力塑造了生物性别的含义。在福柯看来，不能将性看成是一种生物学的实在，而是"一种特别密集的权力关系的转换点：存在于男性与女性、年轻人和老人、父母和子女、老师和学生、传道者和信徒、行政管理机关和人群之间"③。

福柯没有界定权力；其权力概念的重点是权力并不是一项有形的资产，而是一种策略。福柯强调权力具积极性（意指它具创造性）的一面甚于否定性（意指它是受限制的）的一面。那么，福柯所指的权力到底是什么？"权力不是某种可持有或传递的东西，它不是一个阶级（或某一性）对另一个阶级（或另一性）的占有，它并不体现在国家或某个机构中。它是所有社会关系中所固有的，并必然会使所有这些关系产生不平衡。"④

一般而言，谱系学概念主要关注个人、观念或现象的起源或传统。考古学诊断的是现在，而谱系学则考察了权力以及话语的历史连续性与

---

① ［法］米歇尔·福柯：《性史》（第一、二卷），张廷琛等译，上海：上海科学技术文献出版社，1989年版，第12页。

② 同上，第140页。

③ Joan Scott, *Feminism and History*, Oxford University Press, 1996, pp. 6 - 7.

④ ［英］杰佛瑞·威克斯：《20世纪的性理论和性观念》，宋文伟、侯萍译，南京：江苏人民出版社，2002年版，第152页。

断裂性,以及这些话语是如何出现在特定的、无可回复的历史状况下。因此,福柯的谱系学不是要发现历史真相或历史起源,而是要关注历史本身所内涵的复杂性、零碎性与偶然性,以及不同的统治、规训模式的斗争与变迁。福柯定位谱系学为"当下的历史"(history of present),认为所有的历史都是由特定的主观位置为了解当下而对过去的事所做的诠释。因此,"谱系学的出发点是要确定存在所处的位置。谱系学最关心的问题是:今天的我们到底是什么。谱系学要对事件进行历史性调查,它想知道的是:什么样的事件使我们成为这样做、这样想、这样说的主体"①。谱系学的目的不是要发现人们身份的根源,而是要致力于消除这种身份。

福柯以谱系学的三个轴心来呈现其研究的意涵:真理、权力和伦理。谱系学是关于人们自身的历史本体论(historical ontology of ourselves),包含了:"第一,我们自身的历史本体论与真理有关,通过它,我们将自己建构为知识主体;第二,我们自身的历史本体论与权力相关,通过它,我们将自己建构为作用于他人的行动主体,我们自身的历史本体论与伦理相关,通过它,我们将自己建构为道德代理人。"②

二、福柯的谱系学与女性主义

(一)女性主义对福柯谱系学的借鉴

谱系学让福柯与批判理论和后结构主义女性主义更为相近,它对女性主义者的启发主要包括以下几个方面:

首先,"它从历史—批判的角度对我们的存在进行了质疑"③。其中,对性别研究具有重大意义的是:过去的"男人""女人"并不总是像现在

---

①［德］马文·克拉达、［德］格尔德·登博夫斯基编:《福柯的迷宫》,朱毅译,北京:商务印书馆,2005年版,第93页。
②［法］米歇尔·福柯:《福柯读本》,汪民安主编,北京:北京大学出版社,2010年版,第305页。
③［德］马文·克拉达、［德］格尔德·登博夫斯基编:《福柯的迷宫》,朱毅译,北京:商务印书馆,2005年版,第93页。

"这样",特别是,它成为今天"这样"并不是一种必然性。"如果性别和性类别的建构是历史的产物,如果我们能够弄清楚性别和性类别的出现及繁衍的机制,那么,我们就可以改变它们。"①

其次,"它摆脱了偶然事件——即那些塑造我们,让我们像现在这样想、这样做的处境——的羁绊,从而让我们看到可以不再这样行事,可以成为另外的我们的契机"②。这一理论认识成了后现代主义/后结构主义的女性主义借鉴的重点。巴特勒认为女性主义理论一个较为适当的方向,或许是去采用由福柯所发展出来的谱系学的研究方式。"谱系学的批判方法拒绝追索那些受到压抑而深埋的性别的源头、女性欲望的内在真实,以及纯正或真正的性/别身份;相反地,谱系学探究的是,将那些实际上是制度、实践、话语的结果,有着多元、分散的起源的身份范畴,指定为一种起源或原因,这样做的政治着眼点是什么。"③

再次,福柯的谱系学概念,对理解性和性别关系等现象十分有益,促进了许多女性主义者的研究。"福柯帮助我们摆脱了对假设的资本主义的普遍战略不假思索的依赖,把我们从抽象的决定论和决定功能主义中解放出来,使我们回到了对社会形式——实际的权力构成——之间实际关系的探索中。"④

最后,福柯的谱系学指出了考察那些微观权力过程的重要性,这使得女性主义者在探索性别化的与非性别化的"权力"观念之间的关系上,有格外的重要性。澳大利亚的学者克里斯·毕思理(Chris Beasley)也指出:"后现代女性主义者追随了福柯的'系谱学的'分析工作,支持后现代

① [英]杰佛瑞·威克斯:《20世纪的性理论和性观念》,宋文伟、侯萍译,南京:江苏人民出版社,2002年版,第149页。

② [德]马文·克拉达、[德]格尔德·登博夫斯基编:《福柯的迷宫》,朱毅译,北京:商务印书馆,2005年版,第93页。

③ [美]朱迪斯·巴特勒:《性别麻烦:女性主义与身份的颠覆》,宋素凤译,上海:上海三联书店,2009年版,序(1990),第3页。

④ [英]杰佛瑞·威克斯:《20世纪的性理论和性观念》,宋文伟、侯萍译,南京:江苏人民出版社,2002年版,第149页。

对性的典型观念,宣称拒绝任何有关社会、权力或自我之宏观或普遍性的解释。驳斥现代主义所宣称的具有可用以解释社会、权力和自我的'真理'。后现代女性主义者拒绝任何既有的基础。权力不是其中的一部分,也不仅仅是一元化核心自我的负面压迫。权力反而是具生产性的、是多元的。它提供了形塑自我的动力。"[1]

(二)弗雷泽对福柯谱系学的借鉴

福柯的谱系学分析为弗雷泽提供了一种有用的工具,来研究美国福利制度的变化及其对女性的影响。

首先,弗雷泽也赞同其他女性主义者的观点,认为福柯的谱系学是后现代主义者的一个启示来源。谱系是"构成式的"、生成性的过程,它涉及历史知识、斗争、颠覆、通俗知识、关于敌对冲突的回忆、约束与话语的相互联系以及统治策略。但是在描述它们的时候,福柯强调它们都处于持续的变化之中。他的谱系学着重考察破裂之物、中断之物以及局部的、不连贯的、不合格的、非法的知识,并反对关于某个统一的理论实体的各种声音,那些声音打着构成一门科学及其对象的某种真知识和某种随意性观念的名义。而那个理论实体则(被认为是)会不断地走向优化、层系化和有序化。这个谱系学并无个别的或集体的行动者(主体)的表现空间,而它的确关注的是被排斥之物和边缘之物。它注意各种力量的关系,但不作出常规判断或给予意识形态上的评价,不去发掘深层意义,而是专注于"表面事件的单一性,……很小的细节,不起眼的变化和微妙的轮廓……不连贯性和随意性"[2]。

其次,弗雷泽指出,对作为后结构主义者的福柯而言,他的权力谱系学则是要解构所有一切被建构的"非中心"(off-center)的主体。福柯的权力谱系学,提供给女性主义研究者一种性别规训的观点,探讨规训的

① [澳]Chris Beasley:《性别与性欲特质:关键理论与思想巨擘》,黄丽珍译,台北:韦伯文化国际出版有限公司,2009年版,第175页。
② Nancy Fraser, *Unruly Practices: Power, Discourse and Gender in Contemporary Social Theory*, Minneapolis: University of Minnesota Press, 1989, pp. 20–21.

社会是如何形成一种规范和控制的自我合法化的系统，使得人们屈从于性别系统的规格，并配合社会而自我管制。① 女性主义"对福柯著作的兴趣往往集中于他的谱系学研究，尤其是他的权力分析对理解妇女世界地位的实用性（或无用性）以及女权主义政治面对由话语构成的一个主体的前景"②。

简言之，福柯的谱系学为女性主义提供的不是一种人文主义理论，而是一种批判性的方法，它具有彻底的历史性，并且是一套关于如何看待我们的理论的建议。

三、女性主义政治经济学方法

如何界定"政治经济学"呢？一般而言，"在狭义上，'政治经济学研究社会关系，特别是权力关系，这些关系相互作用构成了资源的生产、分配和消费'。但在广义上，政治经济学'研究社会生活中的控制与生存问题'"③。因此，政治经济学总是具有批判性，"政治经济学……是关系到在历史上所构成，而政治和经济活动都在里面进行的一种结构或架构。它从其目前明显的固定状态，往回追问既存的结构是如何成形的？它们如何被改变？或它们是如何被导致改变的？在这层意义上，政治经济学就无疑是一种批判理论"④。加拿大哲学家查尔斯·泰勒（Charles Taylor）认为，应当把经济学视为一种文化话语："有一些特定的规律支配着我们的经济行为，这些规律的变化非常缓慢……但是文明经过了漫长的发展，才形成了这样一种文化，在这一文化中人们表现出一定的行

---

① 卯静茹：《重构女性教师的"主体性"研究：女性主义研究观点的探索》，《教育研究方法论学术研讨会》论文集，2003，第 4 页。
② 莫雅·劳埃德：《福柯的伦理学和政治：适用于女权主义的策略？》，张玫玫等译，汪民安等编：《福柯的面孔》，北京：文化艺术出版社，2001 年版，第 376 页。
③ ［英］奥利弗·博伊德·巴雷特、克里斯·纽博尔德：《媒介研究的进路：经典文献读本》，汪凯、刘晓红译，北京：新华出版社，2004 年版，第 227 页。
④ Robert Cox, "Critical Political Economy", in *International Political Economy: Understanding Global Disorder*, edited by Bjorn Hettne, London: Zed Books, 1995, p. 32.

为。这种行为成为文化上的某种可能性,行为的秩序被广泛接受,而行为本身也被推广和普及……经济学渴望成为一门科学,有时候它似乎已经非常接近了,因为我们已经形成了一种文化,在这个文化中某种形式的理性是一种(如果不是唯一的)具有统治地位的价值观。"[1]另外,有学者指出:"'政治经济学'并不只是单纯地指经济学,而且指政治的、经济的以及其他的社会现实维度之间的关系,因此这个术语把文化联系于它的政治的和经济的背景,并让文化研究向历史和政治学开放。"[2]这个观点暗含了传统政治经济学研究途径的局限性,说明了性别分析和女性主义批判应该被视为是政治经济学分析中(尤其是关乎权力之时)一个综合和基础的维度。

长期以来,女性的家务劳动产生了巨大的经济贡献,但没有被计入马克思的剩余价值理念。出于实际考虑,女性的劳动没有任何经济意义。女性主义者则力图解释,为什么女性工人在家庭中的劳动不被重视。"马克思主义者在 20 世纪 80 年代花费相当大精力参与所谓家务劳动的争论。马克思主义者不仅试图把妇女的家务劳动置于资本主义领域之内,而且试图用马克思主义的术语来规范它。马克思主义的焦点并不是女性的压迫,而是在资本主义制度下家务劳动的确切作用。这类盛行的问题是,家务劳工是生产还是不生产(unproduction)剩余价值,或者与生产、不生产剩余价值无关。承认妇女的家务劳动是工作,无疑向前迈进了一步,但然后质疑这种工作严格来说是生产性的还是非生产性的,却是一种倒退。即使马克思主义一再努力,它的倾向仍然是囿于一种生产主义的逻辑之中。阶级仍然被归结为生产(尽管是在'归根结底'意义上),而生产关系之外出现的意识和行动的形式几乎不被察觉。"[3]

---

[1] [美]阿图罗·埃斯科瓦尔:《遭遇发展:第三世界的形成与瓦解》,汪淳玉等译,北京:社会科学文献出版社,2011 年版,第 66 页。

[2] 陶东风主编:《文化研究读本》,南京:南京大学出版社,2013 年版,第 194 页。

[3] [英]罗纳尔多·蒙克:《马克思在 21 世纪:晚期马克思主义的视角》,张英魁等译,南京:江苏人民出版社,2011 年版,第 104 页。

法国马克思主义的女性主义者克里斯汀·德尔菲(Christine Delphy)确定了几个独立的领域,把男女两性之间不对等关系的根本动力定位于家庭中存在的一种父权制的家庭内部生产模式,通过这种模式,作为一个阶级的男人们剥削女性的劳动,并直接从占有女性的劳动中获益,正如她所指出的:"所有的生产形式,家庭的生产模式也是商品的循环和消费的模式之一。但是第一眼要从资本主义的生产模式中区分统治者和被统治者的消费的形式却非常困难,因为消费是由工资决定的,这些在家庭模式中很难区分。这里消费是最重要的,并且能够作为制造差别的基础,因为两种生产模式之间的重要差别之一是家庭生产是无偿劳动,并且需要持续。在这种模式下,消费没有从生产中区分开来,并且对于商品的非平等交易不是通过金钱达成的。"①因此,20 世纪 60—70 年代的马克思主义的女性主义的主要成就之一体现在将家庭附加于资本,作为其再生产的场所;将生产模式的概念转变为"家庭生产模式",对女性的劳动进行分析。正如后来的"家务劳动以及关于家务劳动工资的争论"所表明的那样,女性现在则被认为对资本有着完全的贡献,可以在家中创造"价值",进行"再生产"来间接增加剩余价值。

美国马克思主义的女性主义者哈特曼探讨了 19 世纪晚期资本主义劳动力市场中女性相对于男性工人组织存在的不利地位。职业隔离使女性主要集中在低工资的工作岗位,而这反过来又使女性要继续依赖男性才能实现经济生存,并使父权制与资本主义之间的恶性循环长期存在。哈特曼的研究模式表现出某种程度上的"抽象结构主义"。

美国马克思主义的女性主义者 J. K. 吉布森-格雷汉姆(J. K. Gibson-Graham)②在《资本主义的终结:关于政治经济学的女性主义批判》

---

① Christinem Delphy, "Patriarchy, Domestic Mode of Production, Gender, and Class", in *Marxism and the interpretation of culture*, Cary Nelson and Lawrence Grossberg, eds., Urbana: U of Illinois, 1988, p. 261.

② J. K. 吉布森-格雷汉姆(J. K. Gibson-Graham)是美国学者吉布森和澳大利亚学者格雷汉姆两人合用的笔名。二者都致力于马克思主义视角的女性主义研究。

(*The End of Capitalism：A Feminist Critique of Political Economy*，1996)
一书中，采用一种解构主义方法，并创造性地使用了后结构主义的理论，
对政治经济学提出了尖锐的批判。他(们)认为，马克思主义将资本主义
分析为一种话语建构(construction discursive)，并不是为了否定物质，而
是为了全力地关注那些背景化和局部化的过程与实践。吉布森-格雷汉
姆挑战的主要观点是：资本主义系统有着固定和持久的特性。利用解
构，他们创造了"非资本主义"这一术语，将其描述为一个不同的经济形
态序列；将经济的概念扩展到包括未付酬的、非市场的和非资本主义活
动。根据唯物主义的分析，家庭生活被认为是商品消费或社会再生产的
空间，而不是非资本主义生产和消费的空间："在资本主义对非资本主义
的统治关系中，存在着把经济差别理论化的(用于过渡的)可能性，存在
着用经济形态的复合性和异质性替代资本主义霸权学说的可能性。"①

　　在吉布森-格雷汉姆看来，女性主义者对"经济"再理论化并置换的
努力有深远的意义：强调了经济和剥削在家庭中的形式多样性，同时
为在非家庭部门中理论化阶级差异的可能性打开了大门。这一工作利
用了女性主义的文献："通过把经济描述为多种类型的或者有所差异
的场所，我们就是要在资本家总体(即便这看起来并不太乐观和或者
说为时过早)的棺材上，又钉了一颗钉子。与此同时，我们特别把女性
化的家庭领域纳入男性化的现代经济之中，承认家庭是一个经济领
域，而不是仅仅把它作为更通常意义所理解的'经济'的一个存在
条件。"②

　　吉布森-格雷汉姆正在提出替代的经济再现，这样，其女性主义研究
挑战了全球经济分析中的资本主义霸权，取而代之的是关注经济形态的
异质性和多样性。吉布森-格雷汉姆提出，"通过将资本主义的霸权式
的表象解构为庞大的全球性的体系，人们就能够揭示被这种表象所掩

---

① ［美]J.K.吉布森-格雷汉姆：《资本主义的终结：关于政治经济学的女性主义批判》，陈冬生
　　译，北京：社会科学文献出版社，2002 年版，第 13 页。
② 同上，第 260 页。

盖的东西：非资本主义的过程和实践的延续。因而，她将在家庭中女性的劳动被男性据为己有的事实，分析为非资本主义的阶级过程。"①

　　总之，吉布森-格雷汉姆的女性主义"激进政治经济学批判，特别是与话语理论方法相联系的批判，允许我们注意，（例如）作为全球化的一部分，渗透进第三世界的跨国公司的阳刚形象，在何种程度上可以被解构、被挫败、被转移或被颠覆"②。

第二节　女性主义福利思想发展的背景

　　作为美国当代著名的女性主义批判理论家，弗雷泽是女性主义福利理论研究的一位必不可少的贡献者，是最早关注到资本主义福利国家的性别倾向的学者之一；她不仅目睹了美国福利制度的变化及其对女性的影响，并且积极参与了有利于女性的美国福利改革。在对福利制度的考察和反思中，弗雷泽从女性主义视角对资本主义福利国家深层次结构性和制度化的性别不公进行了批判，并参加了一些改革福利制度的组织和活动，让人们意识到福利制度明显的性别歧视性以及福利的减少对女性造成较严重的危害，表达了女性对福利制度改革的主张。

一、美国福利制度的历史沿革及其对女性的影响

　　（一）美国福利制度的历史沿革/变迁

　　美国是个移民组成的多民族国家，崇尚独立自主和开拓创新，加之受新教个人主义及英国济贫法的影响，国家福利政策采取一种消极保守态度的自由主义模式。美国从建国初就强调个人独立自强和勤劳致富，在20世纪20年代以前，政府对福利放任不管。但是至20世纪30年代，

---

① ［法］雅克·比岱、［法］厄斯塔什·库维拉基斯：《当代马克思辞典》，许国艳等译，北京：社会科学文献出版社，2011年版，第330—331页。
② ［英］罗纳尔多·蒙克：《马克思在21世纪：晚期马克思主义的视角》，张英魁等译，南京：江苏人民出版社，2011年版，第215页。

针对经济萧条和高失业率,罗斯福实施的新政专门制定了一些福利措施作为缓冲来保障人们的基本生活和促进经济复苏,如救济贫民和失业者、改善劳资关系等,核心为"3R":救济(Relief)、改革(Reform)和复兴(Recovery)。"美国国会于1935年制定社会保障法,决定对在职职工实行强制性联邦老年保险,不仅为穷人提供援助,而且为全体人民提供基本的经济社会保障。"①

二战结束后直至整个60年代,美国经济高速发展,但贫富差距很大,各种民权运动导致的骚乱不断,于是林登·约翰逊(Lyndon Baines Johnson)总统发出"向贫困开战"、走向"伟大社会"(the Great Society)的号召,力图在"新政"的基础上进一步加强福利、反对贫困。随着社会反贫困斗争高涨、福利权利运动的兴起,福利的参与者人数和范围、福利支出规模及其占GDP的比重都空前扩大,美国被进一步推向"福利国家"的道路。

但是70年代后,美国经济发展降速,失业率居高不下,加之石油危机、人口老龄化等新问题,"新右翼"(New Right)发起了对福利国家的攻击,"新右派强调自立,这就把女性抛入双重约束之中。如果她们呆在家里照顾小孩,就会被指责未能履行自力更生的义务,从而成为不负责任的福利母亲;如果她们试图自谋生路,那么又会有人指责她们未能尽到对家庭的责任"②。因此,接受福利支持的女性通常会有受辱的感觉,觉得失去人性、受诋毁、抑郁和羞耻。美国社会主义的女性主义者齐拉·爱森斯坦(Zillah R. Eisenstein)指出:"新保守主义者正在逐步建立起这样的国家,即反对男女平等并且选择性别差异性,但将其隐藏在机会平等的自由主义华丽辞藻中。"③因而,在"文化政治"时代,沉重的福利负担

---

① 韩壮:《美国社会福利制度简介》,《国际社会与经济》1994年第9期。
② [加]威尔·吉姆利卡等:《公民的回归:公民理论近作综述》,毛兴贵译,许纪霖主编:《共和、社群与公民》,南京:江苏人民出版社,2003年版,第245页注释①。
③ Zillah R. Eisenstein, *Feminism and Sexual Equality: Crisis in Liberal America*, New York: Monthly Review Press, 1984, p. 58.

使美国福利政策一直处于调整和收缩中。

首先是罗纳德·里根（Ronald Reagan）总统进行大刀阔斧的改革，他放弃了福利国家的传统做法，把权力下放到州政府和地方政府，力图把联邦政府的福利责任降到最低程度，使得美国女权运动面临的问题越来越多，拥有的资源越来越少。接着，1992年威廉·克林顿（William Clinton）上台后对福利的实施方案作了进一步的限制，1996年克林顿签署了《社会福利改革法案》，"其重点是进一步弱化联邦政府在社会保障体制中的主导作用，强化州政府和社区的地位和责任。联邦政府的职能将逐渐从社会福利的直接提供者转化为决策者和监督者"①。他们的共同做法就是把福利与促进就业联系起来，如接受福利者必须参加工作和教育培训并在一定时期内找到工作。在新时期，乔治·沃克·布什（George Walker Bush）总统通过减税、社保个人账户制度等措施推进福利私有化以减轻政府的福利负担，但美国现在的福利状况存在较大问题，如"1/6的人因无力缴费或其他原因未能加入美国的医疗保险制度，只能依靠美国政府的医疗救助进行救济"②，如何既保障福利的普惠性又保持它的长久性，是贝拉克·奥巴马（Barack Hussein Obama）政府面临且要解决的问题。

美国福利制度改革后仍然是新旧问题并存，"2004年初美国联邦储备银行主席格林斯潘曾指出，随着婴儿潮一代的先头部队在四年后达到获取社会养老保险金的最低年龄，社会保险给付金以及医疗保险给付金开支都将急剧上升，这两者在国内生产总值中所占的比例将由目前的小于7％上升到2030年的12％甚至更高，而以目前的储备基金将根本不足以应付这样的局面"③。可见，美国的福利制度现在仍然面临着进一步调

---

① 王章佩：《美国社会福利政策演变考察》，《广东行政学院学报》2004年第2期。
② 杨立雄：《"不情愿的福利国家"与金融危机美国福利模式解析》，《当代世界与社会主义》2012年第5期。
③ Mark Gongloff, *"Greenspan warns against deficits"*, CNN, Feb. 26, 2004. Http：//money.cnn.com/2004/02/25/news/economy/greenspan/index.htm? cnn＝yes.

整，以实现持续发展的同时满足不同群体对福利的需求。

（二）美国福利制度对女性的危害

美国福利制度几经变迁，其中最具代表性和影响比较大的是
"AFDC"与"PRWORA"，它们分别代表扩张型和收缩型的福利政策。在
不同的福利政策下，女性都会直接受到正反两方面的影响，"因为在福利
国家的美国，妇女既是国家福利服务的主要接受者，又是福利服务的主
要提供者。而她们也是福利国家的福利政策是否健全的试金石"①。女
性与福利有着密切的关系，通过揭示女性在这两个福利政策中的状况即
可窥探美国福利制度对女性的影响。

"抚养未成年子女家庭援助计划"（AFDC）于 1935 年实施，主要是帮
助贫困家庭为其提供资金救助，"项目所需费用由美国联邦政府和州政
府共同承担。AFDC 项目对受助人资格有相关规定，如必须是美国公
民、家中必须有未满 18 岁的孩子，由于父母有一方死亡或长期失踪，或
双亲家庭中家庭主要收入承担者失业而得不到支持和抚养等。各州独
自设立该州一般家庭生活的基本需求的标准，如果达不到这个标准，就
有权向州政府申请资金救助"②。因此，此项目的受益者有很大一部分是
单亲母亲，一方面是因为离婚率的提高使得单亲母亲家庭增多；另一方
面是因为她们的处境更容易陷入贫困而又不易摆脱困境，"单亲女性家
庭数量剧增是 20 世纪美国最重大的人口变化之一，但这一家庭类型尤
其脆弱。……美国社会福利项目的初衷并不是帮助这些单身母亲获得
经济独立，贫困的已婚女性基本上得不到'未成年儿童家庭援助'的任何
救助。因此，如何解决女性单亲户主家庭的贫困问题是美国政府应该特
别考虑的一个问题，因为这类家庭几乎占抚养未成年子女的家庭总数的

---

① 于洪敏：《20 世纪 60—80 年代美国妇女与福利改革》，山东师范大学硕士论文，2010 年，第
　18 页。
② 林亦府：《从"福利依赖"到"工作自救"：美国福利制度改革对中国低保制度可持续发展的启
　示》，《哈尔滨工业大学学报（社会科学版）》2013 年第 1 期。

一半"①。在 50%的离婚率的情况下，"大概 25%的孩子生活在单亲家庭中（其中 90%是与单亲妈妈住在一起）"，而且"有着 3 岁以下孩子的绝大多数女性（同时）在工作"②。但 AFDC 苛刻的准入条件和严格的审查秩序也给她们带来了一系列困扰：

（1）AFDC 的认定标准将一部分人，尤其是部分贫困女性排除在外，它要求申请者是在各州制定的最低生活标准以下的人，而各州为了降低州政府的负担会有意压低这个标准，使得生活在贫困线以下的人不在保护范围内；（2）侵犯了申请者的隐私，AFDC 要求对受益者的家庭结构、收入状况，乃至其道德评价进行全面考察和核对，而受助者必须如实说出自己的所有情况，才有可能获得该项目的帮助；（3）限制了受益者的自由，进入 AFDC 项目的人还要接受严密的跟踪监控，如对受助单亲妈妈的性生活监控严重侵犯了其性自由，一旦发现"不轨"行为将被取消受助资格等。当然，随着第二波女性主义浪潮和福利权利运动等斗争，AFDC 的内容有所修改，其条件放松，范围扩大，使更多的女性参与其中，给不少女性带来了福音也同时伴随着不公。

AFDC 终止于 1996 年，同年，克林顿总统签订"个人责任与工作机会权衡法案"（PRWORA），其目的是把福利作为一个维持生活和工作培训的过渡中介，最终实现救助者的独立自救，"其中以'贫困家庭临时救助'（Temporary Assistance to Needy Family，TNAF），替代了原本的'未成年儿童家庭援助计划'，原本以现金救助为主的公共救助体系转向以就业救助为主的体系"③。这种福利也称为"工作福利"（workfare），它对受助主体的女性同样作出了专门的规定："……4. 各州可向未婚青少年母亲提供救济金，前提条件是：18 岁以下的母亲必须住在家里或另一

---

① 甫玉龙等：《美国贫困问题研究专家哈瑞尔·罗杰斯访谈录》，《世界历史》2010 年第 3 期。
② Susan Moller Okin, "Political Liberism, Justice, and Gender", *Ethics*, Vol. 105, No. 1, 1994, p. 26.
③ 杨立雄：《"不情愿的福利国家"与金融危机美国福利模式解析》，《当代世界与社会主义》，2012 年第 5 期。

个由成人监护的地方。同时在孩子出生 12 个星期后她必须参加高中的学习，或其他教育、培训项目。5. 如果未婚青少年母亲在领取福利期间又生一胎，各州将不支付额外的救济金。如果她们拒绝协助对孩子的生父的认明，各州将扣除其 25％的救济金……"①，在服务范围内的受助者必须接受强制就业甚至惩罚，"所有接受临时援助的成年人两年后必须参加一些帮助他们进行劳动自救的活动，否则，对他们的援助将被终止。……接受临时援助两个月后，如果没有参加工作，成年接受援助者必须参加各州为他们安排的一定时间和任务的社区工作。"②且最长资助期限为 5 年（除特殊情况外），州政府若不能提高就业率则会被减少联邦政府对其的拨付金额。

这些措施给接受新福利救助的女性带来了工作的压力，一方面，她们面临着照顾小孩和外出工作的两难矛盾，如果在规定期限内不出去工作，将会失去救助的资格，但出去工作又没人在家照顾小孩；另一方面，女性经过 TNAF 项目培训找到的低廉工作往往不足以维持家庭生活，而她又失去了补助以致比不工作而接受福利的状况更糟糕。"正如经济学家兰迪·阿尔贝尔达在她的《最后的地盘：福利改革、贫困与其他》一书中所写，中产阶级妇女被敦促离开薪酬工作而回家和孩子待在一起，与此同时，贫苦妇女却被拉出来做最低工资以下的工作。"③

尽管 PRWORA 给很多贫困女性家庭减轻了负担，且有助于促进她们的就业以实现独立，但还是给她们带来了困窘和创伤，使得她们需要付出更多的代价。还有一些其他的福利救助政策，女性（不管是作为妻子、还是作为母亲的身份）同样是主要的救助对象，它们帮助女性解决了很多问题，也给她们带来了一些负面影响。

① 徐再荣：《当代美国的福利困境与福利改革》，《史学月刊》2001 年第 6 期。
② 林亦府：《从"福利依赖"到"工作自救"：美国福利制度改革对中国低保制度可持续发展的启示》，《哈尔滨工业大学学报（社会科学版）》2013 年第 1 期。
③ ［美］理安·艾斯勒：《国家的真正财富：创建关怀经济学》，高铦、汐汐译，北京：社会科学出版社，2009 年版，第 118 页。

美国福利制度本是帮助人们克服生活困难，保障人们的基本生活，减少社会的不公和贫富分化的，事实上也起到了比较大的作用，这对女性来说尤其如此，但它也给女性带来了某些与此相反的不良后果。

1. 对女性身份的污名化

里根总统就曾创造了一个污蔑性的绰号"福利皇后"来诋毁那些每天努力挣扎以便摆脱她和她的孩子所面临的生存困境的女性。共和党人也认为，造成美国不平等的原因不是贫困，而是福利依赖，而且同样把福利与性别和种族联系在一起。

在中西方文化传统中，女性都被贴上了柔弱者和依附者的标签，她们总是由父亲或丈夫的男性所供养。而对接受福利的女性来说，她们的处境更加强化了这一身份——没有男性养家人，她们的生活就无法自理而要依靠国家的救济。在美国的救济项目中，相当一部分女性是单亲家庭，她们还被冠上行为不端的恶名——正因为她们行为不检点，所以怀上小孩没人供养或者被丈夫遗弃。她们还被认为是懒惰的——自己不劳动而由国家或他人的税收来负担她们的生活，如此等等。

总之，接受救助的女性一般被当作行为不端或无能的人、懒惰的人，是下层人士或寄生虫，这样的污名把所有的不幸的原因都归于女性个人，而掩盖了他人的、社会的、制度性的根源，而女性为了自己和家人的生存不得不蒙受这些屈辱。

2. 女性能力（competence）提升的限制

对接受救济的女性家庭来说，福利救助至少能帮助她们及孩子有较稳定的基本生活，但如果出去工作的话，一是像 TNAF 给她们的工作培训和锻炼基本上都是比较低端的技能，以致她们能找到的工作也是服务性的工作；二是她们的待遇低，不足以养活一家人；三是她们面临照顾小孩和外出工作不能兼顾的困境。所以，她们中的部分人出于各种考虑，没有选择出去工作，也降低了靠自身能力来改善自身状况的期望。但这不利于她们自身能力的提升而只有依赖福利供应，如此恶性循环，以致女性很难靠自己或靠福利救济最终摆脱不利的处境。

3."贫困女性化"的加剧

"贫困女性化"(the feminization of poverty)一词最初是在 20 世纪
70 年代后期的美国被提出的,当时社会发现贫困率增长最快的家庭结构
是女户主家庭,由低收入或贫困的女性和孩子组成。至 80 年代中期,美
国全部贫困人口中几乎有一半是不同年龄的以女性为户主的家庭。福
利救济没有使女性摆脱经济弱势地位的瓶颈,反而出现女性贫困化和
"贫困女性化"的局面。第一,女性单亲家庭的增多,使这些女性面临的
经济负担更重;第二,女性因其各种身份在劳动力市场遭到歧视和排斥,
即使找到了工作也大多是报酬低的服务行业;第三,女性花大量时间和精
力从事的家务劳动是无酬的。这些使得女性很容易陷入贫困,其中绝大部
分是单亲母亲。"总的来说,由于女性作为一个群体比男性更贫困——事
实上,她们几乎构成了美国官方贫困线以下的成年人数目的 2/3。"①

4. 福利的减少对女性的不利影响更大

普遍的福利措施具有不可持续性,所以美国的福利政策从 20 世纪
七八十年代以来,一直处于收缩趋势。1981 年,美国国会通过了全面预
算调整法,这对女性的危害更大了。"经过更严格的资格规定以后,近 50
万家庭从'抚养未成年儿童的家庭援助'名单中被除名,同时,25 万多个
家庭的福利金被削减,100 万以上的人丧失了领取食品券的资格,而有资
格领取的人其标准也下降了。"②福利救济的减少使得女性这个主要受益
群体的补助直接减少了;同时福利措施中主要由女性从事的服务工作也
相应减少了,这意味着女性受到双重打击;且女性没有足够的技能和机
会在短时间内弥补福利减少的损失以实现自立;家庭补助和服务的减少
也意味着女性从事的无偿家务劳动也增多了。另外,女性的平均寿命比
男性长,所以女性更难以摆脱对福利的依赖。

综上所述,美国福利制度起步晚,但发展快,都是对人们的现实问题

---

① Nancy Fraser, *Unruly Practices : Power, Discourse and Gender in Contemporary Social
　Theory*, Minneapolis: University of Minnesota Press, 1989, pp. 147 – 148.
② 马晓强等:《新自由主义的社会福利思想》,《郑州航空工业管理学院学报》2006 年第 6 期。

的应对，从不断扩大到 20 世纪 60 年代的膨胀转向收缩，其主要的福利救助措施 AFDC 和 PRWORA（特别是 TNAF）与女性密切相关，它们帮助了大量女性度过生活的困境，但也给女性的经济地位、身份承认和进一步发展造成了不良的影响。因此，美国大部分女性在许多方面过着一种"虚弱的生活"，表明迄今为止女性解放某种意义上还只是一种神话。

在所谓文明化、工业化的西方国家，国家公共福利的退化已经导致了贫困化以及贫富差距现象，这种贫富差距甚至比 19 世纪还要大。只有 20 世纪 60 年代和 70 年代才有了一个小插曲，那时贫富差距比较接近，被称为公共福利国家的"黄金时期"。自 20 世纪 80 年代起，在经济理性主义政策拥护者的支持下，女性的权利和资格从本质上改变了。"1980 年代的时候，母亲和孩子变成了'新贫民'。到了 90 年代，中产阶级夫妻也逐渐变成了'有工作的贫民'。1970 年代女性主义曾喊出一条口号：'大多数女性都相当于没有得到社会福利的男性。'而如果在 90 年代要找到一条相似的口号，那大概就是：'大多数人都是没有社会福利的粉领、病人或者遭受意外事故的倒霉蛋。'到 20 世纪末的时候，福利制度可能已经不存在了。"①弗雷泽指出，在美国，"通过增加雇佣劳动的强度而增加'自食其力'"②的压力，那些仍然享受国家福利或救济的女性，被蔑称为"福利母亲"，无疑不符合"盛行的社会秩序的标准形象"：劳动纪律、异性恋核心家庭结构、女性慈善、遵纪守法、"不负债"。③

美国女性主义经济学家南希·福尔伯（Nancy Folbre）在对母亲休假、儿童支持、儿童照料、AFDC 组织以及税收政策的重新考察中，发现："通过不认为母职工作也是一种工作，通过要求母亲承担抚养孩子费用的大部分，通过将母亲贫困化和对母亲依赖的崇高化，有关公共政策与

---

① ［美］朱迪斯·贝尔：《女性的法律生活：构建一种女性主义法学》，熊湘怡译，北京：北京大学出版社，2010 年版，第 284—285 页。

② Nancy Fraser, "Clintonism, Welfare, and the Antisocial Wage: The Emergence of a Neoliberal Political Imaginary", *Rethinking Marxism*, Vol. 6, No. 1, 1993, p. 12.

③ Ibid., p. 13.

行动是如何在为男人利益服务的同时,使妇女处于不利境地的。"①福尔伯也批评了美国的福利制度对女性的不公平待遇:"右派人士对福利制度的不友善,将福利国家比喻成'保姆国家',不赞成政府承诺和实践积极的'照顾角色',使得女性成为无偿的劳动者,忍受低劣的社会地位和经济弱势角色,因此以女性为主的'照顾者',在美国成为被惩罚的一群人。"②福尔伯令人信服地指出:"有一种先验的判断,即认为市场必须通过增加效率来改进照顾工作的看法,抑制而不是鼓励了富有才智的学者们的研究。同样,还有一种先验的判断,即认为市场肯定会用自我利益动机来取代利他主义的动机而极大地降低照顾工作的品格的看法,也抑制了对它的研究。相反,'爱'与'货币'日益紧密的结合,为我们开展创新性研究与革命性行动提供了必要性与机会。"③福尔伯把经济分析向前推进了一大步,把家庭和非货币化社区经济作为经济贡献的要素。福尔伯在《看不见的心》(*The Invisible Heart*,2001)一书中指出,如果不考虑传统上由女性在家中进行的关怀活动,我们就无法理解或变革经济学。

综上所述,有关国家政策是否提高了女性的福利,以及女性与福利国家关系的性质,成为了女性主义分析中激烈辩论的问题。④

二、女性主义福利思想发展的提出

一般来说,19 世纪中期和晚期旧女性主义运动的主要目标是争取女性的政治、教育和经济权利,主要局限于政治经济领域。20 世纪 60 年代

---

① [美]周颜玲等主编:《全球视角:妇女、家庭与公共政策》,王金玲等译,北京:社会科学文献出版社,2004 年版,第 25 页。

② 曾嬿芬等:《检视社会学:女性主义的观点》,《女学学志:妇女与性别研究》2004 年第 17 期,第 134 页。

③ Nancy Folbre, Julie A. Nelson, "For Love or Money—Or Both?" *Journal of Economic Perspectives*, Vol. 14, No. 4, 2000, pp. 123 - 124.

④ [美]谢丽斯·克拉马雷、[澳]戴尔·斯彭德主编:《路特里奇国际妇女百科全书》下卷,"国际妇女百科全书"课题组翻译,北京:高等教育出版社,2007 年版,第 1036 页。

以来,女性与福利议题逐渐成为新女性主义理论与女权运动的共同主题;至 70 年代,女性主义对福利国家的研究日益发展起来;80 年代末,女性主义社会福利研究者深入到对家庭模式、婚姻形式、福利服务、老人和儿童照顾等问题的探索中,并以此说明女性在社会公共领域中的作用。但迟至 20 世纪 90 年代,女性与福利议题才得到学者们的普遍接纳,进入社会政策主流话语空间。女性主义对福利国家研究中存在的"性别盲"问题进行批评,并开始挑战主流的社会福利研究。各种新女性主义理论流派,如自由主义的女性主义、激进的女性主义、马克思主义/社会主义的女性主义把女性带入社会权利与社会福利的研究和诠释中,为传统的社会政策分析模型提供了一个富有价值的新视角。新女性主义理论的关注点是提高女性在就业、家庭生活和社会生活中的地位,改善她们及其家庭成员收入保障状况与福祉状况,并将范围扩大到女性与社会保障、房屋、教育、医疗和社会服务制度的关系。在当代,女性与福利议题成为社会政策的重要领域,女性福利状况成为测量女性解放、男女平等和国家发展状况的有效指标,女性主义福利理论具有重要现实及政策意义。

在过去的几个世纪中,一个显著现象是在工业化国家中福利国家的扩大。"福利国家的产生可以追溯到 19 世纪,它首先经历了平稳的扩张时期,这一时期一直持续到 20 世纪 20 年代,主要表现在包容性和丰富性的扩张。接下来,福利国家进入停滞倒退时期,这一时期持续到第二次世界大战。到 20 世纪 50 年代,福利国家逐步恢复扩张;到 20 世纪六七十年代,则经历了空前的发展;此后一直到 20 世纪 80 年代中期,福利国家的发展速度又降低下来。"[1]"福利国家的发展是 20 世纪欧美国家的重要社会变化之一。一般认为,福利国家的发展对女性有利。女权主义者指出,女性对推动福利国家建设的政治改革是有帮助的,尽管她们很难进入发起改革的权利机构。女权运动为妇女争取更广泛的社会权利

---

① [德]乔治·沃布鲁伯:《全球化困境中福利国家的非可逆性》,《社会保障研究》2008 第 2 期。

已经取得了不同程度的成功。……由于福利国家的发展受到决策过程中妇女运动与妇女干涉的影响,福利国家必定要赋予女性物质利益。尽管如此,妇女与福利国家依然存在矛盾,即女性无报酬地照顾家庭的要求与女性胜任薪酬职业的期望之间,紧张如故。"①总的来说,在福利国家研究的"性别视角"兴起之后,最近有两个主要的途径主导着性别关系和福利国家的研究,一是关注国家对女性社会再生产的贡献的看法和立场,二是关注国家如何以政策介入、改善人类社会长期以来的性别不平等现象。因此,有关国家政策是否提高了女性的福利,以及女性与福利国家关系的性质,成为了女性主义分析中激烈辩论的问题。②

　　女性主义各个流派强调了女性与福利国家的关系复杂性与多样性。有的自由主义的女性主义者认为国家措施对女性有积极影响;但有的认为福利制度美其名对女性是保护,事实上却是使女性丧失了自主的能力,女性更加依赖政府了。激进的女性主义和马克思主义的女性主义者强调了国家的父权制性质,认为国家就是压迫女性的工具,福利国家的政策强化了女性对男性的依赖。但是有的社会主义女性主义者比较认同福利国家对于女性地位提升的重要性,认为女性通过对福利的争取,可以改造社会体制,从资本主义的生产模式转移到社会主义。那么,"福利国家"到底是否存在着性别不平等的问题呢? 许多女性主义研究者对福利国家从性别角度切入后的研究成果发现,其实一些福利国家程度较高的社会,其女性公民生活的机会、社会中或家庭里的地位,还是未达到男女平等的程度。比如,北欧许多的同样被归类为福利国家的社会,女性地位的差距也可能颇大。挪威著名女性主义福利学家海尔格·荷娜(Helga Herne)对福利国家的看法持有矛盾的心态,引用她在 1987 年的一句话来说,就是:"福利国家能不能站在女性这边?"一方面,荷娜将福利国家描述为"训导女性的国家"。荷娜在研究北欧福利国家时指出,现

① [英]简·弗里德曼:《女权主义》,雷艳红译,长春:吉林人民出版社,2007年版,第55页。
② [美]谢丽斯·克拉马雷、[澳]戴尔·斯彭德主编:《路特里奇国际妇女百科全书》下卷,"国际妇女百科全书"课题组译,北京:高等教育出版社,2007年版,第1036页。

代社会女性从在家庭中对男性的私人依赖转变为对男性控制的国家的公共依赖，如今女性比男性更依赖于国家，而国家的特权阶级依然是男性。但是另一方面，荷娜却也将北欧福利国家描述为"对女性友好的国家"。因为北欧福利国家把育儿、养老、照顾病人等照顾工作当成"国家大事"，由社会共同来承担，使得女人与男人可以兼顾家庭与工作。①

众所周知，北欧包括芬兰、瑞典、挪威和丹麦等国家一直以处于创造社会平等和性别平等的最前沿而闻名，这也许是因为北欧国家被看作有着相同的福利模式和性别模式，即主要实行一种普遍的双薪养家模式，男性和女性都从事有酬工作。一般认为，北欧福利国家模式中蕴含着普遍主义的原则："首先，它指的是对全体公民提供福利及服务的保证。第二，它指的是对全国范围的公民提供统一形式的福利。第三，普遍主义暗指大多数公民在其需要时确实依靠和使用这些福利。第四，普遍主义包含一种理念，即公民的福利权利受到法律保护。"②从20世纪60年代到80年代，北欧国家在女性的政治代表率和就业率方面一直居于领先地位。从性别视角看，女性工作的权利与公共服务相结合，可能是北欧福利政策中最显著的特点；人们普遍认为性别平等在北欧（或者斯堪的纳维亚国家）得到了很好的保障。

"对女性友好"的概念是由荷娜于1987年第一个提出的，按照荷娜的说法，北欧的民主政治为在国家内消除性别歧视，建立"对女性友好型社会"提供了范例："一个对女性友好的国家不会强加给女性比男人更困难的选择，也不会允许基于性别的不公平待遇。在一个对女性友好的国家，女性将继续生育，然而她们也能够选择其他道路以实现自我。"③这一概念在北欧乃至世界上都成为很有影响力的概念。荷娜提出了一个重

① Helga Maria Hernes, *Welfare State and Woman Power*, Oslo：Norwegian University Press，1987.
② ［芬兰］安内莉·安托宁：《北欧福利国家遭遇全球化：从普遍主义到私有化和非正式化》，陈姗译，《社会保障研究》2010年第1期。
③ Helga Maria Hernes, *Welfare State and Woman Power*, Oslo：Norwegian University Press，1987，p. 15.

要观点,即家庭、市场以及国家的劳动分工对女性的福利以及她们的社会力量有着决定性的影响。与其他许多传统家务已经市场化的西方国家相比,北欧的解决办法是将它们纳入国家或者政府的公共部门管理之中。这种公共领域的新边界是承认照顾儿童和老人属于公共事业①。在斯堪的纳维亚国家中,公共部门对教育、医疗以及儿童日托和服务老人等福利服务的"接管"(take-over)为女性就业提供了便利条件。荷娜将这种现象称为"家庭公共化"。这个概念是指福利国家积极参与社会进程,不断完善教育、照顾儿童、照料病患和老年人等工作并使之专业化。这些发展对于理解斯堪的纳维亚的性别体制至关重要。"以欧洲的标准来看,斯堪的纳维亚增加的公共部门大部分集中在医疗和照顾系统,而不是公共事业,并且增加的规模惊人。这是一个以兼职的形式将女性大规模地引入劳动力市场的过程,从而从根本上影响家庭成员的关系以及家庭与国家的关系。这种公共部门的膨胀可以被描述成家庭的'公共化'。从数字上来看,女性现在主导着公共部门,她们已经垄断了所有的服务性工作。"②总之,荷娜认为,"生育走向公共领域"的发展趋势是对女性友好政策的关键。

实际上,尽管北欧国家常常被看作性别平等的楷模,但其中没有任何一个国家真正做到荷娜所憧憬的"对女性友好型社会":即所有以性别为基础的不平等都被消除,也不会因此而增加其他形式的不平等,例如女性群体之间的不平等。瑞典历史学家伊冯·赫德曼(Yvonne Hirdman,1990)就针对荷娜的乐观主义态度提出了悲观主义的看法,她认为基本上战后两性关系没有出现重大进步,并且性别系统保持不变。事实上,无论是荷娜还是赫尔曼都忽略了性别的差异性,即性别不平等是与阶级、种族等其他类型的不平等交织在一起的。近年来,由于经济全球化、政治压力及公共部门的臃肿低效,瑞典等北欧国家开始对普惠

---

① Helga Maria Hernes, *Welfare State and Woman Power*, Oslo: Norwegian University Press, 1987, p. 17.
② Ibid., p. 135.

型福利进行反思和改革，斯堪的纳维亚模式正走向福利多元主义（welfare pluralism）。

一般说来，女性主义福利学家对福利国家的研究贡献有二：概念化和扩展了传统的关于福利制度和模式的解释；强调性别问题以及女性政治活动对福利的形成和发展的影响。不过，对她们而言，福利国家代表着一种特殊的矛盾：一方面，福利国家可以提供去商品化的种种好处；另一方面，它又可能强化女性的依赖和性别分工。因此，女性主义者试图对福利国家的主流分析提出批判，使对福利国家的分析性别化，并采取三种方式将性别视角纳入对福利国家的分析之中：一是对核心概念如何性别化进行分析；二是将性别分析融入主流分析框架之中；三是建立一个把性别分析置于中心位置的新框架。①

第三节　对资本主义福利制度的批判

弗雷泽指出，美国福利制度的设计就是性别二分法和双轨制的。福利中的社会保障子系统，特别是针对男性有薪工人的失业保险，不仅是对男性劳动及其养家能力的保障，而且是对男性在家庭的主导权威和身份尊严的维持；相反，女性在有薪工作中占少数，其领取失业保险的更是少数。20世纪80年代末，"女性领取失业保险的人数下降至38％，这个数据是基于女性和男性个体而不是家庭成员的对比"②。女性假如从家政服务和兼职工作中失业了，或者作为孕妇、保姆和色情工作者的失业，这些都没有资格获得失业保险；并且女性工资及其附带的失业保险金向来只充当补贴家用的次要角色。因此，很多情况下女性享受的福利不是根据其独立的人格身份而是基于她在家庭中的角色，如妻子和母亲而被

---

① ［美］谢丽斯·克拉马雷、［澳］戴尔·斯彭德主编：《路特里奇国际妇女百科全书》下卷，"国际妇女百科全书"课题组译，北京：高等教育出版社，2007年版，第1038—1039页。
② Nancy Fraser, *Unruly Practices：Power，Discourse and Gender in Contemporary Social Theory*, Minneapolis：University of Minnesota Press，1989，p. 150.

给予资助的。如在退休保险中，女性受益者占了大多数，其中约一半的人是以作为丈夫的妻子或无酬家庭成员的名义而非基于自己的工作领取的，但男性却只会以自己是工作者的身份而不会以丈夫的名义领取养老金，所以，弗雷泽指出："这个社会保险系统是两性的或双性同体的；它被区分为两方面，一面是基于家庭的'女性的'福利，另一面是基于市场的'男性的'福利。因此，它的结构也是性别规范和性别预设的。"①比如在 AFDC 项目中，许多单亲母亲领取资助以抚养小孩，这些都是维持家用的福利，却要女性承担受助者的身份。

弗雷泽认为，对于接受福利的女性，其附加的许多问题对她们也非常不公正。女性接受福利不是基于她的公民权利和公民身份，而是由于在市场的失败而依赖国家财富，并附带一些不公平条件。女性的（救助）项目如 AFDC 和食品救济券是羞辱性的并伴随着严格的监控，接受福利的人也是接受施舍的人。另外，在领取福利的形式方面，男性是以现金的方式，他可以再自由地进行消费和选择，但女性接受的是食品券等实物或者是以教育、医疗服务的形式，她们成了国家服务的顾客而非自主的消费者。公共服务与相应的市场服务相比，遭到了严重贬低，以致中产阶级中的大部分人以及只要有能力的人都拒绝接受这种救济。女性对福利的接受还伴随着对国家政策的服从，如被强制劳动和提供一定的社区服务等。

一、对女性福利依赖之说的批判

弗雷泽指出，福利国家的福利制度安排是男女分离的和不平等的，对女性非常不利。许多福利系统是二元对立的和性别化的，它们包括两种基本项目：一是"男性的"社会保障项目，专门使主要的养家者受益。如失业保险和社会保障（退休养老保险）只对男性有薪者有利，并且是针

---

① Nancy Fraser, *Unruly Practices: Power, Discourse and Gender in Contemporary Social Theory*, Minneapolis: University of Minnesota Press, 1989, p.151.

对男性个人的公民权利身份给予的；二是"女性的"救济项目，针对没有男性养家者的家庭。如 AFDC、食品券和医疗补助等，则基于女性在家庭中妻子或母亲的身份而给予，常常以低质量的实物或服务和以施舍的姿态给予，并且强加给女性一些不合理的服从条件。

（一）对"依赖理论"和"发展话语"的解构

现代化理论以新古典经济学和主流社会学为基础，提出穷国需要采用工业化国家的经济、政治和文化模式，以成为发达国家。这一"依赖理论"（Dependency Theory）在 20 世纪 60 年代遭到了批判，西方马克思主义者斥责现代化理论忽视了工业化国家对"后发展"国家的剥削。

自从联合国世界环境与发展委员会主席布伦特兰（G. H. Brundtland）在《我们共同的未来》（1987）中提出了可持续发展（sustainable development）这一世界发展的另一种模式以来，可持续发展的理念即成为国际社会制定环境政策的最高指导典范。可持续发展是既满足当代人的需要又不危害后代人满足其需要的发展，旨在实现经济发展、生态平衡和社会正义三大目标（3E：Economics，Ecology，Equity）。但发展是什么？发展是否应当被理解为经济增长？发展的社会是否是一个好的社会？

批评家指出，可持续发展是一个有缺陷的、潜在的陷阱概念，它是资本主义经济发展模式的一个挡箭牌；因为它会鼓励维持人类社会非正义的现状。[①] 马克思主义早就揭示出："资本主义从根本上来说不具有可持续性。它骨子里就具有内在矛盾：其本色就在于对自身的毁灭，以及造成对构成其生产资料的自然环境的毁灭。"[②]通过将发展看作一种话语，批判者可以继续关注发展的统治地位并探索发展的可能条件和普遍效果。阿图罗·埃斯科瓦尔（Asturo Escobar，1984）指出："发展不但大大

---

① ［加］威廉·里斯：《脆弱的城市何以实现可持续发展：基于生态足迹视角的分析》，宋言奇译，《江海学刊》2006 年第 4 期。

② ［英］戴维·佩柏：《现代环境主义导论》，宋玉波、朱丹琼译，上海：上海人民出版社，2011 年版，第 97 页。

有助于维持统治和经济剥削,而且如果'第三世界'国家想要追求一种不同的发展类型,那么这一话语体系本身也必须被拆分。"①

福柯认为,"发展已经开始表现为一种规训机制(disciplinary mechanism)……从这种观点来看,我们能把发展想象为现代主义的规训与正常化机制对非西方世界的延伸。一个话语场域已经在发展的保护伞下建立起来,这个保护伞已经限定哪些问题可以去质询而哪些不能。发展是运用权力/知识解决'不发达'问题,这与精神病学治疗'疯癫'相类似"②。话语分析营造了这样一种可能性,话语分析可以使研究者能够将"发展"分离出来,正如福柯所说:"从发展话语后退几步,绕过它那司空见惯的现实,去分析它置身其中的理论和实践的背景。"③

从以上这些观点来看,抽象地谈论"可持续发展"或者"全面发展"是没有任何意义的。因此,在批判性地理解"发展话语"(development discourse)方面,福柯的"谱系学"理论或者德里达的"解构"理论是十分重要的。

(二)女性的发展

那么,对女性而言,何谓发展? 发展如何发现女性? 又如何能促其发展? 女性主义者的批判对于女性和发展领域有着特殊的贡献,她们指出,发展"这一概念是建立在西方思想中有关理性的基本价值和经济呈直线型发展的资本主义概念基础之上的"④。

丹麦经济学家埃丝特·博斯拉普(Ester Boserup)在其著作《妇女在经济发展中的角色》(*Woman's Role in Economic Development*,1970)中特别关注第三世界女性可持续发展不足的状况,第一次指出了现代化和

---

① [英]罗纳尔多·蒙克:《马克思在 21 世纪:晚期马克思主义的视角》,张英魁等译,南京:江苏人民出版社,2011 年版,第 78 页。
② 同上。
③ [美]阿图罗·埃斯科瓦尔:《遭遇发展:第三世界的形成与瓦解》,汪淳玉等译,北京:社会科学文献出版社,2011 年版,第 4 页。
④ [美]周颜玲等主编:《全球视角:妇女、家庭与公共政策》,王金玲等译,北京:社会科学文献出版社,2004 年版,第 9—10 页。

科技只关注女性生活的生产层面，而没有认识她们的再生产角色，并提出女性参与发展（Women in Development，WID）的观点。WID 的核心概念是将女性纳入、整合入现存的发展概念中。至 20 世纪 70 年代中期，新马克思主义的女性主义者认为 WID 计划是资本主义扩张的策略工具，她们将关注的焦点转移到女性和发展（Women and Development，WAD）以及具有重要意义的女性劳动上。20 世纪 80 年代，性别与发展模式（Gender and Development，GAD）形成，这个方法更重视女性和男性被赋予的角色和其对性别关系以及全球不平等的影响，但它仍依赖于现代主义的发展模式。

当然，发展并非不可为，重点在于该发展什么，以及发展的结果能使谁获利？让女性融入发展——但是什么样的发展？"从一个后马克思主义的视角来看，女权主义和生态学看起来都是颇具吸引力的供选方案。"①

生态女性主义（eco-feminism）者指出，可持续发展的概念并非一个"性别中立"的概念。关于发展的主流理论是从男性的角度对"发展"下定义的，它忽略了发展中国家或第三世界国家的女性在发展过程中与经济、社会和环境问题的联系。研究西方科学与资本主义如何影响第三世界农妇生存策略的生态女性主义者范达娜·席瓦（Vandana Shiva）认为西方经济制度是一种阳刚式的发展（maldevelopment），不但增加了性别歧视的思想，而且加深了生态危机。席瓦批评阳刚式的发展是不正义、剥削、不平等以及暴力的根源，它加深了父权思想中对女性和自然需求的忽视以及对自我利益的追求。② 第三世界女性不仅被可持续发展所"忽略"，而且被主流理论认为是发展的主要障碍。

那么，如何解决在现代社会中第三世界女性可持续发展的不足？她

---

① [英]罗纳尔多·蒙克：《马克思在 21 世纪：晚期马克思主义的视角》，张英魁等译，南京：江苏人民出版社，2011 年版，第 80 页。
② 叶为欣：《生态女性主义的理念与实践：探讨台湾经验》，台湾中兴大学资源管理研究所硕士论文，1998 年。

们如何才能成为发展理论和实践的主体而非客体？面对这一新的难题，文化女性主义者希尔卡·佩蒂拉（Hilkka Pietilä）希望通过一种"女性文化"所提供的可持续发展的现实与哲学指导方针，把女性与自然、母亲与地球结合在一种协作关系之中。① 然而，批评者将文化女性主义抨击为去政治化的和反理性的。

社会主义生态女性主义者玛丽·梅洛（Mary Mellor）认为，必须发展出一个唯物主义的劳动概念，建构一种对环境的批判的唯物主义理解。在工业化过程中，生产劳动是不可避免的"工具性的"（instrumental）。而"再生性劳动和使用价值的生态适量领域对于经济学来说比交换价值生产领域更重要。……它是一种基于劳动的立场，而不是基于比如妇女'更接近自然'或'优于男性'的意识形态或社会生物学观念。同样，作为一种历史性主题，生态女性主义也不是一种像'完美的女性'和'高尚的野蛮'那样的唯心主义赞歌，就像辩护性的发展研究者可能指称的那样。我们主张的具体的唯物主义认识论基于人们处置感知人与自然关系的日常经历。同样，它也拒斥所谓富足和后物质主义价值导致了环境意识的自我慰藉式的自由主义论点"②。通过质疑马克思主义和资本主义经济学理论的"生产"范畴，一种唯物主义的生态女性主义的分析重新反思了以往的发展模式和发展过程，使之更关注地方的不同条件与需要，更多地面向女性。"唯物的生态女性主义的目标是克服对生产和再生产的传统排序和理解。一种扩大的、包括生产在内的再生产观念，将意味着再生产的标准（包括生物条件，但不由生物条件决定）而不是生产的标准，是人与外在自然之间的新陈代谢的主要调节标准。只有使生产与再生产重新统一，马克思主义政治经济学才能够超越

---

① Hilkka，Pietilä，"The Daughters of the Earth：Women's Culture as a Basis for Sustainable Development"，in *Ethics of Environment and Development：Global Challenge*，*International Response*，J. Ronald et al.，Tucson：The University of Arizona Press，1990，pp. 235 - 244.
② ［澳］艾瑞尔·萨勒：《生态女性主义经济学：从生态适量到全球正义》，郇庆治译，《马克思主义与现实》2010 年第 5 期。

有瑕疵的性别区分和资本主义的生态逻辑,因为它们造成了对经济、生产、自主权和自由的错误理解。"①梅洛"试图修正或是'重建'马克思主义理论,使之成为一种社会主义的生态女性主义。她辩论说,如果我们获取物质生活的自身组织方式(生产关系),在型塑社会中扮演着关键角色的话,那么,我们从物质上组织自身以作为一个延续下去的物种的那一方式(即生殖关系),也必定是如此。'假如生存方式产生出一定的社会关系以及特殊的意识形式,生殖方式为何就不行呢?'"②。因此,当面临可持续发展的这一悖论时,女性主义的当务之急是解构"发展话语"并重写可持续发展议题。

综上所述,从对资本主义和国际依赖的批判转向对父权制以及父权制发展战略的批判,以及对"依赖理论"和"发展话语"的解构等,呈现了需要进行从宏观层面的政治经济学研究转向微观层面的政治经济学研究的重要性。"政治经济学不愧为一种优秀的叙事,它在文化层面上受惠于它致力于扬弃的现实——现代资本主义。的确,在把自然和妇女转化为劳动和生产的客体方面,以欧洲为中心的历史唯物主义和女性主义学说为我们提供了启发性的见解;在此方面,他们发挥的作用极其重要。"③

二、弗雷泽对福利"依赖"的谱系学分析

(一)依赖与女性

随着20世纪80年代和20世纪90年代新自由主义者对社会福利的强力反弹,以福利国家危机为主题的文献也如雨后春笋般地出现。依赖文化对于道德的负面影响、高税收对商业所造成的破坏性影响,人口老

---

① [英]约翰·巴里:《马克思主义与生态学:从政治经济学到政治生态学》,杨志华译,《马克思主义与现实》2009年第2期。
② [英]戴维·佩柏:《现代环境主义导论》,宋玉波、朱丹琼译,上海:上海人民出版社,2011年版,第125—126页。
③ [美]阿图罗·埃斯科瓦尔:《遭遇发展:第三世界的形成与瓦解》,汪淳玉等译,北京:社会科学文献出版社,2011年版,第238页。

龄化问题,等等,它们顿时成为西方社会热门关注的政治议题。

　　弗雷泽利用知识谱系学方法来探讨社会福利政策中"依赖"概念之历史演变过程,糅合着每个时期中不同的社会、经济、政治及文化背景,透过重要的字词或话语内容,加以讨论有关福利受领者特质之话语内部所蕴藏的规训与管理意义;透过观察话语、技术及实践演变来分析"依赖"此概念的演变。①

　　依赖一般被认为是人生中一种不完整的状态,而产生依赖则是一种主观状态。当依赖总是与被动性和对经济援助/福利的自我毁灭式的长期依靠相伴而生时,即为"福利依赖"(welfare dependency)——被狭义地定义为"个人失败的羞辱性标志",福利依赖已成为美国政界的关键词之一。当代福利国家所遭受的批评最主要的是"福利依赖"现象。"新右派"和"第三条道路"等理论流派都认为,传统福利国家不但滋生福利依赖,而且会培育出一种"依赖文化"(dependency culture)。政策专家已经普遍认同福利依赖是有害的,它会侵蚀人们自我支持的动力,还会培养甚至加重底层心态,从而孤立和污名化福利接受者。

　　(二) 对"依赖"的谱系学批判

　　弗雷泽和美国女性主义者和历史学家琳达·戈登(Linda Gordon)在一篇著名的文章——《"依赖"的谱系:回溯美国福利国家的一个关键词》("A Genealogy of Dependency: Tracing a Keyword of the US Welfare State", 1994)中,对此现象作了一种女性主义的回应,对支持依赖概念的意识形态进行了解构,描述了"一种建立在不可逃避的人类相互依赖这一事实之上的选择性的语义学",并以此作为出发点。她们认为,其解决办法即是重新估价二分法中被低估了的一面:即把依赖恢复为一种正常的,甚至是有价值的人类品质。然而,她们认为这就需要小心谨慎地进行处理,要考虑到对福利的"依赖"会降低自尊和自治。

---

① 参见廖瑞华《台北市居家服务政策发展的论述分析:知识权力之观点》,台湾阳明大学卫生福利研究所,2003,第 24 页。

弗雷泽和戈登追溯了"依赖"一词的谱系，从它的含义和发展脉络中揭示了后工业社会中"依赖"所暗含的性别意味，并从美国的"福利依赖"中挖掘出了它的性别指向，并对此进行了批判。

首先，弗雷泽和戈登提供了一个"依赖"的谱系。依赖性带有理所当然地限制福利话语的内涵，特别是理所当然地限制有关"人性、性别角色、贫困的原因、公民权的性质、权利的根源以及到底什么才算工作、才算对社会的贡献等"①话语的内涵。

弗雷泽指出，"依赖"一词自古即存在着，它在逐渐发展流变中与女性联系在了一起。在前工业时期，依赖主要指从属意义上的依赖，在等级社会中是很普遍的现象，那时社会上大部分人都是"依赖"的，因此不会感到耻辱。"前工业社会中女性的依赖较少性别特定性；它与处于从属地位的男性的依赖相类似，只是在依赖的程度上有所增加。而儿童、仆人和老人也处于多重依赖关系之中。"②

在工业社会中，自现代工业资本主义的圈地运动、工厂出现后，依赖对不同的人具有了不同的含义，其中"贫民""殖民地居民"和"奴隶""家庭主妇"的依赖被认为是理所当然的。而一些工艺者、农民失去了他们"自力更生"的机会，薪资劳工成为社会的常规。其后由于18、19世纪工人运动取得的一些成果，所谓"经济独立"开始成为主流的生活状态，因此当每个人被要求"自立"，便只有从事"有薪工作"的形式。白人男性则被认为是能赚取家庭工资、具有公民权的人，他们的依赖就是耻辱的、反公民权的。对于女性而言，"由于雇佣劳动造就了（男性白人）的独立，因此需要女性（白人）在经济上处于依赖地位。这样，女性从'配偶变成了寄生虫'"③。

接下来，弗雷泽和戈登追溯了20世纪"依赖"的不断变化的道德污

① ［美］南茜·弗雷泽：《正义的中断：对"后社会主义"状况的批判性反思》，于海青译，上海：上海人民出版社，2009年版，第130页。
② 同上，第133页。
③ 同上，第137页。

名和福利之间的关系。早期的项目丑化了特定的女性——贫困、移民和独身的女性,却不针对其他女性,比如白人寡妇。1960 年代,随着越来越多的未婚非裔美国女性在 AFDC 中登记在册,异常的依赖性形象——如今则是一张未婚非裔美国女性家长的面孔——再一次成为白人中产阶级常态形象的对立面。受到白人家庭中母亲就业率提高、离婚率增长和结婚率降低的困扰,美国人在 20 世纪 80 年代经历了一次"关于依赖的道德恐慌"。20 世纪 90 年代的福利改革体现出最新的受政治影响的形象——一代代美国非裔少女母亲落入福利的圈套,掉进无助的依赖性循环中。

其次,弗雷泽揭示了美国福利依赖的特定女性含义。

现代社会(或后工业社会)普遍建立起来的福利制度本是为了消除人们对他人的依赖,但它却产生了对福利本身的依赖的现象,这在美国是遭到抵制的,且它又有着女性对福利依赖的特定含义。弗雷泽指出,美国赋予"依赖"一词道德贬义的倾向,强调其无权状态,使其充满了耻辱色彩;结果改变了女性的社会依赖和法律依赖的含义,使其显然低人一等。特别是美国的福利双轨制,使得福利救济的主要接受者女性比社会保险的主要受益者男性更容易陷入一种消极被动地位,后者是作为一种权利,而前者却被看作是对福利的依赖。在美国失业率和离婚率高的情况下,许多女性不得不靠国家救济维持家庭生活,因此,弗雷泽指出:"'依赖'是个意识形态术语。在当代美国的政策话语中,它通常是指那些贫穷的、有孩子的女性状况。她们既没有一个男性的家计负担者,也没有充足的工资维持家庭生活,而只能依靠一个吝啬的、在政治上不受欢迎的政府计划,即失依儿童家庭补助计划来提供经济支持……在当前的讨论中,'福利依赖'的说法在人们的印象里就是'福利母亲':经常是指不受控制的性存在中年轻的黑人未婚女性(甚至可能是十几岁的青少年)。"[1]

---

[1] [美]南茜·弗雷泽:《正义的中断:对"后社会主义"状况的批判性反思》,于海青译,上海:上海人民出版社,2009 年版,第 130 页。

最后，弗雷泽驳斥了女性因懒惰等原因情愿依赖国家福利的观点。

弗雷泽认为，大多数接受福利救助的美国女性并不想依赖福利而是想摆脱它。

第一，美国对女性的福利救助的苛刻条件是令人难以容忍的，"依单身母亲经济能力与道德表现对其福利资格进行审定，是其福利规范的主要原则。'适宜的家'（suitable home）、'代父条款'（substitute father）和'可就业的母亲'（employable mother）是凸显此类评判标准的典型条规，为诸州普遍实践。这些侵犯个人隐私的做法令接受福利援助的单身母亲不胜其扰"①。如果不是生活所迫，想必这些女性也不愿意接受这些生活的限制。

第二，女性接受福利必须附带接受的要求和恶名也是违背她们意愿的，如接受 AFDC 项目服务的女性必须参加一定的工作培训和社区服务，必须在一定时期内找到工作，她们还忍受着不好的名声和歧视。

第三，福利救济并没有使女性的处境有多大改善，福利津贴并不能满足人们的基本生活所需，"由于低收入人群和贫困的美国人通常缺乏工作所需技能，因而不得不从事报酬低的工作，结果是工作收入往往不能满足他们基本的生活需要，他们仍然处于贫困的边缘"②。大部分接受 AFDC 的福利救济的家庭仍然生活在贫困线以下。

另外，弗雷泽和戈登指出，女性主义的角色应该在于对相互依赖关系之间的不同类型的依赖进行区分。弗雷泽和戈登在她们所谓的"社会必要的"依赖与"剩余的"依赖之间进行了区分。前者代表的是对照护的需求，它是"人类状况不可分离的特征"；与此相对照，后者"植根于不公正的和潜在的可加以修正的社会制度"之上。这种区分的目标就是要消除"剩余的"依赖，坚持照护的给予只涉及"社会必要的"依赖。她们的观点是，经济依赖不再是附在照护上的价格标签（price tag）。从需要帮助的残

---

① 吕洪艳：《20 世纪六七十年代美国福利危机探微》，《历史教学》2011 年第 10 期。
② 甫玉龙、刘杰：《美国贫困问题研究专家哈瑞尔·罗杰斯访谈录》，《世界历史》2010 年第 3 期。

障人和老年人的视角来看,要消除源于封闭环境(disabling environments)而产生的"剩余的"依赖,将同样有助于把她们不可避免的身体需要从依赖关系中摆脱出来。

弗雷泽在其他地方强调了与性别公平(gender equity)相对可以利用的依赖形式。可以利用的依赖只有一种非对称关系,在这种关系中,依从一方仅仅是为了一种资源而依赖另一方,后者具有任意的控制能力。一个主要的检验方式就是依从者是如何轻易地从这种关系中抽身而去。因为它们所构成的相互依赖具有非对称性特征,经济依赖关系挟带着私利的种子(the seeds of exploitation)。因此,使经济依赖最小化并不意味着否定相互依赖。

第四节　对资本主义福利制度的矫正

弗雷泽的女性主义福利思想一直与时代主题,特别是美国的社会现实同步发展。自从美国政府全面实施福利制度以来,福利制度及其福利改革不断遭到各党派和各阶层人士的批评;而女性因为在职场上不利的情境,及传统"男主外、女主内"的性别分工,使得女性因扮演家庭照顾者的角色,而影响社会福利权的行使,一直是女性主义福利学家批判的重点。弗雷泽从下层人民特别是女性主义的立场介入了这场激烈的争论中,在批判美国资本主义福利制度的同时,探索了有利于女性福利的改革方案。

一、女性福利中的赋权:社会公民身份的获取

社会福利学者指出,"公民身份"(citizenship)是享受社会福利政策的前提或必要条件。然而在西方国家传统社会福利政策的理论基础及设计架构中,"公民身份"概念隐含了强烈的歧视性。"在美国,公民身份的概念仍倾向于以公民权利和政治权利为中心。社会权利(如穷人获得帮助的权利)的合法性则往往被认为是多余的东西,而在欧洲,社会权利

被赋予了具有感染力的平等主义色彩。"①自 20 世纪 80 年代以来，女性主义福利学家对于"公民身份"的论述，迥然不同于主流社会福利的观点。女性主义者则指出，要达到差异的平等，"公民身份"不但应该包括政治权利，更应包含"社会公民身份"（social citizenship）和"社会权利"（social rights）。社会权利包括收入维持、由国家资助的教育和公共卫生体系等，在公民身份概念中居核心地位，帮助定义实质性的公民福利被赋权（welfare entitlements）的范围与品质，同时也经常是更广泛的福利争论与斗争的焦点所在；社会公民身份也许是公民身份中最具争议性的部分。女性主义评论家强调指出，社会权利对于女性具有十分重要的意义，它们削弱了私人领域中的家长制权力，强化了女性作为政治公民的地位。

社会公民身份的主题是福利国家和社会政策研究的重要课题，即公民身份社会学创始人英国社会学家 T. H. 马歇尔（T. H. Marshall）所说的"社会维度"。"如果我们从广义的角度理解'福利'，将诸如工作、教育、健康和生活质量等也包括进来的话，那么，'社会公民身份'指的是那些与人们作为公民的福利有关的公民身份权利和义务。"②传统上，福利是指一种济贫方式。政府为行使满足公民权利的义务，通过直接发放现金或是以间接的方式提供如食物券与医疗照护等措施以帮助低收入家庭的生活。

对马歇尔来说，只有在自由民主的福利国家中，公民身份才能得到最完整的体现。福利国家通过保障所有公民的市民权利、政治权利和社会权利，从而使每一社会成员感到自己十足地是社会的成员，并能够参加和享受社会的共同生活。按照马歇尔的说法，20 世纪 40 年代末期建立的福利国家，催生了社会公民身份，公民身份的发展才最终完成。他所谓的社会权利就是享受社会保障、医疗卫生和教育等国家提供之福利

---

① ［英］莫里斯・罗奇：《重新思考公民身份：现代社会中的福利、意识形态和变迁》，郭忠华等译，长春：吉林出版集团有限责任公司，2010 年版，第 72 页。
② 同上，第 3 页。

的权利,其核心是公民普遍享有一系列广泛的并由国家保障的社会与经济权利。马歇尔声称,社会公民权利保证即使是最贫穷的社会成员也能融入并参与社会,这些权利将保证"一种普遍富裕、有实质内容的文明生活"①。在马歇尔看来,社会权利的制度化发展以福利国家的建立为标志,这种权利旨在弥补市场不平等所带来的某些负面后果,并且具有根本改造整个资本主义体系的潜能。因此,自从马歇尔将社会权利的概念涵盖进公民身份后,社会公民身份就为福利国家的制度提供了正当性的基础,而社会公民权利也通过福利国家获得制度化。不过,马歇尔的理论强调社会权利的本质重要性,这有助于将福利强行纳入公民身份的议程,而这一点至今仍是富有争议的话题。

　　但是在女性主义者看来,马歇尔的社会公民身份仍是"性别盲"的,并存在于女性与福利国家的矛盾关系中。在欧洲,以男性养家为基础的战后传统福利国家受到社会政策分析家的批评,后者认为传统福利国家没有能力处理后工业化社会的变化,包括社会和家庭的人口变化,以及由此产生的新社会风险。女性主义者已经指出,所谓提高女性就业水平的政策,其真实目的还是在于满足经济目标,而不是真正关注女性的需要。许多国家都成功地实现了较高的女性就业率,但是这些国家仍没有——或尝试——有效地解决一些长期存在的性别不平等问题,如无酬照顾和家务劳动、男女工资差距、劳动力市场的分化和女性职业生涯的"玻璃天花板效应"。

　　如何评价传统福利国家对女性的社会公民身份的影响? 英国著名女性主义社会学者露丝·里斯特(Ruth Lister)指出,传统的福利国家模式对女性具有积极意义。它为女性提供了一些她们从未享受过的社会权利,如社会服务和政治空间。"福利国家成为表达既作为地位又作为实践的妇女公民身份的重要舞台。它成了许多妇女公民身份斗争的焦

①　[英]哈特利·迪安:《社会政策学十讲》,岳经纶等译,上海:格致出版社,2009年版,第19页。

点。"①女性作为社会公民身份权利斗争的推动者,"无论是福利的提供者
与福利的接受者,她们都在福利国家的发展中扮演着至关重要的角色,
以便使福利国家为妇女表达政治公民身份提供一个重要舞台,她们强调
了这一舞台与社会公民身份的联系"②。但与此同时,这一模式主要是以
男性劳动或男性作为养家糊口之人的劳动模式作为基础的,男性代表女
性去挣钱并且代表女性获得社会权利。因此,传统的福利国家模式导致
许多女性在经济上对男性具有严重的依赖性,这导致女性经常受到歧视
而仅能获得二等公民身份。

20 世纪六七十年代,在所谓文明化、工业化的西方国家,贫富差距比
较接近,被称为公共福利国家的"黄金时期",这一时期带来了公民社会
权利的充分发展。但是至 70 年代中期和 80 年代,福利国家遭逢二次石
油危机后,面临国内财政支出庞大的压力,无法再提供国民各项福利措
施,许多争议批评也接踵而来。福利国家所遭受的批评最主要是传统家
庭概念瓦解、制造道德风险、福利依赖、社会排斥(social exclusion)等。
因此,伴随着女性的劳动市场参与率的上升,福利国家作为一个事物的
发展轨迹开始调转方向。里斯特"认为当代对于公民身份相关的讨论
中,逐渐由对权利的强调转向了'责任和参与'的论述。在福利国家改革
中,公民身份逐渐转变成工作者(workers)所拥有,许多的福利领取资格
都必须借由工作者身份来获得。公民身份内涵朝向强调劳动或社会参
与的义务,并且逐渐将社会参与,特别是工作(work)视为公民的
责任"③。

新自由主义者主张消极权利,反对福利国家,认为"福利国家死了",
"社会权利只会导致某种'依赖文化'的出现,从而破坏对自由主义国家

---

① [英]露丝·里斯特:《公民身份:女性主义的视角》,夏宏译,长春:吉林出版集团有限责任公
   司,2010 年版,第 263 页。
② 同上,第 264 页。
③ 蔡慧珍:《性别、照顾与公民身份》,台湾中正大学社会福利研究所硕士论文,2006 年,第
   18 页。

生存至关重要的创造性和改革精神。正是因为社会权利具有这些潜在的问题,在 20 世纪 80 和 90 年代,英美两国的新自由主义政府以提升境界绩效和促进公民自由为名对社会权利进行了压缩"①。新右派和新保守主义,尤其是英国的撒切尔夫人和美国的里根,严厉反对福利国家,捍卫家庭和资本主义,认为一个公民在享有权利的同时,必须以参与责任来履行其公民义务。"奥·康纳(O'Connor,1998)在分析美国联邦政府削减开支的计划时,指出了里根政府有意丑化社会权利的伎俩:把社会公民身份与提高税率联系在一起,然后再指出,税率的提高将破坏人们的市场权利。共和党人也认为,造成美国不平等的原因不是贫困,而是福利依赖,而且同样把福利与性别和种族联系在一起。"②

因此,特别针对避免福利依赖的情况,福利国家的福利制度改革,都朝向了"工作福利"(workfare)的路线,强调福利的领取权与工作责任之间的联系。终结福利权利是 20 世纪 90 年代美国福利改革的核心。英国新工党的解决方案是:"能工作的人工作,不能工作的人受援"。新工党强烈地相信雇佣工作对大多数公民而言是最好形式的福利。然而,"在工作福利关系的重铸上,首先引起争论的是继续不成比例地由妇女承担无偿的护理工作的意义。其次引起争论的是,在何种程度上,促进有偿工作意义上的'工作'才能日益具有更大的自我供给能力"③。有批评者指出,在新的工作福利制度下,弱势女性不仅没有受到实质保障,却可能陷入更劣势的困境。近年来女性主义学者在对于公民身份理论的发展中,也发现了公民身份的内涵的变迁,逐渐地由对权利的认定资格的讨论转向重视"责任"的论述。因此,在政治和意识形态层面上,女权运动向福利国家和家长制的假设提出了有力的挑战。"工作福利关系的重铸,以及一种'积极的'福利模式向男性和妇女的普及,并不必然'内在

---

① [美]基思·福克斯:《公民身份》,郭忠华译,长春:吉林出版集团有限责任公司,2009 年,第 53 页。

② 同上,第 56 页。

③ 丁开杰、林义选编:《后福利国家》,郭忠华译,上海:上海三联书店,2004 年版,第 325 页。

地'对妇女有害。"①

1997 年英国布莱尔政府发布了工党有关社会服务的政策议程,寻求一种第三条道路的政策理念,提出了社会投资和混合福利(Welfare Mix)的改革思路,大量利用商业组织和 NGO 提供社会服务,提倡福利的多元化、去机构化、去官僚化、市场化和责任化。英国福利改革的这种"积极现代化"与"积极福利国家"的第三条道路,是从欧陆普遍主义模式转向了只"救济剩余贫穷"的美国模式,采取"相信赋权而非依赖的现代福利形式"。里斯特指出,一方面,这项计划不应将福利的改善视为提倡"消极"福利,而是视为对劳动市场激活政策的补充。另一方面,它扩充积极福利计划,将它与积极公民身份的概念相整合,该概念将福利主体建构为福利决策和传达的政治过程中的行动者。这些主张的框架,正是里斯特所谓的福利改革的"3R":风险保护(risk protection)与再分配(redistribution)和承认(recognition)。贯彻上述"3R"的是额外"2R":权利(rights)和责任(responsibilities),而后者更是官方福利改革议题中的主导议题。②

首先,里斯特认为,由于后工业经济已经没有办法确保合理工资和雇佣保障,劳动者生活圈的风险大大增加。英国的"第三条道路"鼓励或者迫使福利受惠者更加主动承担投入劳动市场的风险,然而实际上市场只能提供暂时、兼职、自雇或者低技术的工作,失业者如单亲母亲等很难投入就业市场。因此,福利改革策略的核心纲领应是顺应雇佣风险和家庭需求的变动的现代社会保险体系。其次,福利水平的观点本身也很重要,它代表一部分更广泛的再分配的议题。欧盟就建议在足以涵盖尊重人类尊严之基本需求的水平上制定最低所得标准。然而英国新工党政府的政治策略却是放弃了以公民身份之社会权利为依据的大规模的资源再分配,取而代之的是机会平等观点,作为对经济全球化的回应。因

---

① 丁开杰、林义选编:《后福利国家》,郭忠华译,上海:上海三联书店,2004 年版,第 329 页。
② Ruth Lister, "Towards a Citizen's Welfare State: The 3 + 2 R's of Welfare Reform", *Theory, Culture and Society*, Vol. 18, No. 2 - 3, 2001, p. 92.

此,里斯特强调了在全球层面上使公民身份之责任的再分配概念化的重要性。最后,里斯特采纳了弗雷泽的"承认"概念,认为一方面,社会公民身份争论的其中一项关键议题,是不同公民身份责任的表现,如何获得完全承认以及真正的评价。另一方面,承认观点的倾向是进一步支持再分配福利国家以及更为平等的社会。

总之,里斯特认为,如果没有充足的再分配,就没有任何承认;扩大权利议题的重要性,应该是通过穷人积极参与福利政策,来重新定义"积极现代化"与"积极福利国家"。"积极现代化"观点反对的是美国的消极的、负面的"依赖文化"概念。里斯特指出,"此处发展起来的'积极'福利概念,是以公民身份之参与解读为根据的概念,而非将福利贬为本质上逊于有酬工作的错误二分法。重要的是,提出有酬工作并非与政策相左。然而,我认为此类政策必须是提倡风险保护、再分配和承认等三 R 广泛福利政策的一部分"①。西方国家越来越强调不劳而获的终结,把中心放在福利公民身份建构的责任上。正如霍耐特所指出的:"权利对自尊来说至关重要,它是作为自主人类行为者,努力相互承认的一项要素。这项对于权利的讨论,和风险保护、再分配以及承认并列,指的是一个奉行平等主义、兼具包容和参与的福利国家,其中所有社会成员的公民身份,由强而有力的社会权利所支撑。"②

二、一个女性主义思想实验:普遍性照顾者模式

(一)相关背景概述

"从 19 世纪下半叶以来得到巩固的'工业社会',是在'男人养家'的性别分工模式基础上发展起来的。已婚妇女被排斥在有酬工作以外(亦即成为'家庭主妇'),因为据假定男性'养家者'得到了一份'养家工

---

① Ruth Lister, "Towards a Citizen's Welfare State: The 3 + 2 R's of Welfare Reform", *Theory, Culture and Society*, Vol. 18, No. 2 - 3, 2001, p. 105.
② Ibid., p. 106.

资'。……福利国家制度,诸如职业年金以及其他社会津贴,显然是基于下述假设而被创设出来的:男性养家模型是常规。这样,妇女们便通过她们的'养家者'得到了许多社会津贴。"①20世纪80年代以前,认为女人的关键角色位居家庭的想法,仍然是工业国家福利政策的基础。因此,早期的女性主义福利学家的研究倾向于强调国家福利政策的压迫角色,因为这些政策强调了女性的关键角色就是担任妻子和母亲。至20世纪八九十年代,女性主义福利学者开始针对福利国家和性别不平等的关系,针对福利国家对于某些女人群体(尤其是单亲妈妈)的必要支持进行了研究。

弗雷泽认为,旧性别秩序奠基于家庭工资的理想(男性生计负担者可以用有酬劳动所得抚养家属),这种系统深植于大部分工业时代福利国家的结构中。"家庭工资理想存在于工业时代多数福利国家的结构之中。这一结构可以分为三层,其中社会保险计划位于第一层。这些计划被用来保护人们免受反复无常的劳动市场的伤害(以及保护经济免受需求不足的影响),从而取代了家计负担者用在疾病、残疾、失业或养老上的工资。许多国家也设想了第二层计划,为全职主妇和全职母亲提供直接支持。第三层计划服务于'社会底层'。公共援助计划主要是从传统的贫困救济衍生而来,它为那些因为不适用家庭工资情况而无权要求体面而支持的穷人提供微不足道的、耻辱的、需资产调查的援助。"②

然而,在后工业资本主义时代,随着性别关系和家庭结构的转变,家庭薪资系统的性质无可逆转地改变了。非正式、临时和兼职工作,不能提供过去工业的男性工作的那种家庭支持基础。同时,女性在劳动市场和家庭中的地位改变了。家庭和家户也日益多元化。基于这一切理由,

---

① [英]罗丝玛丽·克朗普顿:《阶级与分层》,陈光金译,上海:复旦大学出版社,2011年版,第130—131页。
② 戴雪红:《南茜·弗雷泽的女性主义福利思想评介》,《东岳论丛》2014年第8期。

弗雷泽坚称女性主义者应该致力于"福利国家的重构"①。她要求女性主义者努力思索,主张性别平等原则应该支持不同国族国家以不同方式形成的后工业性别秩序,并且思考可能维持更大平等的各种福利机构。幸好,对我们来说,她也持续解构针对这种要求的两个现行的女性主义回应,并代之以第三者选择,虽然在我看来,这是极度乐观,但是很重要的未来愿景。

总之,在对美国福利制度的考察和反思中,弗雷泽从女性主义视角对资本主义福利国家深层次结构性和制度化的性别不公进行了批判,并参加了一些改革福利制度的组织和活动,让人们意识到福利制度明显的性别歧视性以及福利的减少对女性造成较严重的危害,表达了女性对福利制度改革的主张。正如凯特·贝德福德(Kate Bedford)在一次对弗雷泽的采访中(2008)所写的:弗雷泽"是妇女百人委员会的成员之一,这个委员会是那些反对那种通过取消福利而'改革'美国福利制度的企图的积极活动家和学者的联盟,她因此也写了大量关于美国扶贫政策、福利计划以及有关性别重要性的文章。她是最早思考当男人的工资停滞不涨甚至已婚的中产阶级白人女性被期望参与有偿劳动时,社会应该如何保障照顾劳动的供给的女性主义思想家之一。关于这个主题,她还进行了一个女性主义思想实验,这个实验对女性主义的选择进行了仔细的描述,并关注了其实践运用的问题"②。

(二)普遍性照顾者模式

弗雷泽分析女性在资本主义福利制度中遭遇被贬低和忽视的原因时,不仅把它归于福利制度的缺陷和不同性别的权力不平等,还找到了一个被忽视的现实基础,那就是女性在家庭生活中的照顾劳动和家务劳动被认为是理所当然的、不付酬的和无价值的劳动。一般而言,这种依

---

① [美]南茜·弗雷泽:《正义的中断:对"后社会主义"状况的批判性反思》,于海青译,上海:上海人民出版社,2009年版,第43页。
② [英]凯特·贝德福德:《新自由主义时代的社会权利和性别正义:对话南希·弗雷泽》,戴雪红译,《国外理论动态》2014年第2期。

赖/独立二分法，以及雇佣劳动处于统治地位的关键性结果，是对女性无酬的家务劳动和养育劳动的遮蔽与贬值。对女性花费大量时间和精力从事的家庭劳动"视而不见"，不仅掩盖了她们的功绩，而且使得她们在劳动力市场中处于不利的地位，由此造成女性的贫困化、对福利的"依赖"以及在福利制度中的不利地位；女性被认为是不劳而获的人，她们在家庭中的劳动并不算作家计劳动。

要处理女性的无酬劳动问题并不容易，因为没有一个核算女性家务劳动的方法和给付报酬的主体。弗雷泽提议，目前为止，在当代的社会民主体制里，广义的可被视为女性主义的文献和实作当中，可能区分出两种论及未来福利供应前景的观点。弗雷泽设想了两个替代家庭工资的模式：她分别称之为"普遍化家计负担者模式"（universal breadwinner model），以及"照顾者平等模式"（caregiver parity model）。

第一种模式"普遍化家计负担者模式"隐含在大多数美国女性主义者和自由主义者的当前实践中。这个模式是指通过女性就业和由就业推动的福利政策（例如国家提供托儿所等服务），来促进性别平等。即把部分家务劳动转移出去，试图将女性进一步从照顾者的责任中解放出来，使得女性得以和男性一样参与全职就业活动。在男女参与劳动力市场就业的同时，家务劳动则由国家与市场承接而成为主要的提供者。不过，一方面，并不是每个女性都能够适合和愿意从事与男性同等的工作，另一方面这些社会化的家庭劳动的从业者仍然绝大部分是女性，并且她们的劳动报酬和社会评价较一般工作偏低。今天，在包括美国在内的许多国家中，有偿的制度性家务劳动呈现出报酬低、女性化（feminized）、种族化并且由移民来承担的特点。

第二种模式"照顾者平等模式"以英国以外的西欧国家为代表。"将育儿工作保留在家庭中，并试图以公共利益为标准重新评估关爱的工作量，比如关爱者的津贴。这种视角的目的是保留社会性别化了的育儿与挣钱分工，它是建立在性别差异基础上的，但保护妇女不会为之付出代价。其目的是将妇女提升为公民关爱者。"①弗雷泽希望通过政策来确认非正式照顾工作的重要性,以及与工资劳动具有同等价值,以此来致力提高女性地位,达到性别平等。主要的政策手段是由国家给照顾者经济津贴来弥补照顾者在家务劳动的付出,并支持她们在家务劳动之外的兼职工作,但这需要巨大的公共津贴和相应的福利保障。

　　弗雷泽认为这两种模式虽然在消除女性贫穷和对女性的剥削上有良好贡献,但在实现性别公平的七个原则,包括反贫困、反剥削、收入平等、休闲时间平等、尊重平等、反边缘化、反大男子主义等方面都不令人满意。"性别假设继续支撑着当代许多福利国家,而这越来越不符合现代社会之现实。实际上,她认为挣面包者—照顾者的两分法是一有力的神话,置女性于不利的地位,而这早已不符合许多人的亲子与伴侣模式。弗雷泽尝试着清楚表达一个思考性别公平如何在未来的福利安排中得以实现的框架结构。对她而言,性别公平是包含七条规范性原则的复杂理念,这与过去女性主义者思考的特点,即毫无结果的平等—差异之辩论有很多距离。利用她的七条原则,弗雷泽(2000)考察了四项重要事项:照顾工作的社会组织;福利供给的原则;在妇女中作为类群体所产生的差异;以及最后,超越性别平等的其他目标,将恰当地成为新的福利国家的中心关注点。"②

　　弗雷泽指出,第一种模式的假设是让女性变得更像男人,进入劳动市场工作,但这却难以消除劳动市场性别阶层化现象。第二种模式强调男女各自的独特性,都不用改变,但这种模式无法去除照顾工作次于劳动市场就业活动的性质。"而且,两种模式都未能促进女性像男性一样充分参与政治和市民社会。两者也都未足够重视与女性相关的实践,从

---

① 赵捷等:《中国与北欧国家的视角:全球化与本土化背景下的性别平等促进》,昆明:云南人民出版社,2012年版,第170页。
② [英]彼得·德怀尔:《理解社会公民身份:政策与实践的主题和视角》,蒋晓阳译,北京:北京大学出版社,2011年版,第117页。

而要求男性也进行这些实践;两者也都未要求男性做出改变。"①总之,以上两种模式都未能充分处理好后工业时代面临的困境,陷入平等与差异的两难境地;只通过经济独立的手段,女性并未能真正摆脱性别不平等的待遇。

弗雷泽认为要使性别公平成为未来的现实,唯一的道路是努力通向一种结合前两者优势的第三种模式,即"普遍性照顾者模式"的折中模式,这种模式结合了前两种模式的最佳特点,将男性也纳入照顾工作和家务劳动,鼓励男女在他们一生的不同时刻,担负主要照顾工作;同时,女性也能够从事劳动市场的工作,可以成为养家者。

第三种模式大致上可以瑞典为代表,它预示着工作、照顾与福利制度的彻底重组。首先,"普遍性照顾者模式"旨在通过将女性的生活模式变成男女两人的共同模式来消除性别化了的男女隔离,其根本是父母共同承担育儿与养家;通过结合另外两种模式的优势,解除了照顾与挣钱之间由于性别所造成的对立。"它将把当前相互独立的行为融合起来,消除其性别代码,鼓励男性也从事这些工作。然而,这无异于将整个性别制度进行重构。"②其次,在资本主义的现阶段,这种模式将可以促进性别平等,因为在这一阶段的女性已经或正在融入挣钱者的行列中。这种模式还解构了不同劳动的性别区分及官僚化的公共机构与家庭的对立,克服女性包揽无偿家务劳动,实现男女共担,最大化地达到性别公平的七个原则之间的平衡。第三,弗雷泽强调发展"普遍性照顾者模式"的福利国家有一个重要的政策关键,亦即只有抑制贫穷单亲母亲逃避就业,和男性就业者推卸家庭照顾责任的搭便车现象,才能瓦解传统的性别角色分工和消除"贫困女性化"的现象。

"普遍性照顾者模式"将重新建构一个能够整合赚钱养家、家庭照顾、社会参与、私人休闲的公民生活世界,它让所有的男性和女性公民平

① [美]南茜·弗雷泽:《正义的中断:对"后社会主义"状况的批判性反思》,于海青译,上海:上海人民出版社,2009年版,第63页。
② 同上,第65页。

等参与付酬工作、家务劳动、政治生活和休闲娱乐活动,从而达成真正完全的性别平等,这就是弗雷泽设想的后工业福利国家的前景。

但这一思想实验的最大缺点是没有提出一套具体的测量指标。弗雷泽所提出的第一种和第三种模式虽然在抽象概念上可以区分,但是在现实生活经验中,就性别平等的实践而言,两者难以分割。另外,弗雷泽指出,一个采用第三种模式的福利国家"意味着摧毁现存劳动的性别分工,减少性别作为一种社会组织的结构性原则的特点。最终,它意味着解构性别"①。因而,弗雷泽的目标在当前的政治气氛中犹如乌托邦。要达到这些目标,不仅需要大规模的社会经济再结构,要对许多在全球经济体里运作的私人公司有更大的政治控制,还需要新的所得与财产累进税制,替新的福利服务提供资金。时值今日,几乎所有工业国家都尝试削减社会福利开支,并考虑实施惩罚性的工作福利方案,以便迫使个人停止仰赖救济金,进入劳动市场,但这种进步性再结构的前景,看起来根本不可能发生。②

不过,弗雷泽认为,女性主义者必须恢复设想适合后工业性别秩序的性别平等乌托邦愿景的能力,这种论点在尤其是后现代时期特有的变换不定思想氛围中,是极具说服力的主张。这正是她的著作如此具启发性的原因;它重振了社会主义女性主义者于 20 世纪 60 年代末第二波女性主义的早期分析中,尝试奠定的某些根基,当时的政治气氛似乎满怀希望。女性主义当然必须继续与当前其他理论流派有所区别,差别在于它承认朝着比较进步的方向,改变当前个人与社会集体之间关系的渴望。

总之,在探求实现性别正义的路径上,弗雷泽明确指出,当代资本主义福利制度并不能解决女性面临的种种问题,相反,由于资本主义福利

---

① [美]南茜·弗雷泽:《正义的中断:对"后社会主义"状况的批判性反思》,于海青译,上海:上海人民出版社,2009 年版,第 65 页。
② [英]Linda McDowell:《性别、认同和地方:女性主义地理学概说》,台湾编译馆主译,台北:台北群学出版有限公司,2006 年版,第 259—260 页。

制度本身的性别歧视以及其所造成女性对福利的依赖等,会使女性陷入贫困化;福利制度的附带条件也影响了女性的政治参与,因此,资本主义福利制度不利于实现性别的正义。针对资本主义福利国家中福利制度对女性产生的不良影响,弗雷泽对女性福利依赖的污名进行了批判,提出要赋予女性获得福利的社会权利,建立普遍性照顾者模式,指出真正能达成性别平等的福利国家模式,必须同时让男性也参与照顾的活动与责任。由此,弗雷泽希望男性也能做出改变,与女性共同承担无酬家务劳动。这些都将有利于女性摆脱制度上和现实中的福利不公,真正实现女性与男性在社会工作和福利援助方面的平等。尽管弗雷泽所想象的性别平等模式,并未完整地在哪一个社会落实,但她的模式实际上已经蕴含在当代女性主义的政治运动中了。

三、结语:反思与启示

通过对资本主义福利制度的认识与批判,弗雷泽对福柯的谱系学理论提出了一些新的看法,给女性主义批判理论的研究提供了重要的启示。

首先,弗雷泽指出福柯的研究存在着内在的矛盾。弗雷泽在《米歇尔·福柯:"年轻的保守派"?》("Michel Foucault:A 'Young Conservative'?",1985)一文中指出,要想从福柯的主要著作中推导出一套前后连贯的主张是非常困难的。比如,福柯曾认为权力似乎构成了它运作于其上的个体本身:"个体不应被理解为基本的核子、原始的原子或者复合且无活动能力的物质,个体不是权力维系之所,也不是权力碰巧作用的对象。……事实上,它已经是权力的基本效应之一,正是这个效应,使得特定身体、特定姿势、特定话语、特定欲望被确认和构成为个体"①,但弗雷泽却指出福柯并没有真正始终如一地坚持这个观点。福柯只能通过规范性概念说明权力/知识对我们造成的伤害,才能说明我们为何要抵抗

①［美］桑德拉·李·巴特基:《福柯、女性气质和父权制力量的现代化》,陈翠平译,［美］佩吉·麦克拉肯主编:《女权主义理论读本》,桂林:广西师范大学出版社,2007年版,第311页。

权力/知识,为何对权力的斗争优于屈服于权力。并且,福柯从描述性的权力观(生产性、中立性的权力)走向"生命权力"的批评,缺乏详细的论证。①

其次,弗雷泽指出,从政治上来说,福柯没有说明诸如阶级、性等的斗争的政治影响和潜力。弗雷泽质问道:"福柯使用特定术语称谓反抗暴政,但是为什么应该反抗? 为什么斗争优于屈服,而暴政理应遭到反抗? 只有通过引入某种规范观念,福柯才有可能回答这些问题,才有可能告诉我们现代权力/知识政体的缺陷何在,我们为什么应该反抗它。"②福柯没有给出这些问题的答案。实际上,福柯无法回答那些问题,他无法在谱系学、权力/真理分析之外顺利找到抵抗的、存在的主体。虽然福柯批评了简单的"解放"观念,强调政治斗争的目的是产生完全不同的权力关系的结构,但是福柯没有指明如何以及用什么方式来实现这一切。这似乎是一种逃避。弗雷泽认为:"福柯游移在两种同样不充分的立场之间:一方面,他采用的权力概念容忍他不去谴责现代性的任何不良特征;另一方面,他华丽的修辞泄露出,他已经判定了现代性的缺陷是无可挽回的。显然福柯需要并且迫切地需要的是把可接受的权力和不可接受的权力区分开来的规范尺度。现在一切都清楚了,我们可以如此定位福柯的工作,它无可置疑的原创性的与极富价值的维度正处于一种危险之中,它可能被误解为缺乏充分规范性的视野。"③因此,福柯关于反抗本土化的论证提不出任何现实的道路。

批判福柯式思路的评论家认为:"福柯式女性主义为那些对解放和个人自由感兴趣的女性主义者提供了一种重要工具",但是"对话语的侧重不可避免地限制了对妇女真实存在的贫困、劣势等不利条件的关注。

---

① 李伟侠:《"客观知识"的形塑:权力与认识论的分析》,台湾大学政治学研究所论文,2003,第96页。
② [美]南希·弗雷泽:《福柯论现代权力》,李静韬译,汪民安等编:《福柯的面孔》,北京:文化艺术出版社,2001年版,第137页。
③ 同上,第142页。

在福柯式分析中,物质世界必然是附带条件的"①。巴特基也指出:"尽管福柯的权力批判中有着解放的说法,但他的分析在总体上却重现了整个西方政治理论特有的性别歧视。"②当然,也有一些批评家为福柯辩解道:"如果我们要考虑谱系学批判具有政治参与性所必需的条件,进而严肃地考虑权力的影响,并因此保持人类意义领域,同时又保持规范中立性,那么人们对于他的著作存在不同的理解就很好解释了。"③

① 〔澳〕杰夫·刘易斯:《文化研究基础理论》(第二版),郭镇之等译,北京:清华大学出版社,2013年版,第139页。
② 〔美〕桑德拉·李·巴特基:《福柯、女性气质和父权制力量的现代化》,陈翠平译,〔美〕佩吉·麦克拉肯主编:《女权主义理论读本》,桂林:广西师范大学出版社,2007年版,第289页。
③ 〔英〕提姆·梅伊、詹森·L.鲍威尔:《社会理论的定位》(第二版),姚伟等译,北京:中国人民大学出版社,2013年版,第248页。

第五部分
弗雷泽中期女性主义批判理论的逻辑进路

  弗雷泽中期的女性主义批判理论深受哈贝马斯"语言学转向"的影响,试图走出法兰克福学派的政治经济学批判逻辑,转向"文化政治"。不过,此时弗雷泽的研究已经初步凸显出经济、政治和文化三重批判交汇的特质。弗雷泽在 20 世纪 80 年代和 90 年代的理论贡献建立在马克思、福柯以及哈贝马斯的思想基础上。长期以来,弗雷泽一直令人钦佩地试图将哈贝马斯的工作引向社会主义和女性主义的方向。①

---

① *North American Critical Theory after Postmodernism : Contemporary Dialogues*,edited by Patricia Mooney Nickel,Palgrave Macmillan,2012,p. 145.

第九章　多元公共领域的多维重构

　　哈贝马斯在公共领域的界定和建构过程中遵循着一贯的以男性为公共领域主体的观点,把女性活动归属于私人领域,并一直坚持保持公共领域与私人领域之二元对立的重要性。20 世纪 90 年代以来,弗雷泽对哈贝马斯资产阶级公共领域理论中潜在的性别偏见和虚假的性别中立等观点进行了批判与修正。通过对 1991 年的"托马斯—希尔事件"这一公共领域实例的精辟分析,弗雷泽指出,早期的女性主义者是通过挑战公/私界限并让女性参与到公共领域,但我们不能简单地把女性走入公共领域视为权利赋予和解放的路径。弗雷泽主张采用一个多元公共领域模式来替代哈贝马斯的单一公共领域模式,经过改进的多元公共领域理论更适合平等、多重文化及阶层化的社会。而激活一种更好的、恰当的和更具潜在批判性的多元公共领域,需要对当代后资本主义社会中的公共领域进行性别、种族和阶级维度的阐释和重构。

第一节　问题的提出:公共/私人领域的二元对立

　　古典时期,女性因其非公民身份和"女性气质"直接被排除在公共领域之外,近代资产阶级的公共领域内在的性别区隔依然徘徊在公共领域之外的边缘，而女性反对男性公共领域的斗争则促进了女性意识的觉醒和斗争的力度，也促使了弗雷泽等人对女性公共领域的理论建构。弗雷泽反思公共领域的第一步就是重点从女性主义的视角对哈贝马斯的公共领域理论进行批判，指出当代公共领域的模式必须让公共领域/私人领域的界限保持一定的开放性。

一、公共/私人领域的二元对立

西方自希腊和罗马政治思想以来的传统，存在某种概念上和实际空间上的公共领域与私人领域的性别化二元世界。20 世纪 70 年代以来在欧美出现的新社会运动，如女权运动、环保运动以及文化认同运动等，打破与挑战了传统的公/私领域的二元对立。其中，女性主义思想家对哲学、政治学和心理学等的一个最主要贡献就是质疑了在公/私领域之间惯常的性别化区分，他们提出了一系列证据证明，资产阶级公共领域和私人领域的二分法将许多性别问题排除在公众辩论之外。实际上，女性主义学者不仅关注公/私的分界，认为这种划分贬低了女性对社会的巨大贡献，并被用于限制女性和约束她们的合法参与，而且他们还特别质疑划分的标准，提出的重要问题是：第一，谁有权来决定——在任何特定情况之下，就任何特定情况而言——这条线应该划在什么地方？第二，公/私领域的划界忽略了女性的社会角色问题——女性参与公共领域到底有多大的可能性？

针对以上这些疑难问题，女性主义者提出以下几点解决方法：

首先，要争取女性进入公共领域的平等机会。[①] 美国著名女性主义政治学家卡罗尔·帕特曼（Carole Pateman）指出："在大众（和学术）的意识里，女性和男性的两元性常常起到概括抑或表征各种自由离散的和对立的系列（或范围）的作用：女性，或者——本性、个人、情感、爱情、隐私、直觉、品行、赞美、挑剔、主观；男性，或者——文化、政治、理性、正义、公

---

① 陈素秋：《搅扰公、私划界：从女性主义出发》，台湾师范大学博士论文，2006 年，第14 页。

共、哲学、权力、成就、普遍、自由。"①帕特曼尝试提出"性别差异的公民身份概念",并指出,在自由主义那里,男人被看作是政治和经济领域的行动者,女人则被看作是养育者而不是公民。过去两百年来女性主义在政治领域中的批判与斗争主线,就是对公/私二元划分体系的挑战与质疑。

其次,要强调将公共领域原则带入私人领域之中。② 女性主义对公/私领域的批判由来已久,对象主要是自由主义。奥金指出,西方政治理论所使用的"公/私"至少有两种含义:国家/社会,以及家庭外/家庭内。所谓的"公",即是政治事务运作、进行资源分配与公共政策讨论的空间;所谓"私"即是非政治的领域,主要是指家庭领域。奥金强调许多原本被视为"非政治""非公共"的私人领域,如性、家务、托育以及家庭生活,事实上是政治的,并且充满公共的意涵;公共和私人领域一直是相互依赖的。

最后,要重释公共领域与私人领域之间的关系,包括:公共领域对于私人领域的依赖、公/私划界不断处于转换之中等观点。③ 美国女性主义国际政治学者琼·贝丝克·埃尔斯坦(Jean Bethke Elshtain)认为公/私领域的界限并不是固定不变的,随着时间、地域、文化、认知的差异,这条线将会多次变动,同时公/私这对范畴本身也是相对、相关和相互依赖与渗透的;家庭的地位高于公共的政治领域。沃尔比探讨了从私人领域向公共领域的过渡,指出,在 20 世纪,随着公共领域父权制的出现,女性的政治形象有了大幅度的提升,但是女性仍然缺乏许多重要的权利。公共领域中的父权制通过把女性排出在公共领域之外,从而使私人领域的父权制得以维持:"家庭之外的父权制关系,是影响和形成家庭之内的父权制关系的关键。然而,其后果就是使女性对男权制的经验私有化和个人

---

① Carole Pateman,"Critique of the public/private dichotomy", in A. Philips, ed., *Feminism and Equality*, Oxford, Blackwell, 1982, p. 109.

② 陈素秋:《搅扰公、私划界:从女性主义出发》,台湾师范大学博士论文,2006 年,第17 页。

③ 同上,第 19—21 页。

化，而直接的受益者也在这里得到确定。"①

　　总的来看，女性主义的公共领域批判的视角呈现多元化和本质主义倾向。例如，美国母性女性主义者萨拉·拉迪克（Sara Ruddick）所代表的"母性的思维"（Maternal Thinking）认为，女性应该在私人领域的经验中培养一种思维方式，如同情、信任与关怀等；女性主义政治应该聚焦于"女性作为母亲"的身份，以及家庭的私人领域上。扬则提出"群体差异"（group differentiated）的概念。扬认为，被排除至私人领域的，不只是女性，还包括种族、年龄、身心障碍者等等。因此，扬主张以"异质性的公共"（heterogeneous public）来取代公共领域，让这些群体同样有发言的机会与机制。本哈比（1992）认为西方的公共领域可以分成三种基本类型："竞技式的公共领域"（agonistic model）、"法律式的公共领域"（legalistic model）、"话语式的公共领域"（discursive model）。

　　然而，后马克思主义的女性主义（Post-marxist Feminism）者墨菲在其名篇《女性主义、公民身份和激进民主》（"Feminism, Citizenship and Radical Democratic Politics", 1992）一文中批评上述女性主义者的公私领域观的本质主义倾向："有些女权主义者的目标是与存在于性别或者其他的多种社会关系中的从属地位作斗争，对她们而言，使其理解主体是怎样通过不同的话语和主体位置而建构的取向当然比把我们的身份降为单个的位置，且不管它是阶级、种族或性别，更加充分有用。激进民主事业从这样的角度得好处，它让我们能够理解权力关系得以建构的多种方式，帮助我们揭露各种普世主义伪装下和寻求理性的真本质的宣称里所隐藏的各种排除异己的行为。这便是为何对本质主义及其不同形式的批评，包括人文主义、理性主义、普世主义，远非女权主义民主事业形成的障碍，实际上正是它可能实现的条件。"②

---

① Sylvia Walby, *Theorizing Patriarchy*, Oxford: Blackwell, 1990, p. 178.
② ［美］钱特尔·莫非：《女权主义、公民身份和激进民主》，赵伶伶译，［美］佩吉·麦克拉肯主编：《女权主义理论读本》，桂林：广西师范大学出版社，2007年版，第630页。

二、"个人的即是政治的"

西方的政治学者在 1960 年代以前完全漠视女性的存在,基本上认为"女性对政治不感兴趣的"。因此,在 1970 和 1980 年代,女性主义在政治学理论的讨论越趋激烈。

在过去的几十年里,政治理论最独特和影响深远的发展就是女性主义政治理论著作。女性主义即是一种政治,它是一种旨在改变社会中男性与女性之间现存权力关系的政治。这种权力关系构成了生活的所以领域——家庭、教育、福利、文化与政治的世界。而女性主义思想对政治理论和政治哲学的一个最主要的贡献就是质疑了在公共与私人之间的划分,因为这种区隔与排除即压迫女性的论述是相关联的。

例如西方传统中的许多二元对立——文明/自然、心灵/身体、理性/非理性、男性/女性、普遍/特殊。关于这一点,帕特曼作了如下评论:"在大众(和学术)的意识里,女性和男性的两元性常常起到概括抑或表征各种自由离散的和对立的系列(或范围)的作用:女性,或者——本性、个人、情感、爱情、隐私、直觉、品行、赞美、挑剔、主观;男性,或者——文化、政治、理性、正义、公共、哲学、权力、成就、普遍、自由。"[1]

女性主义理论家质疑公共与私人的二分法,认为家庭关系、性别以及街区、学校和工作场所的性别分类实质上是政治关系。女性主义理论化的根本问题:什么是政治的,以及应该怎样在公共和政治领域与私人和个人领域之间划界?女性主义理论家将社会加以政治化,他们得出的结论是:20 世纪的政治需要区分公共与私人以及对政治的意义进行根本反思。

1960 至 1970 年代的第二波女性主义运动提出了"个人的即政治的"的口号,或许这一口号可以概括女性主义对公共领域排斥女性的回应,

---

[1] Carole Pateman, "Critique of the public/private dichotomy", in A. Phillps, ed., *Feminism and Equality*, Oxford, Blackwell, 1982, p. 109.

她们的意思是——在个人生活中发生的，特别是在两性之间发生的事情，都是无法免于权力的影响的，这种权力就是被代表性地视为显著的政治因素。"这一口号需要仔细的解释。至少涉及四点：1. 个人的是政治的，指的是这样的意义，已经作出了一个政治决定：如此限定的领地将存在下去。2. 女性主义对历史的批评大多强调的是这样一些做法，其中妇女所受到的不公正或压迫，恰恰是因为把一些事情划入了私人领域，因而得不到政治上的补偿。……3. 主导了家庭的'私人'生活的那些类型的父权制、专制的结构。4. 与政治的论坛或领地的观点相反，在政治的过程观点中，权力关系（通常有损于妇女）无处不在，政治也是一样。"①

女性主义者指出，这个口号表达了这样的洞见：在公共/私人两分隐蔽地性别化了，因为女性传统上从概念化了的公共领域排除出去了，而被限制到被界定为私人领域的地方去了；被设想为个人和私人的以及非政治的家庭领域内，女性遭受控制，并且男人对女性个人生活造成影响进而限制了女性的能力，并破坏了她们在职场和公共领域的发展，更强大的男权——政治的、经济的和社会的——影响了这些现象的发生。从此，女性主义者就一直重新考察和重新思考公私分界（public/private distinction），强调女性在各种场域中遭遇到的不公也是一个重要的和需要解决的政治问题，女性的呼声和身影也应该进入公众视野，所谓的公共与私人的划分都是社会建构的。女性在意识到公共领域的性别区隔的同时，也尝试在实践中建立女性自己的团体，"玛丽·赖恩证明，即使被排除在正式的公共领域之外，19世纪北美各阶级和族群的女性也在通过各种不同方式寻求进入公共的政治生活。在精英的资产阶级女性那里，是建立一个替代性的、唯有女性参加的自愿组织所构成的反市民社会，这包括一些慈善性和道德性的改良社会团体。"②她们有的是直接参

---

① ［英］杰弗里·托马斯：《政治哲学导论》，顾肃、刘雪梅译，北京：中国人民大学出版社，2006年版，第362页。
② ［美］南茜·弗雷泽：《正义的中断：对后社会主义状况的批判性反思》，于海青译，上海：上海人民出版社，2009年版，第78—79页。

加街头抗议和游行而参与公共生活,于是,原来被认为是私人领域的女性也转战到了公共空间。

总之,女性主义者已经指出性别关系是政治问题。性别问题被政治化为"公共领域"和"私人领域"变动的分界线。女性主义的口号"个人的即政治的"明确表明了这样一种理念:私人领域蕴含着深刻的政治权力关系。它既突出了人身关系的权力动力,又促使人们注意到女性自主性的要求本质上是政治的。正是因为一直以来的公私二分和性别偏置,把女性划归为私人领域而导致了女性相对于男性的从属依附地位,后者又强化了前者并都阻碍了女性的发展和解放。

第二节　女性主义对哈贝马斯公共领域理论的批判

女性主义者认识到,要想考察性别平等的缺失就不能不考虑公共/私人领域的性别化历史划分,就必须重新审视哈贝马斯的"公共领域"概念。

一、性别维度的缺失

(一)"公共领域"概念的历史谱系

众所周知,"公共领域"这个术语最早是哈贝马斯在其开山之作《公共领域的结构转型》(1962)中所提出的原创性概念。哈贝马斯认为,公共领域是指介于国家与私人领域(包括市民社会与家庭)之间的一个生活领域,它由公民聚合在一起开展自由和坦率的讨论。在18世纪的西欧,资产阶级和贵族的男性成员以及知识分子在咖啡室和沙龙的讨论,可以被描述为近代资产阶级公共领域的最早形式。伴随着交通的改善、新闻媒体和期刊的出现以及城市文化的产生,公共领域的形成和发展在19世纪中期达到高峰,继而在19世纪晚期和20世纪早期衰落了。

哈贝马斯认为公共领域历史上经过几个不同阶段的演变并正面临着新的转型。第一种形态是古希腊的古典公共领域,它随着城邦政治的衰落而消亡。它的主要特征是:对人的基本生存所涉及的物质生产和种族延续的政治事务等进行管理,其主体也是国家或城邦政治体制以内的成员,主要由具有公民身份和管理才能的男性组成,而女性、奴仆和外族人士则因不能满足这样的身份要求和能力要求而没有参与公共领域的权力和机会。对女性而言,不管是贵族还是平民,她们都只是男性的附属物,被认为是感性的、柔弱的和目光短浅的,根本不适合公共事务的管理和决定。严格性别等级的父权制度是基于对女性的生物本质化理解,也规定了女性只从事生养小孩和照顾家务这种低级本能活动,理性的政治生活只是男性公民的专利,"在领主权威这把保护伞下,生命不断繁衍,奴隶从事劳动,女性料理家务,生生死死,循环往复;必然王国和瞬间世界一直都隐藏在私人领域当中"①。如果把人们在公共领域协商讨论国家事务看作是民主政治的进步的话,那也只是部分人的民主,至少对于女性而言,她们是理所当然地被排除在这个民主制度之外的。到了近代,虽然女性实现了与男性身份地位表面上的平等,但她们仍然是被公共领域隔离出来的群体。

第二种是封建领主和贵族的代表型公共领域,它不具有"公共性"并被资产阶级推翻。第三种是近代资产阶级公共领域。近代资产阶级公共领域是从公民在咖啡厅、俱乐部、沙龙、报刊等对公共事务进行不受政府干涉的公开讨论和自由交往的活动中发展而来,并通过公共舆论来影响国家的政治决策,它为反对封建等级制度和权力专制起到了重要作用,市民社会的自治也为资产阶级政权提供了合法性。因此,资产阶级公共领域的形成伴随着市民社会的兴起,市民社会的自治既为国家统治奠定了合法性基础,也促进了公共领域的繁荣并给公共领域独立于国家政权系统提供了基础和生存空间。"资产阶级公共领域是在国家和社会间的张力场中发展起来的,但它本身一直都是私人领域的一部分,作为

---

① [德]尤尔根·哈贝马斯:《公共领域的结构转型》,曹卫东译,上海:学林出版社,1999年版,第3页。

公共领域的基础,国家和社会的彻底分离,首先是指社会再生产和政治权力分离开来。"①哈贝马斯指出,在垄断资本主义条件下,国家与社会的相互渗透挤占了公共领域的生存空间,原先自由资产阶级公共领域的批判和监督功能已经丧失了。

市民社会的自治其实是男人的统治,一方面,市民社会为整个社会利益奠定的物质基础被认为是男性劳动的功劳,而女性从事大多是无酬劳动;另一方面,市民社会与国家的分离为公共领域的生存让道的同时,只是把更加优秀的男性精英推到公共领域作为代表来表达他们的诉求,这样,女性则进一步远离了公共领域。从而,女性要么被划入私人领域而与公共领域绝缘,要么因为缺乏参与公共讨论所需的理性品质、对公共事务的关注和闲暇时间等而"不适合"进入公共领域;相应地,与女性相关的议题也不会进入公共讨论的视野。因此,资产阶级公共领域标榜的平等进入掩盖着深刻的性别区分。"区分的这一过程有助于解释资产阶级公共领域性别歧视的加剧;有助于解释要求女性专门从事家务的新的性别规范;有助于解释公共领域和私人领域的明显分离,这种分离也是资产阶级与其他高低社会阶层相区别的关键能指。"②资产阶级公共领域对其主体暗含的经济身份等诸多要求,加之传统父权制文化下对女性角色和活动的桎梏,使得女性被隔离在公共领域之外。

(二)哈贝马斯的"公共领域"概念

在当代,商品化的大众媒介和消费主义以及官僚制度的普遍扩张是造成公共领域衰落的根源。于是,哈贝马斯在《交往行为理论》一书中构想通过社会和政治权力重组下的理性交往行为使"生活世界去殖民化",重建公众舆论的公共性和批判性以实现公共领域的转型。那么,达成公共领域的要素究竟为何? 除了哈贝马斯所指的理性沟通、平等参与、论

① [德]尤尔根·哈贝马斯:《公共领域的结构转型》,曹卫东译,上海:学林出版社,1999 年版,第170 页。
② [美]南茜·弗雷泽:《正义的中断:对后社会主义状况的批判性反思》,于海青译,上海:上海人民出版社,2009 年版,第 78 页。

辩协商等精神之外,通过对历史文献的考察之后,哈贝马斯扼要地归纳形成公共领域的三点要素:参与成员的平等性、广泛性以及讨论议题的开放性等。由此看来,哈贝马斯认为所谓"公共领域"是指市民可以自由表达以及沟通意见,以形成民意或共识的社会生活领域,讨论主题以批评国家政府与公众利益为主,因此纯粹私人事务或商业的个别集会都不算公共领域。哈贝马斯对公共领域的理想化而有力的定义丰富了社会批判、女性主义思潮、政治理论和媒介研究的学术领域;同样地,公共领域正通过诸如女权运动和生态运动的出现而得以重塑。

然而,在哈贝马斯的公共领域理论中,十分清楚的一点就是资产阶级公共领域的范围基本上被限制在男性范围内,哈贝马斯并未注意到女性在资产阶级公共领域中的边缘地位以及资产阶级家庭的父权制特征。事实上,资产阶级公众的定义中关键的部分便是排斥女性。哈贝马斯一直坚持认为公共领域和私人领域向来是泾渭分明的,私人领域也绝不可能入侵公共领域。因而,哈贝马斯的这本著作受到了广泛而持续的批评,有针对其划分社会公共领域和私人领域的假设的,也有警惕其一般公共领域的白人性和男性特质的。早期针对哈贝马斯的公私二分法的批评中,女性主义学者即准确地关注到一个趋势,即公共领域不仅从一开始就忽略了现实中女性被排斥的地位,而且也排除了那些在家庭中所完成的劳动。

由于哈贝马斯把公共领域置于优先地位,忽视了家庭等私人领域中存在的不平等,因此,西方女性主义者对哈贝马斯的公共领域理论持保留意见,并对哈贝马斯的"公共领域"概念提出了异议,他们认为,"公共领域"这个概念听起来像一个绅士会所,人们所参与围绕性别角色、种族和性展开的某些政治活动被其完全排除在外。公共领域的黄金时代已经不存在,而且没有复兴的必要,因为它不可避免的是以白人男性为中心和过于理想主义的,因此,很难说这个领域是民主的或公共的。许多学者试图挽救公共领域观,为它增添新的血液,比如加入了女性公共领域、无产阶级的公共领域等。这也引起了女性主义学者对公共领域的反抗和新建,女性主义学者一直在为争取自己在公共领域的话语权而斗争。女性主义者批评的内容主要包括:公共领域和私人领域的性别化区分、对资产阶级公共领域的过度理想化等。女性主义者对公共领域理论所提出的一些新的看法,为当代公共领域的重构提供了一个完整全面的批判性视角和独特的见解。

二、弗雷泽对哈贝马斯的批判

女性主义学者对哈贝马斯公/私领域的二元对立进行了解构,其中,弗雷泽对哈贝马斯资产阶级公共领域理论中潜在的性别偏见和虚假的性别中立等观点进行了深刻的批判。

弗雷泽重点分析与评论了哈贝马斯式的关于"生活世界"(Life World)和"系统"(System)两大概念之间的区分,它们分别对应的是私人领域/公共领域、家庭/国家以及女性(雇员、消费者、小孩抚育者)/男性(工人、公民、士兵)。这种区分把女性拒斥在公共领域之外,削弱和掩盖了女性的作用和角色。在哈贝马斯看来,"现代社会的制度结构是二元的。一方面是现代生活世界的制度等级,专门针对象征再生产的社会整合领域,即社会化、团结形成、文化传播;另一方面,是专门针对物质再生产的系统整合的领域。一方是核心家庭和公共领域;另一方是(官方)资本主义经济和现代官僚制国家。"①弗雷泽指出,家庭的经济功能并不像哈贝马斯所说的,是由官方经济和国家的入侵导致的"生活世界的殖民化",家庭本来就有经济的内涵,"家庭完全渗透着——用哈贝马斯的术语来说,就是——权力与金钱这种中介。在家庭中也存在着自我中心主义的、策略性与工具性的计算,服务、劳动、金钱与性等的剥削性交换也很常见。而且,家庭通常也是存在强制与暴力的地方"②。另外,在以男

---

① Nancy Fraser, *Unruly Practices: Power, Discourse and Gender in Contemporary Social Theory*, Minneapolis: University of Minnesota Press, 1989, p. 119.
② Ibid.

性为主导的核心家庭中，人们行为规范共识的整合并不是通过公平商谈达成的，它是既定的或通过不平等的压迫手段形成的。弗雷泽认为，哈贝马斯的这个理论尽管反映了系统的工作领域与家庭关系的生活世界之间存在着分离，但这种划分"并不能解释和说明经济与行政系统的男权制，并因此也不能说明那些压制女性的金钱与权力系统的内容与影响"①。哈贝马斯关于系统对于"生活世界的殖民化"的观点"往往是重复而不是质疑晚期资本主义的、使女性处于从属地位的那些重要制度支撑，即重复了男性属于公共领域而女性属于私人领域，男性从事由政府调节的、性别分割的有酬工作而女性从事小孩看护活动，男性享受社会福利经济而女性只能依靠男性的收入生存等诸如此类的、以性别为基础的二元分离"②。因此，哈贝马斯的这一分析也存在性别偏见。弗雷泽进一步指出，"哈贝马斯对系统和生活世界范畴的区分忠实地折射出男性主导的、资本主义社会的家庭与官方经济以及家庭和付酬工作场所的制度分离。"③不论是在家庭领域还是在工作领域，女性都制度性地从属于男人。

在弗雷泽看来，哈贝马斯的公/私领域的二元区分是通过虚假的性别中立和性别角色来相互沟通的。"哈贝马斯的区分使我们抓住了重要的家庭内部动力学。然而，没有充分强调的是，在男人主导的核心家庭中由规范保障的共识调整的行为，其实是由权力调整的行为。"④这个权力不仅是家庭父权制的权力，还有官僚父权制权力等。把公共领域与私人领域、官方经济与家庭领域、女性抚养孩子和其他劳动分割的做法，是对女性从属制度的捍卫，这些暗含的性别区分被表面性别中立的角色掩盖了。私人系统与私人生活领域通过家庭和（官方）资本主义经济，以金

---

① ［英］提姆·梅伊、［英］詹森·L. 鲍威尔：《社会理论的定位》，姚伟等译，北京：中国人民大学出版社，2013年版，第211页。
② Nancy Fraser, *Unruly Practices: Power, Discourse and Gender in Contemporary Social Theory*, Minneapolis: University of Minnesota Press, 1989, p. 137.
③ Ibid., p. 119.
④ Ibid., p. 121.

钱为中介，以工人和消费者角色为轴线联系起来；而公共系统与公共生活领域则通过国家、行政管理、公共舆论和意愿生成的机构，以权力为中介，以公民和晚期资本主义的雇员角色为轴线沟通起来。但是，这里的工人与消费者、公民与雇员等身份带有性别含义，工人与公民主要指男性，而消费者、雇员和小孩抚育者一般是指女性。工人与有酬劳动者联系在一起；而女性则是作为妻子、母亲出现在工作场所，并且只是起着补贴家用的作用。

弗雷泽认为，哈贝马斯的两对范畴区分的观点，忽视了再生产的重要性，弱化了女性在家庭领域的经济功能，使私人领域出现剥削的可能，进一步掩盖了男性对女性的剥削。通过以上的批判，弗雷泽认为，哈贝马斯公/私领域界限划分的方式，把市场经济中的个人财产、家务和私人生活（包含性生活）放在私人领域，并将其排除在公共讨论的范围之外。公/私领域的二元区分传统上将男性定义为生产者，而女性是消费者；这种区分贬低了女性和她们在家庭环境中的劳动与行为的价值。相反，弗雷泽所强调的是"生活世界"和"系统"之间的相互依赖、相互渗透，因为女性的需要并不是通过在"系统和生活世界之间划出一个基本战线"来满足的。弗雷泽坚持认为"在连接'系统'和'生活世界'的男性统治形式与我们之间有一条更为基本的战线"[1]。因此，从女性主义的立场看，在现代社会情形下，哈贝马斯的论述不能满足女性的特殊需要，应予以拒斥。

三、弗雷泽批判的重要意义

在哈贝马斯的研究中，公共领域的概念是哲学的、历史的和标准的。但哈贝马斯在公共领域的界定和建构过程中遵循着一贯的以男人为公共领域主体的观点，并默认把女性活动归属于私人领域。因此，在历史

---

[1] Nancy Fraser, *Unruly Practices: Power, Discourse and Gender in Contemporary Social Theory*, Minneapolis: University of Minnesota Press, 1989, p. 137.

层面上，对这个概念的资产阶级公共领域的男性性别偏见一直存在大量的批评。弗雷泽虽然也肯定了哈贝马斯强调公共领域中的商谈伦理和民主程序的观点，但仍然对哈贝马斯的公共领域与私人领域的二分、其对公共领域的前提预设及其威斯特伐利亚框架（Westphalian Frame）潜在的性别偏见（gender-biased）和"虚假的性别中立"观点进行了深刻的批判。正是在对历史中女性在公共领域的缺失和对哈贝马斯的公共领域的女性主义批判的基础上，弗雷泽提出了她的女性公共领域思想。弗雷泽的相关研究在女性主义理论中影响广泛，女性主义研究深受鼓舞。

弗雷泽指出女性主义通过提出多元、边缘化、被排除的声音以及竞争利益的议题，对于公共领域辩论所造成的干预，已经成为公共领域分析的核心。对于那些参与多种而又多少重叠的公共领域者所隐含的某种"公共"一致性，以及"理性"（rationality）和"道德"话语中固有的中立主张，女性主义已同时对两者构成挑战。无论我们如何概念化公共领域，都需背负"理性"对话的重担。基于上述原因，由公共领域评价的话语形式，即传统上由理性的父权概念界定价值（侧重抽象和逻辑，而非叙事、对话、情感和特殊性）将遭到挑战。哈贝马斯的资产阶级公共领域，目标在寻求共善的社会共识，能够通过公众间无私、理性、批判的讨论加以达成。相反地，在女性主义理论的影响下，多元、激进或反对的另类概念，目标则是试图协助弱势者的表述并规范强势者话语的讨论，寻求介于殊异和利益公众间的妥协协商。因此，女性主义重新对公共领域进行分析所带出的议题，对于我们理解当今的社会极为关键。

第三节　多元公共领域的多维重构：性别、种族和阶级的接合

弗雷泽指出，哈贝马斯将公共领域描绘为一个向所有人公开的场所，尽管在现实中它从未完全实现过，它在性别、种族和阶级方面，具有根深蒂固的排外性。只有在对哈贝马斯的思想进行实质性修正的情况下，才可以用于分析性别关系。弗雷泽的富有创新性和洞察力的三个重

要文本——《什么是批判理论的批判？哈贝马斯的例子与性别》(1989)、《公共领域反思：一项对现存民主批判的贡献》(1990)与《性、谎言和公共领域：反思克拉伦斯·托马斯的确认》(1992)——在这一思路的产生和具体化过程中扮演了重要的角色。弗雷泽指出，早期的女性主义者是通过挑战公/私界限并让女性参与到公共领域，但我们不能简单地把女性走入公共领域视为权利赋予和解放的路径。因而，激活一种更好的、恰当的和更具潜在批判性的公共领域理论，需要对当代后资本主义社会中的公共领域进行性别、种族和阶级维度的阐释和重构。

一、公共领域的案例分析

1991 年，一位黑人保守主义者克拉伦斯·托马斯(Clarence Thomas)被老布什总统提名为美国最高法院大法官，然而，托马斯的前任同事，一名在俄克拉荷马大学任法学教授的黑人女性阿妮塔·希尔(Anita Hill)，指责其性骚扰。托马斯否认了希尔的指控，于是，美国参议院举行了全部由男性组成的司法委员会的电视直播听证会。尽管参议院后来最终确立了托马斯为最高法院大法官的任命，但听证会扩大了公众的认识，使就业平等委员会收到的正式的性骚扰指控增加了一倍。另外，希尔与托马斯对峙的公开透明度也摧毁了媒体与景象之间的区别，扩大了女性公共领域斗争的空间，其产生的影响是长期和深远的。

霍尔就曾利用这个事件论证了身份的接合的观点，即身份是复杂、矛盾的和交叉的，性别、种族和阶级等不同话语之间通过不同的方式被接合在一起。"一些黑人出于种族原因支持托马斯；另外一些人基于性别的理由反对他。黑人妇女意见不一，这取决于他们作为'黑人'还是'妇女'的身份占上风。黑人男子也出现分歧，这取决于他们的性别歧视是否压倒了自由主义。白人男子的看法不同，不仅出于他们的政治主张，而且在于他们自身关于种族主义和性别歧视方面的认同。保守的白人妇女支持托马斯，不仅因为政治的理由，而且因为她们反对女性主义。白人女性主义者，经常在种族方面是自由的，出于性别的理由反对托马斯。而且由于托马斯法官是一名司法界精英,阿妮塔·希尔在这一事件中是一位初级员工,因而在这些争论中也有许多社会阶级地位的问题。"①

在《性、谎言和公共领域》中,弗雷泽从女性主义视角分析了围绕这一事件而进行的电视辩论:希尔修辞的合法性是如何被祛除的;托马斯的声明是如何被大加赞扬的。弗雷泽指出,如果说早期的女性主义者是通过挑战公/私界限并让女性参与到公共领域,那么这一事件则充分凸显了当代女性在界定和捍卫其私人领域或隐私时所暴露的问题,即不能简单地把女性走入公共领域视为权利赋予和解放的路径,因为对于女性这一关键群体而言,还存在如何平衡公共性与隐私性的问题。

弗雷泽肯定了电视听证会扩大了正式的国家政治领域的空间,兴起了各种不同的公共领域和公共空间,但问题是,谁有权为公/私领域划定界限?第一,公共领域与私人领域的范畴具有性别维度。在电视听证会中,托马斯相对成功地把公共拷问限制在他所界定的私人生活之外,从而限制了女性主义者将性骚扰问题从私人领域提升到公共辩论议事日程中。讽刺的是,希尔却没能限制类似的公共拷问进入她的私人领域,这反映了以性别区分的不对称或权力等级。② 第二,公共领域和私人领域范畴具有种族维度。通过讨论种族议题,托马斯指控希尔对男性黑人性能力有一种刻板印象,成功地将希尔想象为一位白人。因此,这场斗争被视为一场种族斗争,希尔这个女黑人则消失在人们的视野之外。弗雷泽指出:"无论如何,我们需要对这种隐私与公共性范畴的种族含义及其与性别含义的相互交叉做出理论上的阐述。"③最后,公共领域和私人领域范畴具有阶级维度。美国一些媒体,如《纽约时报》无视希尔的贫困

---

① [英]克里斯·巴克:《文化研究:理论与实践》,孔敏译,北京:北京大学出版社,2013年版,第224页。

② [英]詹姆斯·库兰、[美]米切尔·古尔维奇编:《大众媒介与社会》,杨击译,北京:华夏出版社,2006年版,第30页。

③ [美]南茜·弗雷泽:《正义的中断:对后社会主义状况的批判性反思》,于海青译,上海:上海人民出版社2009年版,第119页。

的乡村家庭出身,把希尔资产阶级化了,并将她设想为"精英的、上层白人女性主义者的工具"。①

通过对"托马斯—希尔事件"这一公共领域实例的精辟分析,弗雷泽认为这一事件不仅暴露了哈贝马斯等传统公共领域理论的贫乏与无力,也引发了一场更为广泛的话语斗争,为重构一种更好的、恰当的公共领域理论指明了发展方向。

首先,一种更好的公共领域理论"需要以具有性别和种族含义的隐私和公共性范畴的多价性、论辩性为起点"②。其次,"一种恰当的公共领域理论需要对当代后资本主义社会中公共领域的多样性,及其相互之间的关系做出理论阐释。例如,它需要对正式的政府公共领域、大众传媒的主流公共领域、反公共领域以及日常生活中的非正式公共领域进行区分"③。最后,一种更具潜在批判性的公共领域理论也需要指出,"其中一些公共领域是如何将其他公共领域边缘化的",这将"有助于激发我们想象一个更加平等和民主的社会,有助于我们为这样一个社会而斗争"④。总之,弗雷泽主张应采用一个多元公共领域模式来替代哈贝马斯的单一公共领域的模式,经过改进的多元公共领域理论更适合平等、多重文化及阶层化的社会,也让公/私领域的界限保持了一定的开放性和公开性。

二、多元公共领域的多维重构

女性主义者不是单纯地反对将社会划为公/私领域,而是反对将女性定位在私人领域,认为她们不适合参与政治。在过去几十年中,女性主义一直在为了获得在公共领域中的合法地位坚持不懈地努力,成功地瓦解了公/私领域二分法的神话,同时也凸显出哈贝马斯公共领域理论

---

① [美]南茜·弗雷泽:《正义的中断:对后社会主义状况的批判性反思》,于海青译,上海:上海人民出版社 2009 年版,第 120 页。
② 同上,第 125 页。
③ [美]南茜·弗雷泽:《正义的中断:对后社会主义状况的批判性反思》,于海青译,上海:上海人民出版社 2009 年版,第 125 页。
④ 同上。

的一些缺陷以及由此而引起的争议。哈贝马斯后来在《公共领域的结构转型》的 1990 年版序言中，回应了女性主义学者对他的质疑，并认可不少批评意见的正确性：首先，"女性主义研究文献使我们更加清楚地认识到，公共领域本身就带有父权特征"①；其次，"当民主参与权得以扩大，阶级社会特有的弊端经由社会福利国家方式得以补偿时，……社会的父权特征还根本没有被触及"②；最后，"当时，我过分消极地判断了大众的抵制能力和批判潜能，这一多元大众的文化习惯从其阶级局限中摆脱了出来，内部也发生了严重的分化"③。然而，在这场辩论中，女性主义者认为"哈贝马斯的回答是迂回的和令人失望的。他回避了性别问题，并且认为必须通过各种公共施压(但不革命)来改革资本主义"④。

弗雷泽也认为哈贝马斯对女性主义批评者的回复不是完全令人满意的，并意识到使用公共领域与私人领域这两个术语的复杂性，以及重构多元、异质和真实的公共领域模式会产生的理论困境。弗雷泽在其另一篇重要的文章《公共领域反思：一项对现存民主批判的贡献》中指出，哈贝马斯认为需要有一个"理性公开对话"的模式，但这种公共议题的理性对话是典型的西方白人男性中产阶级的沟通模式，它将情感和生活领域等视为私人领域的事物并边缘化，因为这些事物符合女性等其他群体的生活和利益。弗雷泽建议采用一个"下层的反公共领域"(subaltern counterplubics)概念，女性、工人阶级、同性恋和少数族裔群体依靠这个"下层的反公共领域"建立并加深自己的身份认同，这"有助于扩大话语空间"⑤，实现参与的平等性。

---

① [德]尤尔根·哈贝马斯：《公共领域的结构转型》，曹卫东译，上海：学林出版社，1999 年版，第 7 页。
② 同上。
③ 同上，第 17 页。
④ Tony Couture, "Feminist Criticisms of Habermas's Ethics and Politics", *Dialogue：Canadian Philosophical Review*, Vol. 34, No. 2, 1995, p. 272.
⑤ [美]南茜·弗雷泽：《正义的中断：对后社会主义状况的批判性反思》，于海青译，上海：上海人民出版社 2009 年版，第 88 页。

根据弗雷泽的观点,首先,哈贝马斯的公共领域往往被看作是一个以平等对话为基础的辩论空间,实际上它却是单一的、一致的。例如女性、一般大众无法进入这个讨论空间,进入的障碍可能是性别、种族或是阶级。由于公共领域强调成员间的"平等",因而成员间的"差异"就被视而不见,亦即社会上的不平等不是消失,而是被忽略,因为女性作为弱势群体并没有参与的平等地位。这种单一性的处理方式,往往对"差异"形成压抑与教条。其次,哈贝马斯的理论也未能厘清当代女权运动的抗争与期望。从女权运动的历史来看,与女性相关的问题在公共的话语中被归于私人领域,要改变女性一些不平等的处境就必须要先消解既有的公/私领域的二元对立,从教育权、工作权到色情、性暴力及人工生殖,这些都是女权运动对公/私领域议题定义所做的斗争。

总之,弗雷泽极具影响力的批判策略强调公共领域的多样化、多元化以及这些领域内的权利冲突。在复杂而分化的社会中,应该考虑到多重和互动的公共领域的存在;它们各自围绕的核心,是由不同性别、种族和阶级所界定的边缘社会群体。因此,当代的公共领域概念应该接受多维度的公共领域,努力减少社会不平等。而要恢复一个充满活力的公共领域,不仅需要拆除公/私领域之间的性别藩篱,更需要把公共领域理论与目前强调性别、种族和阶级维度的差异理论整合起来。这些公共领域有时相互独立,有时则相互重叠。对公共领域进行重构所带出的政治议题,将会潜在地朝向更加多元化、激进化和抵抗性的公共领域发展,这类新的矛盾的公共领域可以为以往处于公共话语边缘的弱势群体提供表达空间和话语空间,摒除公众话语中与生俱来的男性气概,并将赋予女性更为重要的特殊角色。

第十章　女性公共领域与跨国空间正义的建构

　　弗雷泽一直关注女性主义公共领域和公共空间问题的研究,经由对哈贝马斯公共领域理论和威斯特伐利亚框架的批判,弗雷泽重构了"女性公共领域"和"跨国公共领域"等概念,描绘了一幅多元交叉的女性公共空间与女性主义联盟的美好图景。在对跨国空间正义实践的研究中,弗雷泽还引用了"世界社会论坛"这一实例,试图应对全球化带来的对威斯特伐利亚框架的民主和社会正义理论的挑战。不过,弗雷泽的这一理论与实践的结合遭到了一些政治理论家的批评,他们认为在弗雷泽的跨国公共领域理论与世界社会论坛的实践之间存在着不协调,并对弗雷泽的全球民主和社会正义理论以及更普遍意义上的批判民主理论进行了批评和反思。

第一节　女性公共领域和公共空间的建构

　　从 20 世纪 80 年代起,弗雷泽就一直关注女性主义公共领域和公共空间问题的研究,相关的著作包括三篇重要论文《什么是批判理论的批判? 哈贝马斯的例子与性别》(1989)、《公共领域反思:一项对现存民主批判的贡献》(1990)、《性、谎言和公共领域:反思克拉伦斯·托马斯的确认》(1992)以及专著《正义的尺度：全球化世界中政治空间的再认识》(2008)、《公共领域的跨国化》(2014)等。经由对哈贝马斯的男性白人"资产阶级公共领域"的批判，弗雷泽重构了"女性公共领域"、"另类的公共领域"和"跨国公共领域"等理论，对多元交叉的女性公共空间进行了描绘，并实现了女性主义批判理论的"空间转向"。

一、"公共领域"的空间转向与空间女性主义的批判

"空间"(space)一词，不论是指公共空间或是私有空间，往往被视为中性，并无男性、女性之分。在传统的空间理论中，往往缺乏性别观点的视角，到了 20 世纪六七十年代，西方人文社会科学领域均受到女性主义影响，出现了范式转移与"空间转向"(spatial turn)，对学界研究产生了深远的影响。许多重要的理论家都加入到这个空间转向的历史写作规划中。福柯、法国西方马克思主义哲学家亨利·列斐伏尔(Henri Lefebvre)以及美国后现代地理学家爱德华·索雅(Edward Soja)等都是其中的佼佼者。他们的空间理论挑战了自启蒙运动以来人类思想中根深蒂固的注重时间而忽视空间的问题。

"公共领域"(public sphere)这个词是德文 Offentlichkeit 的英译，法译则为 espace public，若再转译为英文则是 public space，即公共空间。国内部分学者倾向于将其译为"公共空间"，①主要是因为德文 Offentlichkeit 的原意有"公共性"(publicness)和"开放性"(openness)的含义。众所周知，对公共领域和公共空间概念的建构最知名和影响最为深远的是哈贝马斯在《公共领域的结构转型》(1962)一书中对资产阶级公共领域的经典构想。实际上，哈贝马斯常常利用具体空间的隐喻，如咖啡馆、沙龙、俱乐部和公共广场等——公共领域最初就诞生于此，资产阶级和贵族的男性成员以及知识分子相聚在一起，在这个社会空间中开

---

① ［法］雷米·里埃菲尔：《传媒是什么》，刘昶译，北京：中国传媒大学出版社，2009 年版，序言第 4 页。

展坦率的讨论。公共领域并不一定是指物理空间,而是指一个提供民主公开辩论和自由讨论的公共空间和话语空间,讨论的目标是达成共识。可以说,《公共领域的结构转型》是公共空间理论的经典起源。哈贝马斯坚持认为公共领域是一个历史性的阶段,他所描述的是公共领域在一定历史时期的特定展现。但是他的概念被大大地发展了,许多学者已经抛弃了他的经验主义的断言。

列斐伏尔在其著作《空间的生产》(*Production of Space*)中提出了空间生产的理论,表明公共领域是真实空间和生活中的公共空间的一种想像的空间和一种空间的再现。列斐伏尔指出,空间是一种社会产品,社会上每一个人与生产模式都会生产出自己的空间,而且关注空间的生产过程,并不是空间自身或空间内部的事物。列斐伏尔提出了空间三位一体的分析框架,包括"空间的实践"(spatial practice)、"空间的再现"(representation of space)与"再现的空间"(space of representation)。空间的实践指在任一特定社会中从空间上开展的实际和具体的工作,它关联生产、使用、控制和改造这个空间的人类行动、社会空间实践中的空间生产与再生产以及空间区位与配置组合。空间的再现指社会表现其空间性的呈现方式,包括空间本身的样态与意义,以及我们呈现它的种种方式,包括影像、文字、其他符号以及概念、思维方式等等。再现的空间指社会在其自我再现中所使用的艺术、建筑和其他环境文本,它透过意象与象征而被再现出来,是一个被动的经验空间。在列斐伏尔的"空间性—历史性—社会学"的三元辩证法的基础上,索雅提出一个全新的"第三空间"概念,并强调发展第三空间思想方法的,是后现代空间女性主义者的积极参与。① 索雅指出,尽管有些空间女性主义批判"并不那么具有空间意味",但是仍然呈现出"一种更进一步的第三空间视野的努力"。②

当代公共领域正通过诸如生态运动和女权运动的出现而得以重塑,

---

① [美]Edward W. Soja:《第三空间:去往洛杉矶和其他真实和想象地方的旅程》,陆扬等译,上海:上海教育出版社,2005 年版,第 17 页。
② 同上,第 152 页。

他们帮助开创了更加自治的公共空间,为空间批判研究指明了新的方向。女性主义对空间的审视,基于对男权中心主义的批判上。"空间化女性主义"(spatializing feminism)以女性主义批判为传统,将空间和性别问题结合起来,探讨性别、权力与社会关系如何被反映和被塑造于空间化的秩序之中。按照空间化女性主义者的看法,女性和男性的定义都是在特定的场所建构出来的——最为显著者是家庭、职场和社区。进入20世纪90年代以来,女性与空间的研究达到了一个高峰,空间议题引发的各种实践策略和理论意义,在女性主义的学术领域成为了广受瞩目的焦点。其中,弗雷泽将公共空间想象成由差异组成的、内在不稳定的和流动的区域,为女性主义空间批判理论的发展做出了重要的贡献。

二、弗雷泽对哈贝马斯四个假设理论的反驳

在一篇富有启发性的论文《公共领域反思:一项对现存民主批判的贡献》中,弗雷泽首先指出,女性主义者没有充分利用公共领域,作为一种界定什么是家庭领域之外的方式。弗雷泽对公共领域的定义有三个不同的领域:"国家、受薪雇佣的正式经济体和公共话语的舞台"。弗雷泽认为,将公共领域合并为一个领域就是错过了这些区别的分析复杂性,尽管很明显哈贝马斯的公共领域是一个散漫的领域,"在概念上也不同于正式经济"。不过,她承认,"类似于哈贝马斯公共领域思想的一些概念,对批判社会理论和民主政治实践是不可或缺的"。因为在哈贝马斯的公式里,公共空间无非就是现实生活的公共面目,它是"话语产生和循环的场所,它在原则上能够批判国家"①。但弗雷泽也进一步指出,哈贝马斯的思想并不完全令人满意。弗雷泽总结了哈贝马斯对资产阶级公共领域的四个假设,并认为"这些假设是一个特定概念,即资产阶级

---

① [美]南茜·弗雷泽:《正义的中断:对"后社会主义"状况的批判性反思》,于海青译,上海:上海人民出版社,2009年版,第74页。

的、大男子主义的、白人至上主义的公共领域概念的核心"①。弗雷泽从女性主义视角对哈贝马斯的四个假设进行了修正与反驳。

哈贝马斯的第一个假设是:"假设公共领域中的对话者可能排除地位差异,'仿佛'他们是社会平等者一样进行商谈。因此,假设社会平等不是政治民主的必要条件。"②弗雷泽指出,哈贝马斯将每人原先既有的不平等地位搁置(bracketed)不论,但进入公共领域后个人的互动模式、沟通话语的风格仍是社会不平等的展现。"资产阶级公共领域中的话语互动,既受到本身相互联系的生活方式和行为风格的束缚,也受到地位不平等的支配。"③哈贝马斯的公共领域参与模式强调"任何人都可以接近",弗雷泽则根据研究指出,哈贝马斯想象的"资产阶级的公共领域"在历史上仍然排除了某些阶级、某些种族的人以及女人。在公共领域的平等进入方面,女性因其性别从属地位、在话语商谈中的弱势处境,以及文化上的边缘化等事实上的不平等而不能参加到公共领域中。"从属群体有时不能找到合适的代言人或语言来表达他们的想法;而当他们表达自己的想法时,他们发现没有人听取他们的意见。……(他们)遭到压制,被鼓励保留其不成熟的想法;而当他们说'不'的时候,别人听到的却是'是'。"④而男性却用"我们"来代替所有人。另外,资产阶级公共领域中的媒体等传播媒介以文化中立的姿态掩盖了女性等弱势群体的表达诉求而使其边缘化,没有经济、文化等的实质平等,女性并不可能实现平等参与。那么,公共领域只是公民实现自我管理的男性统治的舞台,女性只能徘徊于边缘或被排除在幕后。弗雷泽指出,公民应该明确地表达自己的观点而不必忽视社会不平等;达到平等参与的先决条件是消除社会不平等。

---

① [美]南茜·弗雷泽:《正义的中断:对"后社会主义"状况的批判性反思》,于海青译,上海:上海人民出版社,2009年版,第81页。
② 同上。
③ 同上,第83页。
④ Jane Mansbridge, "Feminism and Democracy", *The American Prospect*, Vol. 1, 1990, p. 127.

哈贝马斯的第二个假设是:"假设各种竞争性公共领域的激增必然远离而非通向更大的民主,因此单一的、综合性的公共领域总是优越于多元公共领域的结合。"①我们知道,哈贝马斯对19世纪的公共领域非常赞赏,但却没有注意到当时发生的种种排斥现象,例如咖啡馆的常客主要是受过教育的富有男子。工人阶级、女性和少数民族基本上都以各种正式或非正式的手段被排斥在外,不能参与到活动中来。因此,弗雷泽指出,哈贝马斯描绘的往往是单一的、一致的公共领域。然而,在复杂而分化的社会中,我们应该考虑到多元公共领域的存在;它们各自围绕的核心,是由不同种族、性别、性倾向和宗教信仰所界定的社会群体。弗雷泽说:"我主张,在阶层化社会中,那些能够接纳多元竞争性公共领域进行论辩的安排,比单一性、综合性、包罗万象的公共领域更能促进参与平等理想的实现。"②

哈贝马斯的第三个假设是:"假设公共领域中的话语应该被限制在关于共同利益的商谈方面,因此'私人利益'和'私人议题'的出现总是不必要的。"③弗雷泽对这个强调只能讨论公共事务的第三个假设进行了反驳。首先,是公共事务的界定问题。弗雷泽认为,并不存在先在的"公共性",它是在商谈过程中产生的,"相反,它意识到偏好、利益和认同既是公共商谈的前因也是其后果,是在商谈过程中且通过商谈被话语性建构的"④。如果女性被排除在公共领域之外或在商谈中处于少数,那么女性的问题如家庭暴力就不能上升为公共议题而难以解决。其次,弗雷泽批评了"家庭隐私"的观念,因为它通过对某些议题的私人化或者家庭化把它们排除在公众协商之外:"与公共的政治事务不同,它是将其作为隐私的家庭事务或个人的家庭事务。"弗雷泽还向"经济隐私"的观念提出挑

---

① [美]南茜·弗雷泽:《正义的中断:对"后社会主义"状况的批判性反思》,于海青译,上海:上海人民出版社,2009年版,第81页。
② 同上,第86页。
③ 同上,第82页。
④ 同上,第93页。

战,因为它通过对议题进行简化,把一些议题排除在公众协商之外:"在此所讨论的议题是被作为非个人的市场要素,或是作为私有制的特权,或是作为经理人或计划者等技术层面的问题,而所有这些都与公共的政治事务相对。"①

哈贝马斯的第四个假设是:"假设一个运行中的民主改革领域需要市民社会和国家之间的彻底分离。"②弗雷泽指出,国家与社会是分离的,但不是彻底分开的。弗雷泽提出了强公共(代表民意的国会)与弱公共(舆论),主张需要反思强/弱公共与民意间的关系,将其理论化,探讨更新公共领域的可能性。一方面若把"市民社会"理解为有限政府下的自由资本主义经济的话,禁止公共领域讨论经济问题反而与其自由精神是相违背的;另一方面若把"市场经济"看作非政府组织,它与国家的彻底分离往往会削弱它所形成的公共舆论对政府的影响,也就是一种弗雷泽说的弱公共领域,弗雷泽认为还应该考虑强公共领域,"而且,主权议会是我所谓的**强公共领域**,即其话语既包括舆论形成也包括决策的公共领域"③。这对女性来说也是很重要的,作为前一种情况,若政府任由市场发展而不予干预,处于弱势经济地位的女性的处境将难以改善;在后一种情况下,女性公共领域即使存在也一般处于下层反公共领域上,它们如何影响到政治决策从而有效发挥女性公共领域的作用是个值得思考的问题。

总之,弗雷泽对哈贝马斯公共领域的四个前提假设进行了驳斥,从而揭露了其公共领域本身就是排斥女性的。随后,弗雷泽改编了公共领域的模式,以便考虑到多重公共领域的可能性。

三、建构"下层的反公共领域"

弗雷泽认为哈贝马斯对资产阶级的共领域缺少批判,对其他公共活

---

① [美]南茜·弗雷泽:《正义的中断:对"后社会主义"状况的批判性反思》,于海青译,上海:上海人民出版社,2009年版,第94页。
② 同上,第82页。
③ 同上,第96页。

动的忽视，以及过于强调单一、全面性的公共领域概念，这使得哈贝马斯的公共领域概念无法为批判理论提供需要。弗雷泽主张应该鼓励多元的、竞争的公众，建构"下层的反公共领域"（subaltern counterpublics）以进行对抗。

弗雷泽批评哈贝马斯公共领域的虚假公平性排斥了女性，"相反，它是男性资本家阶层的竞技场、训练场及其最终的权力基础，而这一阶层逐渐将其自身视为'普遍性阶级'，准备宣称自己是最为合适的统治者"①。弗雷泽认为，导致哈贝马斯公共领域的男性中心主义偏见的还由于他没有考虑其他非资产阶级的竞争性反公共领域，如"下层的反公共领域"，即女性、有色人种、同性恋等社会的边缘群体建构的以对自己的身份、利益和需要提出反对声音的领域。"下层的反公共领域"的内容包括集结个别女性参与的话语、重塑女性需要与认同以及创造新词汇来指涉那些原本在公共领域中说不出也无法说出的现象，这样的论点与哈贝马斯的公共领域有一段差距，但是能为女人创造更积极参与对话的能力和空间。弗雷泽认为"下层的反公共领域"的讨论氛围，是去中心、没有权威，同时公/私界限不清的，这不一定对统治阶级形成对抗，反而对更大的主流文化价值提出反省与改造。去权威、由个人经验分享出发的话语方式，鼓励原本在公共领域中不能或很少被讨论的议题重新浮上台面，也让平常较少发言，不善于话语的女性观众，有了说话的机会。

弗雷泽充分肯定了"下层的反公共领域"及其作用："由于这些反公共领域的兴起是作为对于被排斥在统治性公共领域之外的回应，因而它们有助于扩大话语空间"。这是对原先公/私领域界限的挑战，从而让更多的下等社会阶层能够参与到公共领域的讨论中。以美国 20 世纪妇女运动为例，弗雷泽论证了女性的"下层的反公共领域"的重要性："或许最突出的例子，是 20 世纪后半期美国女性主义的下层反公共领域，它拥有

---

① ［美］南茜·弗雷泽：《正义的中断：对"后社会主义"状况的批判性反思》，于海青译，上海：上海人民出版社，2009 年版，第 78 页。

丰富多样的杂志、书店、出版公司、电影和电视传播网、系列讲座、研究中心、学术计划、讨论会、年会、节日和地方见面会。"①在这个公共领域中，女性们还创造了大量自己的话语，如"性别歧视""性骚扰"等，并重新表达她们在男性公共领域中被忽视的诉求。

四、构建多元交叉的女性公共空间

弗雷泽指出，公共领域不应被视为一个单一的空间，我们必须重新思索我们的公共空间概念，视其为多元分化的公共领域，有些群体可以使用它，其他群体则被排除在外。"下层的反公共领域具有双重性。一方面，具有退出或重组空间的功能；另一方面，也是通向更大公共领域的煽动性行为的基地和训练场所。这两种功能之间的辩证关系，恰恰是其解放潜力之所在。"②弗雷泽指出，要实现哈贝马斯所指出公共领域具有的开放性理想，并且避免过去传统民主制度造成之排除，就应该让公共领域中存在"下层的反公共领域"。这些次公共代表着现阶段中未成为主导意见的一股话语力量，他们不仅可以作为重组群体的空间，也可以作为进一步公共活动的训练基础。

弗雷泽认为哈贝马斯的讨论忽略弱势社群在公共领域中的弱势地位，这些多元的差异，势必会在公共领域中被抹消、排除，因此她认为弱势社群必须先创立一个对她们自己有利的话语空间，放在福柯的话语脉络中，即先建立异质空间。在一个多元差异化而又要求民主和平等参与的社会，公共领域应是多元而非单一的。由此，鉴于女性之间的地域、阶级、种族、民族、性取向等差别，多元女性公共空间成为必然，并且不同的女性公共空间之间可以相互沟通和合作，这样更能促进不同女性通过公共领域进行辩论协商，表达诉求，实现女性的共同发展和解放。"公共领

---

① ［美］南茜·弗雷泽：《正义的中断：对"后社会主义"状况的批判性反思》，于海青译，上海：上海人民出版社，2009年版，第87页。
② 同上，第88页。

域的无界限特征及其开放性取向,允许人们不止参与一个公共领域,因此不同公共领域的成员可能部分重叠。这反过来又使得各种文化之间的交往在原则上成为可能。"①

最后,弗雷泽概括了她的观点:"资产阶级公共领域的自由主义模式并不足以批判后资本主义社会中现存民主的局限。……首先,我揭示了一个恰当的公共领域概念不只需要排除而是消灭社会不平等。其次,我证明了无论是在阶层化社会中还是平等主义社会中,多元公共领域优于单一公共领域。再次,我说明,一个合理的公共领域概念必须支持的,不是排除而是要将资产阶级男权主义意识形态贴上'私人'标签且视为不能容许的利益和议题纳入其中。最后,我指出,一个站得住脚的概念必须既考虑强公共领域也考虑弱公共领域,同时它也应该有助于两者关系的理论化。"②

总之,从以上的分析可以看出,在层级化社会中,弗雷泽捍卫的是"下层的反公共领域";在平等主义社会中,她捍卫的是多元交叉的女性公共空间。接下来,弗雷泽还把女性公共领域和公共空间推广到跨国的全球范围内。

第二节　跨国空间正义的性别之维

弗雷泽批判了古典公共领域以来,尤其是哈贝马斯的公共领域理论排除女性,并根据女性主义斗争的发展趋势,构想了她的女性主义公共领域的愿景,即从下层女性反公共领域发展到多元交叉的女性公共空间,再到跨国公共领域和女性主义联合,不断扩大女性斗争的范围;从把女性个人问题上升为政治议题,再到关注多元差异的女性以及跨区域的女性解放,弗雷泽的目标是实现全球性别正义和女性解放的宏伟蓝图,

① [美]南茜·弗雷泽:《正义的中断:对"后社会主义"状况的批判性反思》,于海青译,上海:上海人民出版社,2009年版,第90页。
② 同上,第98页。

她所构建的空间女性主义批判理论是"更适合于旨在全球化世界中促进为社会正义而开展的民主斗争的批判理论"①。

一、对威斯特伐利亚框架的批判

弗雷泽认为,哈贝马斯在《公共领域的结构转型》和《在事实与规范之间》两本书中都假定了公共领域的威斯特伐利亚框架——"公共领域均被概念化为与一个有边界的政治共同体以及一个主权领土国家同时并存",②弗雷泽对此进行了挑战和批判。

第一,哈贝马斯将公共领域及其公众舆论置于威斯特伐利亚国家的边界领土范围内,然而,全球问题及话语的流动和传播使得这一点与事实经验相悖。弗雷泽指出:"在今天,公共领域理论的威斯特伐利亚盲点是难以疏漏的。无论问题是全球变暖,还是移民、妇女权力,或者贸易条款、失业、反恐战争,公共舆论的当前动员很少停留在领土国家的边界上。"③

第二,哈贝马斯默认参与公共领域讨论的成员是国家的全体公民。弗雷泽认为,它实际上只是授权给那些社会精英参与讨论的资格,而对于一般民众,特别是移民、散居国外者以及多重国籍的人却并没有相同的发言权。即使是具有一国平等公民权的女性,也往往被排除在公共领域之外。

第三,哈贝马斯认为公共领域讨论的主题是国家经济,而弗雷泽只要稍稍提到跨国公司和海外商业注册、全球电子金融市场及保护世界贸易的各种组织和机构,就可以很容易地驳倒这一点。事实上,女性遭到的国内和国际的经济剥削就应该纳入公共领域的讨论的议题。

---

① Nancy Fraser, Marek Hrubec, "Towards Global Justice: An Interview with Nancy Fraser", *Czech Sociological Review*, Vol. 40, No. 6, 2004, p. 886.
② [美]南茜·弗雷泽:《正义的尺度:全球化世界中政治空间的再认识》,欧阳英译,上海:上海人民出版社 2009 年版,第 93 页。
③ 同上,第 99 页。

最后,弗雷泽还对另外三个假设进行了批判,即把国家媒体、国家语言、国家文化当作公共领域的基础,由此忽视了它们的多元性、流动性和共享性,因而与事实是不符的,也在某种程度上排斥了女性发挥能动性以及打破公共领域框架对女性限制的可能性。

总之,在弗雷泽看来,除了福利国家政治力量的扩散和消费社会市场经济的发展导致公共领域的衰落外,多元化理论和大众民主的兴起,以及女性作为一股崛起的重要力量,在某种程度上瓦解了哈贝马斯的男性中心主义的公共领域及其威斯特伐利亚框架。因此,从跨国范围中思考公共领域的边界,不仅是可能的还是必要的。

那么,弗雷泽的术语"跨国公共领域"的含义是什么呢?她对这个术语的分析采用两个层面:"一个是经验与历史的层面,另一个是意识形态——批判与规范化的层面。"①在最基本的经验层面上,弗雷泽遵从哈贝马斯的"公共领域"概念:"它在现代社会中指定了一个剧场,其中政治参与通过谈话这一媒介得以实现。它是公民协商其共同事务的空间,从而成为话语互动的制度性舞台。"②更为重要的,这个公共领域是"被视为公众舆论交往形成的空间。……被认为是将公众舆论配置为一种政治力量的工具"③。然后,弗雷泽又扩展了这一模式,考虑到公共领域的"跨国"的性质,力图阐明诸如"'散居海外者公共领域''伊斯兰公共领域'以及兴起中的'全球公共领域'等"。"跨国公共领域"可以被理解为——话语的舞台和交流的运行"溢出民族与国家边界"④。因此,"跨国公共领域"这个观念"对于那些目的在于在当前的'后国家群体'中重建批判理

①［美］南茜·弗雷泽:《正义的尺度:全球化世界中政治空间的再认识》,欧阳英译,上海:上海人民出版社2009年版,第93页。
②［美］南茜·弗雷泽:《正义的中断:对"后社会主义"状况的批判性反思》,于海青译,上海:上海人民出版社,2009年版,第74页。
③［美］南茜·弗雷泽:《正义的尺度:全球化世界中政治空间的再认识》,欧阳英译,上海:上海人民出版社2009年版,第90页。
④同上。

论的人来说"是必不可少的。① 创建一个活跃的、扩展的、包容的跨国公共领域也是摆脱西方民主困境的一个出路和关键。②

二、女性主义联盟的构想与跨国空间正义的追寻

弗雷泽指出，哈贝马斯从《公共领域的结构性转型》到《在事实与规范之间》，以及包括她自己在内的所有参与公共领域讨论的人，都存在着将公共领域的边界设定在领土国家范围之内的盲点，而这与经济组织、公众舆论等的跨国流动不相符。女性在跨区域斗争中对公共领域的期待也不应停留在威斯特伐利亚框架内，这使得女性跨国主义联盟成为可能和必要。一方面，从美国到欧洲，再到亚非拉的第三世界国家，女性所面临的跨国剥削和家庭暴力，以及女性对气候变暖、环境污染和生态破坏等全球问题的共同关注，使得女性必须联合起来应对共同的遭遇；另一方面，女性主义斗争的扩大化也为不同领域的女性联合趋势创造了可能，正如弗雷泽所说："通过将那些变化定位于战后资本主义与后共产主义地缘政治的变化序列之中，我的目标是推动有关我们怎样才能为了全球化世界而彻底改造女性主义方案的讨论。"通过回顾第二波女性主义运动，弗雷泽指出："我们已从一个包容性的运动（是由白人、中产阶级、异性恋的妇女们所主宰的），走向了一个更广泛的、更具包容性的运动（更多地关注同性恋妇女、有色妇女、贫困妇女和工人阶级妇女）。"③不仅如此，弗雷泽还看到，女性主义者正利用跨国政策来彻底改造女性主义。"面对全球变暖、艾滋病传播、国际恐怖主义和超级强权单边主义，这个阶段的女性主义者相信，妇女过上好日子的机会，依赖于侵入领土国家

---

① ［美］南茜·弗雷泽：《正义的尺度：全球化世界中政治空间的再认识》，欧阳英译，上海：上海人民出版社2009年版，第91页。

② ［美］南希·弗雷泽：《西方民主的危机与对策：公共领域的跨国化》，邢立军译，《社会科学战线》，2015年第4期。

③ ［美］南茜·弗雷泽：《正义的尺度：全球化世界中政治空间的再认识》，欧阳英译，上海：上海人民出版社2009年版，第119页。

边界的过程,就像依赖于被包括在领土国家的那些过程一样。"①所以,女性们需要在全球范围中寻求平等、赋权及合作方式,以更好地参与社会改造与发展。

实际上,女性斗争领域的跨国化及其联合,也是社会发展趋势和女性主义发展状况使然,"当今关于跨国公共领域与世界民主的观念显然是对我们所居住的这个复杂、互相关联但同时又多样化与阶层化的世界的反应"②。通过跨区域的联合,"很多参与到一个跨国的或者全球规模的集体行动中去的人,把基本的公民和政治权利,经济、社会以及文化权利,公民平等以及反性别、宗教、种族、族裔或阶级歧视保护看成是优于国家统治的事情"③。跨国女性联盟对女性解放运动来说无疑是一种进步。

三、批评与反思:以"世界社会论坛"为例

在最近的一些文章如《在全球化世界中重新建构正义》(2005)、《图绘女性主义构想:从再分配到承认到代表权》(2005)、《身份、排斥和批判:对四个批判的回应》(2007),以及《政治的框架:对南茜·弗雷泽的采访》(2007)和《新自由主义时代的社会权利和性别正义:对话南茜·弗雷泽》(2008)等访谈中,弗雷泽都引用了"世界社会论坛"(World Social Forum,WSF)这一案例,试图以此应对全球化带来的对威斯特伐利亚框架的民主和社会正义理论的挑战。弗雷泽把 WSF 描绘为一个新式的"跨国公共领域",她指出:"在世界社会论坛上,一些具有解放意义政治的实践者们已经改革了跨国公共领域,在那里,他们能够以平等的身份参加宣称与解决有关框架的讨论。利用这种方式,他们正在预测后威斯特伐利亚民主正义新

---

① [美]南茜·弗雷泽:《正义的尺度:全球化世界中政治空间的再认识》,欧阳英译,上海:上海人民出版社 2009 年版,第 131 页。

② [斯洛文尼亚]斯拉夫科·斯普里查:《全球治理与公共领域的跨国化》,石力月译,《新闻大学》,2012 年第 5 期。

③ 同上。

制度的可能性。"①除了弗雷泽以外，其他评论者也指出，在 WSF 中盛行的"开放空间"概念与哈贝马斯的公共领域理论之间具有相似性。② 那么，由弗雷泽发起的在 WSF 的实践与批判的民主理论之间的结合，究竟意味着什么？

WSF 是由巴西劳工党倡导举行，由全世界反全球化的非政府组织、知识分子和社会团体代表参加的大型会议。2001 年 1 月，第一届世界会议在巴西的阿莱格雷港召开，其宗旨是把反对"新自由主义全球化"以及"一切形式的帝国主义"的人们汇集到一起，为他们服务，给他们提供一个会晤的公共空间。在表决通过《原则宪章》(Charter of Principles)的基础上，WSF 提出了一些实现正义、团结和民主参与这些价值的具体建议，展望了为一个更好的世界的可能替代方式，并力图建构一个全球公共民主空间。

一般说来，WSF 被认为具有以下三个主要特点：一是尊重多样性的包容氛围。二是组织"开放空间"。WSF 自称其政治文化是一个"开放空间"，"其作者之一将其比做'广场'，它被认为是无结构、无中介或无控制、无中心、无边缘、无排外倾向的一个无差别的空间"③。三是会议的非协商性。总之，WSF 表明了公共领域正在日益超越国界，它被视为一个空间、一个过程和一个框架。

加拿大政治理论学者珍妮特·康韦(Janet Conway)和杰克特·辛格(Jakeet Singh)在《世界社会论坛是跨国的公共领域吗?》(2009)一文中，对弗雷泽把 WSF 描绘为一个新式的"跨国公共领域"的观点进行了质疑和批判。他们考察了弗雷泽的描述性与规范性方面的理论框架，并

---

① [美]南茜·弗雷泽：《正义的尺度：全球化世界中政治空间的再认识》，欧阳英译，上海：上海人民出版社 2009 年版，第 26 页。

② Janet Conway, Jakeet Singh, "Is the World Social Forum a Transnational Public Sphere? Nancy Fraser, Critical Theory and the Containment of Radical Possibility", *Theory, Culture and Society*, Vol. 26, No. 5, 2009, p. 62.

③ [法]克劳埃·凯拉海尔、[印度]杰伊·森：《开放空间的探索：世界社会论坛与政治文化》，李存山译，《国际社会科学杂志》，2005 年第 4 期。

探讨了它对 WSF 的影响。

首先,在他们看来,WSF 和弗雷泽的"跨国公共领域"这一基本的实证概念——作为一个涉及交往联系和跨国界流动的、非暴力的、多元的、对话的空间——具有某些相似之处。WSF 可以被认为是一个在弗雷泽意义上的,与更全面的跨国公共领域并行不悖、相辅相成的"跨国的从属的反公共领域",在这个跨国的话语舞台中,从属群体可以创造和传播反霸权的话语和身份。① 其次,他们认为,虽然这一理论可能阐明一些 WSF 的特点,但 WSF 的许多最具挑战性和创新性方面被弗雷泽的框架所模糊和限制了。更为重要的是,WSF 的实践对弗雷泽有关民主和社会正义的批判理论也提出了许多严峻的挑战。第一,WSF 是一个交流的空间,而不是协商的空间。第二,只能将 WSF 视为是在全球范围内的弱意义上的跨国公共领域,而不是强意义上的跨国公共领域。第三,WSF 的参与者都不是为了对付一个单一主权,也不打算寻求创造新的主权。第四,反新自由主义的定位赋予了 WSF 鲜明的政治色彩,超越了可以归因于自由主义政治理论中的公共领域概念。②

简言之,康韦和辛格的目的并不是简单地否定弗雷泽将 WSF 加入她的公共领域理论,而是认为在弗雷泽的跨国公共领域理论与 WSF 的实践之间存在着不协调,并对弗雷泽的全球民主和社会正义理论以及更普遍意义上的批判民主理论进行了质疑和反思。

综上所述,弗雷泽作为一名马克思主义的女性主义者和女性主义批判理论家,对造成女性不利处境的理论和现实问题进行了无情的揭露和批判,并描绘了多元交叉的女性公共空间、跨国公共领域和跨国空间正义的美好图景,但是她的阐释被批评为过于理想化而停留在抽象理论层面。即使面对 WSF 内部巨大的多样性,弗雷泽仍然渴望为其提供一个

---

① Janet Conway, Jakeet Singh, "Is the World Social Forum a Transnational Public Sphere? Nancy Fraser, Critical Theory and the Containment of Radical Possibility", *Theory, Culture and Society*, Vol. 26, No. 5, 2009, p. 71.

② Ibid., pp. 71 - 73.

普遍的理论,即"批判观必须捍卫全面性、综合性、规范性、纲领性思想的可能性和可期性"①。与此同时,她还主张"在所有的文化复杂性之下存在着一个单一的道德规则:参与平等的原则"②。因而,正如加拿大哲学家尼古拉斯·孔普雷迪斯(Nikolas Kompridis)在对弗雷泽的批评中所指出的:"为什么这种强有力的正义概念可能是这个问题的一部分,而不是解决价值多元主义和高度多样性挑战的一个部分呢?"③总之,弗雷泽根据全球化背景下女性面临的新问题提出全球女性主义联盟的倡议缺乏现实路径,在不同地域、种族和民族差异分明的情况下,如何打破它们所造成的界限而让不同种族、国别和性取向等的女性联合起来,确实不是单纯提出这一理论就能解决的。

---

① 〔美〕南茜·弗雷泽:《正义的中断:对"后社会主义"状况的批判性反思》,于海青译,上海:上海人民出版社,2009 年版,第 4 页。
② 〔美〕南茜·弗雷泽、〔德〕阿克塞尔·霍耐特:《再分配,还是承认:一个政治哲学对话》,周穗明译,上海:上海人民出版社,2009 年版,第 167 页。
③ 〔美〕凯文·奥尔森:《伤害+侮辱:争论中的再分配,承认和代表权》,高静宇译,上海:上海人民出版社,2009 年版,第 293 页。

第六部分

弗雷泽晚期女性主义批判理论的逻辑走向

　　着眼于正义,献身于社会改革,乃是批判理论的主要特征,这是马克思主义、法兰克福学派、女性主义和后殖民主义等批判理论的相同之处。批判理论所肩负的历史使命,使得弗雷泽不断地去反思:寻求改变女性生活种种不平等的思考方式,到底有何成果? 这种对世界的解释方式,如何能真正改善所有女性的生活? 弗雷泽的正义理论建立在"后社会主义条件"的背景下,并试图将对立的"平等政治"和"差异政治"结合起来。

第十一章　女性主义政治与性别正义理论

女性主义生来就是政治的。那么,"政治"是平等政治? 还是差异政治? 围绕着这个争论而产生的女性主义政治的两难困境是:平等与差异的二难困境、差异的僵局以及跨国政治的难题等。按照弗雷泽的看法,它们分别对应着当代西方女性主义政治发展的三个时期或三个阶段,每一个新的阶段都表明女性主义已经打破过去原有对政治的界定及理解。第一个阶段向第二个阶段的发展标志着由平等/再分配/经济/阶级政治向差异/承认/文化/身份政治的转变。而第二个阶段向第三个阶段的发展则标志着由差异/身份/政治向横向/跨国/团结政治的转变。

第一节　女性主义政治理论发展的三个阶段

弗雷泽将西方女性主义政治理论发展粗略分为三个阶段。第一阶段为 20 世纪 60 年代晚期至 80 年代中期,关注焦点在于"性别差异"(gender difference);第二阶段为 80 年代中期至 90 年代早期,关注焦点则在"女人之中的差异"(differences among women);第三阶段为 90 年代早期迄今,关注焦点转向至"多重交错的差异"(multiple intersecting differences)。下面简单介绍这三个阶段。

一、第一阶段：从 20 世纪 60 年代末到 80 年代中期

平等/差异是女性主义内部主要存在的紧张关系，女性主义者一直陷于抽象"平等"权利和对作为其群体要求基础的"差异"概念的依赖这两者之间的矛盾之中。著名的"平等—差异之辩（the debate of equality vs. difference）正是在这样的脉络下产生。

作为一场反对从政治上排斥女性的运动，这一阶段的女性主义的目的是消除政治上的"性别差异"。"主张平等的女性主义者"的观点是认为女人与男人拥有同等理性的能力，女性成就较少的原因绝非女性的能力不及男性，而是因为女性没有获得良好的教育条件与被不平等对待，造成女性次等化地位，当务之急是去除这些不公的对待。

从 20 世纪 60 年代末开始，平等政治观统治西方女性运动将近十年之久，不过，在 70 年代末，它受到了一种新兴的、差异女性主义的有力挑战。差异女性主义者则是主张男性与女性实际上就是不同，其核心主张是，"我们"是"女人"，平等并不一定需要等同（sameness），为了实践性别正义，反而不能忽视性别差异，应当致力在差异中寻求平等，反对以相同标准来要求男女，应倾听女性的声音，尊重两种不同声音的表现，透过承认性别差异的真实性，重新估量属于女性的价值而非贬抑之。

平等/差异的僵局在文化和政治层面持续了几年时间，但最后并未得到解决。因为平等女性主义与差异女性主义两者都模糊了女性间的差异。此后，女性主义者不得不设法将这两者调和起来。到 80 年代中期，"平等/差异的争论被置换了。对'性别差异'的关注让位于对'女性间差异'的关注，从而开辟了一个新的女性主义争论阶段"。①

---

① ［美］南茜·弗雷泽：《正义的中断：对后社会主义状况的批判性反思》，于海青译，上海：上海人民出版社，2009 年版，第 188 页。

二、第二阶段：从 80 年代中期到 90 年代初期

第二阶段关注的焦点则在"女人之中的差异"，也就是不再将焦点置于与男人的关系，而是重视女人本身内部的关系。此一时期有人反省到，由于差异女性主义者将理论基础建立在男/女的普遍化对立概念上，以女人受压迫的共同性建构"女人"为一个范畴，却忽视女人之中存在着阶级、地域、肤色、文化、种族等背景而产生的差异。这个抗议之声主要发自黑人女性主义者与第三世界女性主义者，她们指出，西方女性主义者经常抱持着"西方中心""白人中心"的思考习惯，是一种"帝国主义的女性主义"。

许多批评者指出，女同性恋、有色人种女性、第三世界女性、工人阶级女性等所面对的世纪问题无法在传统的差异女性主义内获得解放，因为差异女性主义把"女性"的利益放在所有利益之前，忽略女性主义的关怀重点可能随着发言位置的不同而改变。对黑人女性来说，黑人女性与白人女性不同，她们承受双重的压迫：不但受到种族内部的性别歧视，也与男性黑人一样受种族歧视。然而，她们却无法在当前主流女性运动里找到属于自己的位置。

弗雷泽指出，传统的平等/差异争论，尤其是基于正义和平等的社会政治（即再分配政治）已经被关注认同和差异的文化政治（即承认政治）取代了，进入到身份政治、差异政治和承认政治的轨道。这一时期的关注点转变为"女性间的差异"，争论的核心是文化政治，而不是经济政治。

在全球化语境下，"承认"概念凸现出各种形式的个体和共同体在平等对待要求的基础上的自我认可和肯定。"'承认'成为世纪末的女性主义诉求制定的主要逻辑。作为黑格尔哲学的一个古老范畴，因为得到了政治理论家们的复兴，所以，这个概念抓住了后社会主义斗争的明显特征：经常采取身份政治的形式，目的更多地在于规定差异，而不是提高平等。……结果是在女性主义构想上出现了重大变化：前一代人追求的是

社会平等的扩大观点，而这一代人却将其大量精力投放到文化变革上。"①

　　作为一种新型政治，身份政治是由于主张同一的被压迫群体的成员具有一种共同身份的理念，那些认同黑人、女性或同性恋身份的个人就组织起来形成了一种族群类型的政治共同体，它用来描述那些非白种的、非欧洲的、非异性恋的、非男人的身份已经进入政治舞台。用胡克斯的话来说——女同性恋者和有色人种女性主义者从讨论的"边缘转到了中心"。从长远看来，这种迅猛发展的身份政治，已经对既作为思想也作为社会运动的具有一致性的女性主义政治，提出了巨大的挑战。

　　身份政治的主要贡献之一，在于它已经建立了某种差异政治。的确，在女性主义的政治议题中，"差异"的含义是非常重要的，它是多样性、异质性与混杂性（hybridity）的来源。女性主义的差异政治打开了一个新的局面与空间，可以让持不同立场、观点与方法的女性主义者进行沟通与对话。

　　但是也有许多女性主义者提出质疑：首先，她们认为女性主义平等政治只宣扬一般性或普遍性，对社会文化、历史的具体现象视而不见，而导向承认政治的"差异政治则在具体现象方面犯了错误，常常造成'只见树木，不见森林'的后果"。② 其次，"为什么白人中产阶级中不同性别的女性主义者不需要使用'差异'概念来论证他们（她们）自己的理论或政治见解呢？ 一旦提出这样的问题，差异便成为我们非白人妇女在种族主义社会组织中彼此之间的相似性问题，这种社会组织使我们成为'他者'，而把自我身份（主权）赋予了白人妇女。……这样的话，我们的'差异'并不仅仅是目前正遭受着任意压制的'多样性'问题，而是一种对基

---

① ［美］南茜·弗雷泽：《正义的尺度：全球化世界中政治空间的再认识》，欧阳英译，上海：上海人民出版社，2009 年版，第 123 页。
② ［加］帕米拉·麦考乐姆、谢少波选编：《后现代主义质疑历史》，蓝仁哲、韩启群译，北京：中国社会科学出版社，2008 年版，第 140 页。

本社会矛盾对立既给予关注又保持沉默的一种方式"①。再次，"'差异'政治在其激进姿态下掩藏了一种新自由主义的多元论立场，……政治领域模仿了市场领域中的运作"②。最后，"差异政治……不仅避免了社会关系总组织的命名和规划，还将经验从主体拥有社会属性的不断被阐释的动态过程沦为一种更为静态的概念，即'身份'。身份这一概念为了强调个体的独特性而淡化了社会和历史因素"③。"由于缺乏对意识形式和社会关系的分析，'差异'理论缺少应用于革命性政治的潜力"④。

那么如何解决"差异难题"呢？要想"逃避差异难题，脱去身份政治的外衣——它既是……约束衣，也是礼袍——是不容易的"⑤。然而在全球化背景下，目前十分重要的是寻求一些途径以超越身份政治。也许，超越差异、立足共性的一个方法是将自己的工作置于被苏珊·弗里德曼（Susan Stanford Friedman，1995）称为"社会位置新境界说"（geography of positionality）之中。"这种方法提供了一条走出'差异死巷'的路，……这种通过建立多重不固定的身份认同，由具体情境来定义并在具体情境中运作，能'渗透和穿越各种种族和族裔界限'。"⑥总之，女性主义者不得不设法将平等/差异的矛盾调和起来：既不能否认这些紧张和矛盾，也不能认为必须在二者之间做出选择。

弗雷泽则从社会主义者与女性主义者的立场出发，非常重视"社会平等/分配正义"与"差异/承认/身份政治"的关系问题；她指出，在当前所谓的"后社会主义"与身份政治的时代，一个很重要的任务就是发展出一个"承认的批判理论"，而这个理论必须能够指认出并为那些能够与社

---

① ［加］帕米拉·麦考乐姆、谢少波选编：《后现代主义质疑历史》，蓝仁哲、韩启群译，北京：中国社会科学出版社，2008年版，第141页。
② 同上，第142页。
③ 同上，第143页。
④ 同上，第144页。
⑤ ［美］玛丽琳·J.波克塞：《当妇女提问时：美国妇女学的创建之路》，郑新蓉、余宁平译，天津：天津人民出版社，2006年版，第151页。
⑥ 同上，第143页。

会政治相结合的文化政治辩护;换句话说,这个批判的承认政治理论尝试建构一个能够同时将社会政治所追求的"平等"价值与文化政治所要求的对"差异"的尊重与承认纳入的话语。但是弗雷泽也承认平等/差异与再分配/承认之间的两难困境是真实的,而且没有一个理论可以完全移除这个困境。不过弗雷泽拒绝认为我们必须在它们之间采取非此即彼选择的观点,最明智而令人满意的取向,乃是发展能够涵盖分配和承认的、更广为包纳的正义概念。① 她提议,每一种社会正义的取径都必须兼顾经济和文化面向,因为文化差异既受到经济运作影响,也影响了经济运作。

三、第三阶段:1990 年代早期至今

具有决定意义的女性主义争论开始从"女性间的差异"转向"相互交叉的多元差异",即阶级、种族、族群、民族和性关系之间的差异。这样一种转变努力将再分配政治与承认政治结合起来、努力把认同和差异的文化政治与正义和平等的社会政治结合起来。这表现在女性主义作为一种跨国政治的实践的兴起。用弗雷泽的话来说,"女性主义已发现并正在巧妙地利用全球化世界的跨国政治空间中的新的政治机会。……尽管第三个阶段仍然是新生的,但它却预示了女性主义政治尺度的转变,这种转变使得将先前两个阶段最好方面融合到新的、更充分的综合中成为可能"②。

第二节　性别正义的历史回溯

女性主义的核心在于提出并捍卫性别正义原则。性别正义是指结

---

① [美]南茜·弗雷泽:《正义的中断:对"后社会主义"状况的批判性反思》,于海青译,上海:上海人民出版社,2009 年版,第 3 页。
② [美]南茜·弗雷泽:《正义的尺度:全球化世界中政治空间的再认识》,欧阳英译,上海:上海人民出版社,2009 年版,第 120 页。

束在家庭、社区、市场和国家中产生和再现的男女不平等现象。性别正义是相对于传统正义理论一直以来的忽视女性正义的男性正义而言的，性别正义在历史上的缺失也导致了玛丽·沃尔斯通克拉夫特（Mary Wollstonecraft）、弗里丹和奥金等女性主义者对性别正义的不懈追求。在此基础上，弗雷泽深入地看到了现代女性遭受的非正义并进行了批判，从而提出了女性主义正义观。正如美国纽约新学院大学研究生部的历史学教授伊莱·扎列茨基（Eli Zaretsky）所言："弗雷泽身上有一种高尚的品质——正义是她心灵的中心，比我见过的任何人都多。"①

一、历史中的性别正义

正义是人类文明进步的标志，也是人们不懈追求的目标，但在女性主义者看来，"历史是以（居于支配阶级和种族的）男性的观点写成的"②。以至于历史上对正义的强调似乎都来自男性的视角和主张，而缺乏女性的身影。从古希腊时期的柏拉图到近代的卢梭等，再到现代的罗尔斯等宣称的正义思想都忽视了女性主义的正义或主张虚假的性别中立，它源于传统中女性主体性的湮没、公私领域的性别二分，以致性别不公的制度化。然而，一直以来，女性主义者从内涵和范围等方面不断开拓女性主义正义，这也是弗雷泽进一步探索女性主义正义的起点。

（一）传统正义论无视性别正义

对正义的讨论一般可以追溯到古希腊的苏格拉底，他将"神圣的正义"（divine justice）与人的善良人生结合，认为不管人的出身和教养为何，所谓的"好的生活"（good life）与市民生活，是必须以理想和普遍法则的分享为基准的。柏拉图在《理想国》中把社会中的人分为三个等级，认为正义就是各个等级的人按其本性、各司其职，那么基本上处于统治阶

---

① *Feminism，Capitalism，and Critique：Essays in Honor of Nancy Fraser*，edited by Banu Bargu and Chiara Bottici，Palgrave Macmillan，2017，p. 278.
② ［美］克瑞斯汀·丝维斯特：《女性主义与后现代国际关系》，余满枫等译，杭州：浙江人民出版社，2003 年版，第 43 页。

层和武士阶层之下的第三阶层的女性就只要安守本分地做好家庭事务就好了，女性被认为是没有理性的下等人，也并不拥有男性一样的正义。

亚里士多德则认为正义的定义有两项原则：第一，相同的事物要相同对待——平等原则；第二，不同的事物要不同对待——差异原则。就性别而言，男女的确不同，据其差异而求其平等。男性同女性是命令与服从、统治与被统治的关系。中世纪的神学垄断就无所谓正义了。到近代的卢梭、霍布斯、洛克等，他们大力倡导平等自由的同时贬低女性，更是无视女性的正义，如卢梭认为女性的美德是温顺、谦卑，而不是享有同男性一样的平等权利；洛克更是把女性当作男人的财产来看待，"在洛克看来，女人连同物品都属于男人的财产，正义就是保证男人排他性地占有、处分、支配女人及其他财产的权利。于是，正义调节的就只是男人之间的关系"①。他们所热衷的及延续至罗尔斯等人的契约论思想也是男性之间订立的契约，弗杰尼亚·赫尔德（Virginia Held）指出"把自利的或相互冷漠的个人之间的契约关系看作是构建了人际关系的范式，这是以历史上特定的'经济人'概念来代表人类全体。许多女性主义者开始同意，这是在根本方法上忽视或贬低女性的经验"②。到了现代的思想家的正义理论中，女性仍是被贬低和忽视的对象，尼采竟然说要带着鞭子去见女性，对女性的恶劣态度可见一斑。

罗尔斯认为"正义即公平"（a theory of justice as fairness）。罗尔斯在《正义论》（1971）中提出正义的两个原则：第一个原则是每一个人都具有和他人同样的最广泛的基本自由之平等权利；第二个原则是让拥有最不利的条件的人获得最大的利益，以符合正义的补偿原则，同时地位和官职对所有人开放，以符合正义之平等原则。虽然罗尔斯的公平正义原

---

① 肖爱平：《论西方女性主义对主流正义论的批判》，《大连理工大学学报（社会科学版）》2013 年第 2 期。

② Virginia Held, "Noncontractual Society: A Feminist View", in Marsha Hanen and Kai Nielsen, eds., *Science*, *Morality and Feminist Theory*, Cagryl: University of Calgary Press, 1987, p. 113.

则似乎把女性也囊括进正义的制度中了,且有利于最少受惠者(the least favored)的原则似乎特别'照顾'了女性,但女性主义者们发现他在虚假的性别中立下掩盖着对女性的不公,正如弗雷泽说的,"当然,罗尔斯关于正义的独特观点——正如柏拉图的观点一样——是有问题的:正义可以单独地就分配而言的观点太苛刻了,对'原初状态'(The Original Position)的构造设计也太严格了"[1]。

罗尔斯的确主要讲的是分配制度的正义,且他把所有的人都设置为处于不分性别、年龄、财产状态等差别的"原初状态",每个人可以再被设定在"无知之幕"(veil of ignorance)之后。罗尔斯对"原初状态"的描述,"在其中伦理决定的制定者不知道自己的生活情境为何,来保证一个公平公正的结果,是这一性别盲视的重要文本表述,这对一个正义与理性的社会秩序十分重要"[2]。正如露丝·安娜·普特南(Ruth Anna Putnam)所指出的,"原初状态只是一种深沉的独白,只能听到男人的声音"[3]。因为他是按照男性的标准来设定所有人的能力、品德、从事的活动及其对正义的期望的,而这并不符合女性的现实处境和她们对正义的追求。"在传统道德与政治哲学中,理论家们要么使用'一般的'男性术语,要么使用更具包容性的术语('human beings''persons''all rational beings',等等),惟独把女性排除在外。"[4]所以,即使罗尔斯后来用"人类""所有人"等代替再现男性的"他",但表面的性别中立下仍然潜藏着对女性的歧视与不公。"这实际上就是理想化:它隐藏了性别正义问题,而不是解决它。罗尔斯的文章对于妇女是否应该被贬入'私人'领域以及在构建正义的过程中是否由男人来代表她们,是否'公共'领域和'私

---

[1] Nancy Fraser, "On Justice: Lessons from Plato, Rawls and Ishiguro", *New Left Review*, Vol. 74, No. 3 - 4, 2012.

[2] [英]苏珊·弗兰克·帕森斯:《性别伦理学》,史军译,北京:北京大学出版社,2009 年版,第28 页。

[3] Ruth Anna Putnam, "Why Not a Feminist Theory of Justice?", *Women Culture and Development*, Vol. 1, No. 9, 1995, p. 307.

[4] 郭夏娟:《为正义而辩:女性主义与罗尔斯》,北京:北京人民出版社,2004 年版,第 75 页。

人'领域是所有人在平等条件下的共享,或者,是否仅仅由妇女独自承担两个领域上的重担,等等,这些问题都令人惊讶地模糊不清。"①

弗雷泽则扩充了罗尔斯在其重要著作《正义论》中的主要观点,将"公正"由经济的视角下,转到政治哲学的分析范畴中。她认为"公正"是"资源之公平与平等的再分配"(fair and equitable redistribution of resources),必须将经济性的物资与非物质的人权、自由和机会重新分配,使所有的人可以一体均沾地分享彼此同等的权利。但弗雷泽对"正义"所作出的设定太过于理想化,乌托邦想象的色彩也过于浓厚。② 从总体上说,正统的正义理论一直都是无视女性的正义的。

(二)性别正义缺失的原因

一般说来,当代社会比较严重的社会不公现象和性别非正义主要包括以下两个方面:第一,由于"男性养家女性持家"的思想依然深入人心,男女工作报酬和升迁机会不平等;第二,职业女性仍然是家庭的主要照顾者,难以兼顾家庭与事业,且享受不到应得的社会福利。

女性在历史中并不认为是正义的主体,这是历史传统中压制女性的主体性、公私领域的性别二分以及性别不公的各种制度所造成的。从女性主体性方面来说,自父系氏族以来,女性一直被认为是依附于男性而生存的依赖者,在公共政治场合并没有她们的身影,也极少听到她们的声音;在近现代,虽然女性逐渐获得了法律权利等方面的形式平等,但至今没有实质的平等,"因此,正如罗萨尔多所说的那样,即使女人在许多社会中拥有一些权利,甚至拥有大量的权利,女人手中的权利还总是被视为不合法的、扰乱正常秩序的、没有权威的"③。女性仍是第二性,其主

---

① [印度]阿玛蒂亚·森、[美]玛莎·努斯鲍姆主编:《生活质量》,龚群等译,北京:社会科学文献出版社,2008年版,第339页。

② 廖炳惠编著:《关键词200:文学与批评研究的通用词汇编》,南京:江苏教育出版社,2006年版,第140页。

③ Michelle Zimbalist Rosaldo, "Woman, Culture and Society: A Theoretical Overview", in *Woman, Culture and Society*, edited by Michelle Zimbalist Rosaldo and Louise Lamphere, Stanford: Stanford University Press, 1974, pp. 17-42.

体性受到压制而被湮没了。

从公私领域的性别二分来说,由于传统的劳动性别分工,女性被划入私人家庭领域,正如帕特曼说的,"把女性和男性在私人领域和公共领域中区分出来,并把他们分别置于私人生活与公共世界中,这种分离的方式是一个复杂的问题。但是,形成这一复杂现实的基础是人们相信女性的本质属性就是恰当地从属于男性,她们合适的位置是在私人的家庭领域,男人则适当地存在于两个领域中,并统治着两个领域"[1]。但女性却与男性的公共领域绝缘,而现实中女性长期局限于一种狭小的空间而日益与社会公共事务的管理脱钩,进一步阻碍了女性的发展。

更重要的是,女性的各种不利处境还被潜在地制度化,从而固化了对女性的本质主义认识,如当代资本主义普遍的福利制度,它对女性的救济与对男性的保障系统不同,前者与女性作为妻子、母亲、养育者等身份相关联,它虽然减轻了女性对男性养家人的依赖,但也造成了对国家父权制和官僚机构的依赖。人们因为表面上看起来福利给女性带来好处,"而不去质疑在晚期资本主义社会中导致女性从属地位的主要支持机构——即以性别为划分基础的男性公共领域和国家调控的、以性别区分有偿工作和社会福利的经济系统"[2]。也因为各种政治经济制度的限制,女性被排除在公共领域之外而长期处于被统治和从属的地位,并无女性的正义可言。

(三) 对性别正义的默默探索

虽然女性的正义在历史上未得到应有的重视,但女性主义者在近代出现以后,一直没有停止对女性正义的追求和探索,无论是在理论上还是在实践中,女性主义者在反抗传统男性专属的正义的同时努力争取女性的正义。自由主义的女性主义的鼻祖沃尔斯通克拉夫特就是追求女性公平正义的代表,她在《女权辩护》中就提出女性具有同男性一样的理

---

[1] Carole Pateman, *The Disorder of Women*, Cambridge: Polity Press, 1989, p. 120.

[2] 王珏:《论女性主义视野中的公共领域:以南希·弗雷泽(Nancy Fraser)为例》,上海:华东师范大学硕士学位论文,2009年,第56页。

性和自由平等的天赋人权，理应享有同等的受教育权利，从而实现男女的公平对待和发展。"如果女人服从男人是建立在正义之上的话，就没有请求更高的权力来保障的必要了，因为上帝本身就是正义。如果没有嫡庶之分的话，同一父母所生的孩子们将一律平等，一起探求真理，一起听从理性的呼唤，服从理性的权威。"①在沃尔斯通克拉夫特看来，男女被平等对待是符合女性正义的。

同样是自由主义女性主义代表的弗里丹、奥金也是女性主义正义的呼吁者。弗里丹在其早期经典著作《女性的奥秘》中，披露了中产阶级白人已婚女性的不满足与不幸福，指出这是她们在父权制社会中所处的结构性地位带来的结果。弗里丹对贬低女性的本质主义认识进行了严厉批判，主张女性应有与男性同样的生活和工作及理想目标，而所谓的"差异的女性主义"在实质上不是女性主义的进步，而是倒退。

在其1981年出版的《第二阶段》中，弗里丹进一步提出尊重女性气质和特征更符合女性的正义，"第二阶段，单单从女人的角度，以和男人隔绝的人格及平等，是看不见的。第二阶段，意味着和家庭一起面对新的现实，兼顾关爱和工作的最新现状。第二阶段，甚至也许不仅仅是女性运动，男人在第二阶段也至关重要。第二阶段，必须是一场超越以往的斗争，它不再是要求体制给予平等权利的斗争。第二阶段将要重新构造体制，改变权力自身的性质。第二阶段，是从我们自认为的斗争发展而来，甚或是其以外的战斗。"②在1993年出版的《生命之源喷涌》中，弗里丹再次提出将男性气质和女性气质融合起来的雌雄同体的正义社会，将正义的社会定义为男女和谐的状态。

奥金对性别正义的考察细化到家庭领域，她在代表作《正义、性别与家庭》(1989)中从女性主义视角分析了几部关于正义的当代作品。在她看来，罗尔斯、罗伯特·诺齐克(Robert Nozick)、阿拉斯代尔·麦金太尔

---

① [英]玛丽·沃尔斯通克拉夫特：《女权辩护》，谭洁、黄晓红译，广州：广东经济出版社，2005年版，第98页。
② [美]贝蒂·弗里丹：《第二阶段》，小意译，南京：江苏人民出版社，2007年版，第14页。

（Alasdair Chalmers MacIntyre）和迈克尔·沃尔泽（Michael Walzer）等人实际上都忽视了由性别这一事实引发的正义问题。

奥金认为，罗尔斯提出的两条著名的正义原则假如运用得当，就能够引导我们对现存社会的性别系统做出根本性的挑战。罗尔斯所说的"原初状态"通过"无知之幕"让参与者不知晓自己的性别，以及其他性情、才能和目标等。在奥金看来，罗尔斯的主要问题在于他假定家庭是一个正义的机构；而实际上这个假定需要接受仔细的审视。奥金讲述了当代女性遭受的非正义，并把它归为家庭中不平等的性别结构，并批判了罗尔斯等正义理论对性别和家庭的忽视，因为"家庭中性别的分工又涉及权力、责任和特权的分配"①。她主张将分配的正义应用于家庭领域，"在正义的社会中，家庭的结构和实践必须给予女性和男性一样的机会来发展她们的能力，加入到政治权力之中并影响社会的选择，并且在经济上有保障"②。她提出了这样一个问题，即在原初状态下，"对于两性之间的关系，特别是对于家庭，什么样的社会结构和公共政策"会得到大家的一致赞同呢？"她的设想是应该采用一种人道主义的公正理论，制定的公共政策和法律应该最大程度地缩小性别差异；特定的例子包括家庭休假，政府提供资助的托儿服务，和保持一家人在离婚后生活水准的安排等"③，从而创造一种无性别差异的社会，"在这样的社会里，一个人的性别特征和正义之间的关系，与他眼睛的颜色或脚趾头的长度和正义之间的关系根本就差不到哪里去"④。因为这样对女性更公正：能给女性和两种性别的孩子带来更多的平等机会；能为培养正义社会公民创造更好的环境，所以，正义的社会是离不开女性正义的实现的。

---

① Susan Moller Okin, *Justice, Gender and the Family*, New York：Basic Books, 1989, p. 9.

② ［美］詹姆斯·P.斯巴特：《实践中的道德》，程炼等译，北京：北京大学出版社，2006年版，第232页。

③ ［美］谢丽斯·克拉马雷、［澳］戴尔·斯彭德主编：《路特里奇国际妇女百科全书》下卷，"国际妇女百科全书"课题组译，北京：高等教育出版社，2007年版，第573页。

④ Susan Moller Okin, *Justice, Gender and the Family*, New York：Basic Books, 1989, p. 171.

从以上可以看出,女性正义总体上在历史中是不受重视和被遮盖的,但女性主义者仍没有放弃这个希望,以上所列出的自由主义女性主义者就是如此,"自由主义女权主义的基本立场首先可以被表述为一种社会正义的观点:在一个公平的社会里,每个成员都应该得到发挥自己潜力的机会,男女两性应当拥有同等的竞争机会"①。当然,还有一些其他女性主义者如扬等在理论和实践中尝试促进女性正义的实现,弗雷泽循着这个目标批判现实中的女性非正义现象、探索女性正义的实现路径的。弗雷泽谈到性别议题时表示,"要矫正性别的不正义,需要同时改变政治经济与文化,才能打破经济与文化屈从的恶性循环。"②也就是说,一种所有人的正义,需要一个能同时包括分配政治和认同政治的理论模式。

二、性别正义的两难问题

性别正义的讨论主要建立在关于男女性别差异的程度及意义的分歧上。"如果我们接受正义的抽象解释,这种抽象正义无视人与人之间的差别,也无视发达国家和不发达国家的妇女的生活状况不同于男人的生活,那么,我们就要(据说)对无视差别的同等对待负责。如果我们承认差异的伦理意义,我们就有可能认可保持这些差异的传统社会形式,包括那些轻视和压迫妇女的形式。"③那么,如何在性别差异的基础上寻求合理和公正,以便建立合乎性别正义的秩序?

(一) 如何对待差异?

有一个重要的问题,即在性别公平政策中,不同女性群体之间的差异是如何得到认识和对待的。虽然最初各项政策是把女性当作一个同类的群体来对待的,但是人们越来越认识到有必要把她们之间的差异考虑进去。20世纪90年代后期的理论著作突出强调了比如阶级、性别以

---

① 李银河:《女性权力的概起》,北京:中国社会科学出版社,1997年版,第97页。
② 参见李天健《Freire 批判意识概念的重整》,台湾政治大学教育博士论文,2007年,第98页。
③ [印度]阿玛蒂亚·森、[美]玛莎·努斯鲍姆主编:《生活质量》,龚群等译,北京:社会科学文献出版社,2008年版,第335页。

及族群等在形成女性的经验时相互交叉的复杂方式,当时的各项政策还试图解决一些特定女性群体的需求。这些著作很多还具有战略含义:性别不平等可能含有社会经济以及文化的成分,需要一种重新分配的方法并承认差异。这种两难境地很难解决,"我们能做的最好是努力缓和这一两难境地,当两种方法需同时进行时,寻找能够使重新分配的方法和承认差异的方法之间冲突最小的办法"[1]。

在推动性别平等的行动当中,女性主义者,特别是具备了差异政治视野的女性主义者,通常最难面对的一项课题与挑战,还是如何应对"差异"。差异政治的一个核心命题就是:难道所有的"差异"都要给予同样的尊重和承认吗? 扬的《正义与差异政治》(1990)是透过社会正义之后现代界定的意涵来思考的重要著作,弗雷泽的《正义的中断》,则提出了回应和替代观点。

(二)弗雷泽与扬关于"差异政治"的争论

近年来,在女性主义批判理论家中发生了一些重要的争论,他们探讨了分析正义要求的各种方法,这些讨论特别侧重于再分配和承认集体身份的相对优点。

1. 扬的五种被压迫类型

扬在对压迫的五个方面的描述中包括了经济和文化层面的规范性主张:剥削(exploitation)、边缘化(marginalization)、无权力(powerless)、文化帝国主义(cultural imperialism)、暴力(violence)。她指出,差异政治的诉求不在于庆祝每个人不同的认同,而是一个攸关正义的概念。扬提出的这五种被压迫类型,补充了传统政治学者讨论"正义"时往往仅着眼于资源重新分配的正义,而忽略文化承认的正义之不足。

(1)剥削。这是一种结构性的关系,通过这种关系使某些人是在他人的控制之下运作自己的能力,以达成他人之利益,因此规则性地增强

---

[1] [美]谢丽斯・克拉马雷、[澳]戴尔・斯彭德主编:《路特里奇国际妇女百科全书》上卷,"国际妇女百科全书"课题组译,北京:高等教育出版社,2007年版,第264页。

他人的权力。剥削不仅产生在阶级关系中，也会以性别和种族的特殊性呈现。

（2）边缘化。如老人、残疾、单亲家庭、少数族群等都遭到边缘化的压迫。边缘化所造成的伤害不只是物质上的缺乏，也包括公民权利的缩减和发展机会的丧失。

（3）无权力。指受到他人权力的指使，而自己却不能指使他人。它表示一个人在劳动分工的地位中，没有机会发展和运作技能，同时由于其职业地位低，所以也无法受到尊敬。

（4）文化帝国主义。它指的是统治阶级以其经验和文化作为普遍性的规范，其结果是使被压迫阶级的立场完全消失。如女性、同性恋、非裔美国人和其他弱势群体等，都遭受文化帝国主义的压迫。

（5）暴力。这是指某些群体成员易于受到任意、非理性的攻击，包括身体伤害、威胁、嘲讽和性骚扰等。

从以上的分析看来，扬重视历史、文化的脉络和群体的异质性，她所关心的正义问题不是静态的分配。扬认为消除不正义的最佳方式就是差异政治，也就是正视和肯定不同文化和群体的特殊性，这种特殊性不能被理解为劣等的和不正常的。简单地说，差异政治的基本精神就是反对主流文化的同化和普遍性标准。

2. 弗雷泽的反驳

弗雷泽虽然同意扬从文化认同面向对于正义理论的补充，但也指出扬的盲点，就是预设了所有处于弱势位置的"差异"都是需要捍卫的。她认为扬将承认和再分配充分结合起来，并以牺牲再分配政治为代价，过度重视对群体身份的文化承认。弗雷泽以反移民的新纳粹主义者为例，进行了质疑："难道因为这类团体目前被主流社会打压、边缘化，我们就要尊重其'平等'的发言位置吗？"因此，弗雷泽主张我们必须细致地判断与区分差异属于哪一种类型，并给予不同的对待，她称之为"差别化的差异政治"（a differentiated politics of difference）。就此，她提出三种对待方式：第一种是基于人道主义（humanism），对于那些本身制造或意图制造压迫与伤害的差异(如前述的新纳粹主义),应当尽力消除之;第二种是基于所谓文化帝国主义,这是指受压迫的群体,例如女性、黑人、原住民,强调己身被边缘化的价值之优越性,以强化内部团结和认同;对于这种被边缘化的宝贵价值,弗雷泽认为不应仅仅视为差异的他者,更应审视其优点并加以普及化,成为大家共享的价值;第三种则是文化多样性,这里的差异是单纯群体间的不同,不应被消除但也毋须企图普及之,而就是以欣赏的态度来面对这些多元现象。

　　弗雷泽的主张也反映在她所倡议的"批判的多元文化主义"(critical multiculturalism),她以之取代自由主义传统下的"多元论的多元文化主义"(pluralist multiculturalism)。在批判的框架下,除了检视"多元"之间不平等的权力关系,还要进一步针对多元的"内容"进行规范性的判断。[①]

　　扬对弗雷泽批评的回应是:弗雷泽的模式夸大了文化和经济正义斗争之间的紧张关系,她依赖于承认要求和再分配要求之间令人难以置信的明显区别。弗雷泽的方法中有一种无益的二元论,太多不同形式的不正义被归为经济和文化的范畴,这忽略了其他形式的不正义,例如与法律或公民身份有关的不正义,而这可以更好地描述为政治不正义。简言之,对现代社会中多种复杂形式的不正义现象的批判性分析,人们需要保持一种灵活和敏感的态度。

第三节　性别正义理论的批判性建构

　　作为一名批判理论家,弗雷泽将当代社会运动的主张与规范性政治理论相结合。她关注的是全球化世界中的正义,其影响深远的两本著作《正义的中断:对"后社会主义"状况的批判性反思》和《正义的尺度:全球化世界中政治空间的再认识》对女性主义者来说最为著名,因为它们改变了当

---

① 参见黄淑玲、游美惠主编《性别向度与台湾社会》(第二版),台北:巨流图书股份有限公司,
　2012 年版。

代女性主义者的观点和社会想象。弗雷泽对从再分配到承认转变的描绘和概念化，是当代诉求的核心政治要求；她对再分配和承认之间的区别，特别是她以地位为基础而不是以身份为基础的"承认"主张的定义，既有争议又有广泛的影响。前文阐述了弗雷泽性别正义的理论框架，该框架确定并寻求通过再分配和承认的改进措施以纠正社会经济和文化不平等。

一、弗雷泽对政治文化去中心化的时代诊断

弗雷泽基于对"后社会主义"状况的批判反思，对传统一元理论进行了解构，主张多元并存和平等参与，并作出了政治文化去中心化特征的时代诊断："克服大男子主义和男性至上主义需要改变文化评价体系（以及其司法和实践上的表现形式），这些评价体系崇尚男性特征，拒绝给予妇女平等尊重。改变文化评价体系需要使各种大男子主义规范去中心化，并重新评价受歧视的性别。"①

首先，社会斗争的阶级去中心化。受马克思主义批判理论的影响，"阶级"这个范畴在对工业时代社会矛盾斗争的分析中在占主导地位，弗雷泽认为，"然而今天，由于非阶级划分、身份和冲突的异军突起，这样一种方法是高度令人质疑的。"②因为围绕性别、种族、宗教和语言等出现了许多不同的群体，他们有各自利益和诉求，并需要得到承认和表达，而不是笼罩在阶级的名义下视而不见。"身份认同理论为后殖民主义、女性主义等批评模式提供了重要的思想与理论资源。由于身份认同理论强调边缘群体的身份问题，妇女移民、少数民族等这些过去被忽视的边缘群体成为关注的焦点。"③

其次，社会正义的分配去中心化。长久以来，正义主要指的是分配

---

① ［美］凯文·奥尔森主编：《伤害十侮辱：争论中的再分配、承认和代表权》，高静宇译，上海：上海人民出版社，2009 年版，第 23 页。

② ［美］南茜·弗雷泽：《今日西方批判理论丛书〈中文版序言〉》，周穗明译，上海：上海人民出版社，2009 年版，第 3 页。

③ 傅美蓉：《从反再现到承认的政治》，西安：陕西师范大学博士论文，2010 年。

正义,如马克思的按劳分配理论、罗尔斯对公平正义中"基本善"的分配、沃尔策也认为正义是分配善的特殊的方式,还有罗纳德·德沃金"资源平等"分配的主张等。这种经济主义的观点专注于分配领域而忽视了其他的非正义,"在福特主义处于主导地位的时代,这种经济学观点阻碍关注其他类型的社会不平等,比如身份等级制和政治无权地位"①。以包含再分配、承认、代表权在内的多元正义取代分配的一元正义是弗雷泽对后者进行批判后的一个创举。

再次,威斯特伐利亚框架正义观的去中心化。弗雷泽提出的正义(包括女性主义正义)不仅是多元的,还是跨边界的,这在于她对威斯特伐利亚的国家框架的突破。传统的正义观都默认了国家领土边界的教条,而对正义的主体也默认为一国公民,这在全球化时代,许多不在这一限定范围内的非正义的不恰当处理将是不公正的。"然而今天,由于与全球化相关的现象异军突起,比如全球金融和跨国化生产,美国的军国主义和单边主义,全球治理和全球变暖,威斯特伐利亚的正义观不再是不言而喻的。"②

最后,正义社会愿景的去中心化。弗雷泽指出:"郑重放弃对过时模式的怀旧之情和对后现代多元主义的庸俗庆贺,我们必须创造一个新的、正义的社会的全面愿景——一个将分配正义、身份平等和在每一层面的治理中广泛的民主参与相结合的愿景。"③

二、性别正义的二个维度:再分配和承认

弗雷泽在她的一篇著名的文章《从再分配到承认?——"后社会主义"时代的正义难题》(1995)中,对于经济不正义和文化不正义的概念进行深入分析。经济不正义概念来源于马克思的阶级剥削理论;经济不正义根源

①［美］南茜·弗雷泽:《今日西方批判理论丛书〈中文版序言〉》,周穗明译,上海:上海人民出版社,2009年版,第3页。
② 同上,第4页。
③ 同上。

于社会的政治经济结构，如剥削、经济边缘化、被剥夺的生活标准等。文化不正义的概念来源于黑格尔的"承认"理论；文化不正义根源于代表性、解释、传播的社会类型，如文化霸权、不被承认和尊敬等。针对这两种不正义的措施是：第一，对经济不正义所采取的措施是政治经济制度的重建，如所得的重分配和分工的重组等；第二，对文化不正义所采取的措施是某种文化的改变，如提升对不受尊敬者的认同等。由此，弗雷泽提出了一个社会正义理论框架，整合了经济再分配（economic redistribution）和文化承认（cultural recognition）这两种不同的正义诉求。

弗雷泽的这篇文章在学界引起强烈回响，并由此产生一系列相关论战。弗雷泽认为，越来越多的人要求承认基于国籍、民族、种族、性别和性取向的差异，以牺牲经济再分配的主张为代价。弗雷泽的基本论点是："我的总论题是，今天的正义需要再分配和承认。孤立的二者都是不充分的。"①我们应该抵制将再分配政治和承认政治作为相互排斥的替代方案，集中精力寻找一个能够满足这两种需求的替代框架。

弗雷泽指出，性别正义的第一个维度是经济再分配，它是一种平等主义的概念，可以追溯到马克思关于阶级剥削的理论；第二个维度是文化承认，这个概念可以追溯到黑格尔的《精神现象学》，"承认指明主体之间的一种理想的相互关系，其中每一主体视另一主体为他的平等者，同时也视为与他的分离。这一关系被认为对主体是建构性的；一个人只有凭借另一主体的承认和被承认才成为一个独立的主体"②。经济再分配追求的目标倾向于削弱群体差异，而文化承认追求的目标却倾向于促进群体差异，这也就是弗雷泽所指明的二者之间的矛盾冲突，她将之称为"再分配—承认的难题"。然而，遭受不正义的人们，可能既需要经济再分配又需要文化承认，究竟该怎么做才能解决这个难题？

为了解决这个难题，弗雷泽区分了肯定的矫正和改造的矫正，建

---

① ［美］南茜·弗雷泽、［德］阿克塞尔·霍耐特：《再分配，还是承认？：一个政治哲学对话》，周穗明译，上海：上海人民出版社，2009年版，第6页。
② 同上，第7页。

议一种结合经济再分配和文化承认的最佳方案,结合改造的再分配
和改造的承认,即社会主义加上解构的矫正方案。弗雷泽最终指出:
"解构的文化政治与社会主义经济相结合是解决这一难题的最佳
方式"①。

如图所示②:

	肯定的方案	改造的方案
再分配	自由主义福利国家	社会主义
	把现存产品在现存群体中进行表面上的再分配;支持群体差异;能产生错误承认	生产关系的深层重构;模糊群体差异;能够有助于消除某种形式的错误承认
承认	主流的多元文化主义	解构
	在现存群体的现存身份中对尊重进行表面上的再分配;支持群体差异	承认关系的深层重构;动摇群体差异

弗雷泽指出,女性主义的"文化转向"是把双刃剑:"一方面,它代表
着性别斗争的扩大和对性别正义的新理解。性别正义不再局限于分配
问题,现在涵盖了表现、身份和差异问题。结果是在归纳难以概念化的
经济主义范式上取得了重大进展,并表明危害并非来自于分工模式,而
是根源于文化价值的男性中心模式。另一方面,这种争取认同的斗争不
再明确地表现出对平等再分配斗争的深化和丰富。相反,在新自由主义
方兴未艾的背景下,它们可能有助于取代后者。在这种情况下,最近取
得的收获将与悲惨的损失交织在一起。没有去探究一个可以涵盖再分
配和认同的更广泛、更丰富的范式,反而将一个残缺的范式换成另一种:

① [美]凯文·奥尔森编:《伤害＋侮辱:争论中的再分配、承认和代表权》,高静宇译,上海:上海
　 人民出版社,2009年版,第34页。
② 同上,第30页。

残缺的经济主义换成残缺的文化主义,结果将是一个发展不均衡的典型。"①为了反对女性的从属地位,需要一种将再分配政治与承认政治相结合的方法。因此,弗雷泽的社会正义理论在概念上区分了经济重新分配与文化承认,主张两者都是争取社会正义的重要维度。

然而,许多学院派女性主义者对弗雷泽的这一观点进行了抵制:"难道你没有看到我们在文化研究中已经把文化和政治经济结合起来了吗?是你把他们分开的,因为你在再分配和承认之间人为地制造了一个误导性的二分法。事实上,把它们区分开是没有意义的,因为文化是彻底的物质,经济是彻底的文化。"②其他学者也并不赞成她的主张,例如罗蒂和另一位女性主义批判理论家巴特勒。巴特勒反对弗雷泽对经济与文化的区分,以及同性恋被视为纯粹的文化问题。巴特勒引用阿尔都塞等人的研究指出,文化和物质生活并不是截然二分的,这两者之间的区分是不稳固的、易变的。

三、性别正义的三个维度:再分配、承认和代表权

弗雷泽早期的理论框架主要关注全球资本主义背景下的不平等和不公正,以及它所承载的现代社会文化多样性的增加。弗雷泽后期关注的是挑战社会从属地位的社会运动的主要目标从再分配(经济)到承认(文化)的转变。她思考了政治代表权的问题:反思正义的恰当框架是什么? 谁的需要和利益值得考虑?

(一)性别正义的第三个维度:政治代表权

2005 年,弗雷泽在《重构全球化世界中的正义》一文中改变了过去只从经济维度与文化维度阐释正义的角度,她加入新的政治维度是来说明

---

① Nancy Fraser, *Fortunes of Feminism: From State-Managed Capitalism to Neoliberal Crisis*, New York: Verso, 2013, pp. 159 - 160.

② Nancy Fraser and Nancy A. Naples, "To Interpret the World and to Change It: An Interview with Nancy Fraser", *Signs: Journal of Women in Culture and Society*, Vol. 29, No. 4, 2004, p. 1118.

反全球化的斗争,意在阐明在全球化世界中跨边界的不平等。弗雷泽指出,原先的正义架构不足以解决全球化的正义问题,因此,在经济再分配和文化承认的维度之外,加入正义的第三个维度:政治代表权。代表权之于政治,正如再分配之于经济、承认之于文化———一种纠正这一领域不正义的手段。

在这篇文章的开始,弗雷泽认为关于正义的争论假定了"凯恩斯-威斯特伐利亚框架"(Keynesian-Westphalian Frame)的东西。换句话说,"正义适用的单位理所当然地都是现代领土国家"。[①] 那么,由于凯恩斯-威斯特伐利亚框架十分恰当,有关正义是什么的争论取代了"谁"的正义问题,需要争取正义的人——"谁"就是指国家的公民。[②] 然而,由于全球化的发展和冷战后地缘政治变得不稳定,凯恩斯-威斯特伐利亚框架不再是理所当然的了。一方面,全球新自由主义影响了争取经济再分配的斗争;另一方面,也影响了争取文化承认的斗争。"争取承认的斗争运动越来越多地超越了领土国家的界线。例如,在'妇女权利是人权'的口号旗帜下,全世界的女性主义者正在把反对当地父权制实践的斗争与改革国际法的运动联系起来。"[③]接下来,弗雷泽提出了新的思考战略:"正义理论必须成为三维的,在分配的经济维度和承认的文化维度之外包含代表权的政治维度。"[④]

在另一篇文章《图绘女性主义构想:从再分配到承认到代表权》(2005)中,弗雷泽也强调指出:"在今天,许多跨国女性主义者拒绝国家领土框架。他们注意到,在一个领土国家内采取的决策经常影响其之外妇女的生活。……这个阶段的女性主义者相信,妇女过上好日子的机会,依赖于侵入领土国家边界的过程,就像依赖于被包括在领土国家的

---

① [美]凯文·奥尔森编:《伤害+侮辱:争论中的再分配、承认和代表权》,高静宇译,上海:上海人民出版社,2009年版,第271页。
② 同上,第272页。
③ 同上,第273页。
④ 同上,第274页。

那些过程一样。在上述情况下,女性主义的主要趋势是挑战政治诉求的国家领土建构。"①"类似地,女性主义为承认而展开的斗争日益超越了领土国家。……结果是出现了女性主义政治的新阶段,在其中,性别正义被重新建构。"②

那么,究竟什么是代表权?"代表权不仅是一个确保构成性政治共同体中妇女平等政治声音的问题。此外,它还需要对不能适当地包括在已建立的政治组织内部的正义进行重构性讨论。……跨国女性主义正将性别正义重新改装为第三个维度问题,在其中,再分配、承认与代表权都必须整合到一个得到平衡的方法中。"③弗雷泽指出,发展这样一种三维政治是非常困难的。"但是,它为女性主义斗争的第三个阶段提供了巨大的前提。……能够克服第二个阶段的主要弱点和盲点。""最为重要的是,这样一种政治能够允许我们提出并满怀希望地回答我们这个时代的关键性政治问题:我们怎样才能将对再分配、承认与代表权的诉求整合到一起,以便挑战全球化世界中整体的性别不公正?"④总之,弗雷泽指出,为了实现真正的两性平等,就必须将性别正义的三个维度——再分配、承认和代表权重新结合起来,并对新自由主义发动有效的批判。这一战略还将结合积极的变革措施,以促进社会的彻底改革,从而最终实现性别公正。

(二) 性别正义的理论基础:参与平等的原则

弗雷泽指出,对正义最普遍的定义就是"参与平等"(parity of participation)。正义是一个参与平等的问题,需要消除在社会各领域平等参与的所有障碍。弗雷泽将参与平等发展为一个更具包容性的道德范畴,其特征是"允许社会的全体(成人)成员作为平等的人彼此相互影

① [美]南茜·弗雷泽:《正义的尺度:全球化世界中政治空间的再认识》,欧阳英译,上海:上海人民出版社,2009年版,第131页。
② 同上,第131—132页。
③ 同上,第132页。
④ 同上,第133页。

响的社会安排"。① 任何一种不正义的主张,只有在其所针对的做法能够被证明减少或阻碍平等参与社会生活和民主公共领域话语的可能性时,才能得到证实。因此,正义的原则要求社会秩序安排必须使每个人都能以平等的地位参与社会生活与互动。在这个新兴的全球秩序中,弗雷泽的参与平等概念作为一种正义原则,在解决广泛的社会冲突、争议和不公正诉求方面具有很强的合理性。

在《重构全球化世界中的正义》一文的最后,弗雷泽认为,当代的民主正义理论应在每个层次上进行对话,包括经济、文化和政治的维度。"决策的民主过程必须施用于'什么'的正义,而且还应施用于'谁'的正义和'如何'正义。"②在这个过程中,参与平等的原则具有双重性质和弹性特征:一方面,参与平等原则是一种结果;另一方面,参与平等是一种过程。参与平等的规范适合于说明后威斯特伐利亚的民主正义,"使我们能够把架构问题理解为全球化世界中正义的核心问题"。③

在《反规范的正义》一文中,弗雷泽区分了关于正义诉求的"什么"、"谁"和"怎样"等问题,并在试图回答这些问题时,在面对异议情况时要求采取适当形式的补救措施。首先,"什么"问题指的是正义的实质,自20世纪90年代以来一直是弗雷泽社会正义思想的核心问题。她反对只关注经济或文化领域的片面做法,呼吁建立一种"多维的社会存在论"④,将社会经济再分配、法律和文化承认以及——现在明确整合了政治——代表性的关注结合起来。为了评估这三个领域的正义诉求,她提出了三个维度的"参与平等"的原则。这种正义原则要求在社会交往中"克服不公正意味着分解制度化的障碍,这种障碍阻止一些人以与其他人同等的

---

① [美]南茜·弗雷泽、[德]阿克塞尔·霍耐特:《再分配,还是承认?:一个政治哲学对话》,周穗明译,上海:上海人民出版社,2009 年版,第 28 页。

② [美]凯文·奥尔森编:《伤害+侮辱:争论中的再分配、承认和代表权》,高静宇译,上海:上海人民出版社,2009 年版,第 285 页。

③ 同上,第 286 页。

④ [美]南茜·弗雷泽:《正义的尺度:全球化世界中政治空间的再认识》,欧阳英译,上海:上海人民出版社 2009 年版,第 67 页。

身份并且是作为完全的伙伴"①。其次，"谁"问题则涉及正义的范围或框架，与错误建构有关。在这个问题上的一致性源于三个不同群体（地方主义者、跨国家主义者和世界主义者）对威斯伐利亚框架霸权的挑战。弗雷泽本人并不完全同意这三个群体中的任何一个，她写道："将一个人的集合体转变为正义的伙伴主体的，既不是被共享的成员资格或国籍，也不是抽象人格的共同占有，更不是因果相互依赖的完全事实，而是它们共同地受制于一种治理结构，这种治理结构设立了管理它们相互作用的基本原则。"②最后，"怎样"问题与代表性不正义的第三个层面有关，与评估"谁"问题的方式有关。在这方面，"强大的国家和私人的精英"作为此类评估代理人的霸权受到挑战。弗雷泽建议在"谁"的争议中也适用"服从于所有人受制约的原则"，并呼吁"对话性的和制度性的"理论来解决由此产生的问题。③

　　总之，弗雷泽指出了承认和再分配之间的潜在紧张关系，提出了"参与平等"的概念，更有效地理解了经济分配和文化承认是正义不可分割的两个方面的观点。虽然许多不正义现象都有分配和承认方面的影响，但弗雷泽认为，每一种不正义最终都可以追溯到经济结构或地位秩序。正义的经济分配模式为参与平等提供了客观前提，而文化价值的公正地位秩序则提供了主体间性前提。

---

① ［美］南茜·弗雷泽：《正义的尺度：全球化世界中政治空间的再认识》，欧阳英译，上海：上海人民出版社 2009 年版，第 69 页。
② 同上，第 74 页。
③ 同上，第 79 页。

第十二章　波兰尼女性主义的构建

　　波兰尼在经典名著《大转型：我们时代的政治与经济起源》（下文简称《大转型》）一书中追溯了资本主义危机的根源——"自我调节的市场"（self-regulating market），后者把社会生活的三个基础，包括土地、劳动力和货币变成了"虚拟的商品"（fictitious commodity）。通过考察与分析波兰尼的文本，弗雷泽强调既要尊重波兰尼的思想洞见，又要反思其理论的性别盲点。针对当代资本主义社会的多重危机，弗雷泽为新自由主义时代的批判理论制订了一个创新而有前景的计划，即构建一种"波兰尼女性主义"（Polanyian-Feminism）。① 弗雷泽将波兰尼的"双重运动"概念——为市场化和社会保护而斗争的社会力量——扩展为"三重运动"（triple movement），并把"解放"运动补充为第三个重要因素。弗雷泽的理论与方法旨在切断女性主义与新自由主义的"危险联系"②，恢复女性的激进力量与解放理想，为 21 世纪批判理论的复兴做出贡献。

---

① Nancy Fraser，*A Polanyian Feminism? Re-reading The Great Transformation in the 21ˢᵗ Century* ［EB/OL］. https://www. gender-agenda. org. uk/humanitas-visiting-professor-in-womens-rights-2011/.
② ［美］南希·弗雷泽：《女性主义、资本主义和历史的狡计》，周穗明译，《世界哲学》2000 年第 2 期。

第一节　新自由主义背景下资本主义社会的多重危机

20 世纪 80 年代以来，批判理论家们基本上放弃了以资本主义危机为中心的批判计划。然而，新自由主义的快速兴起、全球资本主义社会经济危机的成倍增加，改变了批判理论的格局。在这种背景下，今天对批判的需求比以往任何时候都更加迫切，批判理论家无法再回避对资本主义的批判。正如第一代法兰克福学派的代表人物霍克海默所言：理论必须澄清其与"资本的世界"的纠缠。①

作为一名左翼的公共知识分子，弗雷泽坚信马克思的格言：哲学家们只是用不同的方式解释世界，而问题在于改变世界。她指出："批判理论必须追求自我澄清，以有助于瓦解统治的系统形式。"②弗雷泽继承了法兰克福学派的知识遗产，在谴责新自由主义的基础上重新反思了批判。她认为，我们今天面临的形势是一场真正的危机。当今的批判理论应避免片面地关注经济，将经济维度与当前危机的其他基本维度——生态、政治、文化和社会再生产——相互渗透并予以概念化。同样重要的是，还应吸收批判理论的新范式，如女性主义、后殖民主义和生态思想的洞见。

然而，新自由主义的迅猛发展彻底改变了女性主义、反帝国主义和多元文化主义等解放运动，使它们处于一个全新的政治环境中，并带来了极大的挑战。

一方面是女性主义发展的困境——女性主义的新自由主义化倾向，产生了一个新的女性主义流派——"新自由主义的女性主义"（Neoliberal Feminism）。萨拉·法瑞斯和凯瑟琳·罗滕贝格（Sara

---

① ［德］马克斯·霍克海默：《批判理论》，李小兵等译，重庆：重庆出版社，1990 年版，第 199 页。
② Nancy Fraser, "What's Critical about Critical Theory? The Case of Habermas and Gender", in *Unruly Practices：Power, Discourse and Gender in Contemporary Social Theory*, Minneapolis：University of Minnesota Press, 1989, p. 113.

Farris & Catherine Rottenberg)指出,新自由主义致力于建立一个自由市场社会,"新自由主义理性作为一种真理和价值的主导制度,以金融化为核心的当代商业模式对社会的每一个要素进行解读和重塑,从而产生了一种女性主义的新变体。……进一步加深了新自由主义的合理性以及西方帝国主义逻辑"①。因此,"新自由主义的女性主义不仅通过分裂女性主体而抛弃了大多数女性,而且还促进了新的、强化的种族化和阶级分层的性别剥削形式的产生,这种形式越来越成为我们新自由主义秩序的无形而必要的基础"②。2011年,弗雷泽在一次采访中指出,"在第二次女性主义浪潮和当时其他解放运动中非常重要的结构性批判正在消失"③。结果,"女性主义思想正被新自由主义所采纳,并被用来创造一种市场的、女性工资劳动的、女性企业家精神的浪漫"④。2013年10月,弗雷泽又在《卫报》(The Guardian)上发表了《女性主义为何成为资本主义的奴仆? 如何收回它?》一文,在学界引发了很大反响。弗雷泽指出,曾经女性主义者批判追名逐利,但现在她们提议女性们"向前一步"(Lean In)⑤。由于越来越多的女性进入精英行业,成为了领导者和企业家,人们纷纷呼吁结束女性主义的斗争。弗雷泽考察了从20世纪70年代到现今女性主义运动中的政治变迁,提出了新自由主义与女性主义之间不幸联姻的论点。弗雷泽指出:"女性主义和新自由主义之间的这种'危险联系',体现在支持现行经济政策的意识形态上,例如在大多数女性不得不加入劳动大军的时候,对女性工薪阶层的价值化

① Sara Farris & Catherine Rottenberg, "Introduction: Righting Feminism", *New Formations*, Vol. 91, No. 1, 2017, p. 10.
② Ibid., p. 11.
③ Amrita Chhachhi, "Interview with Nancy Fraser", *Development and Change*, Vol. 42, No. 1, 2011, p. 299.
④ Ibid., p. 310.
⑤ 参见[美]谢丽尔·桑德伯格《向前一步:女性、工作及领导意志》,颜筝等译,北京:中信出版集团,2014年版,第XXV页。

（valorization）。"①

另一方面是女性解放的困境。新自由主义推动了市场的重新开放，其最深远和有害的影响实际上是由发展中国家的女性承担的。女性参与了市场，但也导致了三重负担：承担有偿工作、家务劳动以及弥补社会供给的不足。以沃尔比与海丝特·爱森斯坦（Hester Eisenstein）为代表的女性主义思想家试图证明新自由主义的发展与精英阶层财富的急剧增加是同步的，这在很大程度上是以牺牲大多数女性为代价的。②

在发达资本主义社会商品化的今天，女性主义批判理论家一方面必须阐明资本主义社会的病态和不公正，并制定克服这些病态和不公正的路线；另一方面必须进行自我澄清与反省。总之弗雷泽建议回到波兰尼的重要思想，并从批判理论的视角重新审视其名著《大转型》。2011年3月8日、9日和16日，弗雷泽在英国剑桥大学的"艺术、社会科学和人文研究中心"（CRASSH）连续举办了三场主题为"波兰尼女性主义？在21世纪重读《大转型》"的讲座。弗雷泽在讲座中指出，波兰尼在《大转型》中为女性主义批判资本主义奠定了基础，尽管他本人并没有发展这种批判。当我们发展出一种批判的视角，应以一种综合的方式，不仅要吸取波兰尼的思想洞见，还要结合像女性主义、后殖民主义、批判种族理论和政治生态学等理论范式的洞察，这个计划才能成为现实。

第二节　回到波兰尼：当代资本主义批判的新进展

在《大转型》中，波兰尼指出，建立在利益动机基础上的市场经济是人类历史上一次独特的偏离；这种经济往往使其主要原则——价格原则——凌驾于其他社会原则之上，如政治领域与家庭领域原则等；现代

---

① Polina Kroik, "Gender and Work in Neoliberal Times: Theoretical and Popular Perspectives", *Working USA: The Journal of Labor and Society*, Vol. 17, No. 1, 2014, p. 290.
② Johanna Oksala, "Feminism and Neoliberal Governmentality", *Foucault Studies*. No. 16, 2013, p. 35.

自由市场经济倾向于培养经济领域对政治领域的支配地位。波兰尼在书中描述了一场从工业革命延伸到第二次世界大战的资本主义危机。通过对英国工业革命的深入研究,波兰尼扩展了与危机相关的冲突,阐述了资本主义危机是一个多维的历史过程。资本主义危机不是简单意义上的经济崩溃,它是社会的瓦解、团结的破裂和对大自然掠夺的结果。"与马克思不同的是,波兰尼指出的不是资本主义的一种矛盾,而是资本主义的三种矛盾:生态矛盾、社会矛盾和金融矛盾,每一种矛盾都支撑着危机的一个维度。另外,波兰尼的矛盾并非资本主义经济的内部矛盾;它们是经济制度与其可能性背景条件之间的矛盾,是经济与社会、经济与自然之间的矛盾。"①

波兰尼的主要贡献正是在于分析了资本主义矛盾的跨领域性,他看到了资本主义危机的多维性,并有先见之明地探讨了资本主义危机的社会维度,通过对"自我调节的市场""虚拟商品""双重运动"等关键概念的探讨,使人们对资本主义的生态危机与金融危机有了更深入的认识。

首先,"自我调节的市场"的概念。通过辨析"嵌入"(embeddedness)与"脱嵌"(disembeddedness)两个核心范畴,波兰尼区分了市场与社会的两种不同关系。一方面,市场可以"嵌入"非经济制度,受制于非经济规范,如"公平价格"和"公平工资"。另一方面,市场可以从社会关系中"脱嵌",摆脱额外的经济控制,由供求关系内在地控制。

波兰尼声称,第一种可能性代表着历史的准则;在历史的大部分时间里,在不同的文明和广泛分离的地方,市场都受到非经济控制,这限制了可以买卖的东西、买卖的人和条件。第二种可能性在历史上是反常的。例如,19世纪英国的发展导致了经济试图脱离社会关系,使其成为一个"自我调节的市场"。"自我调节的市场"既破坏了社会发展,又破坏

---

① Nancy Fraser, "Can Society be Commodities All the Way Down?", *Economy and Society*, Vol. 43, No. 4, 2014, p. 548.

了自然界，它是一个"彻头彻尾的乌托邦"（stark utopia）①，其扩张使得市场脱嵌于社会，直接威胁到社会的存续。总之，"嵌入"是一个历史规范，通过惯例来控制和调节市场。与此相反，"脱嵌"是一个虚构的理想，不可能实现。简言之，嵌入市场是好的，脱嵌市场是坏的。

其次，"虚拟的商品"的概念。根据波兰尼的定义，商品是为销售而生产的物品，土地、劳动力和货币都是"虚拟的商品"。这是因为"自我调节的市场"把土地、劳动力和货币视为"生产要素"，把这些社会生活的根本基础当作普通商品来对待，并把它们置于市场交换之下，假定土地、劳动力和货币可以交易，从而转变成了"虚拟的商品"。

波兰尼声称，它的实施注定会事与愿违。在现实中，劳动力、土地和货币具有特殊的、基础性的地位，将它们全部商品化，将破坏市场赖以生存的社会基础，从而为市场自身的毁灭埋下了种子。"虚拟的商品"概念引起了女性主义者、政治生态学家和政治经济学家的关注，"为连接当前危机的生态、社会和金融三个方面的一项整合的结构性分析，提供了一个有希望的基础"②。

最后，"双重运动"的概念。波兰尼在《大转型》中提出了自工业化以来西方社会的两个主要运动，即市场化运动和争取社会保护运动。波兰尼将资本主义危机的根源追溯到他所说的劳动力、土地和货币的"虚拟的商品"，后者对栖息地、生计和社区造成了极大的破坏，引发了一场持续不断的"保护社会"运动，这是一种独特的社会冲突模式，波兰尼称之为"双重运动"：既推动市场扩张和自治，又要求社会保护。"双重运动"同时是一个"反向运动"（counter movement），完全不受控制的市场对社会造成了破坏，社会及其组织对此发起了反击，努力保护自身免受商品

---

① ［匈］卡尔·波兰尼：《大转型：我们时代的政治与经济起源》，冯钢等译，杭州：浙江人民出版社，2007年版，第3页。
② 周穗明：《迎接现实挑战的当代社会批判理论：布拉格"哲学与社会科学"2012年年会综述》，《国外社会科学》2012年第6期。

化和脱嵌的影响。[①]

波兰尼指出，1968 年的"五月风暴"和新社会运动即被波兰尼定义为"反资本主义"的第三波反向运动。总之，"双重运动"是指在资本主义社会中，旨在将市场从社会中剥离出来的市场化运动与旨在将市场重新嵌入社会、推动社会保护的反向运动之间的周期性平衡，"一方面造成了自由市场主义者和社会保护主义者之间的螺旋式冲突，另一方面导致了政治僵局——法西斯主义和第二次世界大战"[②]。

综上所述，波兰尼的研究思路为批判当代资本主义打开了一个新的视野。但弗雷泽认为，社会必须与市场决裂的这种波兰尼式的二元对立是完全错误的。实际上，在弗雷泽早期的思想中，她曾批评资本主义工资工作只是"工资奴隶制"的假设："在 19 世纪初期，一些无产阶级化的（男性）工匠和自耕农，不仅丧失了工具和土地等有形财产，而且也丧失了对其工作的优先控制。但是，他们的反应与具体环境相关，是具有特定性和性别特点的。我们可以比较一下那些离开农场奔赴工业区的年轻单身女性的截然不同的经历：在农场时，她们拥有开放式的工作时间，处于父母无处不在的监督之下，几乎没有任何独立自主的个人生活；而在工业区，她们面对的是工场内严密的监督与工场外相对的自由，以及因由工资收入而使得个人生活变得更加独立自主。在她们看来，雇佣契约是一种解放。"弗雷泽补充说，对于在家庭领域从事社会再生产劳动而没有报酬的有薪女工来说，"工资是一种影响力的源泉"。[③] 不过，弗雷泽也警告道："我自始至终都反对把契约等于服从，反对把商品化等同于命令。我的目的不是要捍卫具有内在解放性的契约，而是要为更细致地思

---

① ［英］罗纳尔多·蒙克：《危机之后：马克思主义与未来》，刘思妗译，《国外理论动态》2017 年第9 期。

② Nancy Fraser, *Fortunes of Feminism: From State-Managed Capitalism to Neoliberal Crisis*, Verso Books, 2013, p. 228.

③ ［美］南茜·弗雷泽：《正义的中断：对"后社会主义"状况的批判性反思》，于海青译，上海：上海人民出版社，2009 年版，第 242—243 页。

考当代统治模式的理想替代方案拓展空间。"①

弗雷泽正确地指出:一方面,波兰尼未能令人信服地提出一个广义的概念,即资本主义有着比经济更重要的东西。②"问题就在于,波兰尼的'社会'范畴就像一个黑匣子。作为一种万能工具,它将所有非'经济'的东西混合在一起,将国家与公民社会、家庭与公共领域以及国家和国家以下社区等之间的重要区别混为一谈;因此,它模糊了资本主义社会的制度结构。"③另一方面,弗雷泽指责波兰尼反对"好社会"而不是"坏经济",对社会中存在但不属于市场的统治形式和地位等级模式视而不见。正如前述,女性主义本身也面临着挑战,因为它与新自由主义建立了一种"危险联系",这种联系是基于对传统权威的一种类似拒绝,并在过去四十年中导致了一支低收入、低技能、渴望解放的女性劳动力的供应。

第三节　批判理论视角下"波兰尼女性主义"的构建

弗雷泽认为,波兰尼的分析超越了单一的经济思维,对女性主义是非常有用的,为女性主义提供了一个社会正义的初步愿景。那么,女性主义者应该如何采纳波兰尼的独特观点呢?按照弗雷泽的建议,女性主义批判理论家既要理解波兰尼方法论的主要成就,又要超越其思想的矛盾性和局限性。

首先,嵌入/脱嵌的概念及其区别是构建"波兰尼女性主义"理论的逻辑起点。弗雷泽认为,这两个概念也存在着很大的问题:对嵌入市场和社会保护的描述过于乐观,而对脱嵌的叙述又太悲观了,过于关注脱

---

① [美]南茜・弗雷泽:《正义的中断:对"后社会主义"状况的批判性反思》,于海青译,上海:上海人民出版社,2009年版,第239页。

② Nancy Fraser, "Why Two Karls are Better than One: Integrating Polanyi and Marx in a Critical Theory of the Current Crisis", *Working Paper*, 2017[EB/OL], p. 5. http://www. kolleg-postwachstum. de/sozwgmedia/dokumente/WorkingPaper/WP ＋ 1 _ 2017 ＋ Fraser. pdf.

③ Ibid., pp. 4 - 5.

嵌市场所带来的危害。因此,今天的批判理论家必须修正这一理论。弗雷泽指出,"一方面,它超越了经济主义,将资本主义危机理解为一个多维的历史过程。它既是经济的,也是社会的、政治的、生态的。另一方面,它超越了功能主义,认为危机不是一种客观的'体制崩溃',而是一个主体间的过程……"①

针对波兰尼"双重运动"的目标——反对经济与保卫社会,弗雷泽指出,市场不一定都是坏的,社会保护也一定都是好的。女性主义既不赞成无视社会再生产的市场化运动,也不赞成依附于男性统治的社会保护主义运动。事实上,女性主义运动有时反对嵌入,有时反对脱嵌。为了防止陷入两难境地,女性主义需要对波兰尼的理论进行修订,构建"一种新的准波兰尼的资本主义危机观,它不仅避免了还原经济主义,而且避免将'社会'浪漫化"②。

其次,包括市场化、社会保护和解放在内的"三重运动"理论是"波兰尼女性主义"的核心内容,它可以让女性主义者明确当前资本主义危机中的利害关系。弗雷泽指出,波兰尼的问题在于他未能将解放理论付诸实践。与波兰尼采用简单的二元公式——把"经济"与"社会"并列起来——不同,女性主义者应选择第三种社会斗争——"解放",以克服根植于经济和社会的各种统治形式和奴役形式。"人们只需要提到废除奴隶制、解放女性和将非欧洲人民从殖民统治下解放出来的划时代斗争——所有这些都是以'解放'的名义进行的。"③在"解放"旗帜下动员起来的有多种社会运动,如女性主义、反帝国主义、多元文化主义和新左翼等。"解放"这一术语包括了批判理论的洞见,即压迫不仅是由经济和市场造成的,而且与社会本身紧密相连,从而把"双重运动"转变为包括市场化、社会保护和解放在内的"三重运动"。

---

① Nancy Fraser, *Fortunes of Feminism : From State-Managed Capitalism to Neoliberal Crisis*, Verso Books, 2013, p. 231.
② Ibid., p. 230.
③ Ibid., p. 232.

弗雷泽指出,市场化、社会保护和解放的支持者之间是相互交织和相互碰撞的,三者都很好地服务于彼此的目的。市场化挑战了以男性为中心的劳动力结构假设;社会保护巩固了制度化的性别地位等级制度;女性主义者对经济主义的批判有助于取消旨在为女性分配正义的方案。① 只有把三者结合起来考虑,我们才能澄清并充分认识 21 世纪的资本主义危机。总之,通过将解放运动的主题定位为与市场化和社会保护的冲突,三重运动阐明了女性主义今天所处的政治环境。一方面,这一描绘揭示了社会保护的矛盾心理,这种矛盾心理往往在抵消市场化瓦解效应的同时,又强化了统治地位。但另一方面(与主流的自由主义女性主义相反),三重运动揭示了解放的矛盾心理,它可能会消解社会保护的坚实伦理基础,从而在瓦解统治的同时促进市场化。通过探究这些矛盾,弗雷泽得出结论,女性主义者应该结束我们与市场化的危险联系,建立一个与社会保护有原则的新联盟。这样做,就可以重新激活和发扬第二次浪潮的反资本主义精神。②

最后,"解放"是弗雷泽的"波兰尼女性主义"中的关键术语,它意味着一种非支配的力量、一种纠正市场和社会保护的方式。③ "解放"旨在实现"参与性平等",而实现"参与性平等"必须满足两个条件:"第一,物质资源的分配必须是比如确保参与者的独立性和'发言权'。我将把这称为参与平等的客观条件。……第二个条件要求制度化的文化价值模式对所有参与者表达同等尊重,并确保取得社会尊敬的同等机会。我将这称为参与平等的**主体间条件**。"④

---

① Rocio Zambrana, "Paradoxes of Neoliberalism and the Tasks of Critical Theory", *Critical Horizons*, Vol. 14, No. 1, 2013, p. 115.

② Nancy Fraser, *Fortunes of Feminism: From State-Managed Capitalism to Neoliberal Crisis*, Verso Books, 2013, p. 16.

③ [美]玛德琳·施华兹:《从国家管理资本主义到新自由主义危机:评南希·弗雷泽主编的〈女性主义之幸〉》,杨侠译,《国外理论动态》2013 年第 12 期。

④ [美]南茜·弗雷泽、[德]阿克塞尔·霍耐特:《再分配,还是承认?:一个政治哲学对话》,周穗明译,上海:上海人民出版社,2009 年版,第 28 页。

具体而言,"解放"包括以下两个方面:

一是从劳动力商品化中解放出来。有偿的"生产性"劳动和无偿的"再生产"劳动之间的划分绝大多数是性别分工,这凸显了现代资本主义形式下女性的从属地位。然而,"波兰尼误解了这种根深蒂固的性别统治结构,他冒险把'家庭工资'(family wage)的理想写进了他对'社会保护'的理解的核心。在这种情况下,受到保护的与其说是'社会'本身,不如说是以性别等级为前提的安排"①。实际上,围绕劳动力商品化的斗争实际上是三方面的:"他们不仅包括自由市场主义者和保护主义的支持者,还包括'解放'的支持者,他们的主要目标既不是促进市场化,也不是保护社会不受市场化的影响,而是让自己从统治中解放出来。这些行动者强烈反对那些阻止他们出卖劳动力的压迫性保护。但他们并没有因此而成为自由市场自由主义的支持者。相反,他们的斗争构成了社会运动的第三极,超越了波兰尼所确定的两极。不仅是市场化和社会保护,而且是解放。因此不是双重运动,而是我在其他地方所说的'三重运动'。"②

二是从性别等级的社会保护中解放出来。弗雷泽指出,女性主义者的主张揭露了以地位等级为前提的社会保护的压迫性;最典型的例子是性别等级制度,它赋予女性较低的地位。在重商主义时代,沃斯通克拉夫特等女性主义者批评了嵌入市场的传统社会安排。他们谴责在家庭、宗教、法律和社会习俗中根深蒂固的性别等级制度。在自由放任时期,女性主义者要求平等进入市场的权利。他们揭露了后者对性别歧视规范的工具化,反对那些剥夺他们拥有财产、与男子同工同酬权利的保护措施,这些都是非统治的先决条件。二战后,"第二波"女性主义者又将矛头指向福利国家建立的"公共父权制",他们谴责以"家庭工资"为前提的社会保护,要求对具有同等价值的工作实行同工同酬,在社会福利方

---

① Nancy Fraser,"Can Society be Commodities All the Way Down?", *Economy and Society*, Vol. 43, No. 4, 2014, p. 550.

② Ibid., pp. 550 - 551.

面给予同等照顾和工资待遇，并结束有偿和无偿的性别劳动分工。总之，在不同的时代，女性主义者都提出解放的要求，旨在废除等级保护。一些女性主义者的目标是嵌入市场的传统社区结构，其他女性主义者则把火力对准了正在摧毁市场的力量。

总之，弗雷泽在合理化自己理论的基础上，有力地重新诠释了波兰尼的思想，具有一定的前瞻性、启发性与建设性。弗雷泽的"波兰尼女性主义"这一宽泛的替代理论在今天的左翼理论界大受欢迎，她开启了当代批判理论中关于波兰尼与女性主义的对话。实际上，波兰尼和弗雷泽的共同点是团结一致的解放运动，即为所有人争取自由的运动。① 不过，弗雷泽的主要意图是为了从市场领域中夺回女性主义的话语权，并利用这一权力向前迈进。

那么，究竟应该如何回到波兰尼并重新发掘女性主义的解放潜力？弗雷泽对此进行了总结："其解决之道只能经过这种社会秩序的深层次结构性转型。最重要的是，我们需要克服金融化的资本主义生产对再生产的贪婪征服，但这一次，我们既不牺牲解放，也不牺牲社会保护。这反过来要求重新创造生产—再生产的区别和重新构想性别秩序。这一结果是否与资本主义相容，还有待观察。"②

---

① Michael Brie, *Nancy Fraser and Karl Polanyi : A Possible Dialogue*, 2014［EB/OL］. https://www. academia. edu/12288996/Nancy_Fraser_and_Karl_Polanyi._A_Possible_Dialogue.

② Nancy Fraser,"Contradictions of capital and care", *New Left Review*, Vol. 100, 2016, p. 117.

第十三章 对新自由主义的批判

近几十年来,新自由主义的泛滥导致了"贫困女性化"和性别不平等现象的加剧,暴露出女性主义被新自由主义收编与性别去政治化等新问题。本章考察了新自由主义女性主义(Neoliberal Feminism)兴起的基本轨迹,以跨国商业女性主义及其"女孩效应"项目为典型案例,弗雷泽、爱森斯坦和麦克罗比等左翼女性主义学者对新自由主义进行了深刻批判,全面剖析了女性主义和新自由主义之争的内在张力。为了避免女性主义与新自由主义合谋的更大危害,当代西方女性主义者应复兴和发展马克思的政治经济学批判,重塑解放政治的革命主体,与左翼政治力量团结起来,形成反新自由主义霸权的联盟。

第一节 女性主义与新自由主义:张力、批判与反思

1979 年,马克思主义的女性主义者哈特曼发表了一篇题为《马克思主义与女性主义的不幸联姻》的经典文章。哈特曼认为资本主义是建立在阶级和性别压迫以及种族主义的基础上的。从哈特曼和她那一代的其他马克思主义/社会主义的女性主义者的观点来看,争取性别正义必须与反对资本主义的斗争结合起来。至 20 世纪 80 年代,全球新自由主

义浪潮的迅速发展使女性主义思想进入了一个全新局面,日益加深的经济不平等现象、去民主化和环境危机等成为女性主义面临的新挑战。撒切尔夫人上台后被视为英国女权运动的女英雄和新偶像,她允许人们遵循自己的利己主义利益,这标志着女性主义的目标发生了重大转向。新右翼和保守势力针对女性主义运动成果的集体性回击——"反挫"使得第二波女性主义浪潮陷入了困境,女性主义运动失去了"解放推动力"①。弗雷泽对此总结道,"由第二波启动的、有益于它们自身的那些文化变化,已服务于将资本主义社会的结构改造合法化。这一后果直接与女性主义关于正义社会的想象背道而驰。"②

一、问题的提出:女性主义与新自由主义之间的张力

第三波浪潮的女性主义者对差异的关注导致了一种更注重承认的身份政治,女性主义研究的议题由政治和经济方面转向以文化、心理学和语言学为主导,"承认转向太巧妙地与一种上升的新自由主义相契合,新自由主义不想要任何不压制所有社会平等主义记忆的东西"③。20世纪末,紧缩政策的性别影响、低收入、剥削性的工作条件以及女性的多重负担等问题都是新自由主义造成的性别后果。随着去工业化和服务业的扩张,资本主义越来越多地利用了女性劳动力,主流女性主义宣扬工作是解放,女性应以工人或企业家的身份参与市场经济,并以个人主义和自我发展为主要目标。然而,在过去几十年全球化的新自由主义资本主义发展历程中,一个基本矛盾仍然存在:女性"自由"地工作,却不能收获劳动所得。弗雷泽曾解释说:"无序的资本主义通过精心阐述女性进步和性别正义的一个新的虚构,把一头大母猪的耳朵美化成一个丝绸钱包。"④

---

① [美]南茜·弗雷泽:《女性主义、资本主义和历史的狡计》,周穗明译,《世界哲学》2009年第2期。
② 同上。
③ 同上。
④ 同上。

进入 21 世纪,新自由主义霸权模式主导了整个全球经济体系,有人宣称女性主义已经被新自由主义收编(co-optation)、性别也去政治化了(de-politicized),女性主义运动现在已经处于停滞状态,用美国政治学家弗朗西斯·福山(Francis Fukuyama)那句著名的话来说,女性主义已经到了"历史的终结"。哈佛大学法学教授珍妮特·哈雷(Janet Halley)对此表示赞同,她认为现在可能是"从女性主义中解脱"[①]的时候了。也有人认为社会上依然存在很多性别不平等现象,女性主义并没有终结,相反,它仍旧存在且充满活力。针对以上种种争论,左翼女性主义者提出以下问题:女性的自主权、健康和福祉是否随着就业的增加而提高?资本主义发展是否减少了发展中国家的性别不平等?新自由主义对性别不平等的兴趣如何更广泛地与全球发展变化联系在一起?它把全球发展的权力分配给谁?总之,面对新自由主义在全球的崛起及其对女性和女性主义政治的复杂影响,左翼女性主义理论家指出,女性主义必须从后结构主义转向对全球资本主义的历史唯物主义分析,对近年来的女性主义理论和实践进行系统的反思和批判。

二、"新自由主义女性主义"的滥觞:女性主义的新自由主义化

在过去的十几年里,人们看到一种被称为"新自由主义女性主义"的新主体的出现,其代表是来自企业环境的杰出女性。2012 年,美国公共政策专家安妮·玛丽·斯劳特(Anne Marie Slaught)的《为什么女性依然不能拥有一切》在《大西洋月刊》上登载,很快成为该杂志历史上读者最多的文章。2013 年,脸书(Facebook)首席运营官桑德伯格的女性主义宣言《向前一步》出版,随即成为市场上的畅销书。这两本书引发了大量的讨论和媒体关注,开启了关于女性主义革命是如何、为何以及以何种方式陷入停滞的辩论。突然之间,有权势和有知名度的、穿着名牌服装

① Janet Halley, *Split Decisions: How and Why to Take a Break from Feminism*, Princeton: Princeton University Press, 2006.

的有钱女性开始宣称自己是女性主义者。一个新的个体化的女性主义主体随即诞生，即对自己的健康和幸福承担全部责任，并越来越依赖于在成本效益的基础上巧妙地平衡工作和家庭的女性。幸福、平衡和完美等新的词汇取代了传统女性主义的关键术语——如解放、权利、自治和正义等，成为女性主义话语的核心，并作为精英主义的女性主义理想在英美主流文化和大众媒体上被广泛接受和传播。这表明一种新的女性主义变体——"新自由主义女性主义"正在迅速取代主流自由主义的女性主义，在公共领域强势崛起。①

《我们为什么不能拥有一切》（斯劳特所著）与《向前一步》两本书可以看作是记录了当代女性主义的新图景：女性主义书籍高居畅销书榜首，精美的杂志推出"女性主义问题"，有关不平等报酬或性骚扰的报道已成为报纸头条和黄金时段新闻广播的素材。从名人文化到体育、政治、新闻媒体和时尚，女性主义者已经成为一个令人向往的、有利可图的标签和身份。女人们用写着"粉碎父权制"和"女性也可以"口号的杯子喝咖啡，在纽约、洛杉矶和伦敦等城市购买各种各样的女性主义商品，数字媒体平台也为女性主义者提供了表达观点和创业的空间和场所。总之，女性主义已经变得很"流行"和"酷"，而其可见性被资本主义和新自由主义环境所塑造，这些现象被视为"女性主义的新自由主义化"的过程。那么，女性主义究竟是如何被新自由主义化的呢？

首先，女性主义与新自由主义经济项目的合作。作为一套全球经济政策，新自由主义反映了从国家到市场的转变、国家福利的减少和公共服务的私有化，其特点是放松市场管制、大规模私有化、减税、实行严厉的紧缩政策，以及国家停止干预以平衡经济衰退的负面影响等。国际著名学者大卫·哈维（David Harvey）指出，新自由主义在很大程度上是在西方背景下被理解为一种"政治经济实践的理论，即认为通过在一个制

---

① Sarah Banet-Weise, Rosalind Gill, and Catherine Rottenberg, "Postfeminism, Popular Feminism and Neoliberal Feminism? Sarah Banet-Weiser, Rosalind Gill and Catherine Rottenberg in Conversation", *Feminist Theory*, Vol. 21, No. 1, 2019, pp. 1 - 22.

度框架内——此制度框架的特点是稳固的个人财产权、自由市场、自由贸易——释放个体企业的自由和技能，能够最大程度地促进人的幸福"①。新自由主义是一个基于阶级的政治项目，创造了新的资本积累手段。新自由主义将女性塑造成理性"经济人"（Homo Economics），一方面，女性被赋权加入劳动力市场，另一方面，社会再生产都是个人自己负责的投资，国家以给予公民自由的名义，免除了分担社会再生产成本的责任。

其次，女性主义与新自由主义意识形态的融合。作为一种意识形态或统治理性，新自由主义的市场逻辑扩展到政治和社会生活的所有领域，政府鼓励个人和机构按照市场规范行事。新自由主义缓慢地殖民世界的每一个角落，正在越来越多地将女性，特别是中产阶级女性视为人力资本。美国女性主义政治理论家温迪·布朗（Wendy Brown）将新自由主义描述为"一种独特的理性模式，一种主体生产模式，一种'行为的操控'（conduct of conduct），以及一种价值评估方案"②。新自由主义理性产生了这样的人类主体，他们正在被改造成所谓的人力资本，"经济人作为人力资本，关注的是提高其生命中所有领域的投资组合价值，这是一种通过自我投资和吸引投资者的实践进行的活动"③，新自由主义理性强有力地塑造了对主体与社会关系的理解，从而使个人被理解为对自己的自治、成功或失败负有全部责任。新自由主义理性彻底否定了再生产（reproduction）和它所带来的照护工作。然而，随着这种理性越来越多地将某些女性转化为人力资本，这些女性与再生产和护理工作之间的联系正在慢慢减弱。换言之，再生产和护理工作已经被外包给其他被认为是可支配的、毫无抱负的女性，因为她们既不被认为是奋斗者，也没有适当的责任。新兴的新自由主义秩序在消除某一阶层主体之间的性别甚

---

① ［美］大卫·哈维：《新自由主义简史》，王钦译，上海译文出版社2010年版，第2页。
② Wendy Brown, *Undoing the Demos: Neoliberalism's Stealth Revolution*, New York: Zone Books, 2015, p. 21.
③ Ibid., pp. 33 – 34.

至性别差异的同时,也产生了新形式的种族化和阶级分层的性别剥削。[①]

最后,女性主义思想与新自由主义的个人主义和消费主义的交织。除了对经济和政治产生影响,新自由主义也塑造了商品化的社会价值观和文化现象:个人必须承担追求目标的风险和成本、必须为自己的错误承担后果,人们总是作为个体来行动和被行动。布朗指出,新自由主义是一种主导性的政治理性,它从国家的管理走向主体的内部运作,规范地把个人塑造成企业家行为体,新的政治主体性和社会身份随之出现。新自由主义时代的标志之一,正是将人类的每一项努力和活动都用富于企业家精神的术语加以塑造。[②] 因此,新自由主义不仅仅指使自由市场和私有化享有特权的经济原则,它也意味着一种思想和行动的转变——产生了致力于自力更生、促进个人主义和经济效率的主体/主体性。英国女性主义文化理论家麦克罗比认为诸如"赋权"和"选择"等词汇已经"转变为一种更加个人主义的话语"。[③] 通过这种方式,这些要素成为"女性主义的替代品",并被工具化为反女性主义的目的服务。

总之,新自由主义的加剧为女性主义创造了一个具有挑战性的时代,因为社会不平等的加剧、民主治理的衰落等影响与女性主义总体目标完全相反。当代女性主义不再只是一种抗议运动,它的内容和形式已经发生了巨大变化——朝着市场化的方向发展。

三、"新自由主义女性主义"的实践:"跨国商业女性主义"

"跨国商业女性主义"(Transnational Business Feminism)植根于西方新自由主义女性主义的一个特殊版本——女性成为扶贫的目标,企业绑架了主流女性主义,即通过融入市场经济来促进女性赋权和创业精

---

① Catherine Rottenberg, "Neoliberal Feminism and the Future of Human Capital", *Signs: Journal of Women in Culture and Society*, Vol. 42, No. 2, 2017, pp. 329 – 348.

② Wendy Brown, "Neo-liberalism and the End of Liberal Democracy", *Theory & Event*, Vol. 7, No. 1, 2005, p. 40.

③ Angela McRobbie, *The Aftermath of Feminism: Gender, Culture and Social Change*, London: Sage, 2009, p. 1.

神。这一概念为分析新自由主义女性主义的本质属性提供了重要因素，它强调了女性主义多元的、动态的有时甚至是矛盾的一面，也揭示了性别平等话语与企业权力之间的共谋关系。"跨国商业女性主义"作为一种新兴的政治经济学项目，由国家、金融机构、联合国、跨国公司、非政府组织和其他机构联合开发，提倡性别平等的商业案例，认为对女性的投资应从家庭和社区的成本节约、提高企业盈利能力和国家竞争力的角度来衡量。这种投资不仅本身很重要，而且是"智慧经济"（Smart Economics），表明女性主义似乎已经很好地真正渗透到商界。

"跨国商业女性主义"具有以下一些特点：跨国性；性别平等的商业案例的工具性和市场化逻辑；女性主义思想和利益与全球资本主义利益的联结。英国女性主义政治经济学学者艾德丽安·罗伯茨（Adrienne Roberts）指出，将这类性别平等的项目标记为"女性主义"尚存在着一些争议，因为"跨国商业女性主义促进了对女性和两性关系的自然化和本质化的看法，忽视贫穷和基于性别的不平等的历史和结构性原因。它还有助于再现同样的新自由主义宏观经济框架，这种框架通过全球劳动力女性化、对社会再生产支持的削弱以及女性主义对资本主义的批判的分裂，创造并维持了基于性别和其他形式的压迫"[1]。因此，关键的问题不在于跨国商业女性主义是否是真正的女性主义，而在于反对性别不平等和压迫形式的斗争已被纳入这个政治经济项目，而该项目却支持新自由主义资本主义积累框架的再生产，这是内在的不公平和剥削。[2]

"跨国商业女性主义"中最典型的实践案例之一是耐克基金会（Nike Foundation）的"女孩效应"（The Girl Effect）项目，它源于耐克基金会的创意。在2004年重新调整了其着眼于减轻全球贫困的愿景之后，研究人员发现，对女孩的投资产生了最大的影响。耐克基金会创始人玛利亚·艾特尔（Maria Eitel）曾表示："女孩的青少年期是决定一个妇女未来

---

[1] Adrienne Roberts, "The Political Economy of 'Transnational Business Feminism'", *International Feminist Journal of Politics*, Vol. 17, No. 2, 2015, p. 209.

[2] Ibid., p. 217.

是否贫穷的关键,如果能够在那个时期帮助到她们,就意味着掐灭了可能造成贫困的火苗,为她们未来的子女、家庭及社区带来源源不断的良性影响。"①当女孩获得教育和经济机会时,其受益面会波及她的兄弟姐妹、父母、社区、未来的子女和孙子女。这个核心观念造就了"女孩效应"项目,包括建立网站(如 girleffect. org)、在 YouTube 上开设专门的视频频道、在全球捐赠网上设立"女孩效应"基金向公众募款等。此后,"女孩效应"项目专门投资于女孩,并迅速演变成一个吸引公众支持的社会运动品牌。很多人都认可"女孩效应"实现了其最初的目标——将女孩发展提到全球援助发展项目的议事日程上来,并让人们认识到投资女孩发展的重要性。

耐克公司大力宣扬"女孩效应",这标志着支持发展中国家的女孩教育将给家庭、社区乃至企业带来巨大的回报。"女孩效应"的口号是:"投资一个女孩,她会做剩下的事",其主题是"在贫穷开始之前就停止贫穷",但这种方法完全忽视了历史上衍生的结构性不平等,正是这种不平等让数百万女孩(和男孩)在贫困的条件下继续生活下去。现实世界被描绘成一团糟,尤其在欠发达和贫困地区,女孩一到 12 岁就被迫退学,很多人还不得不面临早婚、早孕以及患艾滋病的风险。解决这个问题的办法不是科学、互联网、政府或金钱,而是个女孩。"投资于女孩不仅会赋予她们权力,而且最终会带来更强大的经济和更美好的世界。"②全球南方女孩被定位为理想的干预对象,因为她们被赋予了一系列基本的价值观,如道德责任、利他主义和物质主义等,使她们成为值得冒险和良好投资的、需要救助的陈规定型形象。因此,"女孩效应"运动依赖于道德消费者赋予女性权力的比喻,将耐克公司定位为变革的慈善力量,并将购买耐克产品作为应对全球贫困的草根行动。耐克关于女性赋权的叙

---

① 娜塔莉·凯兰德:《"女孩效应":通过品牌民主强化品牌亲和力》,郝睿禧译,http://mag. shechuang. org/magazine/192. html.
② Adrienne Roberts, "The Political Economy of 'Transnational Business Feminism'", *International Feminist Journal of Politics*, Vol. 17, No. 2, 2015, p. 222.

事可以被视为后女性主义的表现，它使企业免于在当代性别从属制度中充当同谋。① 实际上，"女孩效应"项目将全球南方的女性重建为需要经合组织（OECD）和国际金融机构（IFIs）拯救的"受害者"，新的殖民主义权力关系得以再现，全球南方女性的声音被边缘化了。

总之，把拥有经济赋权的女孩定位为全球消除贫困的关键，"女孩效应"运动并没有将女性从压迫中解放出来，反而强化了资本主义的男权角色。"跨国商业女性主义"通过促进性别平等的商业案例和公私利益的融合，未能解决几十年来女性主义批判理论界提出的许多核心问题，更未能挑战企业权力和新自由主义资本主义，反而简化和工具主义地解决了复杂的社会问题。这些问题根源于重叠的结构性不平等，包括两性之间、社会阶层之间和国家之间的不平等。②

第二节　左翼女性主义者对新自由主义的批判

进入新世纪，关于女性主义与新自由主义关系的论著显著增多，弗雷泽、美国马克思主义妇女运动史学者爱森斯坦与麦克罗比三人被认为是做出重要贡献的左翼女性主义者，她们从不同的角度考察了女性主义是如何被新自由主义所分化和吸纳的。

一、弗雷泽：女性主义是新自由主义的"女仆"

在《女性主义、资本主义与历史的狡计》（2009）一文中，弗雷泽侧重于重新审视女性主义与新自由主义之间的"亲缘"关系，探讨了"女性主义的某些理想和后福特主义的、跨国资本主义的新形式的要求之间令人

---

① Juanita Elias，"Davos Woman to the Rescue of Global Capitalism: Postfeminist Politics and Competitiveness Promotion at the World Economic Forum"，*International Political Sociology*，Vol. 7，2013，p. 163.
② Adrienne Roberts，"The Political Economy of 'Transnational Business Feminism'"，*International Feminist Journal of Politics*，Vol. 17，No. 2，2015，pp. 209 - 231.

困惑的趋同性"①。弗雷泽将第二波女性主义视为一种划时代的社会现象，其发展经历了三个不同的历史周期：一个战后的"组织化的国家资本主义社会"时代、从20世纪80年代到2008年的新自由主义时代以及一个重新激进化的新-后危机时代。弗雷泽认为，新自由主义的兴起极大地改变了女性主义的运作方式，女权运动整体上转向了新自由主义的立场。女性主义为资本主义的新自由主义转型提供了合法性："在历史狡计的一个杰出例证中，乌托邦的期望发现了作为有同情心的趋势的另一种生活，它把向一种资本主义新形式即后福特主义的、跨国的、新自由主义形式的转型合法化了。"②女性主义者不再是新自由主义底下被动的牺牲者，而是"已无意中提供了新自由主义精神的一个关键因素"，最终的结果是"妇女解放的梦想都被利用为资本主义积累的引擎"。③ 一是女性进入市场使得剥削正当化。女性虽然进入市场，面对的却是被压榨的薪资、缩减的工作保障、降低的生活水平等。二是女性主义者转向承认政治，与新自由主义接合在一起，削弱了对于经济不公的批判，无视家庭暴力、再生产压迫等"非经济性不公"。三是将小额信贷（即在南方国家，银行提供小额贷款给贫穷女性的计划）视为"赋权"，实际上被用来替市场化及国家做辩护。新自由主义巧妙地将剥削予以正当化，结果是遏制了女性解放的梦想。女性主义者学者……惊愕地见证了他们所称赞的斗争成果如何被转化为"一个既不能简单接受也不能整体拒绝的离奇双面体"。④ 接下来，弗雷泽将人们的注意力引向她所称的女性主义和新自由主义之间的"存在某种暗中任意选择的亲缘关系"⑤。随着新自由主义改变了资本主义，它也改变了女性主义——从一个国家凯恩斯资本主义的批评者转变为跨国新自由主义合法化和资源的提供者。女性主义现在必

---

① ［美］南茜·弗雷泽：《女性主义、资本主义和历史的狡计》，周穗明译，《世界哲学》2009年第2期。
② 同上。
③ 同上。
④ 同上。
⑤ 同上。

须通过"一种改造的政治方案"对资本主义进行批判，重新获得其作为解放
运动的地位。为了反对使第二波女性主义成为新自由主义附庸的历史诡
计，弗雷泽邀请女权运动进行自我批判，以重新激活其"解放承诺"。

二、爱森斯坦：女性主义被新自由主义所"诱惑"

在《被诱惑的女性主义：全球精英如何利用女性劳动和思想来剥削
世界》（2009）一书中，爱森斯坦将新自由主义女性主义称为"自由市场女
性主义""霸权主义女性主义""帝国主义""管理女性主义"等概念。她痛
惜女性主义被"企业领袖和精英"所"诱惑"——虽然女性已经融入经济，
但她们却被分化为高薪的经理和低工资的工人。爱森斯坦的一个著名
论点是：女性主义对劳动解放力量的倡导导致了女性就业的分层，因此
开始将女性推入危险、有辱人格和价值低下的工厂工作中。①

爱森斯坦挑战了资本主义现代性与女性解放之间的等式，并提出了
诸多问题：首先，女性主义者如何将对资本主义的批判和对社会主义的
讨论重新提上议事日程？第二，女性主义与左派之间的裂痕能否得到弥
补？第三，女性主义怎么可能既反种族主义又反帝国主义？第四，妇女
运动如何有效地解决阶级问题？第五，有没有办法使现代性与资本主义
脱钩？② 爱森斯坦立足于批判的女性主义视角，对这些问题进行了解答。
首先，新自由主义全球化对数亿人来说是一个贫穷和被剥夺权利的过
程。女性主义会被那些对女性不友好的人轻易利用，这对大多数女性的
生活造成了灾难性的影响。③ 因此，世界上大多数女性需要一种替代企
业资本主义的解放方式。其次，白人女性主义者和有色人种女性主义者
之间存在着张力关系。前者把女性主义运动描绘成一种以白人为主的

① Hester Eisenstein，"The Sweatshop Feminists"，*Jacobin Magazine*，Online. https://www.
jacobinmag. com/2015/06/kristofglobalization-development-third-world/Published June 17，
2015.
② Hester Eisenstein，"Feminism Seduced：How Global Elites Use Women's Labor and Ideas to
Exploit Women"，*Australian Feminist Studies*，Vol. 25，No. 66，2010，p. 427.
③ Ibid.，p. 413.

现象,把性别差异视为压迫女性的主要根源;后者挑战了 20 世纪 70 年代主要以白人中产阶级女性的经历为基础的女性主义主流思想的假设和概念。那么,这一系列变化对女性有何影响? 有学者确定了全球南方女性的四条主要工作道路:作为被剥削工人进入跨国公司与全球南方政府合作建立的出口加工区(EPZ,或自由贸易区);移居国外,成为家庭佣工,并汇款回家;进入非正规部门申请小额信贷;成为性工作者。[①] 爱森斯坦认为,以上每一种工作道路都暴露了女性所处的被压迫和被剥削境地。

爱森斯坦进一步解释说,劳动力市场本身是由资本家和劳工以及男女之间不平等的权力关系构成的。"资本主义世界经济的弊病可以由女性参与正常的商业活动来解决。女性被视为一种万能的补药,可以缓解世界经济的不平衡增长和反复出现的危机。"[②]尽管 20 世纪 70 年代和 80 年代的许多女性主义斗争往往侧重于相互关联的经济、文化和政治不公正,这些不公正被认为根源于资本主义父权制,但在随后的几十年里,这些斗争越来越被彼此分离,也越来越脱离对资本主义的更广泛的批判。总之,第二波女权运动中蓬勃发展的左翼政治和阶级分析已经失传,资本主义"诱惑"了女性主义,自由主义也成为霸权的基础,这使得全球精英利用女性的劳动和思想成为可能。

三、麦克罗比:新自由主义时代的后女性主义是一种"伪女性主义"

"后女性主义"这一术语通常被用来表示第二波女性主义浪潮后政治斗争的转移,以及女性主义运动成果持续被削弱的过程。在《女性主义的余波:性别、文化与社会变迁》一书中,麦克罗比生动地描述了女性主义被纳入新自由主义全球议程,并将其转变为"后女性主义"的话语。

---

① Hester Eisenstein, "Feminism Seduced: How Global Elites Use Women's Labor and Ideas to Exploit Women", *Australian Feminist Studies*, Vol. 25, No. 66, 2010, p. 422.
② Hester Eisenstein, "Hegemonic Feminism, Neoliberalism and Womenomics: 'Empowerment' Instead of Liberation?", *New Formations*, Vol. 91, 2017, p. 38.

后者假定女性主义已经实现了它的目标,我们现在可以进入与平等无关的新议程。麦克罗比使用"伪女性主义"(faux-feminism)一词指代"后女性主义"的实质内涵,即女性主义已经消失了。20世纪90年代以来,女性主义被简单地贴上老旧过时和冗余的标签,"然后被丑化并倒退到前一个时代,这是一场更多样化、思想更开放的反男性运动的删节版、僵化版和挑剔版"[1]。

麦克罗比从文化研究的角度关注新自由主义,她指出,女性主义在新自由主义中的终结,是通过后女性主义的媒体和流行文化来自我瓦解。20世纪90年代和21世纪初的流行文化也证明,女性主义是一种年轻女性不再需要的东西,是一种"毁灭或解体"[2]。这种解体有着很充分的理论原因,包括女性主义理论对女性范畴和身体地位的质疑、身份作为政治基础的消失,以及女性主义者代表其他女性发言的问题等。从解体的实践原因上分析,是由于女性主义以中立和非政治化的方式融入政治和文化生活中,与集体行动脱钩,失去了它的政治效力。因此,麦克罗比强烈反对后女性主义是"完全文化或象征性的东西"的话语[3],因为它反映了当今政治生活的"双重纠葛",见证了新保守主义价值观与性关系和亲属结构自由化的共存。这一系列的话语既邀请女性自由和平等,同时又拒绝女性主义政治行动。麦克罗比指出,如果说早期的后女性主义建立在对女性主义的强烈文化排斥——"几乎是仇恨"[4],那么今天,女性主义不再被轻视,而是通过与新自由主义价值观的结合获得了新生,促使人们朝着高度保守的赋权观念和新的性契约迈进。

麦克罗比认为,在西方富裕的自由主义国家,"我们的"年轻女性被鼓励将自己理解为"现代国家和文化中充满感激的臣民",与那些无法获

---

① Angela McRobbie, *The Aftermath of Feminism: Gender, Culture and Social Change*, London: Sage, 2009, p. 9.
② Ibid., p. 8.
③ Ibid., p. 152.
④ Ibid., p. 12.

得西方自由的遥远的其他人相对立;这一套全新的话语建构了一种与遥远的他者交往的特定模式,在这种模式中,团结被取代,文明等级被重新建立。① 总之,作为一名左翼女性主义学者,麦克罗比对当前的"女性主义状态"提供了一种有些悲观的描述,探讨了女性主义向新自由主义转变后的不良影响。

四、小结与评价

在女性主义和新自由主义的相遇中,存在着一种隐含的二元结构:女性主义被分化成两个极端,要么是屈服于新自由主义,要么是抵制新自由主义。一方面,女性主义政治在新自由主义的统治下被抹杀,女性主义本身就是同谋,它提供了新的资源、抱负和认同。新自由主义挪用并重新定义了女性主义的主要目标,如赋权、个人自主权和经济能动性等,就其本质而言,新自由主义的举措很容易被误认为是巩固女性权利的可靠联盟。另一方面,女性主义者必须避免"责难政治",这种政治会"将女性主义的失败归咎于女性主义本身,很容易地滑向保守右翼对女性主义及其成就的持续妖魔化而受到大众媒体的支持"②。针对以上观点,批评家们认为,不应该简单呈现一个无望地选择"新自由主义女性主义"的固定图景,而应该关注动态的、持续的、往往是矛盾的新自由主义。新自由主义本身不应该被视为一种既定的、不言而喻的现象。③

J. K. 吉布森-格雷汉姆提供了一种超越二元论的方法,它融合了后结构主义和马克思主义的见解,解构了对资本主义作为一种统一力量的理解。他(们)指出:"正是人们这样'思考'资本主义的方式,使得人们很

---

① Angela McRobbie, *The Aftermath of Feminism : Gender, Culture and Social Change*, London: Sage, 2009, pp. 27 - 28.

② Janet Newman, "Spaces of power: Feminism, Neoliberalism and Gendered Labor", *Social Politics*, Vol. 20, No. 2, 2013, p. 203.

③ Elisabeth Prügl, "Neoliberalising Feminism", *New Political Economy*, Vol. 20, No. 4, 2015, pp. 615 - 616.

难想象它会被取代。"①另外，"我们听说，也不难相信，左翼陷入了一派混乱之中……造成左翼混乱的部分原因是左翼所一致攻击的目标的虚幻性。"②因此，为了避免女性主义与新自由主义合谋的更大危害，女性主义者应超越二元对立的争论，运用性别、种族和阶级的多元、交叉的比较分析视角。一方面，左翼女性主义者必须复兴马克思的政治经济学批判，发展对女性压迫的结构性描述，将研究重点放在社会主义政治以及再分配的经济前景上。另一方面，当代女性迫切需要勇敢地行动起来，重塑解放政治的革命主体。女性主义有能力与左翼政治力量重新团结起来，形成反新自由主义霸权的联盟，在全球范围内实现社会正义和性别正义。正如弗雷泽所指出的："克服女性的服从地位，需要社会总体深层结构的根本改造。这个制度改造的共同承诺，显示出该运动起源于那个时代更广泛的解放动员中。"③

第三节　女性主义的复兴与宣言

作为一场促进性别正义的运动，女性主义已经发生了变化，呈现出一种沿着性别、阶级和种族断层线的断裂，丧失了过去的左翼把资本主义作为分析和批判对象时的批判优势。事实上，在某些方面，在某些时候，全球女性主义促进了新自由主义。因而，弗雷泽对跨国女权运动、对21世纪初新自由资本主义和女性主义之间的结盟关系提出了有力而重要的批评。弗雷泽坚持女性主义和左翼重新融合，建议全球女性主义运动现在必须挑战新自由主义，以复兴马克思主义/社会主义女性主义的传统。

---

① J. K. 吉布森-格雷汉姆:《资本主义的终结:关于政治经济学的女性主义批判》，陈东生译，社会科学文献出版社 2002 年版，第 5 页。
② 同上，第 330—331 页。
③ [美]南茜·弗雷泽:《女性主义、资本主义和历史的狡计》，周穗明译，《世界哲学》2009 年第 2 期。

一、女性主义的断裂与复兴

弗雷泽将第二波女性主义视为一种"划时代的社会现象"。① 第二波女性主义运动的发展经历了三个不同的历史周期：一个战后的"组织化的国家资本主义社会"时代、从 20 世纪 80 年代到 2008 年的新自由主义时代，以及一个重新激进化的新-后危机时代。弗雷泽认为，新自由主义的兴起极大地改变了女性主义的运作方式；其效果是"放弃女性主义的理想"②，女权运动整体上转向了新自由主义的立场。接下来，在《女性主义的命运》(2013)一书中，弗雷泽认为，女性主义和新自由主义之间出现了一种"危险的联系"。③ 长期以来，左翼一直专注于文化和身份认同问题，未能解决再分配和政治经济问题。由于女性主义在 20 世纪下半叶忽视了社会和经济正义这一问题，它很容易受到新自由主义的攻击。

此后，弗雷泽又在《卫报》(2013)的一篇著名评论——《女性主义如何成为资本主义的奴仆？》中指出，随着资本主义从战后的国家管理资本主义(state-managed capitalism)转变为去组织化、全球化、新自由主义式的资本主义，第二波女性主义浪潮从挑战前者变成了后者的"女仆"。④弗雷泽指出："一般来说，我打算让第二波女性主义的轨迹定位在有关资本主义的最新历史中。这样，我希望复兴社会主义女性主义的理论概念，它曾在几十年前激发了我的灵感，而且在我看来仍然为我们提供了澄清当前时期性别正义前景的最好的希望。"⑤弗雷泽呼吁重振与复兴女性主义，使之能够抵御不断入侵的新自由资本主义带来的挑战。弗雷泽

---

① ［美］南茜·弗雷泽：《女性主义、资本主义和历史的狡计》，周穗明译，《世界哲学》2009 年第 2 期。

② 同上。

③ Nancy Fraser, *Fortunes of Feminism: From State-Managed Capitalism to Neoliberal Crisis*, New York: Verso, 2013, p. 14.

④ Nancy Fraser, "How feminism became capitalism's handmaiden——and how to reclaim it", *The Guardian*, Oct. 14, 2013.

⑤ 同上。

指出,面对新自由主义资本主义发展的最新变化,当前迫切需要的是对资本主义进行一种新的多维批判理论分析,超越"正统经济"的马克思主义分析,揭示使当代资本主义形式成为可能的背景条件。资本主义是她在过去 40 年分析的问题的"共同根源"。资本主义不仅仅是一种经济体系;它是多维的,我们应充分考虑资本主义的经济、金融、生态、政治和社会的层面。对 21 世纪资本主义进行全面的批判性理论分析,可以澄清不同社会斗争之间的关系,从而使最先进的进步运动之间有更进一步的合作和联盟,形成一个反系统的集团。2014 年,弗雷泽在《马克思的隐居地背后:为扩大资本主义概念》一文中指出,马克思将视线越过交换领域,投向了生产的"隐秘之地"。弗雷泽则通过探寻生产领域背后的隐蔽领域,回顾了马克思所描述的资本主义的四个核心特征:(1)生产资料所有制;(2)自由的劳动力市场;(3)自我增值的价值;(4)市场的独特作用。

二、女性主义宣言

在《为了 99％的人:女性主义宣言》(以下简称《女性主义宣言》,2019)一书中,弗雷泽、辛齐亚·阿鲁扎与蒂蒂·巴塔查里亚等三位作者呼吁脱离新自由主义的女性主义,支持反资本主义、反种族主义和生态女性主义。三位的首要目标是:通过推翻资本主义最具破坏性的新自由主义,构建最终的"多数主义女权主义"①。

首先,女性主义者"为 99％的人"而斗争,99％的人包括哪些群体或个体? 三位作者指出:"它要为多数人的需求和权利而斗争:工人阶级、有色人种和移民群体的女性;酷儿群体、跨性别群体、穷人群体和残疾人群体的女性,那些勇于将自己视为'中产阶级'甚至受资本剥削的女性。这绝不局限于传统意义上的'妇女问题'。为了 99％的女性主义代表着

---

① Cinzia Arruzza, Tithi Bhattacharya, and Nancy Fraser, *Feminism for the 99％: A Manifesto*, London and New York: Verso, 2019, p. 61.

所有的被剥削者、被统治者和被压迫者，是绝大多数人的希望之源。"①同时，99％的女性主义还需要远离"监禁式女性主义"(carceral feminism)，作者认为，"我们理所当然地需要质疑的是：法律、警察和法院完全独立于资本主义的权力结构，为的是对抗其产生和容忍性别暴力的根深蒂固的倾向"②。

其次，《女性主义宣言》批判的对象是新自由主义的女性主义。三位作者认为新自由主义女性主义者如桑德伯格的观点——"更多女性领导将带来对所有女性更公平的待遇"是非常错误的，新自由主义女性主义的意识形态是推动通过特权少数人的利益实现多数人全面平等幻想的根源。它致力于传播新自由资本主义的价值观：牺牲妇女，特别是有色人种女性和移民女性的利益，同时摆出女性主义姿态，赋予女性"向前一步"的权力。与此相反，三位作者努力"建立另一种女性主义，重新定义什么是女性主义的问题，形成不同的阶级取向和激进的变革精神"③。她们邀请大家停止拥护新自由主义女性主义，选择立场并做出选择："我们还能在这个炙热的星球上继续追求'机会均等的统治'吗？抑或我们可以在反资本主义的形式——即引导我们超越当下的相互残杀走向新社会的形式——下重新设想性别正义吗？"④

最后，弗雷泽等三位作者将马克思和恩格斯开创性的《共产党宣言》作为该宣言的理论基础，以丰富、生动与通俗易懂的语言呈现了一个范围广泛和相互交叉的主题，把宣言分为以下11个核心行动论题：论题1：新女性主义浪潮正在重塑罢工。论题2：自由主义的女性主义已经破产，掀开新篇章的时刻已经到来。论题3：我们需要一种反资本主义的女性主义——为了99％的女性主义。论题4：我们正生活在社会的全面危机之中，而且这场危机的根本原因就是资本主义。论题5：资本主义社会中

---

① ［美］南茜·弗雷泽：《女性主义宣言》，蓝江译，《国外理论动态》2019年第7期。
② 同上。
③ 同上。
④ 同上。

的性别压迫根植于让社会再生产从属于利润生产的制度,我们希望将其颠倒过来。论题6:性别暴力拥有多种形式,它们与资本主义的社会关系密切相关。我们誓将与所有这些暴力形式进行斗争。论题7:资本主义试图管控性,我们则要解放性。论题8:资本主义天生就处于种族主义和殖民暴力之中,为了99%的女性主义就是反对种族主义和反对帝国主义。论题9:在反对资本主义破坏地球的斗争中,我们的女性主义就是生态社会主义的女性主义。论题10:资本主义与真正的民主和和平是不兼容的。我们的回答是女性主义的国际主义。论题11:为了99%的女性主义号召一切激进运动联合起来共同反对资本主义。①

弗雷泽等指出,我们当代的全球化格局与马克思和恩格斯在1848年宣言中提出的以欧洲为中心的格局大相径庭。② 新自由资本主义已经全面侵入我们日常生活:环境、教育、住房、劳动权利、医疗保健、学校和交通等方方面面。当前的社会危机不仅是金融危机,而且同时是"经济危机、生态危机、政治危机和照料危机"③。通过马克思主义女性主义的视角,三位作者认识到资本主义政权长期存在所产生的各种形式的压迫,强调有必要通过"女性主义救援行动和路线修正"来应对这种社会、生态和政治危机的结合。④《女性主义宣言》推进了马克思和恩格斯的工作,以支持在日益全球化的世界中摧毁新自由主义女性主义和资本主义,并审视了新自由主义女性主义和种族之间的关系。⑤ 三位作者反对"关于全球姐妹情谊的抽象宣言"⑥,努力建构起姐妹团结。总之,《女性主义宣言》是一篇关于团结的宣言,也是一个新的开始。

---

① 〔美〕南茜·弗雷泽:《女性主义宣言》,蓝江译,《国外理论动态》2019年第7期。

② https://www. full-stop. net/2019/03/12/reviews/marina-manoukian/feminism-for-the-99-a-manifesto-cinzia-arruzza-tithi-bhattacharya-and-nancy-fraser/.

③ 〔美〕南茜·弗雷泽:《女性主义宣言》,蓝江译,《国外理论动态》2019年第7期。

④ Cinzia Arruzza, Tithi Bhattacharya and Nancy Fraser, *Feminism for the 99%: A Manifesto*, London and New York: Verso, 2019, p. 63.

⑤ https://www. full-stop. net/2019/03/12/reviews/marina-manoukian/feminism-for-the-99-a-manifesto-cinzia-arruzza-tithi-bhattacharya-and-nancy-fraser/.

⑥ 〔美〕南茜·弗雷泽:《女性主义宣言》,蓝江译,《国外理论动态》2019年第7期。

结　论

　　在对西方女性主义运动进行总结并在新时代背景下参与女性解放和进行理论创新的人物当中,毫无疑问,弗雷泽是一个耀眼的学者明星。通过全面梳理弗雷泽的思想,即可认识到她对批判理论的宝贵贡献。弗雷泽不但是一位极其多产、足智多谋和博学的学者,而且在激励每一个人对资本主义有更深刻的理解和重新致力于争取性别正义方面起到了非常重要的作用。接下来,本书将对弗雷泽女性主义批判理论的思想局限和学术贡献等作一个简要的总结。

一、弗雷泽女性主义批判理论的思想局限

　　从总体上说,弗雷泽的女性主义批判理论对性别不平等问题进行了揭露和批判,对女性的未来发展图景进行了有价值的探索,然而,这一理论过于理想化,过于强调文化的力量,忽视了政治结构和经济结构转变的重要性,缺少更可靠的现实路径。

(一) 现实的理想色彩

　　首先,弗雷泽对新自由资本主义的态度以及对女性主义文化影响的

高估,导致她对进步政治变革的可能性持乐观态度。"鉴于市场'重新嵌入'的可能性,她建议女性主义者和政策制定者开始规划一套促进性别平等的社会保护体系。这种做法似乎为时过早,不仅因为新自由主义的消亡似乎还未迫在眉睫,而且还因为剩下的为数不多的社会保护措施可以说比过去几十年更加剧了性别不平等。"①如果弗雷泽所提倡的是目前的行动方针,而不是对一个不可知的未来的可能性进行推测,那么它们就会有力得多。面对新的挑战,必须用最尖锐的政治和理论工具来应付这些挑战。

其次,弗雷泽在《女性主义的命运:从国家管理的资本主义到新自由主义危机》(2013)一书中,对国家管理的资本主义转变到今天的新自由主义梦魇,从女性解放斗争的视角进行了整体的描绘和批判性的评估。弗雷泽明确地指出,她旨在提出问题,而不是为当代女性主义者提供路线图。相反,她提供了一个指南针,将女性主义指向身份政治之后的政治经济学。尽管弗雷泽对女性主义与新自由主义的结盟提出了有力而重要的批评,但她解决问题的理论模式却非常有限。比如,"普遍性照顾者模式"是指工作被组织起来以适应照顾。一方面,弗雷泽的这一乌托邦理想的确是令人耳目一新;另一方面,弗雷泽又认为:"公民生活是指把工资收入、家务劳动、社群行为、政治参与以及参加有组织的市民社会的生活结合起来,同时也留下一些娱乐时间。"②由于女性进入劳动大军,工人阶级比以往任何时候都要强大。这是弗雷泽没有提到的力量,但没有他们,所有的理想愿景只能是乌托邦式的。

(二) 实用主义的倾向

实用主义是美国的传统,弗雷泽的女性主义思想中也充分体现出了

---

① Polina Kroik, "Gender and Work in Neoliberal Times: Theoretical and Popular Perspectives", *Working USA: The Journal of Labor and Society*, Vol. 17, No. 1, 2014, p. 295.
② [美]南茜·弗雷泽:《正义的中断:对"后社会主义"状况的批判性反思》,于海青译,上海:上海人民出版社,2009年版,第66页。

实用主义的倾向。当她主张把后现代主义与女性主义结合起来的时候，她就明确提出采用一种女性主义的新实用主义方法，即女性主义的理论和方法是为了适应当时的特殊需要的、是可以犯错误和可更改的，但这也造成了她的女性主义理论框架的不确定性和不稳定性，如她把正义从再分配和承认的二维扩展到包括代表权的三维，随着社会情境的变化和女性新问题的产生，是否还有第四维或者更多？女性主义正义的几个维度之间是什么样的关系？参与平等能否统一正义的多个维度？对于这些问题，我想弗雷泽并不能给出确定的答案。简言之，虽然弗雷泽的女性主义的新实用主义方法能够灵活地研究和处理一些女性具体的和新出现的问题，但这似乎会降低她的女性主义思想的理论性和统一性。由于时代和立场的不同，弗雷泽女性主义思想的实用主义倾向不能很好地被不同理论和观点的女性主义者所认同，也因而招致了许多争论和辩解。

（三）忽视了女性的差异性

批评家指出，弗雷泽有将白人女性经验、通常是中产阶级女性经验普遍化的倾向。例如，在《家庭工资之后：一种后工业思想实验》一文中，种族视角几乎从弗雷泽关于有酬劳动和家务劳动的讨论中消失了。[①]

布伦纳·邦达尔（Brenna Bhandar）和丹尼斯·费雷拉·达席尔瓦（Denise Ferreira da Silva）在《白人女性主义疲劳综合症：给南茜·弗雷泽的回信》一文中指出，弗雷泽并没有考虑到过去 40 年中女性主义者对后殖民主义的多重回应、争论、斗争和谈判，也没有考虑到新自由主义对南北双方的不同影响。弗雷泽应考虑与黑人和第三世界女性主义者进行对话。"当白人女性主义者把第二波女性主义者说成是唯一的"女性主义者"时，当他们在感叹自己的奋斗失败时，用"我们"这个代名词，就

---

① ［美］南茜·弗雷泽：《正义的中断：对"后社会主义"状况的批判性反思》，于海青译，上海：上海人民出版社，2009 年版，第 42 页。

更让人疲惫不堪了。……结束压迫、对妇女的暴力、对男子的暴力,特别是对新自由主义的暴力,意味着拥抱黑人和第三世界马克思主义女性主义者的历史、唯物主义、反种族主义思想。……时间到了!"①

在一次采访中,弗雷泽曾被问道:"您一直致力于跨大西洋的哲学辩论与批判理论和法国后结构主义哲学。然而,与后殖民主义理论家如霍米·巴巴(Homi Bhabha)、斯皮瓦克与钱德拉·塔尔佩德·莫汉蒂(Chandra Talpade Mohanty)等人的接触却很少,这是为什么呢?"②弗雷泽在回应中也在某种意义上承认自己的理论存在偏颇:"我完全明白你的意思,我完全同意。所有的思考都是有条件的,都会有一些洞见和盲点。我和其他人一样,也有很多盲点。"③由此看来,弗雷泽对女性的关注还是停留在资本主义框架内的批判和改造,如她提出要尊重黑人女性、第三世界国家的女性的差异,但在以白人女性为主导和标准的女性主流追求当中,对于如何实现女性与男性和不同女性之间的平等对话以及多元女性公共领域如何组建等问题,弗雷泽并没有提出解决的办法。

(四) 理论的抽象性

弗雷泽作为一名马克思主义的女性主义者和女性主义批判理论家,她对造成女性不利处境的理论和现实问题进行了无情的揭露和批判,对未来女性的美好图景进行了勾勒和填充,然而,她对女性前景的图绘过于理想化而停留在抽象理论层面。

首先,弗雷泽基本上是针对女性面临的问题的对立面而设想的女性的理想状态,而当这些女性问题的现实基础没有消除或在短期内不能改变的情况下,她设想的女性的理想状态在目前的社会情境中缺乏操作性

① Brenna Bhandar and Denise Ferreira da Silva，"White Feminist Fatigue Syndrome"，2013[EB/OL]，http://criticallegalthinking.com/2013/10/21/white-feminist-fatigue-syndrome/.
② Amrita Chhachhi,"Interview with Nancy Fraser"，*Development and Change*，Vol. 42，No. 1，2011，p. 308.
③ Ibid.，p. 309.

和现实性。如她认为在资本主义福利制度中，应该让女性说出自己的需要并参与到制度决策中，但这在男性占决策主导的情况下也是很难实现的，尽管她的分析论证很有道理。

其次，弗雷泽过于强调文化力量，而忽视政治结构和经济结构转变的重要性，没有真正提出一套成熟的资本主义理论。"她既没有发展资本主义理论，没有深入了解她所写的'经济体制'的内部运作，也没有更深入地探讨导致社会陷入危机的机制。"①不过，弗雷泽坚持唯物主义的分析方法是非常重要的，她的计划是继承社会主义的女性主义的解决方案——"普遍性照顾者模式"，这种模式会通过解决负担家计与照料家庭之间的对立来促进性别平等。因为有偿工作和家务劳动这两种工作拖累了女性，女性有权选择不去工作，这样才能实现思想解放和社会保护，"超越自由主义女性主义所倡导的工作理想化，进入一个关乎性别正义的解放事业的更全面视野"②。

最后，弗雷泽根据全球化背景下女性面临的新问题提出全球女性主义联合的倡议也缺乏现实路径，在不同地域、种族和民族差异分明的情况下，如何打破它们所造成的界限而让不同种族、国别和性取向等的女性联合起来，确实不是提出这一口号就能解决的，至少它在短期内还很难实现。所以，弗雷泽的女性构想虽然很美好也很符合女性的主义愿景，但并不能预见它能以何种具体的方式、在何时实现。

二、弗雷泽女性主义批判理论的学术成就

作为美国当代著名的女性主义批判理论家和政治哲学家，一方面，

---

① Jan Sparsam, Dennis Eversberg, Tine Haubner, Dimitri Mader, Barbara Muraca, Hanno Pahl, *The Renewal of a Critical Theory of Capitalism and Crisis—A Comment on Nancy Fraser's Interpretation of Polanyi's works*, Working Paper, 2014［EB/OL］http://www.kolleg-postwachstum. de/sozwgmedia/dokumente/WorkingPaper/wp7_2014. pdf.
② ［美］玛德琳·施华兹：《从国家管理资本主义到新自由主义危机：评南希·弗雷泽主编的〈女性主义之幸〉》，杨侠译，《国外理论动态》2013 年第 12 期。

弗雷泽致力于批判理论的传统,提出一些对当代资本主义社会的现实洞察和新批判焦点,对资本主义进行一种特别令人信服的批判性分析。弗雷泽提出了对批判理论的狭义界定:"一种理论,只有由揭露支配现象的实践旨趣和解放旨趣来引导,才称得上是与'传统'相对应的'批判'理论。"①另一方面,弗雷泽较早地关注了女性相关的议题,并长期致力于研究和解决女性在现实中遇到的各种问题,正如她所说:"无论讨论的主题是什么,我总是一边关注理论争论,一边关注实际的或可能的政治实践。"②总之,弗雷泽的女性主义思想与女性遇到的重大理论和现实问题紧密相关,它们是在弗雷泽基于不同时期的关注而不断发展完善起来的,所以呈现出交叠并置的关系。

(一) 理论贡献

弗雷泽的女性主义批判理论的贡献主要体现以下几个特征:

一是研究视角的前沿性。弗雷泽在 20 世纪 80 年代初就关注了后现代主义,特别是福柯的权力话语理论、解构主义等思想,并把它贯穿到她的后续研究中。另外,弗雷泽还较早地发现了女性主义批判理论的议题,在经过长时间的酝酿以后,才把批判理论与女性主义研究很好地结合起来。弗雷泽以性别为视角审视批判理论,暴露了批判理论的性别盲点,拓宽了批判理论所涵盖的探索范围,开辟了批判理论研究的新维度。最重要的是,以弗雷泽为代表的女性主义理论家秉承了马克思主义的批判精髓与法兰克福学派的传统批判精神,分析资本主义社会新近出现的现象,涉及正义、民主、承认、公民身份等议题,深化了对当前资本主义社会的认识,开辟了当代国外马克思主义研究的新方向,创造出批判理论的新形态,拓宽了马克思主义的问题域。

---

① [美]埃米·艾伦:《理性、权力和批判理论的未来》,陈崎译,《国外理论动态》2013 年第 1 期。
② Nancy Fraser, *Unruly Practices: Power, Discourse and Gender in Contemporary Social Theory*, Minneapolis: University of Minnesota Press, 1989, p. 2.

二是研究对象的多样性。弗雷泽的研究主题不仅极富挑战与争议且前沿，也是相互交叉融合、缠绕纠葛在一起的，如她倡导女性在公共领域发挥作用的思想也体现在她的性别正义等思想中，而她对公共领域以及资本主义福利制度的批判也可以说是为了达到实现性别正义的目标。弗雷泽深入研究了福柯、葛兰西、哈贝马斯、罗蒂和波兰尼等人的著作，最终糅合各种女性主义理论、霸权理论、实用主义、批判理论和后结构主义观念等，将其整合成一种马克思主义/社会主义的女性主义方法论，对美国和欧洲社会理论的做出了重要贡献。

三是研究方法的交叉性。弗雷泽在其长达几十年的女性主义批判理论研究的过程中，超越了传统的二分法（dichotomy），采取了多维度性（multi-dimensionality）和相互交叉性的（intersectionality）研究策略，使其女性主义理论具有更强的革命性、批判性和实践性，从而丰富和发展了女性主义研究方法。包括有：（1）性别分析的视角；（2）批判理论的视角；（3）后结构主义与后现代主义的分析和认识论方法，比如福柯的"考古学"和"谱系学"的研究方法；（4）罗蒂和其他人的实用主义方法等。弗雷泽认为，"像福柯、葛兰西、阿多诺、汤普森和哈贝马斯这样的思想家，都是一个巨大的批判性洞察力宝库的一部分。……挑战在于如何将他们组合在一起。我的想法是，这个人对 X 有惊人的洞察力，另一个人对 Y 有真正的洞察力，等等。那我为什么要选择其中一个呢？为什么不把他们结合起来呢？"[1]

四是研究策略的灵活性。20 世纪下半叶的女性主义发展史是一部发展史、争论史和变革史。弗雷泽的贡献来自一个马克思主义/社会主义女性主义的视角，许多赞同这种方法的人对"文化转向"和后现代主义怀有敌意。但弗雷泽在批判中把马克思主义/社会主义女性主义的遗产、后现代主义的各个方面，以及最后或许最重要的批判理论结合在一

---

[1] *North American Critical Theory after Postmodernism : Contemporary Dialogues*, edited by Patricia Mooney Nickel, Palgrave Macmillan, 2012, p. 162.

起。她的方法是对话式的。对于那些将这些女性主义者对立起来的人，她特有的策略是"灵活"。通过批判，弗雷泽寻找每一种可能被调和的可辩护的版本。

（二）现实旨归

1. 马克思主义视域下女性主义理论与实践的结合

自 20 世纪 90 年代以来，由于东欧社会主义国家的解体，以资本主义为批判重点的分析逐步边缘化了，取而代之的是使用了全球化和后福特主义（post-fordism）或后工业主义的概念。批判理论的方向转变为对行政秩序与西方哲学传统的批判，而非对资本主义秩序的批判。然而，弗雷泽一直坚持马克思批判理论的基本立场——她过去几十年来最雄心勃勃的事业即是对资本主义进行一种多维度的批判理论分析。一方面，弗雷泽继承了马克思主义理论的优秀遗产，呼吁对资本主义社会进行更彻底的变革，并结合法兰克福学派与女性主义的观点，形成了自己独特的女性主义的批判理论。"弗雷泽的所有著作都可以被看作是对左翼危机的回应，并与左翼和批判理论的演变有关。"①另一方面，弗雷泽总是根据不断变化的历史条件而修正自己的思想，随时准备进行尖锐的自我批评。弗雷泽在 2014 年接受的一次采访中，谈到了自己在 20 世纪 60 年代的经历："像我这样从新左翼中走出来的人，继承了一种马克思主义，我们认为这种马克思主义太过拘束、太过正统，我们试图发展另一种马克思主义，这种马克思主义可以使正统范式所遮蔽的统治和社会苦难的形式变得明显：性别和性问题；殖民主义和后殖民主义；生态、政治排斥和边缘化。当时我认为，现在我仍然认为，接受这些问题不需要拒绝马克思主义，而需要重构马克思主义。"②

---

① *Feminism，Capitalism，and Critique：Essays in Honor of Nancy Fraser*，edited by Banu Bargu and Chiara Bottici，Palgrave Macmillan，2017，p. 14.

② Nancy Fraser，"Crises and Experimental Capitalism：An Interview with Nancy Fraser，" *Kings Review*，April 11，2014，p. 7.

2. 积极参与左翼社会运动

当代的批判理论家们开始试图在现有社会状况下，构建一个理想的"好社会"。弗雷泽正好秉承这一趋势，她从女性主义的视角，既对资本主义现实中的种种不满进行鞭辟入里的批判，包括对资本主义的技术理性批判、合法性批判和政治伦理批判，又对女性的未来图景及其实现路径进行了构想，包括消除女性的不公正，实现女性在再分配、承认和政治代表权上的多维正义等。弗雷泽的女性主义哲学为参与政治的学术研究提供了一个典范，它探讨了当代女性主义政治面临的一些最具争议的问题。当许多人哀叹学术女性主义的去政治化时，弗雷泽始终在运用她的哲学技巧来构建了一种渐进式的学术女性主义替代方案——霍顿斯·斯皮勒斯（Hortense Spillers）所称的"女性主义实践和批判的僵局"①。弗雷泽运用了她作为哲学家的技巧和其女性主义见解为社会和经济正义而斗争。然而，弗雷泽的主要目标不是构建抽象的现实理论，而是为改变现实提供有效的概念工具。正如马克思所言："批判的武器当然不能代替武器的批判，物质力量只能用物质力量来摧毁。"②与马克思的这一批判精神相一致，弗雷泽不仅对现实有着敏锐的政治洞察力，还对当代复杂的社会冲突进行批判性干预。在最近十几年里，弗雷泽参与了被称为"粉色浪潮"的拉美左翼运动，在中国与日本的大学发表了出色的批判理论，为挽救欧洲社会民主而斗争，努力在北美建立一个持续的激进左翼运动——例如"占领华尔街"运动和桑德斯的竞选活动等。弗雷泽曾在一次采访中说道："在我的整个成年生活中，我一直热衷于两件不同的事情：一件是理解世界的智力计划，另一件是改变世界的政治计划。套用马克思的话，我想说的是：既是为了解释世界，也是为了改变

---

① Nancy Fraser and Nancy A. Naples, "To Interpret the World and to Change It: An Interview with Nancy Fraser", *Signs: Journal of Women in Culture and Society*, Vol. 29, No. 4, 2004, p. 1103.
②《马克思恩格斯选集》第 1 卷，北京：人民出版社，1995 年，第 9 页。

世界。换言之,这不是一个非此即彼的问题。"①

　　综上所述,弗雷泽的批判理论与马克思主义社会批判、西方马克思主义批判理论有着诸多联系和异同,他们有着相同的思想渊源和精神实质,又存在着理论旨趣的迥异和对立。另外,弗雷泽的女性主义思想涉及与西方许多政治哲学家和其他女性主义批判理论家的理论争议,涉及有关福利、权力、公共领域、正义、民主和跨国政治等前沿问题。在弗雷泽的女性主义思想中所包含的追求女性话语权力、建立多元的女性公共领域、改革资本主义福利制度以及构想全球女性主义正义等内容具有重要的理论价值和现实意义。因此,弗雷泽的理论既拓展了批判理论的研究领域,也开拓了一种新的女性主义研究的视野,是批判理论、女性主义理论和后结构主义的汇合,并以一种综合和创新的方式呈现,这对女性主义思想的发展产生了重要影响。换言之,弗雷泽的理论关注和概念框架与马克思主义/社会主义女性主义的解放计划直接相关,但处于更复杂和更交叉的策略分析之中。可以这么说,"弗雷泽真正的功绩是,有勇气和胆量面对困难问题的同时又'胸怀大志'(think big),并鼓励别人也这样做,尽管存在矛盾和障碍,但决不放弃马克思所说的'人类解放'"②。毫无疑问,弗雷泽坚信,前面还有一场漫长的斗争,但是,一旦人们从资本主义的"枷锁"中解放出来,一个更美好的未来就有可能实现。

---

① Nancy Fraser and Nancy A. Naples, "To Interpret the World and to Change It: An Interview with Nancy Fraser", *Signs: Journal of Women in Culture and Society*, Vol. 29, No. 4, 2004, p. 1106.

② *Feminism, Capitalism, and Critique: Essays in Honor of Nancy Fraser*, edited by Banu Bargu and Chiara Bottici, Palgrave Macmillan, 2017, p. 39.

参考文献

一、南茜・弗雷泽的主要文献

（一）弗雷泽的主要英文论文

"Foucault on Modern Power: Empirical Insights and Normative Confusions", *Praxis International*, Vol. 1, No. 3, 1981, pp. 272 – 287.

"Michel Foucault: A 'Young Conservative'? *Ethics*", Vol. 96, No. 1, 1985, pp. 165 – 184.

"What's Critical About Critical Theory? The Case of Habermas and Gender", *New German Critique*, No. 35, 1985, pp. 97 – 131.

"Toward a Discourse Ethic of Solidarity", *Praxis International*, Vol. 5, No. 4, 1986, pp. 425 – 429.

"Women, Welfare, and the Politics of Need Interpretation", *Hypatia: A Journal of Feminist Philosophy*, Vol. 2, No. 1, 1987, pp. 103 – 121.

"Social Criticism without Philosophy: An Encounter between Feminism and Postmodernism", with Linda Nicholson, *Communication*, Vol. 10, No. 3, 1988, pp. 345 – 366.

"Solidarity or Singularity? Richard Rorty between Romanticism and Technocracy", *Praxis International*, Vol. 8, No. 3, 1988, pp. 257 – 272.

"Talking about Needs: Interpretive Contests as Political Conflicts in Welfare-State Societies", *Ethics*, Vol. 99, No. 2, 1989, pp. 291 – 313.

"Struggle over Needs: Outline of a Socialist-Feminist Critical Theory of Late-

Capitalist Political Culture", in *Women, the State, and Welfare: Historical and Theoretical Perspectives*, Linda Gordon(ed.), University of Wisconsin Press, 1990, pp. 205 - 231.

"The Uses and Abuses of French Discourse Theories for Feminist Politics", *Boundary*, Vol. 17, No. 2, 1990, pp. 82 - 101.

"Rethinking the Public Sphere: A Contribution to the Critique of Actually Existing Democracy", in *Habermas and the Public Sphere*, Craig Calhoun(ed.), M. I. T. Press, 1991, pp. 109 - 142.

"From Irony to Prophecy to Politics: A Response to Richard Rorty", *Michigan Quarterly Review*, Vol. 30, No. 2, 1991, pp. 259 - 266.

"False Antitheses: A Response to Seyla Benhabib and Judith Butler", *Praxis International*, Vol. 11, No. 2, 1991, pp. 166 - 177.

"Sex, Lies, and the Public Sphere: Some Reflections on the Confirmation of Clarence Thomas", *Critical Inquiry*, Vol. 18, No. 3, 1992, pp. 595 - 612.

"Contract versus Charity: Why Is There No Social Citizenship in the United States?", *Socialist Review*, Vol. 22, No. 3, 1992, pp. 45 - 68. (with Linda Gordon)

"Clintonism, Welfare, and the Antisocial Wage: The Emergence of a Neoliberal Political Imaginary", *Rethinking Marxism*, Vol. 6, No. 1, 1993, pp. 9 - 23.

"A Genealogy of Dependency: Tracing a Keyword of the US Welfare State", *Signs: Journal of Women in Culture and Society*, Vol. 19, No. 2, 1994, pp. 309 - 336. (with Linda Gordon)

"From Redistribution to Recognition? Dilemmas of Justice in a 'Postsocialist' Age", *New Left Review*, No. 212, 1995, pp. 68 - 93.

"Recognition or Redistribution? A Critical Reading of Iris Young's Justice and the Politics of Difference", *Journal of Political Philosophy*, Vol. 3, No. 2, 1995, pp. 166 - 180.

"Multiculturalism and Gender Equity: The US 'Difference' Debates Revisited", *Constellations*, Vol. 3, No. 1, 1996, pp. 61 - 72.

"Heterosexism, Misrecognition, and Capitalism: A Response to Judith Butler", *Social Text*, Vol. 15, No. 3 - 4, 1997, pp. 279 - 289.

"After the Family Wage: A postindustrial thought experiment", in *Gender and Citizenship in Transition*, B. Hobson(ed.), New York: Routledge, 2000, pp. 1 - 32.

"Recognition without Ethics?", *Theory, Culture & Society*, Vol. 18, No. 2 - 3, 2001, pp. 21 - 42.

"To Interpret the World and to Change It: An Interview with Nancy Fraser", *Signs: Journal of Women in Culture and Society*, Vol. 29, No. 4, 2004, pp. 1103 – 1124.

"Mapping the Feminist Imagination: From Redistribution to Recognition to Representation", *Constellations: An International Journal of Critical and Democratic Theory*, Vol. 13, No. 3, 2005, pp. 295 – 307.

"Feminist Politics in the Age of Recognition: A Two-Dimensional Approach to Gender Justice", *Studies in Social Justice*, Vol. 1, No. 1, 2007, pp. 23 – 35.

"Transnationalizing the Public Sphere: On the Legitimacy and Efficacy of Public Opinion in a Postwestphalian World", *Theory, Culture & Society*, Vol. 24, No. 4, 2007, pp. 7 – 30.

"Social Rights And Gender Justice in the Neoliberal Moment: A Conversation about Gender, Welfare, and Transnational Politics, An Interview with Nancy Fraser", *Feminist Theory*, Vol. 8, No. 2, 2008, pp. 225 – 245.

"Abnormal Justice", *Critical Inquiry*, Vol. 34, No. 3, 2008.

"Feminism, Capitalism, and the Cunning of History", *New Left Review*, No. 56, 2009, pp. 97 – 117.

（二）弗雷泽的主要英文著作

Unruly Practices: Power, Discourse and Gender in Contemporary Social Theory, University of Minnesota Press and Polity Press, 1989.

Revaluing French Feminism: Critical Essays on Difference, Agency, and Culture, Nancy Fraser and Sandra Bartky(eds.), Indiana University Press, 1992.

Feminist Contentions: A Philosophical Exchange, co-authored with Seyla Benhabib, Judith Butler, Drucilla Cornell, New York: Routledge, 1994.

Justice Interruptus: Critical Reflections on the "Postsocialist" Condition, New York: Routledge, 1997.

Redistribution or Recognition?: A Political-Philosophical Exchange, co-authored with Axel Honneth, Verso, 2003.

Scales of Justice: Reimagining Political Space in a Globalizing World, John Wiley & Sons, 2008.

Adding Insult to Injury: Nancy Fraser Debates Her Critics, Kevin Olson (ed.), London and New York: Verso, 2008.

Fortunes of Feminism: From State-Managed Capitalism to Neoliberal Crisis, New York: Verso, 2013.

Transnationalizing the Public Sphere: Nancy Fraser debates her Critics, Kate Nash(ed.), Polity Press, 2014.

Capitalism: A Conversation in Critical Theory, co-authored with Rahel Jaeggi,

Cambridge：Polity，2018.

Feminism for the 99％：A Manifesto，by Cinzia Arruzza，Tithi Bhattacharya，and Nancy Fraser，London and New York：Verso，2019.

（三）弗雷泽的中文译作

《非哲学的社会批判：女权主义与后现代主义的相遇》，李银河译，李银河主编：《妇女：最漫长的革命》，北京：生活·读书·新知三联书店，1997年版。

《福柯论现代权力》，李静韬译，汪民安等编：《福柯的面孔》，北京：文化艺术出版社，2001年版。

《公民权利反对社会权利？论契约对救济的意识形态》，郭台辉译，［英］巴特·范·斯廷博根：《公民身份的条件》，长春：吉林出版集团有限公司，2007年版。

《女性主义、资本主义和历史的狡计》，周穗明译，《世界哲学》2009年第2期。

《一个美国当代批判理论家的中国情结——"今日西方批判理论丛书"中文版序》，邝月译，《世界哲学》2009年第2期。

《有关正义实质的论辩：再分配、承认还是代表权？》，朱美荣译，《马克思主义与现实》2009年第4期。

《正义的主体：国家公民、全球人类或跨国风险共同体？》，古青译，《国外理论动态》2010年第1期。

《我们现在争论的方式：全球化世界中的分裂诉求》，高静宇译，《国外理论动态》2010年第1期。

《新自由主义时代的社会权利和性别正义：对话南希·弗雷泽》，戴雪红译，《国外理论动态》2014年第2期。

《三重运动？：解析卡尔·波兰尼之后的政治危机》，王雪乔译，《国外理论动态》2014年第4期。

《马克思隐秘之地的背后：一个扩展的资本主义概念》，宋建丽译，《国外社会科学》2015年第3期。

《西方民主的危机与对策：公共领域的跨国化》，邢立军译，《社会科学战线》2015年第4期。

《资本主义的一种新形式？：与吕克·博尔坦斯基和阿诺德·埃斯科雷商榷》，尹兴译，《国外理论动态》2018年第2期。

《理解资本主义：南茜·弗雷泽访谈录》，孙海洋译，《国外理论动态》2019年第2期。

《女性主义宣言》，蓝江译，《国外理论动态》2019年第7期。

《正义的中断：对后社会主义状况的批判性反思》，于海青译，上海：上海人民出版社，2009年版。

《正义的尺度：全球化世界中政治空间的再认识》，欧阳英译，上海：上海人民出版社，2009年版。

《再分配，还是承认？：一个政治哲学对话》，周穗明译，上海：上海人民出版社，2009年版。

二、中文论文

陈学明、姜国敏:《评我国的国外马克思主义研究》,《理论视野》2019 年第 8 期。

冯颜利、段忠桥、吴忠民:《唯物史观视域中的正义问题》,《中国社会科学》2017 年第 9 期。

韩秋红、孙颖:《国外马克思主义资本主义批判理论的经验启示与中国意义》,《东北师大学报(哲学社会科学版)》2020 年第 2 期。

贺翠香:《社会批判理论的女性主义视角》,《学习与探索》2012 年第 10 期。

何萍:《新自由主义批判:问题与趋向——对 21 世纪国外马克思主义哲学的一种思考》,《学习与探索》2019 年第 1 期。

胡大平:《哲学与“空间转向”:通往地方生产的知识》,《哲学研究》2018 年第 10 期。

洪慧芬:《“依赖”是人类社会无可避免的现实与挑战:Eva F. Kittay 对依赖与照顾的论点》,《台湾社会福利学刊》第六卷第二期,2008。

孔明安:《政治权利、社会福利和个体尊严:论哈贝马斯性别差异基础上的女性主义观》,《山东社会科学》2019 年第 5 期。

刘继同:《妇女与福利:女性主义福利理论评介》,《妇女研究论丛》2003 年第 4 期。

刘卓红:《法兰克福学派批判理论及其对当代中国性别文化的审视》,《华南师范大学学报(社会科学版)》2009 年第 2 期。

卯静茹:《重构女性教师的“主体性”研究:女性主义研究观点的探索》,《教育研究方法论学术研讨会》论文集,2003。

阮华容、戴雪红:《南希·弗雷泽女性主义思想述论》,《常熟理工学院学报(哲学社会科学)》2014 年第 1 期。

汪行福:《认同政治时代的正义:南希·弗雷泽的一价正义论述要》,《哲学动态》2008 年第 4 期。

王凤才:《霍耐特与批判理论的“政治伦理转向”》,《现代哲学》2007 年第 3 期。

王宏维:《女权主义的历史唯物论何以可能?》,《马克思主义与现实》2009 年第 2 期。

王增勇:《社区照顾的再省思:小型化? 规格化? 产业化?》,《台湾社会研究季刊》第 59 期,2005。

吴晓明:《唯物史观的阐释原则及其具体化运用》,《中国社会科学》2019 年第 10 期。

肖巍:《论弗雷泽的三维公正观》,《马克思主义与现实》2011 年第 4 期。

仰海峰:《文化理论:从马克思到西方马克思主义》,《北京大学学报(哲学社会科学版)》2007 年第 2 期。

战洋:《女性公共领域是否可能:以弗雷泽对哈贝马斯公共领域概念批判为例》,《天津社会科学》2006 年第 6 期。

张亮、孙乐强:《21 世纪国外马克思主义思潮的发展趋势及其效应评估》,《马克思主义与现实》2019 年第 6 期。

张秀琴:《西方马克思主义在当代英美的传播与接受》,《学术界》2018 年第 2 期。

张一兵、张琳:《自我与他者:南京大学博士生导师张一兵教授访谈》,《社会科学家》2016 年第 8 期。

周穗明:《N. 弗雷泽和 A. 霍耐特关于承认理论的争论:对近十余年来西方批判理论第三代的一场政治哲学论战的评析》,《世界哲学》2009 年第 2 期。

邹诗鹏:《西方马克思主义研究的资源性意义及其反思》,《马克思主义理论学科研究》2019 年第 5 期。

三、中文著作

包亚明主编:《权力的眼睛:福柯访谈录》,严锋译,上海:上海人民出版社,1997 年版。

丁开杰、林义选编:《后福利国家》,上海:上海三联书店,2004 年版。

冯芃芃等主编:《社会性别与社会读本》,上海:上海三联书店,2011 年版。

高宣扬主编:《法兰西思想评论》第 4 卷,上海:同济大学出版社,2005 年版。

郭夏娟:《为正义而辩女性主义与罗尔斯》,北京:北京人民出版社,2004 年版。

郭忠华、刘训练编:《公民身份与社会阶级》,南京:江苏人民出版社 2007 年版。

何成洲等主编:《性别、理论与文化》,南京:南京大学出版社,2010 年版。

黄小寒主编:《西方马克思主义经典著作导读》,北京:北京大学出版社,2012 年版。

李银河:《女性权力的概起》,北京:中国社会科学出版社,1997 年版。

李银河主编:《妇女:最漫长的革命》,北京:生活·读书·新知三联书店,1997 年版。

廖炳惠编著:《关键词 200:文学与批评研究的通用词汇编》,南京:江苏教育出版社,2006 年版。

林闽钢:《现代西方社会福利思潮:流派与名家》,北京:中国劳动社会保障出版社,2012 年版。

刘岩等编著:《女性身份研究读本》,武汉:武汉大学出版社,2007 年版。

欧阳谦等著:《文化的转向:西方马克思主义的总体性思想研究》,北京:中国人民大学出版社,2015 年版。

马元曦等编著:《西方女性主义文学文化译文集》,南宁:广西师范大学出版社,2008 年版。

苏红军、柏棣主编:《西方后学语境中的女权主义》,桂林:广西师范大学出版社,

2006 年版。

陶东风主编:《文化研究读本》,南京:南京大学出版社,2013 年版。

汪民安等编:《福柯的面孔》,北京:文化艺术出版社,2001 年版。

王逢振主编:《性别政治》,天津:天津社会科学院出版社,2001 年版。

王凤才:《蔑视与反抗:霍耐特承认理论与法兰克福学派批判理论的"政治伦理转向"》,重庆:重庆出版社,2008 年版。

王宏维:《谁来讲出关于女人的真理:哲学视域下的性别研究》,北京:九州出版社,2010 年版。

王丽华主编:《全球化语境中的异音:女性主义批判》,北京:北京大学出版社,2008 年版。

王政、张颖主编:《男性研究》,上海:上海三联书店,2012 年版。

魏小萍、陈学明等著:《当代主要社会思潮的动态研究与批判》,北京:中国社会科学出版社,2018 年版。

厦门大学性别与哲学研究中心编著:《女性主义哲学》,厦门:厦门大学出版社,2013 年版。

许纪霖主编:《共和、社群与公民》,南京:江苏人民出版社,2003 年版。

闫孟伟、孟锐峰主编:《法兰克福学派理论》,南宁:广西人民出版社,2018 年版。

苑洁、宋阳旨主编:《当代西方左翼社会思潮与文化批判》,北京:中央编译出版社,2019 年版。

张一兵主编:《当代国外马克思主义哲学思潮》,南京:江苏人民出版社,2012 年版。

张一兵主编:《资本主义理解史》(全六卷),南京:江苏人民出版社,2009 年版。

中国社会科学院社会学研究所主办:《社会理论》第 2 辑,北京:社会科学文献出版社,2005 年版。

周凡、李惠斌主编:《后马克思主义》,北京:中央编译出版社,2007 年版。

四、中文硕士博士论文

陈玫霖:《性别、政治与媒体:报纸如何报道女性政治人物》,台湾"中山大学"传播管理研究所硕士论文,2002。

陈素秋:《搅扰公、私划界:从女性主义出发》,台湾师范大学博士论文,2007。

陈芯慧:《从女性主义理论对公私领域划分的质疑论我国女性家庭人权之不平等现象》,台北大学法学系硕士论文,2006。

代小琬:《弗雷泽的正义观研究》,辽宁大学硕士论文,2011。

傅美蓉:《从反再现到承认的政治》,陕西师范大学,2010。

黄潇:《再分配、承认与代表权——弗雷泽正义理论研究》,南京大学硕士论文,2011。

李天健:《Freire 批判意识概念的重整》,台湾政治大学教育博士论文,2007。

刘子瑛:《弗雷泽正义观研究》,华侨大学博士论文,2012。

阮华容:《南希·弗雷泽的女性主义正义思想研究》,南京大学硕士论文,2014。

王珏:《论女性主义视野中的公共领域:以南希·弗雷泽(Nancy Fraser)为例》,华东师范大学硕士论文,2009。

肖爱平:《现代西方女性主义正义观研究》,湖南师范大学博士论文,2012。

于洪敏:《20 世纪 60—80 年代美国妇女与福利改革》,山东师范大学硕士论文,2010。

张笑扬:《正义尺度的想象:南茜·弗雷泽的正义观解析》,中共广东省委党校硕士论文,2012。

五、中文译文

[澳]艾莉森·威尔:《家庭与身份:纪念艾利斯·马瑞恩·扬》,李剑译,《国外理论动态》2013 年第 12 期。

[丹麦]雅各布·达尔·伦托夫:《文化承认的伦理和政治:对批判理论的批判》,贺翠香译,《现代哲学》2012 年第 2 期。

[德]瑞尼尔·福斯特:《激进的正义:论艾利斯·马瑞恩·扬对"分配范式"的批判》,周穗明译,《国外理论动态》2014 年第 2 期。

[芬兰]安内莉·安托宁:《北欧福利国家遭遇全球化:从普遍主义到私有化和非正式化》,陈珊译,《社会保障研究》2010 年第 1 期。

[美]S. 劳雷尔·韦尔登:《差异与社会结构:艾利斯·扬的社会性别批判理论》,王宏维、胡玲译,《国外理论动态》2013 年第 4 期。

[美]埃米·艾伦:《理性、权力和批判理论的未来》,陈崎译,《国外理论动态》2013 年第 1 期。

[美]艾米·埃伦:《性别、权力和理性:女性主义和批判理论》,周穗明译,《国外社会科学》2012 年第 3 期。

[美]艾米·艾伦:《权力、正义与世界主义:女性主义批判理论概览》,《国外社会科学》2015 年第 3 期。

[美]艾莉森·杰格尔:《全球化对妇女"Good"吗?》,胡友珍编译,2007 - 04 - 30. http://www. ptext. cn/home4. php? id=1360。

[美]艾瑞思·玛丽恩·杨:《活身体与性别:对社会结构和主体性的反思》,贺翠香译,《国外社会科学》2012 年底 3 期。

[美]玛德琳·施华兹:《从国家管理资本主义到新自由主义危机:评南希·弗雷泽主编的〈女性主义之幸〉》,杨侠译,《国外理论动态》2013 年第 12 期。

[美]玛尼莎·德赛:《跨国主义:北京世妇会后的女性主义政治面貌》,朱世达等译,《国际社会科学杂志(中文版)》2006 年第 2 期。

［美］桑德拉·哈丁著:《女性主义、科学和反启蒙思想的批判》,都岚岚译,《上海文化》2009 年第 5 期。

［美］威尔·金里卡、威尼·曼诺:《公民的回归:公民理论近作综述》,许纪霖:《共和、社群与公民》,南京:江苏人民出版社,2004 年版。

［美］约瑟夫·格里高利·马奥尼:《当前批判理论的四种主要趋势》,张也译,《国外理论动态》2014 年第 1 期。

［美］约瑟夫·格雷戈里·马奥尼:《承认与关怀:市场化背景下的社会主义价值体系》,刘鲲译,《马克思主义与现实》2014 年第 1 期。

［美］詹姆斯·费伦:《"伦理转向"与修辞叙事伦理》,唐伟胜译,《叙事》中国版(第二辑),广州:暨南大学出版社,2010 年版。

［墨］马里奥·阿尔弗雷多·赫尔南德斯:《从女性主义批判理论的角度修正过渡时期的正义》,高静宇译,《国外理论动态》2012 年第 11 期。

［斯洛文尼亚］斯拉夫科·斯普里查:《全球治理与公共领域的跨国化》,石力月译,《新闻大学》2012 年第 5 期。

［英］玛丽娅·马尔库斯:《汉娜·阿伦特的反女权主义》,王寅丽译,《国外社会科学》1998 年第 3 期。

［英］西蒙·托米、朱尔斯·汤森德:《从批判理论到后马克思主义》,熊飞宇译,《国外理论动态》2011 年第 5 期。

［英］罗纳尔多·蒙克:《危机之后:马克思主义与未来》,刘思妤译,《国外理论动态》2017 年第 9 期。

［法］舍蕾·法奎:《从性别视角看新自由主义全球化——笼罩于军事—工业系统阴影下的"全球性女性"》,喻麓丹译,《当代国外马克思主义评论》2016 年版。

［法］吕克·博尔坦斯基、［法］阿诺德·埃斯科雷:《奢华、利润和批判:对南茜·弗雷泽的回应》,蒋林等译,《国外理论动态》2018 年第 4 期。

六、中文译著

［德］马克思、恩格斯:《马克思恩格斯选集》第 1—4 卷,北京:人民出版社,1995 年版。

［德］马克思:《1844 年经济学哲学手稿》,中央编译局译,北京:人民出版社,1985 年版。

［德］马克思:《资本论》第 1 卷(法文版),中央编译局译,北京:中国社会科学出版社,1983 年版。

［德］恩格斯:《家庭、私有制和国家的起源》,中央编译局译,北京:人民出版社,1999 年版。

［德］康德:《历史理性批判文集》,何兆武译,北京:商务印书馆,1990 年版。

［德］马克斯·霍克海默:《批判理论》,李小兵等译,重庆:重庆出版社,1990

年版。

[德]伽达默尔：《科学时代的理性》，薛华译，北京：国际文化出版公司，1988年版。

[德]哈贝马斯：《公共领域的结构转型》，曹卫东等译，上海：学林出版社，1999年版。

[德]哈贝马斯：《哈贝马斯精粹》，曹卫东选译，南京：南京大学出版社，2004年版。

[德]哈贝马斯：《在事实与规范之间：关于法律和民主法治国的商谈理论》，童世骏译，北京：生活·读书·新知三联书店，2003年版。

[德]尤尔根·哈贝马斯：《包容他者》，曹卫东译，上海：上海人民出版社，2002年版。

[德]尤尔根·哈贝马斯：《交往行为理论》第一卷，曹卫东译，上海：上海人民出版社，2004年版。

[德]于尔根·哈贝马斯：《现代性的哲学话语》，曹卫东等译，南京：译林出版社，2004年版。

[德]霍耐特：《为承认而斗争》，胡继华译，上海：上海人民出版社，2005年版。

[德]马文·克拉达、[德]格尔德·登博夫斯基编：《福柯的迷宫》，朱毅译，北京：商务印书馆，2005年版。

[法]米歇尔·福柯：《福柯读本》，汪民安主编，北京：北京大学出版社，2010年版。

[法]米歇尔·福柯：《福柯集》，杜小真编选，上海：上海远东出版社，1998年版。

[法]米歇尔·福柯：《规训与惩罚：监狱的诞生》，刘北成、杨远婴译，北京：生活·读书·新知三联书店，1999年版。

[法]米歇尔·福柯：《权力的眼睛：福柯访谈录》，严锋译，上海：上海人民出版社，1997年版。

[法]米歇尔·福柯：《性史》（第一、二卷），张廷琛等译，上海：上海科学技术文献出版社，1989年版。

[法]米歇尔·福柯：《知识考古学》，谢强等译，北京：生活·读书·新知三联书店，1998年版。

[法]米歇尔·福柯：《主体解释学》，畲碧平译，上海：上海人民出版社，2005年版。

[法]让-弗朗索瓦·利奥塔尔：《后现代状况：关于知识的报告》，车槿山译，北京：生活·读书·新知三联书店，1997年版。

[法]西蒙娜·德·波伏瓦：《第二性》（全译本），陶铁柱译，北京：中国书籍出版社，1998年版。

[法]雅克·德里达：《〈友爱的政治学〉及其他》，胡继华译，长春：吉林人民出版

社,2006年版。

[法]雅克·比岱、[法]厄斯塔什·库维拉基斯:《当代马克思辞典》,许国艳等译,北京:社会科学文献出版社,2011年版。

[澳]Chris Beasley:《性别与性欲特质:关键理论与思想巨擘》,黄丽珍译,台北:韦伯文化国际出版有限公司,2009年版。

[澳]安德鲁·文森特:《现代政治意识形态》,袁久红等译,南京:江苏人民出版社,2005年版。

[澳]杰夫·刘易斯:《文化研究基础理论》(第二版),郭镇之等译,北京:清华大学出版社,2013年版。

[澳]马克·吉布森:《文化与权力:文化研究史》,王加为译,北京:北京大学出版社,2012年版。

[澳]薇尔·普鲁姆德:《女性主义与对自然的主宰》,马天杰、李丽丽译,重庆:重庆出版社,2007年版。

[丹麦]埃丝特·博斯拉普:《妇女在经济发展中的角色》,陈慧平译,南京:译林出版社,2010年版。

[丹麦]考斯塔·艾斯平-安德森:《福利资本主义的三个世界》,郑秉文译,北京:法律出版社,2003年版。

[匈]卡尔·波兰尼:《大转型:我们时代的政治与经济起源》,冯钢等译,杭州:浙江人民出版社,2007年版。

[意]安东尼奥·葛兰西:《狱中札记》,曹雷雨等译,北京:中国社会科学出版社,2000年版。

[加]巴巴拉·阿内尔:《政治学与女性主义》,郭夏娟译,北京:东方出版社,2005年版。

[加]帕米拉·麦考勒姆、谢少波选编:《后现代主义质疑历史》,蓝仁哲、韩启群译,北京:中国社会科学出版社,2008年版。

[加]威尔·金里卡:《当代政治哲学》,刘莘译,上海:上海三联书店,2004年版。

[美]J. K. 吉布森-格雷汉姆:《资本主义的终结:关于政治经济学的女性主义批判》,陈冬生译,北京:社会科学文献出版社,2002年版。

[美]阿图罗·埃斯科瓦尔:《遭遇发展:第三世界的形成与瓦解》,汪淳玉等译,北京:社会科学文献出版社,2011年版。

[美]艾莉斯·马利雍·杨:《像女孩那样丢球》,何定照译,台北:商周出版社,2007年版。

[美]贝蒂·弗里丹:《第二阶段》,小意译,南京:江苏人民出版社,2007年版。

[美]贝尔·胡克斯:《女权主义理论:从边缘到中心》,晓征、平林译,南京:江苏人民出版社,2001年版。

[美]波林·罗斯诺:《后现代主义与社会科学》,张国清译,上海:上海译文出版

社,1998年版。

[美]布罗斯·罗宾斯:《全球化中的知识左派》,徐晓雯译,北京:中国社会科学出版社,2000年版。

[美]丹尼斯·德沃金:《文化马克思主义者战后英国:历史学、新左派和文化研究的起源》,李凤丹译,北京:人民出版社,2008年版。

[美]丹尼斯·帕特森编:《布莱克维尔法哲学和法律理论指南》,汪庆华等译,上海:上海人民出版社,2013年版。

[美]德鲁西拉·康奈尔:《界限哲学》,麦永雄译,郑州:河南大学出版社,2010年版。

[美]贝蒂·弗里丹:《女性的奥秘》,巫漪云等译,南京:江苏人民出版社,1988年版。

[美]哈维·C.曼斯菲尔德:《男性气概》,刘玮译,南京:译林出版社,2008年版。

[美]佳亚特里·斯皮瓦克:《从解构到全球化批判:斯皮瓦克读本》,陈永国、赖立里、郭英剑编,北京:北京大学出版社,2007年版。

[美]卡弗:《政治性写作:后现代视野中的马克思形象》,张秀琴译,北京:北京师范大学出版社,2009年版。

[美]卡罗尔·帕特曼:《性契约》,李朝晖译,北京:社会科学文献出版社,2004年版。

[美]卡罗尔·吉利根:《不同的声音:心理学理论与妇女发展》,肖巍译,北京:中央编译出版社,1999年版。

[美]凯瑟琳·A.麦金农:《迈向女性主义的国家理论》,曲广娣译,北京:中国政法大学出版社,2007年版。

[美]凯特·米利特:《性的政治》,钟良明译,北京:社会科学文献出版社,1999年版。

[美]凯文·奥尔森主编:《伤害+侮辱:争论中的再分配、承认和代表权》,高静宇译,上海:上海人民出版社,2009年版。

[美]克瑞斯汀·丝维斯特:《女性主义与后现代国际关系》,余满枫等译,浙江人民出版社,2003年版。

[美]拉里·希克曼主编:《阅读杜威:为后现代做的阐释》,徐陶等译,北京:北京大学出版社,2010年版。

[美]理查德·罗蒂:《后形而上学希望:新实用主义社会、政治和法律哲学》,张国清译,上海:上海译文出版社,2003年版。

[美]莉丝·沃格尔:《马克思主义与女性受压迫:趋向统一的理论》,虞晖译,北京:高等教育出版社,2009年版。

[美]理安·艾斯勒:《国家的真正财富:创建关怀经济学》,高铦、汐汐译,北京:社会科学出版社,2009年版。

[美]鲁思·华莱士、[英]艾莉森·沃尔夫:《当代社会学理论:对古典理论的扩展》,刘少杰等译,北京:中国人民大学出版社,2008年版。

[美]罗伯特·L.西蒙主编:《社会政治哲学》,陈喜贵译,北京:中国人民大学出版社,2009年版。

[美]玛丽琳·J.波克塞:《当妇女提问时:美国妇女学的创建之路》,余宁平、占盛利等译,天津:天津人民出版社,2006年版。

[美]马尔库塞:《现代文明与人的困境:马尔库塞文集》,李小兵等译,上海:上海三联书店,1989年版。

[美]赫伯特·马尔库塞:《单向度的人》,刘继译,上海:上海译文出版社,2008年版。

[美]赫伯特·马尔库塞:《爱欲与文明》,黄勇、薛民译,上海:上海译文出版社,2012年版。

[美]帕特里夏·提茜奈托·克拉夫:《女性主义思想:欲望、权力及学术论述》,夏传位译,台北:巨流图书股份有限公司,1997年版。

[美]佩吉·麦克拉肯主编:《女权主义理论读本》,艾晓明、柯倩婷等译,桂林:广西师范大学出版社,2007年版。

[美]乔纳森·H.特纳:《社会学理论的结构》,邱泽奇等译,北京:华夏出版社,2001年版。

[美]乔治·瑞泽尔:《后现代社会理论》,谢立中等译,北京:华夏出版社 2003年版。

[美]乔治·瑞泽尔主编:《布莱克维尔社会理论家指南》,凌琪等译,南京:江苏人民出版社,2009年版。

[美]乔治·瑞泽尔:《当代社会学理论及其古典根源》,杨淑娇译,北京:北京大学出版社,2005年版。

[美]塞拉·本哈比主编:《民主与差异:挑战政治的边界》,黄相怀、严海兵等译,北京:中央编译出版社,2009年版。

[美]史蒂文·塞德曼:《有争议的知识:后现代时代的社会理论》,刘北成等译,北京:中国人民大学出版社,2002年版。

[美]史蒂文·塞德曼编:《后现代转向:社会理论的新视角》,吴世雄等译,沈阳:辽宁教育出版社,2001年版。

[美]斯蒂芬·K.怀特:《政治理论与后现代主义》,孙曙光译,沈阳:辽宁教育出版社,2004年版。

[美]斯蒂文·贝斯特、[美]道格拉斯·凯尔纳:《后现代理论:批判性的质疑》,张志斌译,北京:中央编译出版社,1999年版。

[美]苏·卡利·詹森:《批判的传播理论:权力、媒介、社会性别和科技》,曹晋主译,上海:复旦大学出版社,2007年版。

　　[美]苏珊・鲍尔多:《不能承受之重:女性主义、西方文化与身体》,綦亮,赵育春译,南京:江苏人民出版社,2009 年版。

　　[美]汤尼・白露等:《中国女性主义思想史中的妇女问题》,沈齐齐译,上海:上海人民出版社,2012 年版。

　　[美]托马斯・麦卡锡:《哈贝马斯的批判理论》,王江涛译,上海:华东师范大学出版社,2010 年版。

　　[美]维克多・泰勒、查尔斯・温奎斯特:《后现代主义百科全书》,章燕、李自修等译,长春:吉林人民出版社,2007 年版。

　　[美]谢丽斯・克拉马雷、[澳]戴尔・斯彭德主编:《路特里奇国际妇女百科全书》,"国际妇女百科全书"课题组译,北京:高等教育出版社,2007 年版。

　　[美]伊丽莎白・格罗兹:《时间的旅行:女性主义,自然,权力》,胡继华、何磊译,郑州:河南大学出版社,2012 年版。

　　[美]约翰・罗尔斯:《正义论》,何怀宏等译,北京:中国社会科学出版社,1988年版。

　　[美]詹姆斯・P. 斯巴特:《实践中的道德》,程炼等译,北京:北京大学出版社,2006 年版。

　　[美]朱迪斯・巴特勒:《权力的精神生活:服从的理论》,张生译,南京:江苏人民出版社,2009 年版。

　　[美]朱迪斯・巴特勒:《身体之重:论"性别"的话语界限》,李钧鹏译,上海:上海三联书店,2011 年版。

　　[美]朱迪斯・巴特勒:《消解性别》,郭劼译,上海:上海三联书店,2009 年版。

　　[美]朱迪斯・巴特勒、欧内斯特・拉克劳、斯拉沃热・齐泽克:《偶然性、霸权和普遍性:关于左派的当代对话》,胡大平译,江苏人民出版社,2004 年版。

　　[美]朱迪斯・巴特勒:《性别麻烦:女性主义与身份的颠覆》,宋素凤译,上海:上海三联书店,2009 年版。

　　[美]朱迪斯・贝尔:《女性的法律生活:构建一种女性主义法学》,熊湘怡译,北京:北京大学出版社,2010 年版。

　　[美]茱迪・史珂拉:《美国公民权:寻求接纳》,刘满贵译,上海:上海人民出版社,2006 年版。

　　[美]周颜玲等主编:《全球视角:妇女、家庭与公共政策》,王金玲等译,北京:社会科学文献出版社,2004 年版。

　　[挪威]斯坦恩・库恩勒等主编:《北欧福利国家》,许烨芳、金莹译,上海:复旦大学出版社,2010 年出版。

　　[日]NHK 特别节目录制组合著:《女性贫困》,李颖译,上海:上海译文出版社,2017 年版。

　　[日]武川正吾:《福利国家的社会学》,李莲花等译,北京:商务印书馆,2011

年版。

[日]星野昭吉:《全球政治学:全球化进程中的变动、冲突、治理与和平》,刘小林、张胜军译,北京:新华出版社,2000年版。

[斯洛文尼亚]斯拉沃热·齐泽克:《图绘意识形态》,方杰译,南京:南京大学出版社,2002年版。

[印度]阿玛蒂亚·森、[美]玛莎·努斯鲍姆主编:《生活质量》,龚群等译,北京:社会科学文献出版社,2008年版。

[英]L.多米耶利《女性主义社会工作:理论与实务》,王瑞鸿等译,上海:华东理工大学出版社,2007年版。

[英]Linda McDowell:《性别、认同和地方:女性主义地理学概说》,台湾编译馆主译,台北:群学出版有限公司,2006年版。

[英]Pamela Abbott等:《女性主义社会学》,郑玉菁等译,台北:巨流图书股份有限公司,2008年版。

[英]安吉拉·麦克罗比:《文化研究的用途》,李庆本译,北京:北京大学出版社,2007年版。

[英]安吉拉·默克罗比:《女性主义与青年文化》,张岩冰、彭薇译,开封:河南大学出版社,2011年版。

[英]奥利弗·博伊德·巴雷特、克里斯·纽博尔德:《媒介研究的进路:经典文献读本》,汪凯、刘晓红译,北京:新华出版社,2004年版。

[英]巴特·范·斯廷博根编:《公民身份的条件》,郭台辉译,长春:吉林出版集团有限责任公司,2007年版。

[英]彼得·德怀尔:《理解社会公民身份:政策与实践的主题和视角》,蒋晓阳译,北京:北京大学出版社,2011年版。

[英]布赖恩·特纳主编:《社会理论指南》,李康译,上海:上海人民出版社,2003年版。

[英]德里克·希特:《何谓公民身份》,郭忠华译,长春:吉林出版集团有限责任公司,2007年版。

[英]多亚尔·高夫:《人的需要理论》,汪淳波等译,北京:商务印书馆,2008年版。

[英]恩靳·伊辛、布雷恩·特纳主编:《公民权研究手册》,王小章译,杭州:浙江人民出版社,2007年版。

[英]吉姆·麦奎根编:《文化研究方法论》,李朝阳译,北京:北京大学出版社,2011年版。

[英]简·弗里德曼:《女权主义》,雷艳红译,长春:吉林人民出版社,2007年版。

[英]杰佛瑞·威克斯:《20世纪的性理论和性观念》,宋文伟、侯萍译,南京:江苏人民出版社,2002年版。

〔英〕克里斯·巴克:《文化研究:理论与实践》,孔敏译,北京大学出版社,2013年版。

〔英〕露丝·里斯特:《公民身份:女性主义的视角》,夏宏译,长春:吉林出版集团有限责任公司,2010年版。

〔英〕罗丝玛丽·克朗普顿:《阶级与分层》,陈光金译,上海:复旦大学出版社,2011年版。

〔英〕玛丽·沃尔斯通克拉夫特:《女权辩护》,谭洁、黄晓红译,广州:广东经济出版社,2005年版。

〔英〕玛丽亚姆·弗雷泽:《波伏瓦与双性气质》,崔树义译,北京:中华书局,2004年版。

〔英〕米兰达·弗里克、詹妮弗·霍恩斯比:《女性主义哲学指南》,肖巍等译,北京:北京大学出版社,2010年版。

〔英〕莫里斯·罗奇:《重新思考公民身份:现代社会中的福利、意识形态和变迁》,郭忠华等译,长春:吉林出版集团有限责任公司,2010年版。

〔英〕尼克·史蒂文森:《文化公民身份:全球一体的问题》,王晓燕、王丽娜译,北京:北京大学出版社,2011年版。

〔英〕帕米拉·亚伯特、克劳儿·威勒斯:《女性主义观点的社会学》,俞智敏等译,台北:巨流图书股份有限公司,2005年版。

〔英〕苏珊·弗兰克·帕森斯:《性别伦理学》,史军译,北京:北京大学出版社,2009年版。

〔英〕提姆·梅伊、詹森·L.鲍威尔:《社会理论的定位》(第二版),姚伟等译,中国人民大学出版社,2013年版。

〔英〕西尔威亚·沃尔拜:《女权主义的未来》,李延玲译,北京:社会科学文献出版社,2016年版。

〔英〕休·索海姆:《激情的疏离:女性主义电影理论导论》,艾晓明等译,桂林:广西师范大学出版社,2007年版。

〔英〕罗布·斯通斯主编:《核心社会学思想家》(第3版),姚伟、李娜译,上海:上海人民出版社2020年版。

七、英文论文

Heidi I. Hartmann, "The Unhappy Marriage of Marxism and Feminism: Toward a More Progressive Union", *Capital and Class*, Vol. 8, 1979, pp. 1 - 33.

Carole Pateman, "Feminist Critiques of the Public/Private Dichotomy", in A. Phillps. (ed.), *Feminism and Equality*, Oxford: Blackwell, 1982.

Iris Marion Young, "Impartiality and the Civic Public: Some Implications of Feminist Critiques of Moral and Political Theory", in Benhabib and Cornell (eds.),

Feminism as Critique on the Politics of Gender, 1988, pp. 57 – 76.

Linda Alcoff, "Cultural Feminism versus Post-Structuralism: The Identity Crisis", *Signs*, Vol. 13, No. 3, 1988, pp. 405 – 436.

Kathy Ferguson, "Knowledge, Politics, and Persons in Feminist Theory", *Political Theory*, Vol. 17, No. 2, 1989, pp. 302 – 314.

Naomi Schor, "This Essentialism Which is Not One", *Differences*, Vol. 2, 1989, pp. 38 – 58.

Allison Jaggar, "Feminist Ethics: Projects, problems, prospects", in C. Card (ed.), *Feminist Ethics*, University Press of Kansas, Vol. 14, No. 4, 1991, pp. 351 – 363.

Seyla Benhabib, "Feminism and Postmodernism: An Uneasy Alliance", *Praxis International*, Vol. 11, No. 2, 1991, pp. 137 – 149.

Allison Jaggar, "Feminist Ethics", in L. Becker and C. Becker (eds.), *Encyclopedia of Ethics*, New York: Garland Press, 1992, pp. 363 – 364.

Chantal Mouffe, "Feminism, Citizenship, and Radical Democratic Politics", in Judith Butler and Joan Scott (eds.), *Feminists Theorizing the Political*, New York: Routledge, 1992, pp. 369 – 384.

Jane Lewis, "Gender and the Development of Welfare Regimes", *Journal of European Social Policy*, Vol. 3, 1992, pp. 159 – 173.

Ann S. Orloff, "Gender and the Social Rights of Citizenship: the Comparative Analysis of Gender Relations and Welfare States", *American Sociological Review*, Vol. 58, No. 3, 1993, pp. 303 – 328.

Julia O'Connor, "Gender, Class and Citizenship in the Comparative Analysis of Welfare State Regimes: Theoretical and Methodological Issues", *British Journal of Sociology*, Vol. 44, No. 3, 1993, pp. 501 – 518.

Susan Moller Okin, "Political Liberism, Justice, and Gender", *Ethics*, Vol. 105, No. 1, 1994, pp. 23 – 43.

Jean L. Cohen, "Critical Social Theory and Feminist Critiques: The Debate with Jürgen Habermas", in Johanna Meehan (eds.), *Feminists Read Habermas: Gendering the Subject of Discourse*, New York: Routledge, 1995, pp. 57 – 90.

Tony Couture, "Feminist Criticisms of Habermas's Ethics and Politics", *Dialogue: Canadian Philosophical Review*, Vol. 34, No. 2, 1995.

Amy Allen, "Foucault on power: A theory for feminists", in S. Hekman (ed.), *Feminist interpretation of Michel Foucault*, University Park: Penn State University Press, 1996, pp. 265 – 282.

Iris Marion Young, "Impartiality and the Civic Public: Some Implications of

Feminist Critiques of Moral and Political Theory", in J. B. Landes (ed.), *Feminism, the Public and the Private*, New York: Oxford University Press, 1998, pp. 421 – 447.

Seyla Benhabib, "The Generalized and the Concrete Other: The Kohlberg-Gilligan Controversy and Feminist Theory", in M. Gatens (ed.), *Feminist ethics*, Verment: Ashgate Publishing Company, 1998.

Susan Moller Okin, "Gender, the Public, and the Private", in A. Phillips (ed.), *Feminism and politics*, New York: Oxford University Press, 1998, pp. 116 – 141.

Joanna Meehan, "Feminism and Habermas' Discourse Ethics", *Philisophy & Social Criticism*, Vol. 26, No. 3, 2000, pp. 39 – 52.

Ruth Lister, "Towards a Citizens 'Welfare State: The 3 + 2' R's of Welfare Reform", *Theory, Culture & Society*, Vol. 18, No. 2 – 3, 2001, pp. 91 – 111.

Martha Nussbaum, "Rawls and Feminism", *The Cambridge Companion to Rawls*, New York: Cambridge, 2002, pp. 488 – 520.

Jane Lewis, "Gender and Welfare in Modern Europe", *Past and Present*, *Supplement*, Vol. 1, 2006, pp. 39 – 54.

八、英文专著

Nancy Chodorow, *The Reproduction of Mothering: Pschoanalysis and the Sociology of Gender*, Berkeley, CA: The University of California Press, 1978.

Jean Bethke Elshtain, *Public Man, Private Woman: Women in Social and Political Thought*, Princeton: Princeton University Press, 1981.

Nancy Hartsock, *Money, Sex, and Power: Toward a Feminist Historical Materialism*, Boston: Northeastern Series in Feminist Theory, 1983.

Zillah R. Eisenstein, *Feminism and Sexual Equality: Crisis in Liberal America*. New York: Monthly Review Press, 1984.

Seyla Benhabib, *Critique, Norm and Utopia, a Study of the Foundations of Critical Theory*, New York: Columbia University Press, 1986.

Sandra Harding, *The Science Question in Feminism*, Cornell University Press, 1986.

Dorothy Smith, *The Everyday World as Problematic: A Feminist sociology*, Boston: Northeastern University Press, 1987.

Sandra Harding, *Feminism & Methodology: Social Science Issues*, Bloomington: Indiana University Press, 1987.

Seyla Benhabib and Drucilla Cornell (eds.), *Feminism as Critique On the*

Politics of Gender, Minneapolis: University of Minnesota Press, 1987.

Carole Pateman, *The Disorder of Women : Democracy, Feminism and Political Theory*, London: Polity Press, 1989.

Sara Ruddick, *Maternal Thinking : Toward a Politics of Peace*, New York: Ballantine Books, 1989.

Susan Okin, *Justice, Gender and the Family*, New York: Basic Books, 1989.

Iris Marion Young, *Justice and the Politics of Difference*. Princeton, New Jersey: Princeton University Press, 1990.

Jane Flax, *Thinking Fragments : Psychoanalysis, Feminism, and Postmodernism in the Contemporary West*, University of California Press, 1990.

Linda Nicholson (ed.), *Feminism/Postmodernism*, New York and London: Routledge, 1990.

Patricia Hill Collins, *Black Feminist Thought*, Boston: Unwin Hyman, 1990.

Sylvia Walby, *Theorizing patriarchy*, Oxford: Blackwell, 1990.

bell hooks, *Yearning : Race, Gender, and Cultural Politics*, London: Turnaround, 1991.

Donna Haraway, *Simians, Cyborgs, and Women : The Reinvention of Nature*, New York: Routledge, 1991.

Drucilla Cornell, *Beyond Accommodation : Ethical Feminism, Deconstruction and the Law*, New York: Routledge, 1991.

Jana Sawicki, *Disciplining, Foucault: Feminism, Power, and the Body*, Routledge, 1991.

Lois McNay, *Foucault and Feminism : Power, Gender and the Self*, Cambridge, UK: Polity Press, 1992.

Michele Barrett, *Politics of Truth : From Marx to Foucault*, Stanford University Press, 1992.

Seyla Benhabib, *Situating the self : Gender, Community and Postmodernism in Contemporary Ethics*, Oxford: Blackwell, 1992.

Anne Phillips, *Democracy and Difference*, University Park, PA: Pennsylvania State University Press, 1993.

Joanna Meehan (ed.), *Feminists read Habermas : Gendering the Subject of Discourse*, New York: Routledge, 1995.

Seyla Benhabib, Judith Butler, Drucilla Cornell and Nancy Fraser, *Feminist Contentions : A Philosophical Exchange*, New York: Routledge, 1995.

Diane Sainsbury, *Gender, Equality, and Welfare State*, Cambridge & New York: Cambridge University Press, 1996.

Joan Scott, *Feminism and History*, Oxford University Press, 1996.

Teresa L. Ebert, *Ludic Feminism and After: Postmodernism, Desire, and Labor in Late Capitalism*, Ann Arbor: the University of Michigan Press, 1996.

Chris Weedon, *Feminist Practice and Poststructuralist Theory* (2nd edition), Oxford: Blackwell, 1997.

Iris Marion Young, *Intersecting Voices: Dilemmas of Gender, Political Philosophy, and Policy*, Princeton, N. J.: Princeton University Press, 1997.

Anne Phillips (ed.), *Feminism and Politics*, Oxford: Oxford University Press, 1998b.

Joan B. Landes (ed.), *Feminism, the Publics and the Private*, Oxford: Oxford University Press, 1998.

Eva Feder Kittay, *Love's Labor: Essays on Women, Equality and Dependency*, New York: Routledge, 1999.

Martha C. Nussbaum, *Sex and Social Justice*, New York: Oxford UP, 1999.

Martha C. Nussbaum, *Women and Human Development: The Capabilities Approach*. New York: Cambridge UP, 2000.

Nancy Folbre, *The Invisible Heart: Economics and Family Values*, New York: New Press, 2001.

Iris Marion Young, *On Female Body Experience: "Throwing Like a Girl" and Other Essays*, New York: Oxford University Press, 2005.

Amy Allen, *The Politics of Our Selves: Power, Autonomy, and Gender in Contemporary Critical Theory*, New York: Columbia University Press, 2008.

Patricia Mooney Nickel (ed.), *North American Critical Theory after Postmodernism: Contemporary Dialogues*, Palgrave Macmillan, 2012.

Banu Bargu and Chiara Bottici (eds.), *Feminism, Capitalism, and Critique: Essays in Honor of Nancy Fraser*, Palgrave Macmillan, 2017.

后　记

　　本书起源于 2015 年申请的国家社科基金一般项目,2020 年底顺利结项。而当我把改定的书稿交给江苏人民出版社时,时光又过去了整整两年。回想自己多年的研究历程,我的观点有一个逐渐积累和发展的过程,对于很多问题的理解也在进一步深化。"千淘万漉虽辛苦,吹尽狂沙始到金。"这本书凝聚了我的不少心血,记录了当时思考和研究的结果,因而不可避免地存在许多不成熟的地方。现在把它呈现出来,也见证了写作时的酸甜苦辣与逝去的美好时光。

　　在本书即将付梓之际,非常感谢恩师张异宾教授长期以来对我的大力支持和帮助。从读硕士到博士一直师从张异宾教授,感激无以言表。他对我学术研究"躺平"时的宽容和创新性尝试的赞许,让我能够逐渐地摸索自己的研究方向;他又总是在适当的时候非常冷静地提醒我,我还差得太远。我清楚地记得,在美国做访问学者时获得了国家社科基金立项,当我把这一好消息在电话中告知导师时,他说:"以后要好好做这个项目啊!"导师的殷切期盼和谆谆教诲,是我前进的源泉和动力;导师沉潜科研的学术精神和为人宽厚的优秀品质已经潜移默化地影响了我的学术之路。另外,感谢胡大平教授和张亮教授的鼎力相助,当年我为了申请国家社科基金课题而邀请他们加入团队时,他们爽快地答应了,此后在各个方面都予以积极支持和帮助。优良的师门学风传承,他们孜孜不倦的科研精神与大量优秀的研究成果激励着我,在日益浮躁的学术环境中勇敢前行。

感谢布朗大学王玲珍教授在我访学期间提供的各种便利条件,从大学图书馆里我搜集了大量有益的英文文献资料,聆听了诸多课程和讲座,为本书的顺利写作打下了扎实的基础。感谢南京大学人文社会科学高级研究院在我驻院期间提供了良好的研究环境,使我有机会与很多专家和同行进行交流以修订书稿。感谢蓝江教授慷慨和无私地帮助,提供了弗雷泽最新出版的一些英文新书和译文,这对书稿的最后完成起到十分关键的作用。

本书的部分章节和内容曾在一些学术期刊上发表过,在此也向所有编辑们付出的辛苦劳动表示真诚的谢意,感谢他们在论文修改和发表过程中给予的肯定和指正。另外,感谢国家社科基金项目的资助,尤其是项目结项时评审专家提出的鉴定意见对我有很大启发,有的观点已经被我采纳并吸收到书稿里,在此一并致谢。本书的写作还受益于学界许多学者的研究成果,虽然在参考文献中已经列出了一些,但是其所给予的帮助已经超过注释中的那一部分。

书稿完成后,幸得江苏人民出版社的戴亦梁总编代为联络出版事宜,并委派曾偲女士负责编辑。曾编辑优雅而温柔,对我的很多问题总是耐心地解答,经过她的细致地策划、修改和校对等环节,书稿最后才能顺利、圆满地得以出版和发行。

想说的太多,还有更多的学者、师友与学生,对于他们默默的付出与帮助,我心存感激!

最后,感谢我的先生和女儿长久以来对我生活和工作的理解和陪伴,他们是我坚守初心、继续前行的不竭动力。我将最深的谢意致以我勤劳善良的母亲与高大挺拔的父亲,没有他们,这本书不可能问世。我将这本书献给我最深爱的父亲和母亲。

戴雪红
2022 年 12 月 1 日于南大和园